歌 訣

李宰碩 편역

東文選 文藝新書

101

歌 訣 / 차 례

歌

訣

1
哲 理 篇

高岸爲谷, 深谷爲陵.
고 안 위 곡　심 곡 위 릉

物極則反, 器滿則傾.
물 극 즉 반　기 만 즉 경

　높은 언덕이 깊은 계곡으로 변하고, 깊은 계곡이 구릉으로 변한다.(《시경詩經》시월지교十月之交)

　사물이 극에 달하면 반대로 되고, 그릇이 차면 밖으로 넘친다.(당唐 소안항蘇安恒,《상무후소上武后疏》)

有無相生, 難易相成;
유 무 상 생　난 이 상 성

長短相形, 高下相傾.
장 단 상 형　고 하 상 경

　유와 무는 서로 대립되어서 발생하고, 어려움과 쉬움은 서로 대립되어서 형성된다.

　긴 것과 짧은 것은 서로 대립되어서 나타나고, 높은 곳과 낮은 곳은 서로 대립되어서 존재한다.(《노자老子》 2장)

　•形: 비교하다.　　•傾: 기울다.

大音希聲, 大象無形.
대 음 희 성　대 상 무 형

天要落雨, 娘要嫁人.
천 요 낙 우　낭 요 가 인

가장 큰 소리는 들리지 않고, 가장 큰 형상은 형태가 없다.(《노자老子》)
하늘은 비를 내리려 하고, 처녀는 시집을 가려 한다.(청淸 오유광吳有光, 《오하
언련吳下諺聯》 권2)
　•希聲: 소리가 들리지 않는다.

不塞不流, 不止不行.
불 새 불 류　부 지 불 행

守株待兎, 枉用精神.
수 주 대 토　왕 용 정 신

막지 않으면 흐르지 못하고, 멈추게 하지 않으면 가지 못한다.(당唐 한유韓
愈, 《원도原道》)
　나무 앞을 지켜서 토끼 오기를 기다리는 것은 헛되이 정신을 쓰는 것이다.
(《한비자韓非子》 오두五蠹)

一噎之故, 絕穀不食;
일 열 지 고　절 곡 불 식

一蹶之故, 却足不行.
일 궐 지 고　각 족 불 행

한 번 음식이 목에 걸렸다는 이유로 음식을 먹지 않으며,
　한 번 발이 걸려 넘어졌다는 이유로 물러나서 가지 않는다.(한漢 유향劉向,
《설원說苑》 담총談叢)
　•噎: 음식이 목구멍에 막히다.　•蹶: 넘어지다.　•却足: 물러나다.

物有本末, 事有終始.
물 유 본 말 사 유 종 시
天無二日, 人無二理.
천 무 이 일 인 무 이 리

사물에는 근본과 말단이 있고, 일에는 끝과 시작이 있다.(《예기禮記》 대학大學)
하늘에는 두 개의 해가 없으며, 사람에게는 두 개의 진리가 없다.(명明 오승
은吳承恩, 《서유기西遊記》 제78회)

寒不累時, 則霜不降;
한 불 루 시 즉 상 불 강
溫不兼日, 則冰不釋.
온 불 겸 일 즉 빙 불 석

날이 오랫동안 춥지 않으면 서리가 내리지 않고,
날이 오랫동안 따뜻하지 않으면 얼음이 풀리지 않는다.(한漢 왕충王充, 《논형
論衡》 감허感虛)
• 累時: 오래다

累微以著, 乃物之理.
누 미 이 저 내 물 지 리
繹牽之長, 實累千里.
묵 견 지 장 실 누 천 리

작은 것이 쌓이면 현저한 것으로 되는데, 이것이 사물의 이치이다.
짧은 끈을 한올한올 연결시키면 천리 길이의 긴 끈이 될 수 있다.(서진西晉
장화張華, 《고이하기高以下基》)
• 繹: 밧줄.   • 牽: 이어지다.

天下之物, 莫不有理.
천 하 지 물　막 불 유 리

論世之事, 因爲之備.
논 세 지 사　인 위 지 비

　천하의 사물 중에는 이치가 없는 것이 없다.(송宋 주희朱熹,《사서집주四書集注》
대학장구大學章句)
　어떤 일을 하든간에 현재의 상황을 고려하여 시의 적절한 조치를 해야 한다.
(《한비자韓非子》오두五蠹)

桃李得陰, 蒺藜得刺.
도 리 득 음　질 려 득 자

量腹而受, 量身而衣.
양 복 이 수　양 신 이 의

　도리화를 심으면 그늘을 얻고, 납가새를 심으면 가시를 얻는다.(한漢 유향劉向,
《설원說苑》)
　식사량을 헤아려 밥을 먹고, 몸 치수를 재서 옷을 만들어야 한다.(수隋 왕통
王通,《문중자文中子》)
　•桃李: 복숭아꽃과 오얏꽃.
　•蒺藜: 일년생 초본식물인 납가새. 열매 껍질에 뾰족한 가시가 있음.《韓詩外傳》권7에는
『夫春樹桃李, 夏得陰其下, 秋得食其實; 春樹蒺藜, 夏不可採其葉, 秋得其刺焉』이라고 하였다.
한편 蒺蔾라고도 쓴다.《說苑·復恩》편에는『夫樹桃李者, 夏得休息, 秋得食矣; 樹蒺藜者, 夏不
得休息, 秋得其刺矣』라고 하였다.

犬不飮露, 蟬不啖肥.
견 불 음 로　선 부 담 비

以蟬易犬, 蟬死犬饑.
이 선 역 견　선 사 견 기

　개는 이슬을 마시지 않고, 매미는 고기를 먹지 않는다.
　매미와 개의 음식을 바꾸면, 매미는 죽고 개는 굶주리게 된다.(당唐 원진元
稹,《군막비君莫非》)

時旣沿革, 莫或相遵;
시 기 연 혁　막 혹 상 준

自我作故, 用適於時.
자 아 작 고　용 적 어 시

시대가 이미 변했으니 낡은 방식으로 처리해선 안 되며,
스스로 창신하여 시대에 적응해야 할 것이다.(《당대조령집唐大詔令集》친향붕당
제親享朋堂制)
•自我作故: 전례에 얽매이지 않고 나로부터 시작한다.　•故: 전례.

失之東隅, 收之桑楡.
실 지 동 우　수 지 상 유

將欲奪之, 必固與之.
장 욕 탈 지　필 고 여 지

새벽녘에 잃으면 해질녘에 다시 찾는다.(《후한서後漢書》풍이열전馮異列傳)
얻고자 하면 반드시 먼저 그에게 주어라.(《노자老子》36장)
•東隅: 해가 동쪽 구석에서 뜨기 때문에 東隅라고 하며, 아침을 가리킴.
•桑楡: 원래는 뽕나무와 느릅나무를 가리킴. 해질녘에 햇빛이 뽕나무와 느릅나무 끝을 비
치므로 해질녘을 의미하게 되었다.《太平御覽》권3에는 『日西垂, 景在樹端, 謂之桑楡』라고 하
였다.　•固: 姑의 통가자로 사용됨. 〈잠시〉라는 의미.

落落之玉, 或亂乎石;
낙 락 지 옥　혹 란 호 석

碌碌之石, 時似乎玉.
녹 록 지 석　시 사 호 옥

투박한 옥은 때로 돌과 혼동되고,
아름다운 돌은 때로 옥과 비슷하다.(남조南朝 양梁 유협劉勰,《문심조룡文心雕龍》
총술總術)
•落落: 본래는 〈쌓이다〉라는 의미인데, 여기서는 투박한 모양을 가리킨다.
•碌碌: 본래는 돌이 많은 모양인데, 여기서는 옥석이 아름다운 모양을 가리킨다.

往復推移, 新故相換,
왕 복 추 이　신 고 상 환
今日之迹, 明復陳矣.
금 일 지 적　명 부 진 의

가고오며 새로운 것과 옛것은 서로 뒤바뀌고,
오늘의 자취는 내일이면 다시 옛것이 된다.(《손정위집孫廷尉集》난정집후서蘭亭
集後序)

•故·陳: 모두 옛것을 의미한다.

尊其所聞, 則高明矣.
존 기 소 문　즉 고 명 의
行其所知, 則光大矣.
행 기 소 지　즉 광 대 의

자기가 들은 것을 존중하면 고명해질 것이고,
자기가 아는 바를 실행하면 발양광대할 것이다.(한漢 동중서董仲舒,《대책對策》)

滅火之餘, 無遺炎矣;
멸 화 지 여　무 유 염 의
人死之後, 無遺魂矣.
인 사 지 후　무 유 혼 의

불에 탄 후에는 불꽃이 남지 않고,
사람이 죽은 후에는 혼이 남지 않게 된다.(《태평어람太平御覽》예의부禮儀部)

兩刃相割, 利鈍乃知;
양 인 상 할　이 둔 내 지

二論相訂, 是非乃見.
이 론 상 정　시 비 내 견

두 칼이 서로 부딪쳐 봐야 그 날카로움을 알 수 있고,
두 말이 서로 쟁론해 봐야 그 옳고 그름을 알 수 있다.(한漢 왕충王充, 《논형
論衡》 안서案書)
•訂: 논쟁하다.

貧生於富, 弱生於强;
빈 생 어 부　약 생 어 강

亂生於治, 危生於安.
난 생 어 치　위 생 어 안

빈천은 부귀에서 생기고, 약함은 강함에서 생기며,
혼란은 치세에서 생기고, 위난은 안락에서 생긴다.(한漢 왕부王符, 《잠부론潛夫
論》 권3)

觀水有術, 必觀其瀾.
관 수 유 술　필 관 기 란

衆盲摸象, 各說異端.
중 맹 모 상　각 설 이 단

물을 보는 데는 방법이 있으니, 반드시 그 물결을 보아야 한다.(《맹자孟子》
진심상盡心上)
여러 장님이 코끼리를 만지면 제각기 다른 끝을 말한다.(송宋 석도원釋道原,
《경덕전등록景德傳燈錄》 권24)

妄得之福, 災亦隨焉;
망 득 지 복　재 역 수 언

妄得之得, 失亦繼焉.
망 득 지 득　실 역 계 언

부정하게 얻은 행복은 재난이 뒤따르고,
부정하게 얻은 재물은 쉽게 잃는다.(송宋 양시楊時,《이정수언二程粹言》논학편論
學篇)

不期修古, 不法常可.
불 기 수 고　불 법 상 가

任情返道, 勞而無獲.
임 정 반 도　노 이 무 획

옛것을 익히려고 하지 말고, 정해진 규칙을 본받지 말라.(《한비자韓非子》오두
五蠹)
　개인의 감정에 얽매여 정도를 배반하면 수고해도 얻는 것이 없다.(북위北魏
가사협賈思勰,《제민요술齊民要術》)
　•期: 바라다.　•修古: 옛날을 본받다.　•常可: 정해진 규칙.

寸而度之, 至丈必差;
촌 이 도 지　지 장 필 차

銖而稱之, 至石必過.
수 이 칭 지　지 석 필 과

촌을 단위로 잰 것은 1장이 되었을 때 반드시 차이가 나고,
수를 단위로 잰 것은 1석이 되었을 때 반드시 남는 게 있다.(《문자文子》상행
上行)
　•度: 재다.　•銖: 고대의 중량 단위. 1兩은 24銖이다.
　•石: 고대의 중량 단위. 1石은 120斤이다.

目所不見, 非無色也;
목 소 불 견 비 무 색 야

耳所不聞, 非無聲也.
이 소 불 문 비 무 성 야

눈에 보이지 않는다고 해서 반드시 빛깔이 없는 것이 아니고,
귀에 들리지 않는다고 해서 반드시 소리가 없는 것이 아니다.(청淸 왕부지王
夫之,《사문록내편思問錄內篇》)

物至而反, 冬夏是也.
물 지 이 반 동 하 시 야

致至而危, 累棋是也.
치 지 이 위 누 기 시 야

사물은 극도에 달하면 반드시 원상태로 돌아오니, 겨울과 여름의 순환이
바로 이러하다.
쌓은 것이 높으면 반드시 위험하니, 바둑돌을 쌓는 것이 바로 이러하다.
(《전국책戰國策》진책秦策)

積羽沈舟, 群輕折軸.
적 우 침 주 군 경 절 축

塞翁失馬, 安知禍福.
새 옹 실 마 안 지 화 복

깃털도 쌓이면 배를 가라앉히고, 가벼운 것도 많아지면 차축을 부러뜨린다.
(《전국책戰國策》위책魏策)
변방의 노인이 말을 잃었다고 하나 어찌 화복을 알리오?(《회남자淮南子》인간
훈人間訓)

山高月小, 水落石出.
산 고 월 소 수 락 석 출

是眞難滅, 是假易除.
시 진 난 멸 시 가 이 제

산이 높으면 달이 작고, 물이 떨어지면 돌이 드러난다.(송宋 소식蘇軾,《후적벽부後赤壁賦》)

진짜는 없애기 어렵고, 가짜는 제거하기 쉽다.(《수호전水滸傳》 제62회)

樂不可極, 樂極生哀.
낙 불 가 극 낙 극 생 애

欲不可縱, 縱欲成災.
욕 불 가 종 종 욕 성 재

즐거움이 극에 달해서는 안 되니, 즐거움이 극에 달하면 슬픈 일이 생기게 된다.

욕심이 방종에 이르러서는 안 되니, 욕심을 제멋대로 하면 재앙이 생기게 된다.(《권계전서權戒全書》)

數盡則窮, 盛滿則衰.
수 진 즉 궁 성 만 즉 쇠

福不虛至, 禍不易來.
복 불 허 지 화 불 이 래

운수가 극에 달하면 곧 끝나고, 사물이 왕성하게 되면 곧 쇠퇴하게 된다.
(남조南朝 제齊 장융張融,《백일가白日歌》)

행복은 헛되이 오는 법이 없고, 재앙도 쉽사리 오지 않는다.(진晉 도연명陶淵明,《명자命子》)

日中則移, 月滿則虧.
일 중 즉 이　월 만 즉 휴

物盛而衰, 樂極則悲.
물 성 이 쇠　낙 극 즉 비

해가 중천에 이르면 기울기 시작하고, 달이 차면 이지러지기 시작한다.(《전국책戰國策》 진책秦策)

사물이 왕성해지면 곧 쇠퇴하게 되고, 즐거움이 극에 달하면 슬픔이 있게 된다.(《회남자淮南子》 도응훈道應訓)

鳧脛雖短, 續之則憂;
부 경 수 단　속 지 즉 우

鶴脛雖長, 斷之則悲.
학 경 수 장　단 지 즉 비

물오리의 다리가 비록 짧지만 이를 이어 주면 물오리는 근심하고,
학의 다리가 비록 길지만 이를 잘라 주면 학은 슬퍼한다.(《장자莊子》 변무駢拇)
•鳧: 물오리.

鳩傅隼翼, 羔披豹皮,
구 부 준 익　고 피 표 피

類似質違, 表是裡非.
유 사 질 위　표 시 이 비

비둘기가 송골매 날개를 붙이고, 새끼양이 표범 가죽을 뒤집어쓰고 있다 해도,
종류는 비슷하나 본질은 다르며, 겉은 같지만 속은 다르다.(《열자列子》)
•傅: 부착하다.　•隼: 송골매.

見驥一毛, 不知其然;
견 기 일 모　부 지 기 연
見畵一色, 不知其美.
견 화 일 색　부 지 기 미

천리마의 털 한 개만 보고는 천리마가 된 연유를 알 수 없고,
　그림의 한 가지 색만 보고는 그림의 아름다움을 알 수 없다.(전국戰國 노魯
시교尸佼,《시자尸子》)

松柏之地, 其草不肥.
송 백 지 지　기 초 불 비
持螢燭象, 得首失尾.
지 형 촉 상　득 수 실 미

송백이 들어찬 곳에서는 풀이 잘 자라지 못한다.(《국어國語》진어晉語)
　반딧불로 코끼리를 비출 때, 머리를 비추면 꼬리는 비출 수 없다.(명明 서광
계徐光啓,《각〈기하원본〉서刻〈幾何原本〉序》)

林無靜樹, 川無停流.
임 무 정 수　천 무 정 류
非常之事, 何得循舊.
비 상 지 사　하 득 순 구

숲 속에는 고요한 나무가 없고, 냇가에는 정지한 물이 없다.(《문선文選》문학
편文學篇)
　비범한 일에 어찌 진부한 방식을 따를 것인가?(《삼국지三國志》오서吳書)

見虎一文, 不知其武;
견 호 일 문　부 지 기 무

見驥一毛, 不知善走.
견 기 일 모　부 지 선 주

호랑이의 반점 한 개만 보고는 그것의 용맹함을 알 수 없고,
천리마의 털 한 개만 보고는 잘 달리는 것을 알 수 없다.(《부자傅子》궐제闕題)

•文: 무늬. 여기서는 호랑이의 무늬.　　•武: 용맹함.

大成若缺, 其用不敝;
대 성 약 결　기 용 불 폐

大盈若沖, 其用不窮.
대 영 약 충　기 용 불 궁

가장 성공한 것은 마치 결점이 있는 것 같지만 그 작용은 없어지지 않고,
가장 충실한 것은 마치 빈 것 같지만 그 작용은 막힘이 없다.(《한시외전韓詩
外傳》권9)

•敝: 없어지다.　　•沖: 비다.

人事有代謝, 往來無古今.
인 사 유 대 사 왕 래 무 고 금

野火燒不盡, 春風吹又生.
야 화 소 부 진 춘 풍 취 우 생

사람의 일에는 신구가 부단히 바뀌며, 가고오는 것에는 고금이 따로 없다.
(당唐 맹호연孟浩然, 《여제자등현산與諸子登峴山》)

들불이 다 타지 않으면 봄바람이 불어 다시 살린다.(당唐 백거이白居易, 《부득
고원초송별賦得古原草送別》)

雪霜自玆始, 草木當更新.
설 상 자 자 시 초 목 당 경 신

嚴冬不肅殺, 何以見陽春.
엄 동 불 숙 살 하 이 견 양 춘

눈과 서리가 내린 후에 초목은 응당 새롭게 바뀌려 한다.

찬 겨울이 초목을 말라죽게 하지 않으면 어떻게 화창한 봄날을 볼 수 있
겠는가?(《당시기사唐詩紀事》 권43 여온시呂溫詩)

瑕疵旣不見, 姸態隨意生.
하 자 기 불 견 연 태 수 의 생

陶然任元化, 愼勿損天眞.
도 연 임 원 화 신 물 손 천 진

거울에 작은 흠이 비춰지지 않으면 아름다운 자태가 제멋대로 생겨난다.
(당唐 유우석劉禹錫, 《혼경昏鏡》)

절로 자연의 발전 변화에 순응해야 하며, 삼가 자연 본성을 잃지 않아야
한다.(《소순흠집蘇舜欽集》 한야십육운답자리견기寒夜十六韻答子履見寄)

· 瑕疵: 옥의 티, 즉 작은 결점.　　　　· 姸: 아름답다.
· 陶然: 술에 취해 즐거운 모양.　　　　· 元化: 조화, 즉 대자연의 발전 변화.

原上離離草, 春來一雨生.
원 상 이 리 초　춘 래 일 우 생
寸心燒不死, 萬里碧無情.
촌 심 소 불 사　만 리 벽 무 정

들판의 무성한 풀들은 봄에 비가 한 차례 내리면 다시 싹을 틔운다.
작은 마음이라도 불타서 죽지 않으면 만리가 끝없이 푸르다.(청淸 왕역王繹,
《신초新草》)
•離離: 무성한 모양.

一髮不可牽, 牽之動全身.
일 발 불 가 견　견 지 동 전 신
有風方起浪, 無潮水自平.
유 풍 방 기 랑　무 조 수 자 평

머리털 하나라도 함부로 잡아당겨선 안 되니, 잡아당기면 온 몸이 움직인
다.(청淸 공자진龔自珍,《自春徂秋, 偶有所觸, 漫不詮次, 得十五首》)
바람이 있으면 물결이 일고, 조수가 없으면 강물은 자연히 고요해진다.(명明
오승은吳承恩,《서유기西游記》제75회)

近水知魚性, 近山識鳥音.
근 수 지 어 성　근 산 식 조 음
醜女來效顰, 還家驚四隣.
추 녀 래 효 빈　환 가 경 사 린

물을 가까이하는 사람은 물고기의 성질을 알고, 산을 가까이하는 사람은
새소리를 식별한다.(《증광현문增廣賢文》)
추녀가 이맛살 찌푸리는 것을 배워 집으로 돌아가니 온 이웃이 놀란다.(당
唐 이백李白,《고풍오십구수古風五十九首》)
•效顰: 이맛살 찌푸리는 것을 배우다. 춘추시대에 越나라의 미인 西施는 마음이 아파서 항
상 이맛살을 찌푸렸다. 한 못생긴 처녀가 이를 보고는 아름답게 여겨 자기도 이맛살을 찌푸
리니 결과적으로 더욱 추해지게 되었다고 한다.　•顰: 이맛살을 찌푸리다.

樂往必悲生, 泰來由否極.
낙 왕 필 비 생　태 래 유 비 극

早榮亦早枯, 易得還易失.
조 영 역 조 고　이 득 환 이 실

즐거움이 가고 나면 반드시 슬픔이 생기고, 길운이 오는 것은 액운이 극에 달했기 때문이다.(청淸 적호翟灝,《통속편通俗編》권14)

일찍 무성한 초목은 일찍 시들고, 쉽게 얻은 것은 쉽게 잃는다.(청淸 장정옥張廷玉,《잡홍雜興》)

•泰: 64괘의 하나인 泰卦. 상하가 교통하는 象이다. 여기서는 길운의 의미이다.《周易·泰卦》에『象曰: 天地交, 泰』라 하였고, 王弼은 이에 대해『泰者, 物大通之時也』라고 주석하였다.

•否: 64괘의 하나인 否卦. 천지가 교통하지 못하고 상하가 격리되어 통하지 않는 象이다. 여기서는 액운의 의미이다. 否去泰來는 액운이 지나가면 길운이 도래한다는 뜻이다.

•榮: 초목이 무성하다.

八方各異氣, 千里殊風雨.
팔 방 각 이 기　천 리 수 풍 우

盛者衰之始, 福者禍之基.
성 자 쇠 지 시　복 자 화 지 기

지역이 다르면 기후도 각기 다르고, 천리를 떨어져 있으면 풍우도 다르다.
(삼국三國 위魏 조식曹植,《태산양보행泰山梁甫行》)

흥성은 쇠락의 시발이며, 복은 화의 토대이다.(《격언연벽格言聯璧》패흉悖凶)

•異氣: 기후가 다르다.

遠鐘經漏壓, 殘月被燈欺.
원 종 경 누 압　잔 월 피 등 기

靑山遮不住, 畢竟東流去.
청 산 차 부 주　필 경 동 류 거

먼 곳의 종소리는 물 떨어지는 소리에 압도되고, 새벽달은 등불에 속는다.
(당唐 요합姚合《군성야회軍城夜會》)

청산은 흐르는 물을 막을 수 없으며, 필경에는 동쪽으로 흘러간다.(송宋 신기질辛棄疾,《보살만菩薩蠻》서서강조구벽書西江造口壁)

道因窮理悟, 命以盡性知.
도 인 궁 리 오　명 이 진 성 지
先之則太過, 後之則不及.
선 지 즉 태 과　후 지 즉 불 급

　도는 이치를 궁구해야 깨닫고, 명은 마음을 극진히 해야 알 수 있다.(당唐 여온呂溫,《동공세모기진주이협률시同恭歲暮寄晉州李協律詩》)
　먼저 하면 너무 지나치고, 나중에 하면 미치지 못한다.(당唐 이전李筌,《태백음경太白陰經》 작전편作戰篇)
　•道: 도리, 이치.　•窮理: 이치를 연구하다.　•命: 사물의 규율.
　•盡性: 마음을 극진히 하다.

久臥者思起, 久蟄者思啓.
구 와 자 사 기　구 칩 자 사 계
將飛者翼伏, 將奮者足跼.
장 비 자 익 복　장 분 자 족 국

　오래 누워 있는 사람은 일어날 것을 생각하고, 오래 동면한 동물은 나올 것을 생각한다.(명明 유기劉基,《사마계주론소司馬季主論小》)
　날려는 새는 먼저 날개를 접고, 달리려는 짐승은 먼저 다리를 구부린다.(《고시원古詩源》 고일古逸 고언고어古諺古語)
　•伏: 거두다.　•奮: 분발하여 달리다.　•跼: 구부리다.

啞子吃苦瓜, 與爾說不得;
아 자 흘 고 과　여 이 설 부 득
爾要知此苦, 還須爾自吃.
이 요 지 차 고　환 수 이 자 흘

　벙어리는 쓴 오이를 먹어도 너에게 쓰다는 말을 못하니,
　네가 쓴 것을 알려고 하면 반드시 너 자신이 먹어 봐야 한다.(명明 왕양명王陽明,《전습록상傳習錄上》)

物各有所好, 違之反自然.
물 각 유 소 호   위 지 반 자 연
山中方七日, 世上已千年.
산 중 방 칠 일   세 상 이 천 년

사물에는 각기 좋아하는 것이 있는데, 이를 거스르면 자연 본성을 해치게 된다.(당唐 소영사蕭穎士,《답위사업수방答韋司業垂訪》)
산 속에서 7일을 있었더니, 세상은 이미 1천 년이 흘러갔다.(남조南朝 송宋 유의경劉義慶,《유명록幽明錄》)

天道有遷異, 人理無常全.
천 도 유 천 이   인 리 무 상 전
是非自相攻, 去取在勇斷.
시 비 자 상 공   거 취 재 용 단

자연 규율에는 발전 변화가 있고, 세상의 이치도 항상 완벽한 것은 아니다.
옳고 그름은 서로 바뀔 수 있으며, 버리고 취하는 것은 용단에 달려 있다.
(송宋 구양수歐陽修,《독서시讀書詩》)

葵藿傾太陽, 物性固難奪.
규 곽 경 태 양   물 성 고 난 탈
修道而不貳, 則天不能禍.
수 도 이 불 이   즉 천 불 능 화

해바라기는 태양을 향하니, 사물의 본성은 진실로 빼앗기 어렵다.(당唐 두보 杜甫,《자경부봉선현영회오백자自京赴奉先縣詠懷五百字》)
도를 따르면서 흔들리지 않으면 하늘도 재앙을 내릴 수 없다.(《순자荀子》 천 론天論)
•葵藿: 해바라기. 원래는 葵가 해바라기이고 藿은 콩잎임.   •道: 규율.
•修: 循이라고 해야 옳다. 따르다는 의미.   •不貳: 단단하여 움직이지 않음.

天道有盈虛,　智者乘時作,
천 도 유 영 허　　지 자 승 시 작
取果半靑黃,　不如待自落.
취 과 반 청 황　　불 여 대 자 락

천도에는 차고 비는 것이 있는데, 지혜로운 사람은 때를 엿보아 행동한다.
반만 익은 과일을 따는 것은 저절로 익어 떨어지는 것을 기다리는 것만
못하다.(청淸 고염무顧炎武,《자방자子房》)
•乘時: 기회를 이용하다.

足所踐者少,　其不踐者多.
족 소 천 자 소　　기 불 천 자 다
有得須有失,　無福亦無禍.
유 득 수 유 실　　무 복 역 무 화

발로 밟아 본 곳은 적고, 밟아 보지 않은 곳이 많다.(《문자文子》상덕上德)
얻는 것이 있으면 반드시 잃는 것이 있고, 복이 없으면 재앙도 없다.(원元
주정옥朱庭玉,《도정道情》)

大舟有深利,　滄海無細波.
대 주 유 심 리　　창 해 무 세 파
利深波也深,　君意竟如何?
이 심 파 야 심　　군 의 경 여 하

큰 배로 항해하면 이익이 크지만, 큰 바다에는 잔물결이 없다.
이익이 크면 파도 또한 깊은데, 그대의 생각은 어떠한가?(당唐 황도黃滔,《가
객賈客》)
•深利: 큰 이익.

形存則神存, 形謝則神滅.
형 존 즉 신 존   형 사 즉 신 멸

喜極至無言, 笑餘翻不悅.
희 극 지 무 언   소 여 번 불 열

형체가 존재하면 정신도 존재하고, 형체가 소멸되면 정신도 소멸된다.(남조
南朝 제齊 범진范縝, 《신멸론神滅論》)

즐거움이 극에 달한 후에는 말이 없고, 웃음이 다한 후에는 기쁘지 않다.
(당唐 두목杜牧, 《지주송맹지선배池州送孟遲先輩》)

•謝: 시들다. 여기서는 〈없어지다〉라는 의미.

抱木生毫末, 層臺起累土.
포 목 생 호 말   층 대 기 누 토.

動以靜爲母, 疑乃悟之父.
동 이 정 위 모   의 내 오 지 부

아름드리 나무는 작은 묘목에서 생기고, 고층 누대는 흙이 쌓여서 시작된
다.(《노자老子》)

움직임은 고요함을 어머니로 삼고, 회의는 깨달음의 아버지이다.(청淸 위원
魏源, 《명말초석제선사화삼성시明末楚石諸禪師和三聖詩》)

•抱木: 아름드리 나무.   •毫末: 매우 가는 털. 여기서는 묘목을 가리킨다.

世道如奕棋, 變化不容復.
세 도 여 혁 기   변 화 불 용 복

世事波上舟, 沿洄安得住.
세 사 파 상 주   연 회 안 득 주

세상의 이치는 바둑과 같아, 부단히 변화하며 다시 중복되지 않는다.(송宋
소식蘇軾, 《화이태백병서和李太白幷序》)

세상사는 파도 위의 배처럼 흘러가다가 돌고 하니 어떻게 멈출 수 있겠는
가?(당唐 위응물韋應物, 《초발양자기원대교서初發揚子寄元大校書》)

•洄: 물이 돌면서 흐르다.

禍兮福所依, 福兮禍所伏.
화 혜 복 소 의　 복 혜 화 소 복

合者離之始, 樂兮憂所伏.
합 자 이 지 시　 낙 혜 우 소 복

재앙은 복이 의지하는 곳이고, 복은 재앙이 숨어 있는 곳이다.《노자老子》

결합은 헤어짐의 시작이고, 즐거움은 근심이 숨어 있는 곳이다.(당唐 백거이
白居易,《화몽유춘시和夢游春詩》)

經非權則泥, 權非經則悖.
경 비 권 즉 이　 권 비 경 즉 패

憂喜更相接, 樂極反生悲.
우 희 갱 상 접　 낙 극 반 생 비

원칙만 알고 임시변통을 모르면 앞뒤가 꽉 막히고, 임시변통만 알고 원칙
을 모르면 도리에 어긋나게 된다.(당唐 유종원柳宗元,《단형론斷刑論》)

근심과 기쁨은 서로 이어져 있고, 즐거움이 극에 달하면 반대로 슬픔이 생
긴다.(진晉 부현傅玄,《명월편明月篇》)

• 經: 常道. 여기서는 원칙.　　• 權: 權變. 즉 臨時變通.　　• 悖: 도리에 어긋나다.

流水淘沙不暫停, 前波未滅後波生.
유 수 도 사 불 잠 정　　전 파 미 멸 후 파 생
沈舟側畔千帆過, 病樹前頭萬木春.
침 주 측 반 천 범 과　　병 수 전 두 만 목 춘

　흐르는 물에 모래가 씻기는데 잠시도 멈추지 않고, 앞물결이 소멸되기도
전에 뒷물결이 생겨난다.(당唐 유우석劉禹錫, 《낭도사구수浪淘沙九首》)
　가라앉은 배 옆에는 1천 척의 돛단배가 지나가고, 병든 나무 앞에는 1만
그루의 나무가 봄을 맞고 있다.(당唐 유우석劉禹錫, 《수락천양주초봉석상견증酬樂天揚
州初逢席上見贈》)
　•淘: 본래는 쌀을 일다. 여기서는 씻다.

林間縱有殘花在, 留到明朝不是春.
임 간 종 유 잔 화 재　　유 도 명 조 불 시 춘
年年點檢人間事, 惟有春風不世情.
연 년 점 검 인 간 사　　유 유 춘 풍 불 세 정

　숲 속에는 비록 꽃이 일부 남아 있지만 내일 아침을 기다려도 봄은 아니
다.(당唐 계방季方, 《삼월매三月梅》)
　해마다 세상사를 점검해 보면 오직 춘풍만이 있을 뿐 세상 인정은 없다.
(《시인옥설詩人玉屑》 권16 조업시曹鄴詩)

臘後花期知漸近, 寒梅已作東風信.
납 후 화 기 지 점 근　　한 매 이 작 동 풍 신
君看池水堪然時, 何曾不受花枝影.
군 간 지 수 감 연 시　　하 증 불 수 화 지 영

　납월이 지나면 꽃 피는 시절이 점점 다가옴을 알 수 있고, 겨울 매화는 이
미 봄소식을 가져왔다.(송宋 안수晏殊, 《접련화蝶戀花》)
　보시게, 연못 물이 꽉 찼을 때 언제 꽃가지 그림자를 받아들이지 않았는가?
(《당시기사唐詩紀事》 권72)
　•堪: 지면이 우뚝 솟다. 여기서는 물이 가득한 것을 가리킴.

自古經綸足是非, 陰謀最忌奪天機.
자 고 경 륜 족 시 비　음 모 최 기 탈 천 기

請君莫奏前朝曲, 聽唱新翻楊柳枝.
청 군 막 주 전 조 곡　청 창 신 번 양 류 지

고대의 역사가 충분히 증명하듯이, 국가를 다스리는 데 가장 피해야 할
것은 음모로 자연 규율을 대체하는 것이다.(당唐 사공도司空圖, 《유감有感》)
　청컨대 그대는 전시대의 노래를 연주하지 말고, 새로 지은 양류지 노래를
들어 보시게.(당唐 유우석劉禹錫, 《양류지구수楊柳枝九首》)
・經綸: 실을 정리하다. 인신되어 국가의 대사를 다스리다.
・足是非: 옳고 그름을 설명하기에 충분하다.　・奪: 빼앗다.

竹外桃花三兩枝, 春江水暖鴨先知.
죽 외 도 화 삼 량 지　춘 강 수 난 압 선 지

狂花落盡莫惆悵, 猶勝因花壓折枝.
광 화 낙 진 막 추 창　유 승 인 화 압 절 지

대숲 밖의 복숭아꽃은 두세 가지 열렸는데, 춘강의 물이 따뜻해진 것은
오리가 먼저 안다.(송宋 소식蘇軾, 《혜숭춘강만경惠崇春江晩景》)
　시든 꽃이 다 진다고 슬퍼하지 말라. 오히려 꽃의 압력으로 가지가 부러
진 것보다는 낫다.(《원씨장경집元氏長慶集》 권9)
・狂花: 원래는 제철이 아닌 때 피는 꽃. 여기서는 시든 꽃.

人間已換嘉平帝, 地下誰通勾曲天.
인 간 이 환 가 평 제　지 하 수 통 구 곡 천

若使人人禱則遂, 造物應須日千變.
약 사 인 인 도 즉 수　조 물 응 수 일 천 변

사람들이 이미 진시황을 바꾸었는데, 세상에서 누가 대모산으로 오르겠는가?
(송宋 왕안석王安石, 《등대모산정登大茅山頂》)
　만약 개개인의 기도가 이루어진다면 조물주는 하루에 1천 번 바꾸어야 할
것이다.(송宋 소식蘇軾, 《사주증가탑泗州贈伽塔》)
・嘉平帝: 秦始皇을 가리킴.　・嘉平: 臘月.　・勾曲: 大茅山의 별칭. 산에는 華陽洞天이라
고 하는 마을이 있는데, 신선이 사는 마을(仙洞)이라고 전해진다.

前花落子後花開, 棗火更新楡火續.
전 화 낙 자 후 화 개　조 화 갱 신 유 화 속

朽蠹不勝刀鋸力, 匠人雖巧欲何如?
후 두 불 승 도 거 력　장 인 수 교 욕 하 여

앞의 꽃이 떨어지면 뒤의 꽃이 피고, 대추나무 꽃이 시들면 느릅나무 꽃이 뒤를 잇는다.(청淸 위원魏源,《관물음觀物吟》)
썩은 나무는 칼이나 대패의 힘을 이길 수 없으니, 목공이 비록 능숙하지만 어찌 할 방도가 없구나.(당唐 한유韓愈,《제목거사題木居士》)
•朽蠹: 썩거나 벌레먹은 나무.　•不勝: 이길 수 없다.

春色滿園關不住, 一枝紅杏出墻來.
춘 색 만 원 관 부 주　일 지 홍 행 출 장 래

無邊落木蕭蕭下, 不盡長江滾滾來.
무 변 낙 목 소 소 하　부 진 장 강 곤 곤 래

봄기운이 뜰에 가득하여 가둘 수 없는데, 붉은 살구꽃 가지 하나가 담을 넘어온다.(송宋 섭소옹葉紹翁,《유원불치游園不值》)
가을 낙엽 사각사각 끝없이 떨어지지만, 장강은 세차게 끊임 없이 굽이쳐 흐른다.(당唐 두보杜甫,《등고登高》)
•蕭蕭: 낙엽이 떨어지는 소리.

河以委蛇故能遠, 山以陵遲故能高.
하 이 위 이 고 능 원　산 이 능 지 고 능 고

凡物各自有根本, 種禾終不生豆苗.
범 물 각 자 유 근 본　종 화 종 불 생 두 묘

강물은 구불구불하기 때문에 멀리 흐를 수 있고, 산은 구릉이 이어져 있기 때문에 높을 수 있다.(한漢 유향劉向,《설원說苑》건본建本)
모든 사물에는 각기 근본이 있으니, 벼이삭을 심으면 결코 콩싹이 나지 않는다.(당唐 고황顧況,《행로난行路難》)
•委蛇: 逶迤와 같음. 구불구불한 모양.　•陵遲: 구릉이 이어져 있다.《文子·上仁》편에는『河以逶迤故能遠, 山以陵遲故能高, 道以優游故能化』라는 기록이 있다.

茂林之下無豊草,　大塊之閒無美苗.
무 림 지 하 무 풍 초　대 괴 지 한 무 미 묘

溪澗豈能留得住,　終歸大海作波濤.
계 간 기 능 유 득 주　종 귀 대 해 작 파 도

빽빽한 숲 속에는 풍성한 화초가 없고, 큰 흙덩이 사이에는 좋은 싹아 없다.
(한漢 환관桓寬,《염철론鹽鐵論》경중輕重)

산골짜기 물이 어찌 머물 수 있는가? 종당에는 바다로 흘러 파도를 일으
킨다.(당唐 이침李忱,《폭포연구瀑布聯句》)

小荷才露尖尖角,　已有蜻蜓在上頭.
소 하 재 로 첨 첨 각　이 유 청 정 재 상 두

山僧不解數甲子,　一葉落知天下秋.
산 승 불 해 수 갑 자　일 엽 락 지 천 하 추

작은 연꽃은 이제 막 뾰족한 끝을 드러내었는데, 잠자리 한 마리가 그 위
에 벌써 앉아 있다.(송宋 양만리楊萬里,《소지小池》)

산 속의 스님이 갑자 셈은 모르지만, 나뭇잎 하나만 떨어져도 가을이 왔
음을 안다.(송宋 당경唐庚,《문록文錄》)

一從梅粉褪殘妝,　塗抹新紅上海棠.
일 종 매 분 퇴 잔 장　도 말 신 홍 상 해 당

開到荼蘼花事了,　絲絲天棘出苺墻.
개 도 도 미 화 사 료　사 사 요 극 출 매 장

매화꽃 시든 후부터는 새로 붉은빛 칠한 해당화가 피어난다.

도미화가 피고 난 후에 멧대추나무의 어린 싹이 딸기꽃 핀 담장 위에 나
온다.(송宋 왕기王淇,《춘모유소원春暮游小園》)

• 一從: 自從과 같음. ~으로부터.　　• 殘妝: 꽃이 시듦을 말함.
• 荼蘼: 灌木. 가시가 있으며 여름에 흰꽃을 피움.　　• 天棘: 멧대추나무.
• 苺: 딸기꽃.

橫看成嶺側成峰, 遠近高低各不同.
횡 간 성 령 측 성 봉   원 근 고 저 각 부 동.

不識廬山眞面目, 只緣身在此山中.
불 식 여 산 진 면 목   지 연 신 재 차 산 중

　횡으로 보면 재가 되고 옆에서 보면 봉우리가 되니, 원근과 고저에 따라 각기 달라지는구나.
　여산의 진면목을 알지 못하고, 단지 몸만 이 산 속에 있구나.(송宋 소식蘇軾, 《제서림벽題西林壁》)

道體從來只貴通, 不容一物碍其中.
도 체 종 래 지 귀 통   불 용 일 물 애 기 중

泰山秋毫兩無窮, 巨細本在相形中.
태 산 추 호 양 무 궁   거 세 본 재 상 형 중

　도의 본체는 종래로 통달하는 것이 중요하고, 잡념이 하나라도 그 가운데를 막는 것을 용납치 않는다.(송宋 장구성張九成, 《횡포심전록橫浦心傳錄》)
　태산과 가을 터럭은 양극단이나, 크고작음은 본래 서로를 비교한 데 있다. (송宋 소식蘇軾, 《내가 영주에서 조덕린과 함께 서호를 노래하는 데 마무리를 짓지 못해 양주로 바꾸었다. 3월 10일에 서호에서 마무리를 지었는데, 조덕린의 시를 보고 시상이 떠올라 차운하노라 軾在潁州與趙德麟同治西湖, 未成, 改揚州. 三月十日湖成, 德麟詩見懷, 次其韻》)

　•泰山秋毫:《莊子》에 『天下莫大於秋毫之末而泰山爲小』라는 말이 나온다.

2

論政篇

治國有常, 利民爲本.
치 국 유 상   이 민 위 본

民惟邦本, 本固邦寧.
민 유 방 본   본 고 방 녕

국가를 통치하는 데는 원칙이 있는데, 백성을 이롭게 하는 것이 근본이다.
(《문자文子》 상의上義)

백성은 나라의 근본이며, 근본이 견고해야 나라가 안정된다.(《상서尙書》 오자
지가五子之歌)

•常: 원칙.　•邦: 국가.　•本: 근본.　•固: 견고하다.　•寧: 안녕하다.

治國之道, 必先富民.
치 국 지 도   필 선 부 민

治國常富, 亂國常貧.
치 국 상 부   난 국 상 빈

국가를 통치하는 방법은 반드시 우선적으로 백성을 부유하게 하는 것이다.
(《관자管子》 치국治國)

안정된 국가는 항상 부강하고, 혼란된 국가는 항상 빈곤하다.(《관자管子》 치
국治國)

•治國: 안정된 국가.　•亂局: 혼란한 국가.

政之所興, 在順民心.
정 지 소 흥   재 순 민 심
政之所廢, 在逆民心.
정 지 소 폐   재 역 민 심

정치가 흥성하는 까닭은 민심에 순응하는 데 있으며,
정치가 황폐하는 까닭은 민심에 역행하는 데 있다.(《관자管子》 목민牧民)

怨不在大, 可畏惟人,
원 부 재 대   가 외 유 인
載舟覆舟, 所宜深愼.
재 주 복 주   소 의 심 신

원한은 크기에 달려 있는 것이 아니며, 가장 두려운 것은 백성이다.
〔백성은 물과 같아〕배를 띄울 수도 있고 뒤집을 수도 있으니, 마땅히 깊이
삼가야 할 것이다.(당唐 위징魏徵, 《간태종십사소諫太宗十思疏》)
•惟: 문장 중간에 사용하는 어조사.

同胞共氣, 國家所憑.
동 포 공 기   국 가 소 빙
同心合意, 庶幾有成.
동 심 합 의   서 기 유 성

동포의 일치단결은 국가의 발전 요건이다.(《북제서北齊書》 효소기孝昭紀)
마음을 함께 하고 뜻을 합해야 성공을 바랄 수 있다.(《한서漢書》 광형전匡衡傳)
•憑: 의지하다.   •庶幾: 바라다. 거의.

得人者興, 失人者崩.
득 인 자 흥 실 인 자 붕

膏肓純白, 二竪不生.
고 황 순 백 이 수 불 생

민심을 얻는 사람은 일어나고, 민심을 잃는 사람은 무너진다.(《사기史記》 상
군열전商君列傳)

고황이 순백하면 병마가 생기지 않는다.(당唐 위징魏徵,《군서치요群書治要》 신감申鑒)

•崩: 무너지다.   •膏肓: 심장과 격막 사이의 부위.   •二竪: 병마를 가리킴. 竪는 아이.

積敝之後, 易致中興.
적 폐 지 후 이 치 중 흥

政通人和, 百廢俱興.
정 통 인 화 백 폐 구 흥

폐단이 오래 쌓인 후에는 중흥을 하기 쉽다.(《후한서後漢書》 이고열전李固列傳)

정치가 청명하고 백성이 화합하면 폐한 일이 모두 일어난다.(송宋 범중엄范
仲淹,《악양루기岳陽樓記》)

•積敝: 이미 오래 된 폐단.   •中興: 부흥.

不在其位, 不謀其政.
부 재 기 위 불 모 기 정

頭頭不了, 賬賬不淸.
두 두 불 료 장 장 불 청

그 직위에 있지 않으면 해당 정무를 생각하지 않는다.(《논어論語》 태백泰伯)

한 지역에 관리가 너무 많으면 오히려 일을 제대로 처리할 수 없다.(청淸
왕유광王有光,《오하언련吳下諺聯》)

怠情忽略, 必亂其政.
태 정 홀 략　필 란 기 정

爲祿仕者, 不能成政.
위 록 사 자　불 능 성 정

태만하고 소홀히 하는 태도는 반드시 정사를 문란하게 만든다.(《한서漢書》
공안국전孔安國傳)

명예를 위해 벼슬을 하는 사람은 정사를 잘 처리할 수 없다.(한漢 유향劉向,
《설원說苑》권1)

•怠情: 나태한 자태.　•忽略: 소홀히 하다.

蓄疑敗謀, 怠忽荒政.
축 의 패 모　태 홀 황 정

衆怒難任, 專欲難成.
중 노 난 임　전 욕 난 성

의심이 쌓이면 계략이 실패하고, 직무에 태만하면 정치를 황폐하게 만든다.
(《상서尙書》주관周官)

군중의 분노는 감당하기 어려우며, 자기의 고집대로만 하면 아무 일도 이
루어지지 않는다.(《좌전左傳》양공襄公 10년)

•任: 감당하다.　•專欲: 자기의 고집대로만 하다.

一葉蔽目, 不見泰山;
일 엽 폐 목　불 견 태 산

兩豆塞耳, 不聞雷霆.
양 두 색 이　불 문 뇌 정

나뭇잎 하나가 눈을 가리면 태산도 보이지 않고,
콩 두 알로 귀를 막으면 우뢰 소리도 들리지 않는다.(《할관자鶡冠子》천칙天則)

饑馬在廄, 寂然無聲;
기 마 재 구　 적 연 무 성

投芻其旁, 爭心乃生.
투 추 기 방　 쟁 심 내 생

굶주린 말이 마구간에 있으면 고요히 아무 소리도 없지만,
그 옆에 꼴을 던져 주면 다투는 마음이 생겨난다.(《의림意林》 문중자文中子)
•廄: 마구간.　•芻: 말이나 소의 먹이인 꼴.

善爲國者, 順民之意.
선 위 국 자　 순 민 지 의

善爲政者, 必重民力.
선 위 정 자　 필 중 민 력

나라를 잘 다스리는 사람은 백성의 뜻에 순응한다.(《전국책戰國策》 제책齊策)
정치를 잘하는 사람은 반드시 인력 자원을 중시한다.(송宋 양시楊時,《이정수언
二程粹言》 논정책論政策)

饑在賤農, 寒在惰織.
기 재 천 농　 한 재 타 직

墙高基下, 雖得必失.
장 고 기 하　 수 득 필 실

굶주림은 농업을 천시한 데 원인이 있고, 추위는 방직을 태만하게 한 데
원인이 있다.(송宋 장상영張商英,《소서素書》)
담이 높더라도 기반이 허술하면 비록 다 짓더라도 반드시 무너질 것이다.
(《후한서後漢書》 곽태열전郭太列傳)

人之亂也, 由奪其食;
인 지 란 야　유 탈 기 식

人之危也, 由奪其力.
인 지 위 야　유 탈 기 력

백성들이 반란하는 것은 그들의 양식을 빼앗기 때문이고,
백성들이 나라를 위태하게 만드는 것은 그들의 노동력을 빼앗기 때문이다.
(원元 등목鄧牧, 《백아금伯牙琴》이도吏道)

和羹之美, 在於合異;
화 갱 지 미　재 어 합 이

上下之益, 在能相濟.
상 하 지 익　재 능 상 제

간을 맞춘 국의 좋은 맛은 여러 조미료를 합하는 데 달려 있으며,
상하지간에 사이좋게 지내는 것은 서로 도와 줄 수 있느냐에 달려 있다.
(청淸 신함욱申涵煜, 《성심단어省心短語》)
•羹: 국.　•濟: 돕다. 구제하다.

有覺德行, 四國順之.
유 각 덕 행　사 국 순 지

知賢而讓, 可以訓矣.
지 현 이 양　가 이 훈 의

정직한 덕행이 있으면 천하 사람들이 그에게 귀순할 것이다.(《좌전左傳》양
공襄公 21년)
　현인에게 지위를 양보할 줄 아는 사람은 본보기가 될 만하다.(《춘추외전春秋
外傳》)
•覺: 곧다. 정직하다.　•四國: 즉 사방을 가리킴.　•訓: 본보기. 법칙.

欲知平直, 則必準繩;
욕 지 평 직   즉 필 준 승

欲知方圓, 則必規矩.
욕 지 방 원   즉 필 규 구

수평과 수직을 알려면 반드시 수준기와 먹줄이 있어야 하고,
방형과 원형을 알려면 반드시 그림쇠와 곱자가 있어야 한다.(《여씨춘추呂氏
春秋》 자지自知)

•準: 수평을 재는 기계, 즉 수준기.　•繩: 직선을 그리는 줄, 즉 먹줄.

其所善者, 吾則行之;
기 소 선 자   오 즉 행 지

其所惡者, 吾則改之.
기 소 오 자   오 즉 개 지

남들이 좋아하는 것은 내가 행할 것이며,(《좌전左傳》 양공襄公 30년)
남들이 싫어하는 것은 내가 고칠 것이다.(《좌전左傳》 양공襄公 31년)

百亂之源, 皆出嫌疑.
백 란 지 원   개 출 혐 의

謀夫孔多, 是用不集.
모 부 공 다   시 용 부 집

모든 난리의 근원은 혐의에서 나온다.(《춘추번로春秋繁露》 도제度制)
계책을 내는 사람이 너무 많으면 이로 인해 일이 이루어지지 않는다.(《시경
詩經》 소아小雅)

•謀夫: 계책을 내는 사람.　•孔: 크다. 심하다.　•是用: 이로 인해.
•集: 일이 이루어지다.

威而不猛, 忿而不怒,
위 이 불 맹　　분 이 불 노
憂而不懼, 悅而不喜.
우 이 불 구　　열 이 불 희

위엄이 있지만 사납지 않고, 성을 내지만 노여워하지 않으며,
우려하지만 두려워하지는 않고, 기쁘지만 희색을 나타내지는 않는다.(삼국
三國 촉蜀 제갈양諸葛亮,《상벌賞罰》)
•威: 위엄. •猛: 사납다. •忿: 憤과 같음. 성내다. •懼: 두려워하다.

論功報賞, 不及有勞,
논 공 보 상　　불 급 유 로
朝野失望, 人懷二志.
조 야 실 망　　인 회 이 지

공을 따져 상을 주는 데 있어서 공로가 있는 사람이 받지 못하면,
조정과 재야가 모두 실망하여 사람들이 두 마음을 품게 된다.(《태평어람太平
御覽》병부兵部 경비警備)

有文事者, 必有武備.
유 문 사 자　　필 유 무 비
有武事者, 必有文備.
유 무 사 자　　필 유 문 비

정치 투쟁을 하려면 반드시 군사적인 준비가 있어야 하고,
무장 투쟁을 하려면 반드시 정치적인 준비가 있어야 한다.(《공자가어孔子家語》)

人之所欲, 莫不有辭.
인 지 소 욕 막 불 유 사
重足而立, 側目而視.
중 족 이 립 측 목 이 시

사람이 하려는 일에 구실이 없는 것은 없다.(《삼국지三國志》 위서魏書 진군전陳
群傳)
두 다리를 겹쳐서 서고, 두 눈을 옆으로 해서 본다.(《사기史記》 급정열전汲鄭列傳)
•辭: 말. 핑계.　　•重足: 두 다리를 겹치다.　　•側目: 곁눈질하다.

月暈而風, 礎潤而雨.
월 훈 이 풍 초 윤 이 우
欲觀千歲, 則數今日.
욕 관 천 세 즉 수 금 일

달무리가 지면 바람이 불고, 주춧돌이 젖으면 비가 온다.(《변간론辨奸論》)
천 년 전의 일을 보려면 오늘로부터 세어야 한다.(《순자荀子》 비상非相)
•月暈: 달무리.　　•礎潤: 주춧돌이 젖다.　　•千歲: 세월이 오래다.
•數: 세다.

去一利百, 民乃慕澤;
거 일 리 백 민 내 모 택
去一利萬, 政乃不亂.
거 일 리 만 정 내 불 란

악인 한 명을 제거하여 백 사람에게 이익을 주면, 백성들이 그 은택을 흠
모하고,
악인 한 명을 제거하여 만 사람에게 이익을 주면, 정치가 혼란스럽게 되
지 않는다.(한漢 황석공黃石公, 《삼략三略》)

兼聽則明, 偏聽則暗.
겸 청 즉 명　편 청 즉 암

偏聽生奸, 獨任成亂.
편 청 생 간　독 임 성 란

　여러 사람의 의견을 들으면 밝게 되고, 한 사람의 의견만 들으면 어둡게
된다.(《자치통감資治通鑑》 당태종唐太宗 정관貞觀 2년)
　편파적으로 의견을 들으면 간신이 생겨나고, 한 사람에게 정치를 맡기면
난국이 조성된다.(한漢 추양鄒陽, 《옥중상양왕서獄中上梁王書》)

務先大體, 鑒必窮源.
무 선 대 체　감 필 궁 원

乘一總萬, 擧要治繁.
승 일 총 만　거 요 치 번

　먼저 근본적인 것에 힘써야 하고, 사물을 관찰하려면 반드시 근원을 궁구
해야 한다.
　하나를 이용해서 만 가지를 총괄하고, 요점을 들어 복잡한 일을 처리한다.
(남조南朝 양梁 유협劉勰, 《문심조룡文心雕龍》 총술總術)

博覽兼聽, 謀及疏賤.
박 람 겸 청　모 급 소 천

得衆動天, 美意延年.
득 중 동 천　미 의 연 년

　책을 널리 읽고 여러 의견을 들으며, 관계가 소원한 사람이나 미천한 사
람과도 상의를 한다.(《한서漢書》 매복전梅福傳)
　군중을 얻으면 하늘을 움직일 수 있고, 마음을 즐겁게 가지면 장수할 수
있다.(《순자荀子》 치사致士)
•美意: 즐거워하다.　•延年: 수명을 연장시키다. 장수하다.

功崇惟志, 業廣惟勤;
공 숭 유 지　업 광 유 근
惟克果斷, 乃罔後艱.
유 극 과 단　내 망 후 간

　위대한 공훈을 세우려면 원대한 뜻을 가져야 하고, 사업을 확대하려면 부지런해야 한다.
　과단성 있게 일을 처리해야 후환이 없게 된다.(《상서尙書》주관周官)

無德不貴, 無能不官;
무 덕 불 귀　무 능 불 관
無功不賞, 無罪不罰.
무 공 불 상　무 죄 불 벌

　덕이 없는 사람은 존경을 받지 못하고, 능력이 없는 사람은 관리가 되지 못하며,
　공로가 없는 사람은 상을 받지 못하고, 죄가 없는 사람은 벌을 받지 않는다.
(《순자荀子》왕제王制)

國家大事, 唯賞與罰.
국 가 대 사　유 상 여 벌
疑似之迹, 不可不察.
의 사 지 적　불 가 불 찰

　국가 흥망의 대사는 오직 상과 벌이다.(당唐 오긍吳兢,《정관정요貞觀政要》봉건封建)
　의심스러운 기미는 반드시 살펴야 한다.(《여씨춘추呂氏春秋》의사疑似)
•迹: 기미.

因事而制, 事已則罷.
인 사 이 제　사 이 즉 파

訾衛之人, 勿與任大.
자 위 지 인　물 여 임 대

일에 따라 기구를 설치하고, 일이 끝나면 이를 해체한다.(《신당서新唐書》백관
제百官制)

남을 헐뜯기 좋아하는 사람에게는 대임을 맡기지 말라.(《관자管子》형세形勢)

•訾: 헐뜯다.

稱身居位, 不爲苟進;
칭 신 거 위　불 위 구 진

秤事受祿, 不爲苟得.
칭 사 수 록　불 위 구 득

자기의 능력을 헤아려서 자리에 앉아 있고, 구차하게 나아가려고 하지 말며,
일의 공로를 헤아려서 봉록을 받고, 구차하게 얻으려고 하지 말라.(《안자춘
추晏子春秋》내편문하內篇問下)

•祿: 봉록.　　•苟: 구차하다.

始於憂勤, 終於逸樂.
시 어 우 근　종 어 일 락

罔遊於逸, 罔淫於樂.
망 유 어 일　망 음 어 락

근심과 고통으로 시작하고 안일과 쾌락으로 끝난다.(《사기史記》사마상여열전
司馬相如列傳)

방종하게 놀지 말고, 쾌락을 탐닉하지 말라.(《상서尙書》대우모大禹謨)

•罔: 금지사. ~하지 말라.　•遊: 놀다.　•逸: 방종하다.　•淫: 지나치다.

聖人千慮, 必有一失;
성 인 천 려 필 유 일 실

愚人千慮, 必有一得.
우 인 천 려 필 유 일 득

성인도 천 가지를 생각하면 반드시 한 가지 빠뜨리는 것이 있고,
바보도 천 가지를 생각하면 반드시 한 가지 얻는 것이 있다.(《안자춘추晏子
春秋》잡하雜下)

置本不固, 無務豊末.
치 본 불 고 무 무 풍 말.

推古驗今, 所以不惑.
추 고 험 금 소 이 불 혹

근본을 제쳐두고 공고히 하지 않는다면 풍성한 결말을 바라지 말아야 한다.
(한漢 유향劉向, 《설원說苑》건본建本)
과거를 연구하고 현재를 검증하면 미혹되지 않을 것이다.(송宋 장상영張商英,
《소서素書》)
•推: 연구하다.

衆怒難任, 蓄怨終泄.
중 노 난 임 축 원 종 설

劍閣雖嶽, 憑之者蹶.
검 각 수 료 빙 지 자 궐

군중의 분노는 감당하기 어렵고, 원한이 쌓이면 결국은 발설하게 된다.(당
唐 육지陸贄, 《봉천청파경림奉天請罷瓊林》대영이고장大盈二庫狀)
검각이 비록 높기는 하지만 그곳에만 의지하는 사람은 실패할 것이다.(진
晉 좌사左思, 《위도부魏都賦》)
•嶽: 높다.   •蹶: 넘어지다. 실패나 좌절을 비유함.

天下之勢, 以漸而成;
천 하 지 세　이 점 이 성

天下之事, 以積而固.
천 하 지 사　이 적 이 고

천하의 형세는 점차적으로 이루어지는 것이며,
천하의 일은 쌓여서 공고하게 되는 것이다.(《격언연벽格言聯璧》지궁류持躬類)
•固: 견고하다.

仁函於膚, 刃莫畢屠.
인 함 어 부　인 막 필 도

得道多助, 失道寡助.
득 도 다 조　실 도 과 조

인이 피부 속에 포용되어 있으면, 칼로도 백성을 굴복시킬 수 없다.(당唐 유
종원柳宗元, 《정부병서貞符幷序》)
정의에 부합하면 돕는 사람이 많고, 정의에 부합하지 않으면 돕는 사람이
적다.(《맹자孟子》 공손추하公孫丑下)
•函: 포함하다.　•膚: 살갗. 여기서는 민심을 가리킴.　•畢屠: 전부 죽여 없애다.
•寡: 적다. 없다.

民少官多, 十羊九牧.
민 소 관 다　십 양 구 목

尸位浪職, 雖貴必黜.
시 위 낭 직　수 귀 필 출

백성이 적고 관리가 많으면 마치 양 열 마리에 양치기가 아홉인 것과 같다.
(《수서隋書》 양상희전楊尙希傳)
자리만 차지하고 국록만 먹으면 비록 지위가 높다 하더라도 반드시 쫓겨
난다.(당唐 손초孫樵, 《여고석망서與高錫望書》)
•尸位: 하는 일 없이 먹기만 하다.　•浪職: 직무를 태만히 하다.
•黜: 쫓겨나다. 파면되다.

上不信下, 下不信上,
상 불 신 하　하 불 신 상

上下離心, 以至於敗.
상 하 리 심　이 지 어 패

웃사람이 아랫사람을 불신하면 아랫사람도 웃사람을 불신하게 되며,
상하가 서로 배반하면 패망에 이르게 된다.(송宋 사마광司馬光, 《자치통감資治通鑑》 주기周紀)

食李出核, 治國去賊.
식 리 출 핵　치 국 거 적

諸君怯懧, 乃是譽賊.
제 군 겁 나　내 시 예 적

오얏을 먹으려면 씨를 뱉아야 하고, 나라를 다스리려면 간적을 제거해야
한다.(청淸 비석황費錫璜, 《아어兒語》)
여러분이 겁이 많아 일을 두려워하면, 명예만을 추구하는 무리가 될 것이다.
(《진서晉書》 소준전蘇峻傳)
•懧: 懦와 통용. 나약하다.　•譽: 명예.　•賊: 民賊 혹은 國賊.

一張一弛, 文武之道.
일 장 일 이　문 무 지 도

大尾小頭, 重不可搖.
대 미 소 두　중 불 가 요

활시위를 죄었다 풀었다 하는 것은 문왕과 무왕의 방법이다.(《예기禮記》 잡
기하雜記下)
꼬리가 크고 머리가 작으면 무거워서 움직일 수 없다.(《의림意林》 함咸)
•張: 활시위를 당기다. 여기서는 엄격하다.　•弛: 활시위를 풀다. 여기서는 관대하다.
•文武: 주나라를 세운 군주인 문왕과 무왕.

人平不語, 水平不流.
인 평 불 어　수 평 불 류

水可載舟, 亦可覆舟.
수 가 재 주　역 가 복 주

사람은 평등하게 대해 주면 원망의 말이 없고, 물은 평평하게 하면 흐르지 않는다.(송宋 석유백釋惟白, 《속전등록續傳燈錄》 권23)
　물은 배를 실을 수도 있지만 배를 뒤집을 수도 있다.(《후한서後漢書》 황보장단열전皇甫張段列傳)

苟利於民, 不必法古;
구 리 어 민　불 필 법 고

苟周於世, 不必循舊;
구 주 어 세　불 필 순 구

진실로 백성에게 이익이 된다면 옛법을 본받을 필요가 없고,
　진실로 세상에 도움이 된다면 옛규범을 따를 필요가 없다.(《회남자淮南子》 범론훈氾論訓)
　•周: 구휼하다.

君子在野, 小人在位;
군 자 재 야　소 인 재 위

民棄不保, 天降之咎.
민 기 불 보　천 강 지 구

군자가 재야에 있고, 소인이 높은 지위에 있으면,
　백성이 버려져서 불안하게 되어 하늘이 재앙을 내릴 것이다.(《상서尙書》 대우모大禹謨)
　•咎: 재앙.

道高一尺, 魔高一丈.
도 고 일 척　마 고 일 장
智以險昌, 愚以險亡.
지 이 험 창　우 이 험 망

도의 높이는 1척이고, 마의 높이는 1장이다.(명明 오승은吳承恩,《서유기西遊記》
제50회)
지혜로운 사람은 험한 지세로 인해 창성하고, 우둔한 사람은 험한 지세로
인해 망한다.(《백거이집白居易集》책림策林)
•道: 佛家에서 수행이 상당한 단계에 이른 것을 道라고 함.
•險: 험준한 지세.

得時者昌, 失時者亡.
득 시 자 창　실 시 자 망
天下雖興, 好戰必亡.
천 하 수 흥　호 전 필 망

때를 얻는 사람은 창성하고, 때를 잃는 사람은 패망한다.(《열자列子》설부說符)
천하가 비록 흥성하더라도 전쟁을 좋아하면 반드시 멸망한다.(《백거이집白居
易集》책림策林)

因喜用賞, 賞不必當;
인 희 용 상　상 불 필 당
因怒用罰, 罰不必當.
인 노 용 벌　벌 불 필 당

일시의 기쁨으로 인해 상을 주면, 이 상은 반드시 타당치 못하고,
일시의 노여움으로 인해 벌을 주면, 이 벌은 반드시 타당치 못하다.(《전공양
측어상錢公良測語上》치본治本)
•因: 의거하다.

居上克明, 爲下克忠.
거 상 극 명 위 하 극 충
陟罰臧否, 不宜異同.
척 벌 장 비 불 의 이 동

윗자리에 있는 사람이 청명하면, 아랫사람은 충성을 다할 수 있다.(《상서尙書》 이천伊川)

승급시키고 좌천시키며 남의 잘잘못을 평가하는 데 차별을 두어서는 안 된다.(《제갈양집諸葛亮集》 전출사표前出師表)

•克: ~할 수 있다.   •明: 청명하다.   •陟: 승급시키다.
•臧否: 남의 잘잘못을 평가하다.

疑行無成, 疑事無功.
의 행 무 성 의 사 무 공
寡事成功, 謂之知用.
과 사 성 공 위 지 지 용

행동을 주저하면 성취할 수 없고, 일처리를 주저하면 성공할 수가 없다.
(《상군서商君書》 경법更法)

일을 적게 하고 공을 이루는 것을 〈지용〉이라고 한다.(《관자管子》 계戒)

板築以時, 無奪農功.
판 축 이 시 무 탈 농 공
當官力爭, 無爲面從.
당 관 력 쟁 무 위 면 종

토목 공사는 정해진 시기에 하고 농사철을 빼앗지 말라.(한漢 유향劉向,《설원說苑》 건본建本)

상관에게 힘껏 간해야 하며, 면전에서만 복종하는 체하지 말라.(송宋 사마광司馬光,《자치통감資治通鑑》 당기唐紀)

開國承家, 小人勿用.
개 국 승 가　소 인 물 용

一國三公, 吾誰適從.
일 국 삼 공　오 수 적 종

나라를 개창하고 가업을 계승하려면 소인은 등용하지 말라.(《역경易經》건전乾傳 사師)

한 나라에 군주가 세 명이라면 내가 누구를 따라야 하는가?(《좌전左傳》희공僖公 5년)

•承: 계승하다.　•適: 마땅히.

觀今宜鑒古, 無古不成今.
관 금 의 감 고　무 고 불 성 금

先師有遺訓, 憂道不憂貧.
선 사 유 유 훈　우 도 불 우 빈

현재를 보려면 마땅히 과거를 거울로 삼아야 하며, 과거가 없으면 현재가 성립될 수 없다.(《증광현문增廣賢文》)

공자가 남긴 교훈이 있는데, 도를 근심하고 가난을 근심하지 말라.(진晉 도연명陶淵明,《계묘세시춘회고癸卯歲始春懷古》)

•先師: 孔子에 대한 존칭.　•遺訓: 남긴 교훈.

國之本在家, 家之本在身.
국 지 본 재 가　가 지 본 재 신

國以民爲根, 民以穀爲命.
국 이 민 위 근　민 이 곡 위 명

나라의 근본은 집안에 있고, 집안의 근본은 일신에 있다.(《맹자孟子》이루상離婁上)

나라는 백성을 근본으로 삼고, 백성은 곡식을 생명으로 여긴다.(당唐 위징魏徵,《군서치요群書治要》정론政論)

安危在出令, 存亡在所任.
안 위 재 출 령　존 망 재 소 임

正法以齊官, 平政以齊民.
정 법 이 제 관　평 정 이 제 민

안녕과 위태함은 명령을 발포하는 데 달려 있고, 생존과 멸망은 임용한 사람에게 달려 있다.(《사기史記》초원왕세가楚元王世家)

법을 바로잡아 관리를 잘 다스리고, 정치를 공평하게 해서 백성을 잘 다스린다.(《순자荀子》부국富國)

•齊: 가지런하게 하다.

喜樂無羨賞, 憤怒無羨刑.
희 락 무 연 상   분 노 무 연 형
不爲近重施, 不爲遠遺恩.
불 위 근 중 시   불 위 원 유 은

　기쁘다고 해서 상을 남발해서는 안 되고, 분노했다고 해서 형벌을 남발해
서는 안 된다.(《안자춘추晏子春秋》문하問下)
　가까운 사람이라고 해서 중상重賞을 내려서는 안 되고, 관계가 멀다고 해
서 은상恩賞을 빠뜨리면 안 된다.(한漢 환관桓寬,《염철론鹽鐵論》지광地廣)
　•羨: 함부로 하다.

有田則有民, 有民則有兵.
유 전 즉 유 민   유 민 즉 유 병
治本而節用, 則天下不貧.
치 본 이 절 용   즉 천 하 불 빈

　토지가 있으면 백성이 있고, 백성이 있으면 병사가 있다.(송宋 양시楊時,《이
정수언二程粹言》논정편論政篇)
　근본을 잘 다스리고 소비를 줄이면 천하는 가난하지 않게 된다.(《순자荀子》
천륜天倫)

興廢由人事, 山川空地形.
흥 폐 유 인 사   산 천 공 지 형
四海變秋氣, 一室難爲春.
사 해 변 추 기   일 실 난 위 춘

　국가의 흥망은 사람이 한 일에 의해 결정되며, 산천의 험준함에 달려 있
는 것이 아니다.(당唐 유우석劉禹錫,《금릉회고金陵懷古》)
　온 천하가 가을 날씨로 변하면 한 집이 봄을 유지하기는 어렵다.(청淸 공자
진龔自珍,《自春徂秋, 偶有所觸, 拉雜書之, 漫不詮次, 得十五首》)
　•興廢: 국가의 흥망. 　•人事: 사람이 한 일. 　•地形: 지세의 험준함을 가리킨다.
　•秋氣: 국가의 쇠망을 비유한 말.

令苛則不聽, 禁多則不行.
영 가 즉 불 청　금 다 즉 불 행

若將除害馬, 愼勿信蒼蠅.
약 장 제 해 마　신 물 신 창 승

　법령이 가혹하면 따르지 않고, 금령이 많으면 시행되지 않는다.(《여씨춘추呂
氏春秋》 적위適威)
　만약 해로운 말을 제거하고자 한다면, 삼가 쉬파리 소리를 믿지 말라.(당唐
고적高適, 《충팽중승판관지령외시充彭中丞判官之嶺外詩》)

帳中看日月, 豈能辨陰晴.
장 중 간 일 월　기 능 변 음 청

隔墉聽鍾鼓, 豈能辨宮笙.
격 용 청 종 고　기 능 변 궁 생

　장막 속에서 해와 달을 보고서 어떻게 흐리고 맑음을 구별할 수 있겠는가?
　높은 담을 사이에 두고 종과 북소리를 듣고서 어떻게 오음과 악기를 구별
할 수 있겠는가?(청淸 위원魏源, 《명말초석제선사화삼성시明末楚石諸禪師和三聖詩》)
　•墉: 성벽. 일반적으로 높은 담을 가리킴.
　•宮: 五音(宮·商·角·徵·羽)의 하나.　　•笙: 생황. 관악기의 일종.

思國之安者, 必積其德義.
사 국 지 안 자　필 적 기 덕 의

古人大業成, 皆自憂患始.
고 인 대 업 성　개 자 우 환 시

　국가의 안녕을 생각하는 사람은 반드시 자기의 덕의를 많이 쌓는다.(당唐
위징魏徵, 《간태종십사소諫太宗十思疏》)
　옛사람이 대업을 이룬 것은 모두 우환에서부터 시작되었다.(청淸 유암劉巖,
《증인贈人》)

艱難同草創, 得失計毫釐.
간 난 동 초 창 득 실 계 호 리

千鈞勢易壓, 一柱力難搘.
천 균 세 이 압 일 주 력 난 지

처음 창업할 때는 항상 어려우며, 성공과 실패는 아주 작은 것에서 결정
된다.(《번천문집樊川文集》화야인은잠지제주필역십사운和野人殷潛之題籌筆驛十四韻)
1천 균의 기세는 누르기 쉽지만 한 기둥의 힘은 지탱하기가 어렵다.(당唐
백거이白居易,《대서일백운기미지代書一百韻寄微之》)

•草創: 일의 시작.   •毫釐: 극히 작은 수를 형용하는 말.   •搘: 지탱하다.

物必先腐也, 而後蟲生之;
물 필 선 부 야 이 후 충 생 지

人必先疑也, 而後讒入之.
인 필 선 의 야 이 후 참 입 지

사물은 반드시 스스로 먼저 썩고 난 후에 벌레가 생기며,
사람은 반드시 스스로 먼저 의심을 한 후에 비방이 들어온다.(송宋 소식蘇軾,
《범증론范增論》)

計功而行賞, 程能而授事.
계 공 이 행 상 정 능 이 수 사

有能則擧之, 無能則下之.
유 능 즉 거 지 무 능 즉 하 지

공을 따져서 상을 주고, 능력에 따라 일을 맡긴다.(《한비자韓非子》 팔설八說)
능력이 있으면 천거하고, 능력이 없으면 내려보낸다.(《묵자墨子》 상현상尙賢上)

•程能: 능력을 헤아리다. 程은 헤아리다는 의미.

•擧: 천거하다.   •下: 파면하다.

高者未必賢, 下者未必愚.
고 자 미 필 현   하 자 미 필 우

能者不可弊, 敗者不可飾.
능 자 불 가 폐   패 자 불 가 식

높은 사람이 반드시 현명한 것은 아니며, 낮은 사람이 반드시 우둔한 것은 아니다.(한漢 유향劉向, 《설원說苑》 설총說叢)

능력 있는 사람은 덮어 감출 수 없고, 능력 없는 사람은 꾸밀 수 없다.(《한비자韓非子》 유도有度)

•弊: 蔽와 통용. 덮어 가리다.   •敗: 쇠미하다. 여기서는 무능함을 가리킴.

林中不賣薪, 湖上不鬻魚.
임 중 불 매 신   호 상 불 육 어

物豊則欲省, 求澹則爭止.
물 풍 즉 욕 성   구 담 즉 쟁 지

숲 속에서는 땔감을 팔 수 없고, 호숫가에서는 물고기를 팔 수 없다.(《회남자淮南子》 제속훈齊俗訓)

물건이 풍부하면 욕심이 적고, 욕구가 적으면 다툼이 그친다.(《회남자淮南子》 제속훈齊俗訓)

•鬻: 팔다.   •澹: 淡과 통용. 담박하다.

求木之長者, 必固其根本.
구 목 지 장 자   필 고 기 근 본

欲流之遠者, 必浚其泉源.
욕 류 지 원 자   필 준 기 천 원

나무가 크게 자랄 것을 바란다면 반드시 그 뿌리를 견고히 해야 하고, 샘물이 멀리 흐르기를 바란다면 반드시 그 원천을 소통시켜야 할 것이다.
(당唐 위징魏徵, 《간태종십사소諫太宗十思疏》)

•浚: 소통시키다.

有事須相問, 平章莫自專.
유 사 수 상 문　평 장 막 자 전
開敢諫之路, 納逆己之言.
개 감 간 지 로　납 역 기 지 언

일이 있으면 모름지기 서로 상의해야 하고, 일을 계획하는 데 한 사람이
독단해서는 안 된다.(《전당시보일全唐詩補逸》 왕범지시王梵志詩)
　과감하게 간언하는 길을 열어야 하고, 자기를 거역하는 말을 받아들여야
한다.(《부자傅子》 통지편通志篇)
• 平章: 일을 계획하다.　• 諫: 간언하다. 아랫사람이 윗사람에 대해 함.
• 逆: 거역하다.

以書爲御者, 不盡馬之情;
이 서 위 어 자　부 진 마 지 정
以古制今者, 不達事之變.
이 고 제 금 자　부 달 사 지 변

책에 따라 말을 모는 사람은 말의 습성을 다 알지 못하고,
　옛제도로 현재를 단속하는 사람은 사물의 변화에 밝지 못하다.(《전국책戰國
策》 조책趙策)

得衆則得國, 失衆則失國.
득 중 즉 득 국　실 중 즉 실 국
世質則官少, 世文則吏多.
세 질 즉 관 소　세 문 즉 이 다

대중을 얻으면 나라를 얻고, 대중을 잃으면 나라를 잃는다.(《예기禮記》 대학
大學)
　세상이 질박하면 관직이 적고, 세상이 화려하면 관리가 많다.(《부자傅子》 수
직편授職篇)
• 質: 질박하다.　• 文: 겉만 화려하다.

安危在是非, 不在於强弱.
안 위 재 시 비　불 재 어 강 약

盡美固可揚, 片善亦不遏.
진 미 고 가 양　편 선 역 불 알

　안녕과 위태함은 옳고 그름에 달려 있는 것이며, 강하고 약함에 달려 있는 것이 아니다.(《한비자韓非子》안위安危)

　더없이 아름다운 것은 물론 극구 찬양해야 하지만, 작은 선행도 막아서는 안 된다.(당唐 맹교孟郊, 《투소지投所知》)

　•遏: 막다.

積力之所擧, 則無不勝也;
적 력 지 소 거　즉 무 불 승 야

衆智之所爲, 則無不成也.
중 지 지 소 위　즉 무 불 성 야

　힘을 모아 하면 이기지 못하는 것이 없고,
　지혜를 모아 하면 이루지 못하는 것이 없다.(《회남자淮南子》주술훈主術訓)

泉竭則流涸, 根朽則葉枯.
천 갈 즉 유 학　근 후 즉 엽 고

悔在於任疑, 孼在於屠戮.
회 재 어 임 의　얼 재 어 도 륙

　샘이 고갈되면 물흐름이 마르고, 뿌리가 썩으면 잎사귀가 시든다.(삼국三國 위魏 조경曹冏, 《육대론六代論》)

　후회는 남을 믿지 못하는 데 있고, 재앙은 무고한 사람을 죽이는 데 있다.
(《위료자尉繚子》십이릉十二陵)

　•涸: 마르다.　　•孼: 재앙.

曲言惡者誰? 悅耳如彈絲.
곡 언 오 자 수　열 이 여 탄 사

直言好者誰? 逆耳似長錐.
직 언 호 자 수　역 이 사 장 추

아첨하는 말을 싫어하는 사람은 누구인가? 거문고를 타는 것처럼 귀에 듣기 좋다.

비평하는 말을 좋아하는 사람은 누구인가? 긴 송곳으로 찌르는 것처럼 귀에 거슬린다.(당唐 가도賈島, 《송심수재送沈秀才》)

•曲言: 아첨하는 말.

上邪下難正, 衆枉不可矯.
상 사 하 난 정　중 왕 불 가 교

淸談誤人國, 閉門不敢效.
청 담 오 인 국　폐 문 불 감 효

위가 비뚤어져 있으면 아래가 단정하기 어렵고, 대중이 굽어 있으면 바로잡을 수가 없다.(남조南朝 송宋 하승천何承天, 《상사편上邪篇》)

청담은 사람과 국가를 잘못되게 하므로, 문을 닫고 감히 본받지 않는다.(청淸 오가기吳嘉紀, 《유은수사자경사도劉殷授士子經史圖》)

•矯: 바로잡다.

夫君者舟也, 庶人者水也.
부 군 자 주 야　서 인 자 수 야

水所以載舟, 亦所以覆舟.
수 소 이 재 주　역 소 이 복 주

무릇 군주는 배이고, 백성은 물이다.

물은 배를 실을 수도 있고, 배를 뒤집을 수도 있다.(《공자가어孔子家語》 오의해五儀解)

•庶人: 일반 백성.

家貧思良妻, 國亂思良相.
가 빈 사 양 처　국 란 사 양 상

道存則國存, 道亡則國亡.
도 존 즉 국 존　도 망 즉 국 망

　집안이 가난하면 좋은 아내를 생각하게 되고, 나라가 혼란하면 훌륭한 재상을 생각하게 된다.(《자치통감資治通鑑》주기周紀)

　도가 존재하면 국가도 존재하고, 도가 쇠망하면 국가도 쇠망한다.(《한시외전韓詩外傳》)

　•道: 정기.

兩葉能蔽目, 雙豆能塞聰.
양 엽 능 폐 목　쌍 두 능 새 총

一世之禍輕, 歷代之罪重.
일 세 지 화 경　역 대 지 죄 중

　잎사귀 두 개면 눈을 가릴 수 있고, 콩 두 알이면 귀를 막을 수 있다.(당唐 섭이중聶夷中,《잡흥雜興》)

　한 세대에 만들어진 재앙은 가볍지만, 역대에 끼친 죄는 무겁다.(《전진문全晉文》권125 범영비왕필하안어范甯批王弼何晏語)

　•蔽: 가리다.　•聰: 귀가 밝다.

名不正則言不順, 言不順則事不成.
명 부 정 즉 언 불 순 언 불 순 즉 사 불 성
上好德則下無隱, 上惡貪則下恥爭.
상 호 덕 즉 하 무 은 상 오 탐 즉 하 치 쟁

  명칭이 바르지 않으면 말이 순조롭지 못하고, 말이 순조롭지 못하면 일이
이루어지지 않는다.(《논어論語》 자로子路)
  웃사람이 덕을 숭상하면 아랫사람이 숨기는 것이 없게 되고, 웃사람이 탐욕을
싫어하면 아랫사람이 다투는 것을 부끄럽게 여긴다.(《공자가어孔子家語》 왕언王言)

不畏浮雲遮望眼, 只緣身在最高屋.
불 외 부 운 차 망 안 지 연 신 재 최 고 옥
寧爲宇宙閑吟客, 怕作乾坤竊祿人.
영 위 우 주 한 음 객 파 작 건 곤 절 록 인

  뜬구름이 멀리 보는 눈을 가린다고 걱정하지 않으면, 이로 인해 몸은 가
장 높은 집에 있게 된다.(송宋 왕안석王安石,《등비래봉登飛來峰》)
  우주를 한가롭게 노래하는 한량이 될지언정 녹을 훔치는 관리가 되지는
않겠다.(당唐 두순학杜荀鶴,《자서自敍》)

家怕先富而後貧, 政怕先寬而後緊.
가 파 선 부 이 후 빈 정 파 선 관 이 후 긴
勿施小惠傷大體, 無借公道遂私情.
물 시 소 혜 상 대 체 무 차 공 도 수 사 정

  집에서는 처음에 부유했다가 나중에 가난해지는 것이 두렵고, 정치에서는
처음에 관대하게 했다가 나중에 조이는 것이 두렵다.(청淸 신거운申居鄖,《서암췌
어西巖贅語》)
  작은 은혜를 베풀어 큰 원칙을 해치지 말고, 공적인 일을 빌어 사적인 정
분을 쫓지 말라.(《격언연벽格言聯璧》 지궁류持躬類)

近寺人家不重僧, 遠來和尙好看經.
근 사 인 가 부 중 승   원 래 화 상 호 간 경

山上靑松陌上塵, 雲泥豈合得相親.
산 상 청 송 맥 상 진   운 니 기 합 득 상 친

절 근처에 사는 사람은 중을 존중하지 않고, 먼 곳에서 온 중은 경서 보는 것을 좋아한다.(원元 장국빈張國賓,《상국사공손한삼잡극相國寺公孫汗衫雜劇》)

산 위에는 청송이 있고 밭길에는 먼지가 있는데, 구름과 진흙이 어떻게 친밀하게 합해질 수 있겠는가?(당唐 융성성戎星,《상호남최중승上湖南崔中丞》)

•雲泥: 구름은 하늘에 있고 진흙은 땅에 있으니, 지위 고하가 현격함을 비유한 말.

國不興不事之功, 家不藏不用之器.
국 불 흥 불 사 지 공   가 부 장 불 용 지 기

怒不犯無罪之人, 喜不從可戮之士.
노 불 범 무 죄 지 인   희 부 종 가 륙 지 사

국가는 무모한 일을 일으키지 않아야 하고, 가정은 쓸모 없는 물건을 저장하지 말아야 한다.(당唐 위징魏徵,《군서치요群書治要》신어新語)

화가 난다고 해서 죄 없는 사람을 벌하여서는 안 되며, 기쁘다고 해서 죽여야 할 사람을 용서해서는 안 된다.(《제갈양집諸葛亮集》 장교린將驕悋)

•功: 工과 통용. 일.

自是誤君爲宰嚭, 孰云亡國爲西施.
자 시 오 군 위 재 비   숙 운 망 국 위 서 시

莫言馬上得天下, 自古英雄盡解詩.
막 언 마 상 득 천 하   자 고 영 웅 진 해 시

원래는 재상 백비가 오왕에게 잘못했는데, 누가 서시 때문에 나라가 망했다고 하는가?(청淸 육심원陸心源,《송시기사보유宋詩記事補遺》)

말 위에서 천하를 얻었다고 말하지 말라. 자고로 영웅은 누구나 시를 이해할 줄 알았다.(당唐 임관林寬,《가풍대歌風臺》)

•自是: 원래는.   •嚭: 춘추시대 吳나라의 대부인 伯嚭.   •解: 이해하다.

爲川者決之使導, 爲民者宣之使言.
위 천 자 결 지 사 도   위 민 자 선 지 사 언

德薄者惡聞美行, 政亂者惡聞治言.
덕 박 자 오 문 미 행   정 란 자 오 문 치 언

　치수를 하는 사람은 물길을 터서 막히지 않게 이끌었고, 백성을 다스리는
사람은 은덕을 베풀어 하고 싶은 말을 다 하게 했다.(《국어國語》주어상周語上)
　덕이 없는 사람은 훌륭한 언행 듣는 것을 싫어하고, 정치를 망치는 사람
은 치국의 말 듣는 것을 싫어한다.(한漢 왕부王符,《잠부론潛夫論》권1)
　•惡: 싫어하다.

善除害者察其本, 善理疾者絕其源.
선 제 해 자 찰 기 본   선 리 질 자 절 기 원

但假深根常得地, 何憂直干不扶天.
단 가 심 근 상 득 지   하 우 직 간 불 부 천

　해로운 것을 잘 제거하는 사람은 근본을 살피고, 병을 잘 치료하는 사람
은 병의 근원을 막는다.(당唐 백거이白居易,《책림策林》)
　만일 뿌리를 땅 속에 깊이 파묻었다면, 어찌 줄기가 곧게 자라 하늘을 떠
받치지 못함을 근심하겠는가?(《왕령집王令集》송松)

察己則可以知人, 察今則可以知古.
찰 기 즉 가 이 지 인   찰 금 즉 가 이 지 고

有善雖疏賤必賞, 有惡雖貴近必誅.
유 선 수 소 천 필 상   유 악 수 귀 근 필 주

　자기를 살피면 남을 알 수 있고, 현재를 살피면 옛날을 알 수 있다.(《여씨춘
추呂氏春秋》찰금察今)
　선행이 있으면 비록 관계가 소원하고 지위가 낮더라도 반드시 상을 주어
야 하고, 악행이 있으면 비록 지위가 높고 관계가 친밀해도 반드시 벌을 주
어야 한다.(《부자傅子》치본治本)
　•誅: 주벌하다.

幾時拓土成王道, 自古窮兵是禍胎.
기 시 척 토 성 왕 도　자 고 궁 병 시 화 태

上皇不念前車戒, 却怨驪山是禍胎.
상 황 불 념 전 거 계　각 원 여 산 시 화 태

언제 영토를 개척하여 왕도를 이룰 것인가? 병사를 곤궁하게 하는 것은 재앙의 근원이다.(당唐 이상은李商隱, 《한남서사漢南書事》)

당 명황은 전왕의 실패한 교훈을 생각하지 않고, 오히려 여산이 재앙의 근원이라고 원망한다.(송宋 소식蘇軾, 《여산삼절구驪山三絶句》)

•上皇: 唐나라 明皇.　•前車戒: 앞사람이 실패한 교훈.

•驪山: 지금의 西安 臨潼에 있음. 여기서는 여산의 華淸宮에 살았던 楊貴妃를 가리킴.

3

任賢篇

山不厭高, 水不厭深;
산 불 염 고　수 불 염 심
周公吐哺, 天下歸心.
주 공 토 포　천 하 귀 심

산은 높은 것에 만족하지 않고, 물은 깊은 것에 만족하지 않는다.(삼국三國
위魏 조조曹操,《단가행短歌行》)

주공이 먹던 밥을 뱉으니 천하가 마음을 돌린다.(《사기史記》노주공세가魯周公世家)

•厭: 만족하다.

•周公吐哺: 周公은 周나라 武王의 동생으로서 이름은 旦이다.《史記·魯周公世家》에 의하면, 주공이『我一沐三握髮, 一飯三吐哺, 起以待士, 猶恐失天下之賢人』라고 말했다고 한다.

野無遺賢, 萬邦咸寧.
야 무 유 현　만 방 함 녕
濟濟多士, 文王以寧.
제 제 다 사　문 왕 이 녕

재야에 중용되지 않은 현인이 없으면 천하가 모두 평안하다.(《상서尙書》대
우모大禹謨)

재능 있는 선비를 많이 등용하여 문왕은 천하를 안정시켰다.(《시경詩經》대
아大雅 문왕文王)

•野: 朝의 반의어. 민간을 의미함.　•萬邦: 천하.　•咸: 모두.　•寧: 안녕하다. 편안하다.

•濟濟: 많고 성한 모양.

良馬有策, 遠道可致;
양 마 유 책　원 도 가 치

賢士有合, 大道可明.
현 사 유 합　대 도 가 명

좋은 말에 채찍을 가하면 먼길을 달릴 수 있고,
현사가 명군을 만나면 대도를 밝힐 수 있다.(《위료자尉繚子》무의武議)

求才貴廣, 考課貴精.
구 재 귀 광　고 과 귀 정

人各有能, 因藝受任.
인 각 유 능　인 예 수 임

인재 선발은 광범하게 하는 것이 중요하고, 심사는 정통한 것을 중시한다.
(《자치통감資治通鑑》당기唐紀)

　사람은 각기 장점을 가지고 있으므로 재능에 따라 임용해야 한다.(《후한서
後漢書》장형열전張衡列傳)

　•考課: 심사하다.　•精: 정통하다.　•藝: 기예. 재능.　•任: 임용하다. 사용하다.

金石有聲, 不扣不鳴,
금 석 유 성　불 구 불 명

簫管有聲, 不吹不聲.
소 관 유 성　불 취 불 성

금석은 소리를 내지만 치지 않으면 울지 않고,
소관은 소리를 내지만 불지 않으면 소리가 나지 않는다.(《의림意林》문자文子)

　•金: 쇠로 만든 악기.　•石: 돌로 만든 악기.　•簫管: 吹奏 악기. 퉁소.

以言取人, 人飾其言;
이 언 취 인　인 식 기 언

以行取人, 人竭其行.
이 행 취 인　인 갈 기 행

　말을 근거로 해서 사람을 선택하면 사람들은 자기의 말을 수식하고,
　행위를 근거로 해서 사람을 선택하면 사람들은 힘을 다해 실천할 것이다.
(《일주서逸周書》예량부芮良夫)
　•取: 선택하다.　•飾: 수식하다.

不蜚則已, 一蜚沖天;
불 비 즉 이　일 비 충 천

不鳴則已, 一鳴驚人.
불 명 즉 이　일 명 경 인

　날지 않으면 그만이지만 한 번 날면 하늘을 찌를 듯하며,
　울지 않으면 그만이지만 한 번 울면 사람을 놀라게 한다.(《사기史記》골계열
전滑稽列傳)
　•蜚: 飛와 같음. 날다.

天下之要, 人才而已.
천 하 지 요　인 재 이 이

不信仁賢, 則國空虛.
불 신 인 현　즉 국 공 허

　천하에서 가장 중요한 것은 인재일 뿐이다.(청淸 평보청平步靑,《하외군설霞外攟屑》
추언樞言)
　인자와 현인을 신임하지 않으면 나라가 공허해진다.(《맹자孟子》진심하盡心下)

群賢畢至, 少長咸集.
군 현 필 지　　소 장 함 집
明揚仄陋, 唯才是擧.
명 양 측 루　　유 재 시 거

　　모든 현인이 다 왔고, 모든 인재가 다 모였다.(진晉 왕희지王羲之,《난정집서蘭亭集序》)

　　출신이 미천한 인재들을 찾아내며, 오직 재능 있는 사람만 등용한다.(삼국三國 위魏 조조曹操,《구현령求賢令》)

•畢: 모두. 　•咸: 모두. 　•明揚: 밝게 살피다. 추천하다.
•仄陋: 출신이 낮다. 신분이 낮은 사람.

苟得其人, 不患貧賤;
구 득 기 인　　불 환 빈 천
苟得其材, 不患名迹.
구 득 기 재　　불 환 명 적

　　진실로 인재를 얻으려면 빈천한 것은 생각하지 말고,
　　진실로 인재를 얻으려면 평판은 생각하지 말아야 한다.(한漢 왕부王符,《잠부론潛夫論》본정本政)

相馬以輿, 相士以居.
상 마 이 여　　상 사 이 거
惟其有之, 是以似之.
유 기 유 지　　시 이 사 지

　　말을 판단하는 것은 수레로 하고, 선비를 판단하는 것은 생활하는 것으로 한다.(《공자가어孔子家語》자로초견공자어子路初見孔子語)

　　오직 덕이 있는 사람만이 덕 있는 사람을 천거할 수 있다.(《시경詩經》소아小雅 상상자화裳裳者華)

•相: 관찰하다. 　•輿: 수레. 　•居: 생활하다.

輕財重氣, 卑躬厚士.
경 재 중 기　비 궁 후 사

陳力就列, 不能者止.
진 력 취 열　불 능 자 지

재물을 경시하고 절개를 중시하며, 남에게 겸손하고 예의로 선비를 대한다.
(《진서陳書》채경허전蔡景虛傳)

자기의 역량을 다해 직무를 맡아야 하고, 감당할 수 없으면 물러나야 한다.
(《논어論語》계씨季氏)

•陳力: 역량을 다하다.　•列: 직위. 임무.　•止: 그만두다. 물러나다.

人秉五材, 修短殊用;
인 병 오 재　수 단 수 용

自非上哲, 難以求備.
자 비 상 철　난 이 구 비

사람에게는 다섯 가지 재주가 있는데, 장단이 달라 쓰임도 다르며,
성인이 아니면 완전무결하기가 어렵다.(남조南朝 양梁 유협劉勰, 《문심조룡文心雕龍》
정기程器)

•秉: 잡다. 여기서는 〈가지고 있다〉는 의미.　•修: 길다. 長의 의미.

以貌取人, 失之子羽.
이 모 취 인　실 지 자 우

周公之狀, 身如斷菑.
주 공 지 상　신 여 단 치

용모로 사람을 판단하면 자우한테는 잘못이다.(《사기史記》 중니제자열전仲尼弟
子列傳)

주공의 용모를 보면, 몸이 잘린 고목 같다.(《순자荀子》비상非相)

•子羽: 공자의 제자인 澹臺滅明.(澹臺는 복성이고, 滅明은 그의 字) 그의 용모가 매우 추했
기 때문에 공자는 그의 재주가 형편 없다고 여겨 그를 잘 가르치지 않았다. 그러나 자우가
품행과 학식이 모두 뛰어난 학생이었음이 사실로 증명되자, 공자는 『자우한테는 잘못이다』라
고 말했다고 한다.

•菑: 말라죽은 고목.

驚蹇服馭, 良樂咨嗟;
노 건 복 어   양 락 자 차
鉛刀剖截, 歐冶嘆息.
연 도 부 절   구 야 탄 식

느리고 저는 말로 마차를 끌게 하면 백락伯樂이 탄식하고,
무딘 칼로 자르면 구야자歐冶子가 탄식한다.(《공총자孔叢子》)
•驚蹇: 느리고 저는 말.　•馭: 수레를 몰다.
•良樂: 즉 伯樂. 고대에 말을 잘 보기로 유명한 사람.
•鉛刀: 무딘 칼.　•歐冶: 즉 歐冶子. 춘추시대에 검을 잘 만들었던 사람.

疑人莫用, 用人莫疑.
의 인 막 용   용 인 막 의
聞人有善, 若己有之.
문 인 유 선   약 기 유 지

의심되는 사람은 등용하지 말고, 등용한 사람은 의심하지 말라.(명明 무명씨,
《영렬전英烈傳》)
　남에게 장점이 있다는 말을 들으면 마치 자기에게 있는 것과 같다.(당唐 오긍
吳兢,《정관정요貞觀政要》임현任賢)

匿人之善, 斯爲蔽賢.
익 인 지 선   사 위 폐 현
以德弇勞, 不以傷年.
이 덕 엄 로   불 이 상 년

남의 장점을 숨긴다면 이는 현인을 없애는 것이다.(《콩자가어孔子家語》변정辨政)
　덕행을 공로 위에 두어야 하며, 햇수가 적다고 억제하지 말라.(《관자管子》군
신하君臣下)
•匿: 숨기다.　•斯: 이(지시대명사).　•弇: 덮어 가리다.

道遠知驥, 世僞知賢.
도 원 지 기　세 위 지 현

積亂之後, 當生大賢.
적 란 지 후　당 생 대 현

길이 멀어야 준마를 알아보고, 세상이 거짓되어야 현인을 알게 된다.(삼국
三國 위魏 조식曹植,《교지시矯志詩》)

혼란이 누적된 후에는 반드시 위대한 인물이 출현한다.(수隋 왕통王通,《중설
中說》관랑편關朗篇)

朝多君子, 野無遺賢.
조 다 군 자　야 무 유 현

黃金累千, 不如一賢.
황 금 누 천　불 여 일 현

조정에 군자가 많으면, 재야에 중용되지 않은 현인이 없다.(《진서陳書》무제
기武帝紀)

황금이 많이 쌓여도 현인 한 명만 못하다.(《의림意林》물리론物理論)
•野: 민간을 가리킨다. 朝의 반의어.

論大功者, 不錄小過;
논 대 공 자　불 록 소 과

擧大美者, 不疵細瑕.
거 대 미 자　부 자 세 하

큰 공로가 있는 사람을 논한다면 작은 허물을 따지지 말고,

큰 능력이 있는 사람을 추천하면 작은 하자는 병으로 여기지 말라.(청淸 신
함욱申涵煜,《성심단어省心短語》)
•擧: 추천하다.
•疵: 작은 흠. 결점. 여기서는 동사로 사용되어 〈병으로 여기다〉라는 의미임.
•細瑕: 작은 결점.　•瑕: 옥의 티.

姜桂之性, 到老愈辣.
강 계 지 성　　도 로 유 랄
人才異能, 備體者寡.
인 재 이 능　　비 체 자 과

생강과 계피의 본성은 오래 될수록 맵다.(《송사宋史》 안돈복전룡敦復傳)
　사람의 재주는 능한 바가 다르며, 모든 것을 갖춘 사람은 매우 드물다.(《진
서晉書》유의전劉毅傳)

和氏之璧, 出於璞石;
화 씨 지 벽　　출 어 박 석
隋氏之珠, 産於蜃蛤.
수 씨 지 주　　산 어 신 합

화씨의 구슬은 박석에서 나왔으며,
　수후의 진주는 조개에서 나왔다.(한漢 왕부王符, 《잠부론潛夫論》 논영論榮)
　•和氏之璧: 춘추시대에 楚나라 사람 卞和(변화)가 산 속에서 박석을 주위 厲王에게 바쳤
다. 왕이 玉工을 시켜 감정한 결과 돌이라고 말하자, 왕을 기만한 죄로 화씨의 왼쪽 다리를
잘랐다. 초나라 武王이 즉위하자 변화가 다시 이 박석을 바쳤는데, 역시 왕을 기만한 죄로 오
른쪽 다리를 잘렸다. 무왕의 뒤를 이어 문왕이 즉위했는데, 변화가 박석을 끌어안고 荊山 아
래에서 울고 있는 것을 알고 사람을 시켜 그 연유를 알아보고, 마침내 박석 속에서 보옥을
얻었다. 그래서 이 구슬을 화씨의 구슬이라고 한다.
　•璞石: 아직 손질하지 않은 옥 덩어리.　　•隋氏之珠: 《淮南子·覽冥訓》의 高誘 注에 의
하면, 隋侯(수후)가 다친 뱀을 구해 주자, 그 뱀이 夜明珠를 물어다가 보답하였다고 한다. 그
래서 이 진주를 수후의 진주라고 한다.　　•蜃蛤: 조개의 일종. 대합.

人有所優, 固有所劣;
인 유 소 우　　고 유 소 열
人有所工, 固有所拙.
인 유 소 공　　고 유 소 졸

사람에게는 뛰어난 점도 있고, 본래 못난 점도 있으며,
　사람에게는 잘하는 것도 있고, 본래 못하는 것도 있다.(한漢 왕충王充 《논형論衡》
서해書解)

任人之長, 不强其短;
임 인 지 장　불 강 기 단
任人之工, 不强其拙.
임 인 지 공　불 강 기 졸

남의 잘하는 일로 임용하고, 그가 못하는 일을 강요하지 말며,
　남의 정통한 것으로 임용하고, 그가 서투른 것을 강요하지 말라.(《안자춘추
晏子春秋》내편內篇)

夫尙賢者, 政之本也.
부 상 현 자　정 지 본 야
唯才所宜, 此度勝也.
유 재 소 의　차 도 승 야

현인을 숭상하는 것은 정치의 근본이다.(《묵자墨子》상현상尙賢上)
인재를 적소에 써야 하며, 이렇게 하면 승리할 것이다.(《삼국지三國志》위서魏書)
•尙: 숭상하다. 존중하다. 중시하다.

有粟不食, 無益於饑;
유 속 불 식　무 익 어 기
睹賢不用, 無益於削.
도 현 불 용　무 익 어 삭

밥이 있는데 먹지 않으면 굶주림에 도움이 안 되고,
　현인을 보고도 등용하지 않으면 국가는 곧 쇠퇴하게 된다.(한漢 환관桓寬,《염
철론鹽鐵論》상자相刺)
•睹: 보다. 발견하다. 　•削: 약화되다.

大木爲杗, 細木爲桷.
대 목 위 망 　 세 목 위 각

明珠徑寸, 豈勞彈雀?
명 주 경 촌 　 기 로 탄 작

큰 나무는 들보가 되고, 가는 나무는 서까래가 된다.(당唐 한유韓愈,《진학해進
學解》)

명주의 직경이 1촌인데, 어떻게 참새를 쏘는 데 사용하겠는가?(《금루자金縷子》
입언하立言下)

- •杗: 들보.　　•桷: 서까래. 네모진 서까래.

伯樂相馬, 取之於瘦;
백 락 상 마 　 취 지 어 수

聖人相士, 取之於疎.
성 인 상 사 　 취 지 어 소

백락이 말을 볼 때는 언제나 수척한 말 중에서 준마를 뽑았고,
성인이 선비를 볼 때는 언제나 관계가 소원한 사람 중에서 뽑았다.(《의림意林》
주생열자周生烈子)

- •相: 살펴보다.　　•士: 선비.

蒿蓬代柱, 大厦顛仆.
호 봉 대 주 　 대 하 전 부

鹽車之下, 有完驥乎?
염 거 지 하 　 유 완 기 호

쑥으로 기둥을 대신하였으니, 큰 집이 곧 무너질 것이다.(《의림意林》 관지수觀
之需)

준마로 소금 수레를 끄는데, 준마가 어찌 성하겠는가?(《손지재집遜志齋集》 잡
문雜問)

- •蒿蓬: 蓬蒿라고도 함. 蒿와 蓬은 모두 쑥을 가리킴.
- •鹽車: 소금을 운반하는 수레.

錄人一善, 則無棄人;
녹 인 일 선 즉 무 기 인

采材一用, 則無棄材.
채 재 일 용 즉 무 기 재

사람을 한 가지 장점으로 등용하면 버려진 사람이 없게 되고,
목재를 한 가지 용도로 채용하면 버려진 목재가 없게 된다.(《의림意林》위자
魏子)

才生於世, 世實須才.
재 생 어 세 세 실 수 재

式夷式已, 無小人殆.
식 이 식 이 무 소 인 태

인재는 세상에 의해 만들어지며, 세상도 확실히 인재를 필요로 한다.(진晉
유곤劉琨, 《답로심서答盧諶書》)
　정직한 사람을 등용하면 국가가 흥성하고, 소인의 해독이 없게 된다.(《시경
詩經》소아小雅)
　•式: 쓰다. 등용하다.　•夷: 정직하다.

和氏之璧, 不能無瑕;
화 씨 지 벽 불 능 무 하

隋侯之珠, 不能無纇.
수 후 지 주 불 능 무 뢰

화씨의 구슬도 하자가 없을 수 없으며,
수후의 진주도 결함이 없을 수 없다.(당唐 위징魏徵, 《군서치요群書治要》체론體論)
　•纇: 실의 마디. 실의 뭉친 부분을 말함. 인신되어 〈결점〉이라는 의미.

鐵中錚錚, 傭中佼佼.
철 중 쟁 쟁　용 중 교 교

十步之間, 必有茂草.
십 보 지 간　필 유 무 초

쇠 중에는 날카로운 것이 있고, 보통 사람 중에는 뛰어난 사람이 있다.(《후한서後漢書》 유분자전劉盆子傳)

열 발자국 안에 반드시 향기로운 풀이 있다.(한漢 유향劉向, 《설원說苑》 설총說叢)

•錚錚: 쇠가 부딪쳐 쨍그랑하고 나는 소리. 여기서는 〈날카롭다〉는 의미.

•傭: 庸과 통용. 평범하다.　　•佼佼: 예쁜 모양. 뛰어난 모양.　　•茂草: 향기로운 풀.

•茂: 무성하다. 아름답다.

蘭蕙不采, 無異蓬蒿;
난 혜 불 채　무 이 봉 호

干將不試, 世比鉛刀.
간 장 불 시　세 비 연 도

난초와 혜초도 따지 않으면 쑥과 다름이 없고,

간장干將검도 사용하지 않으면 세인들이 무딘 칼로 본다.(명明 왕정진王廷陳, 《교지편驕志篇》)

•干將: 고대의 보검 이름.　　•試: 사용하다.　　•鉛刀: 무딘 칼.

得賢則昌, 失賢則亡.
득 현 즉 창　실 현 즉 망

得士者强, 失士者亡.
득 사 자 강　실 사 자 망

현인을 얻으면 창성하고, 현인을 잃으면 패망한다.(《한시외전韓詩外傳》 권5 제19장)

현사를 얻으면 강성해지고, 현사를 잃으면 패망한다.(한漢 동방삭東方朔, 《답객난答客難》)

用人如器, 各取所長.
용 인 여 기   각 취 소 장

不忮不求, 何用不臧?
불 기 불 구   하 용 부 장

사람을 쓰는 것은 기물을 쓰는 것과 같아서 각기 용도대로 사용한다.(《자치통감資治通鑑》당태종정관원년唐太宗貞觀元年)

해치지 않고 탐하지 않는데, 어찌 착하지 않은가?(《시경詩經》패풍邶風 웅치雄雉)
•忮: 해치다.   •臧: 착하다.

用人之人, 人始爲用.
용 인 지 인   인 시 위 용

恃己自用, 人爲之送.
시 기 자 용   인 위 지 송

남을 잘 등용하는 사람이 있으면, 등용된 사람은 비로소 능력을 충분히 발휘하려 할 것이다.

자기를 믿고 제멋대로 하면 남을 문밖에서 거절하는 것과 같다.(《수호전水滸傳》제2회)

敎羊牧兎, 使魚捕鼠;
교 양 목 토   사 어 포 서

任非其人, 費日無功.
임 비 기 인   비 일 무 공

양에게 토끼를 기르게 하고, 물고기에게 쥐를 잡으라고 하는데,

임용한 사람이 적임자가 아니면 시일만 허비하고 한 일이 없게 된다.(《의림意林》)

爲官擇人, 惟才是與.
위 관 택 인 유 재 시 여
苟或不才, 雖親不用.
구 혹 부 재 수 친 불 용

관리를 선발할 때, 오직 재능 있는 사람만 참여시킨다.
만일 재능이 없다면 비록 육친이라 하더라도 등용할 수 없다.(《자치통감資治
通鑑》 당기唐紀)
•苟: 만일.

肉食者鄙, 未能遠謀.
육 식 자 비 미 능 원 모
言過其實, 不可大用.
언 과 기 실 불 가 대 용

고기를 상식하는 사람은 안목이 짧아 원대한 계획을 세우지 못한다.(《좌전
左傳》 장공莊公 10년)
말이 실제보다 지나친 사람은 중용해선 안 된다.(《삼국지三國志》 촉서蜀書 동유
마진동여전董劉馬陳董呂傳)

知賢之謂明, 輔賢之謂能.
지 현 지 위 명　　보 현 지 위 능

使能之謂明, 聽信之謂聖.
사 능 지 위 명　　청 신 지 위 성

현인을 알아보는 것을 〈밝다〉고 하고, 현인을 보필하는 것을 〈능력이 있다〉
고 한다.(《순자荀子》해폐解蔽)

능력 있는 사람을 부리는 것을 〈밝다〉고 하고, 재능 있는 사람의 말을 믿
는 사람을 〈성인〉이라고 한다.(《관자管子》사시四時)

利器必先擧, 非賢安可任.
이 기 필 선 거　　비 현 안 가 임

才飽身自貴, 巷荒門豈貧.
재 포 신 자 귀　　항 황 문 기 빈

재능 있는 사람은 반드시 먼저 중용해야 하며, 현명하지 않은 사람에게
어찌 중임을 맡길 수 있겠는가?(당唐 왕창령王昌齡,《상시어칠형上侍御七兄》)

재학이 풍부한 사람은 저절로 귀해지는데, 누추한 곳에서 산다고 해서 어
찌 가난하다고 할 수 있겠는가?(당唐 맹교孟郊,《제위승총오왕고성하유거題韋承總吳
王故城下幽居》)

長材靡入用, 大厦失巨楹.
장 재 미 입 용　　대 하 실 거 영

群才屬休明, 乘運共躍鱗.
군 재 속 휴 명　　승 운 공 약 린

큰 재목을 쓰지 않으면 고층 건물은 큰 기둥을 잃게 된다.(당唐 소알邵謁,《증
정은처사贈鄭殷處士》)

재사들은 청명한 정치를 만났는데, 이 좋은 때를 이용하면 모두 앞길이 더
없이 좋다.(당唐 이백李白,《대아구부작大雅久不作》)

• 靡: 없다. 아니다.　　• 楹: 기둥.　　• 群才: 唐代의 詩人들을 가리킨다.
• 屬: 여기서는 〈만나다〉라는 의미.
• 休明: 덕이 아름답고 밝다. 여기서는 〈정치가 청명하다〉로 하였다.
• 躍鱗: 전설에 의하면 잉어가 龍門을 뛰어오르면 용으로 변한다고 함. 앞길이 더없이 좋다
로 의역하였다.

蒔蘭在幽渚, 安得揚菜馨.
시 란 재 유 저　안 득 양 분 형
坐觀垂釣者, 徒有羨魚情.
좌 관 수 조 자　도 유 선 어 정

그윽한 물가에 난초를 이식하였는데, 어떻게 향기를 날릴 수 있을까?(당唐 유우석劉禹錫,《送李策秀才還湖南, 因寄枾中親故兼簡衡州呂八郞中》)
앉아서 남의 낚시만을 보는 사람은 공연히 남의 물고기 잡는 심정만 부러워하게 된다.(당唐 맹호연孟浩然,《망동정호증장승상望洞庭湖贈張丞相》)
•蒔: 이식하다.　•渚: 물가.　•菜: 향기가 나는 나무.　•馨: 향기.
•安得: 어찌할 수 있겠는가? 安은 何(어찌)의 의미. 의문사.

大厦須異材, 廊廟非庸器.
대 하 수 이 재　낭 묘 비 용 기
多士成大業, 群賢濟弘績.
다 사 성 대 업　군 현 제 홍 적

고층 건물에는 특수한 목재를 써야 하고, 국가 대사를 다스리는 사람은 평범한 인물이 아니어야 한다.(남조南朝 송宋 강문통江文通,《잡체시雜體詩》감교感交)
재능 있는 선비를 많이 등용해야 대업을 이룰 수 있고, 현인이 많아야 위대한 업적을 이룰 수 있다.(진晉 노담盧湛,《답위자제答魏子悌》)
•廊廟: 殿廊과 太廟. 왕과 신하가 정사를 의논하는 곳이기 때문에 조정을 가리킨다.
•庸器: 평범한 재능. 器는 재능.　•濟: 이루어지다.　•弘績: 위대한 업적.

舟大者任重, 馬駿者遠馳.
주 대 자 임 중　마 준 자 원 치
任賢如事師. 任人者故逸.
임 현 여 사 사　임 인 자 고 일

배가 크면 많은 것을 실을 수 있고, 말이 좋으면 먼길을 달릴 수 있다.(《수서隋書》소위전蘇威傳)
현인 등용하는 것을 스승 섬기듯이 한다.(《번천문집樊川文集》설중서회雪中書懷)
남에게 일을 맡기기 때문에 편안하다.(《여씨춘추呂氏春秋》찰현察賢)

錦不可爲冠, 稻不可爲虀;
금 불 가 위 관　도 불 가 위 제
物雖負美質, 適用那得齊.
물 수 부 미 질　적 용 나 득 제

비단은 모자가 될 수 없고, 벼는 나물이 될 수 없는데,
물건은 비록 좋은 바탕이지만, 사용한 것이 어찌 적합하다고 하겠는가?(청
淸 왕길무王吉武,《독사잡감讀史雜感》)
•冠: 모자.　•虀: 잘게 썬 나물.

簡能而任之, 擇善而從之.
간 능 이 임 지　택 선 이 종 지
舉善而任之, 擇善而從之.
거 선 이 임 지　택 선 이 종 지

능력 있는 사람을 뽑아서 임용하고, 좋은 의견을 택해서 따른다.(당唐 위징
魏徵,《간태종십사소諫太宗十思疏》)
현인을 천거해서 임용하고, 훌륭한 사람을 택해서 따른다.(당唐 오긍吳兢,《정
관정요貞觀政要》공평公平)
•簡能: 능력 있는 사람을 선발하다.

梗楠三千尺, 豫章一百圍;
편 남 삼 천 척　예 장 일 백 위
寄語作室入, 搜采宜無遺.
기 어 작 실 입　수 채 의 무 유

편남의 길이는 3천 척이요, 예장의 둘레는 1백 아름이다.
전하노니, 집짓는 데 사용하려면 큰 목재를 남김 없이 찾아 써야 한다.(《귀
장집歸莊集》복거卜居)
•梗: 나무 이름. 즉 황편수黃梗樹.　•楠: 나무 이름. 즉 녹나무.
•豫章: 나무 이름. 즉 녹나무.　•遺: 버리다. 빠뜨리다.

甘瓜抱苦蒂, 美棗生荊棘.
감 과 포 고 체　미 조 생 형 극

秋水見毛髮, 千尺定無魚.
추 수 견 모 발　천 척 정 무 어

참외는 쓴 꼭지를 갖고 있고, 대추나무에는 가시가 나 있다.(한漢 무명씨,《고
시古詩》감과포고체甘瓜抱苦蒂)

가을의 맑은 물에는 머리털이 보이고, 1천 척의 깊이에는 반드시 물고기
가 없다.(송宋 신기질辛棄疾,《수조가두水調歌頭》송태수왕병送太守王秉)

外擧不避仇, 內擧不避子.
외 거 불 피 구　내 거 불 피 자

作成人才難, 變化人才易.
작 성 인 재 난　변 화 인 재 이

남을 추천하는 데는 원수를 피하지 말고, 식구를 추천하는 데는 자기 아
들을 피하지 않는다.(《여씨춘추呂氏春秋》거사去私)

인재를 만들기는 어렵지만 인재를 못 쓰게 만들기는 쉽다.(송宋 양시楊時,《이
정수언二程粹言》논정편論政篇)

終是君子材, 還思君子識.
종 시 군 자 재　환 사 군 자 식

收攬天下才, 尺過不可遺.
수 람 천 하 재　척 과 불 가 유

현명한 인재는 역시 현명한 사람이 발견해야 한다.(당唐 맹교孟郊,《쇠송衰松》)

천하의 인재를 널리 모으는 데 약간의 잘못이 있더라도 빠뜨리지 말아야
한다.(송宋 유과劉過,《알곽마수謁郭馬帥》)

大廈若掄材, 亭亭託君子.
대 하 약 륜 재　정 정 탁 군 자

連林人不覺, 獨樹衆乃奇.
연 림 인 불 각　독 수 중 내 기

만일 고층 건물을 짓는 데 좋은 목재를 골라야 한다면, 정치는 정정당당한 군자에게 맡겨야 한다.(당唐 육구몽陸龜蒙,《잡풍구수雜諷九首》)

펼쳐진 숲은 사람들이 주의하지 않고, 우뚝 솟은 나무 한 그루는 많은 사람이 기이하게 생각한다.(진晉 도연명陶淵明,《음주飮酒》)

•掄: 선택하다.　•亭亭: 우뚝 솟은 모양.

偉哉橫海鱗, 壯矣垂天翼.
위 재 횡 해 린　장 의 수 천 익

一旦失風水, 翻爲螻蟻食.
일 단 실 풍 수　번 위 누 의 식

위대하구나 바다를 가로지르는 곤어여, 장엄하구나 온 하늘을 내리덮는 붕조여.

바람과 물을 잃으면 하루 아침에 땅강아지와 개미의 먹이가 된다.(《전당시全唐詩》권865 서헌시西軒詩)

牛驥同一皁, 鷄栖鳳凰食.
우 기 동 일 조　계 서 봉 황 식

猛虎臥草間, 群鳥共噪之.
맹 호 와 초 간　군 조 공 조 지

소와 천리마가 한 여물통을 사용하고, 닭과 봉황이 함께 서식하고 먹는다.
(송宋 문천상文天祥,《정기가正氣歌》)

사나운 호랑이가 풀밭에 누워 있으면 뭇새들이 날아와 함께 떠든다.(《왕문공문집王文公文集》우언寓言)

•皁: 槽와 통용. 여물통.　•栖: 서식하다.

游魚須大海, 猛虎須深山.
유 어 수 대 해　맹 호 수 심 산
未入英髦用, 空存鐵石堅.
미 입 영 모 용　공 존 철 석 견

　헤엄치는 물고기는 큰 바다가 필요하고, 사나운 호랑이는 깊은 산이 필요
하다.(청淸 기리손祁理孫, 《절양류사折楊柳詞》)
　뛰어난 사람의 손에 들어가지 않으면, 헛되이 쇠로 만든 말채찍으로 남게
된다.(당唐 장호張祜, 《부득철마편賦得鐵馬鞭》)
　•英髦: 재지가 뛰어난 사람.　•鐵石堅: 쇠로 만든 말채찍을 가리킴.

金非不爲寶, 玉豈不爲堅;
금 비 불 위 보　옥 기 불 위 견
用之以發墨, 不及瓦礫頑.
용 지 이 발 묵　불 급 와 력 완

　황금은 보배가 아니라고 말할 수 없는데, 옥이 어찌 견고하지 않다고 하
겠는가?
　하지만 이것들을 사용해서 먹을 간다면 기와나 조약돌만큼 오래 가지 못
한다.(《구양수전집歐陽修全集》 거사외집居士外集 고와연古瓦硯)

雲本依龍翔, 風亦附虎烈,
운 본 의 룡 상　풍 역 부 호 열
古來王佐才, 往往待聖哲.
고 래 왕 좌 재　왕 왕 대 성 철

　구름은 본래 용을 따라 비상하고, 바람도 호랑이를 따라 사납게 분다.
　예로부터 왕을 보필하는 인물은 왕왕 영명한 군주를 기다린다.(《장창수집張
蒼水集》 회고懷古)
　•王佐才: 왕을 보필할 만한 재목. 佐는 돕다. 보필하다.

相馬但擧肥, 誰知視骨骼?
상 마 단 거 비　수 지 시 골 격

古鐵久不快, 依天無處磨.
고 철 구 불 쾌　의 천 무 처 마

말 보는 사람이 살찐 말만 고를 뿐이지, 누가 골격을 보겠는가?(《귀장집歸莊集》 고의古意)

보검이 오래 되면 빠르지 않는데, 이는 방치하고 자주 갈지 않기 때문이다. (당唐 육구몽陸龜蒙, 《잡풍구수雜諷九首》)

•古鐵: 여기서는 검을 가리킴.

英雄有迍邅, 由來自古昔,
영 웅 유 둔 전　유 래 자 고 석

何世無奇才? 遺之在草澤.
하 세 무 기 재　유 지 재 초 택

영웅이 뜻을 얻지 못한 경우는 예로부터 있어 왔다.

어느 시대라고 출중한 인재가 없었겠는가? 궁벽한 초야에서 잊혀졌을 뿐이다.(진晉 좌사左思, 《영사詠史》)

•迍邅: 길이 험하여 가기 힘든 모양. 곤란을 당한 모양.

和璧莫投鼠, 干將莫擊石;
화 벽 막 투 서　간 장 막 격 석

投鼠璧先碎, 擊石劍先折.
투 서 벽 선 쇄　격 석 검 선 절

화씨의 구슬을 쥐에게 던져서는 안 되고, 간장검으로 돌을 쳐서는 안 된다.

쥐에게 던지면 구슬이 먼저 부서지고, 돌을 치면 검이 먼저 부러진다.(청淸 시윤장施閏章, 《고의古意》)

•干將: 고대의 보검 이름. 鏌鎁(막야)와 함께 보검의 대명사로 사용됨. 원래 干將은 吳나라의 유명한 刀匠[칼 만드는 장인]이고, 鏌鎁는 그의 아내이다.

良劍期乎斷, 不期乎鏌鋣.
양 검 기 호 단 불 기 호 막 야
中華七萬里, 何地無人杰?
중 화 칠 만 리 하 지 무 인 걸

보검이라고 하는 이유는 잘 베는 데 있는 것이지, 〈막야〉라고 하는 데 있는 것이 아니다.(《여씨춘추呂氏春秋》 찰금察今)
광활한 중국 7만 리에, 어느곳엔들 인걸이 없겠는가?(《귀장집歸莊集》 고의古意)

操行有常賢, 仕官無常遇.
조 행 유 상 현 사 관 무 상 우
賢不賢才也, 遇不遇時也.
현 불 현 재 야 우 불 우 시 야

품덕이 고상한 현인은 항상 있지만 벼슬을 항상 하는 것은 아니다.
재능이 현명한가의 여부는 때를 만나느냐에 달려 있다.(《의림意林》 논형論衡)
•操行: 품행. 품덕.

老驥思千里, 饑鷹待一呼.
노 기 사 천 리 기 응 대 일 호
蛟龍得雲雨, 終非池中物.
교 룡 득 운 우 종 비 지 중 물

준마는 늙어도 천리를 생각하고, 굶주린 매는 한 번의 부름을 기다린다.
(《시인옥설詩人玉屑》 권4)
교룡이 구름과 비를 얻으면 더 이상 연못 속의 물건이 아니다.(《삼국지三國志》
주유전周瑜傳)

爲材未離群,　有玉猶在璞.
위　재　미　리　군　　유　옥　유　재　박

相馬失於瘦,　遂遺千里足.
상　마　실　어　수　　수　유　천　리　족

준걸은 사람들과 함께 사는데, 이는 옥이 있는 곳에 박석이 있는 것과 같다.
(당唐 섭이중聶夷中,《추석秋夕》)

　말을 보면서 수척한 것을 빠뜨리면, 결국 천리마를 잃게 된다.(당唐 백거이白
居易,《이준羸駿》)

•璞: 박석. 옥을 내포하고 있는 돌.　　•遺: 빠뜨리다.

俗人推不去,　可人費招呼.
속　인　추　불　거　　가　인　비　초　호

古來存老馬,　不必取長途.
고　래　존　노　마　　불　필　취　장　도

평범한 사람은 밀어내도 가지 않지만 훌륭한 인재는 불러오기가 힘들다.
(청淸 적호翟灝,《통속편通俗篇》 권13)

　예로부터 길을 잘 아는 늙은 말이 있지만 먼길을 가게 할 필요는 없다.(당唐
두보杜甫,《강한江漢》)

•可人: 훌륭한 인재.

古稱國之寶,　穀米與賢才.
고　칭　국　지　보　　곡　미　여　현　재

逢時獨爲貴,　歷代非無才.
봉　시　독　위　귀　　역　대　비　무　재

옛날에 국가의 보배로 일컬어지던 것은 곡식과 인재이다.(당唐 백거이白居易,
《잡흥삼수雜興三首》)

　때를 만나는 것이 오직 관건일 뿐 역대로 인재가 없었던 것은 아니다.(당唐
진자앙陳子昻,《외군隗君》)

明時無廢人, 廣廈無棄材.
명 시 무 폐 인 광 하 무 기 재
文王賴多士, 漢帝資賢才.
문 왕 뢰 다 사 한 제 자 현 재

정치가 청명한 때에는 인재를 내버려두지 않고, 고층 건물을 지을 때는 큰 목재를 버리지 않는다.
문왕은 많은 현사들에게 의지했고, 한고조는 현인들을 중용하였다.(당唐 설거薛据,《회재행懷哉行》)

齊竽今歷試, 眞僞不難知,
제 우 금 력 시 진 위 불 난 지
欲使聲聲別, 須令個個吹.
욕 사 성 성 별 수 령 개 개 취

제나라 피리를 오늘 두루 시험해 보는데, 진위를 구별하는 것이 어렵지 않다.
각각의 소리를 구별하고 싶어, 반드시 한 사람 한 사람에게 불게 하였다.
(당唐 황도黃滔,《성시일일취우省試一一吹竽》)
•竽: 고대의 악기 이름. 모양이 笙篁(생황)과 비슷함.

海闊憑魚躍, 天高任鳥飛.
해 활 빙 어 약 천 고 임 조 비
不從桓公獵, 何能伏虎威?
부 종 환 공 렵 하 능 복 호 위

바다는 광활하여 물고기가 제멋대로 뛰놀고, 하늘은 높아서 새들이 마음껏 날아다닌다.(《서유기西遊記》제83회)
제환공의 사냥을 따라가지 않으면 어떻게 호랑이 위엄을 잠재울 수 있겠는가?(당唐 이하李賀,《마시이십삼수馬詩二十三首》)
•桓公: 춘추시대 齊나라의 군주. 제환공이라고 함.

人生貴有用, 何必形容好?
인 생 귀 유 용　　하 필 형 용 호
善士如五穀, 衆士如野草.
선 사 여 오 곡　　중 사 여 야 초

　사람은 살면서 유용한 인물이 되는 것이 중요한데, 하필 외모의 아름다움
을 중시하는가?
　현인은 오곡과 같고, 일반인은 야초와 같다.(《오가기시吳嘉紀詩》 초구선생설맹상
군도楚丘先生說孟嘗君圖)

仙人持玉尺, 度君多少才;
선 인 지 옥 척　　탁 군 다 소 재
玉尺不可盡, 君才無時休.
옥 척 불 가 진　　군 재 무 시 휴

　신선은 옥척을 가지고 그대에게 얼마만큼의 재능이 있는가를 헤아리는데,
옥척이 없어지지 않는 한, 그대의 재능은 쉴 때가 없을 것이다.(당唐 이백李
白, 《상청보정上淸寶鼎》)
　•玉尺: 옥으로 만든 자. 인재를 선발하거나 시문을 평론하는 표준의 비유로 사용되는 말.

逸翮思拂霄, 迅足羨遠游.
일 핵 사 불 소　　신 족 선 원 유
淸源無增瀾, 安得遠吞舟.
청 원 무 증 란　　안 득 원 탄 주

　높이 나는 새는 하늘을 떨쳐 올라갈 것을 생각하고, 발 빠른 짐승은 광활
한 초원에서 노니는 것을 부러워한다.
　맑은 수원에는 큰 물결이 없는데, 어떻게 배를 삼키는 대어가 있겠는가?
(진晉 곽박郭璞, 《유선시游仙詩》)
　•逸翮: 잘 나는 새. 逸은 뛰어나다. 翮은 새의 깃.　•迅足: 빠르게 달리는 짐승.
　•增瀾: 큰 물결.　•吞舟: 배를 통째로 삼킬 만한 큰 물고기를 형용한 말.

秀干終成棟, 精鋼不作鉤.
수 간 종 성 동　정 강 부 작 구

公道先揚善, 眞才自拔尤.
공 도 선 양 선　진 재 자 발 우

빼어난 나무는 결국 동량이 되고, 최상의 강철은 낚시 바늘이 되지 않는
다.(《포증집包拯集》 명각본부록明刻本附錄)

공평한 사람은 선행을 먼저 선양하고, 진정한 인재는 자연히 가장 뛰어난
사람을 뽑는다.(원元 허유임許有壬,《규당소고圭塘小藁》 송마명초교수남귀십일운送馬明初
教授南歸十一韻)

•尤: 특이한 것. 뛰어난 것.

生材貴適用, 愼勿多苛求.
생 재 귀 적 용　신 물 다 가 구

苗而不結秀, 銀樣鑞槍頭.
묘 이 불 결 수　은 양 납 창 두

인재를 양성하면 잘 활용하는 것이 중요하며, 삼가 가혹하게 요구하지 말라.
(청淸 왕단림王丹林,《잡시雜詩》)

싹은 났지만 이삭을 맺지 못한 것은 은처럼 보기 좋은 납총과 같다.(《홍루
몽紅樓夢》 제23회)

•鑞: 주석과 납의 합금. 백랍. 단단하지 않음.

將相本無種, 男兒當自强.
장 상 본 무 종　남 아 당 자 강

器小以任大, 躋顚理之常.
기 소 이 임 대　제 전 리 지 상

장군과 재상은 본래 씨가 따로 없으며, 남아는 마땅히 스스로 노력해야
한다.(원元 고칙성高則誠,《비파기琵琶記》)

국량이 작은 사람을 중용하는 것은 높은 곳에 올라가서 떨어지는 것과 마
찬가지인데, 이는 당연한 이치이다.(송宋 구양수歐陽修,《진양독서鎭陽讀書》)

•躋: 올라가다. •顚: 높은 곳에서 아래로 떨어지다.

王業須良輔, 建功俟英雄.
왕 업 수 양 보　건 공 사 영 웅

尺水無長瀾, 蛟龍豈其容?
척 수 무 장 란　교 룡 기 기 용

　제왕의 위업을 세우는 데는 훌륭한 신하의 보필이 있어야 하고, 공훈을
세우려면 영웅을 기다려야 한다.(진晉 완적阮籍,《영회詠懷》)
　얕은 물에는 큰 물결이 일어나지 않는데, 교룡을 어떻게 포용할 수 있겠
는가?(송宋 구양수歐陽修,《인일취성당연집탐운득풍자人日聚星堂燕集探韻得豊字》)
　•俟: 기다리다.

從來天下士, 只在布衣中.
종 래 천 하 사　지 재 포 의 중

知賢之近途, 莫急於考功.
지 현 지 근 도　막 급 어 고 공

　자고 이래로 천하의 영웅호걸은 대부분 평민 중에서 나왔다.(명明 금종수種,
《노련대魯連臺》)
　현인을 아는 첩경은 공적을 살피는 것보다 나은 것이 없다.(한漢 왕부王符,
《잠부론潛夫論》 고적考績)

莫謂世才難見用, 須知天意不徒生.
막 위 세 재 난 견 용　수 지 천 의 부 도 생

益信任賢由拔擢, 穰苴不是將家生.
익 신 임 현 유 발 탁　양 저 불 시 장 가 생

세상의 현인이 등용되기 어렵다고 말하지 말라. 하늘이 낳은 사람은 헛되이 살지 않음을 알아야 한다.(《왕령집王令集》 대송大松)

현인을 등용하는 것은 전적으로 발탁에 의한 것이라고 더욱 믿으며, 사마양저는 장군의 집안에서 태어난 사람이 아니다.(당唐 주담周曇,《전량장궤前涼張軌》)

•徒生: 헛되이 살다.　•拔擢: 사람을 뽑아서 쓰다.

•穰苴: 춘추시대 齊나라의 군사전략가로서, 성은 田氏이다. 大司馬 벼슬을 하였으므로 사마양저(司馬穰苴)라고 불렀다.

笑將龍種騁中庭, 捷巧何施緩步行.
소 장 룡 종 빙 중 정　첩 교 하 시 완 보 행

不是不堪爲器用, 都緣良匠未留心.
불 시 불 감 위 기 용　도 연 양 장 미 유 심

사람들이 웃는다. 천리마를 정원 한가운데에서 달리게 하니, 민첩한 기교를 발휘하지 못하고 천천히 걷고 있다.(명明 유대유兪大猷,《관천리마혹령어통도시행觀千里馬或令於通道試行》)

기물로 사용되지 못할 것이 없는데, 모두 뛰어난 장인이 마음에 두지 않았기 때문이다.(당唐 저재褚載,《이석移石》)

•龍種: 천리마를 비유한 말.　•中庭: 정원. 정원 한 가운데.

昔時李杜爭橫行, 麒麟鳳凰世所警.
석 시 이 두 쟁 횡 행　기 린 봉 황 세 소 경

二物非能致太平, 須時太平然後生.
이 물 비 능 치 태 평　수 시 태 평 연 후 생

당대의 이백과 두보는 다투어 천하를 횡행해서, 기린이나 봉황처럼 세상 사람들을 탄복하게 하였다.

두 사람의 재능이 당대를 흥성하게 한 것이 아니라, 걸출한 인재는 반드시 양호한 환경이 있어야 출현한다.(송宋 구양수歐陽修,《감이자感二子》)

惟盡知己之所短, 而後能去人之短;
유 진 지 기 지 소 단　이 후 능 거 인 지 단

惟不恃己之所長, 以後能收人之長.
유 불 시 기 지 소 장　이 후 능 수 인 지 장

오직 자기의 단점을 다 안 후에야 남의 단점을 제거해 줄 수 있고,
오직 자기의 장점을 믿지 않은 후에야 남의 장점을 거둘 수 있다.(청淸 위원
魏源,《묵고하默觚下》치편治篇)

敬一賢則衆賢悅, 誅一惡則衆惡懼.
경 일 현 즉 중 현 열　주 일 악 즉 중 악 구

身之病待醫而愈, 國之亂待賢而治.
신 지 병 대 의 이 유　국 지 란 대 현 이 치

한 사람의 현인을 경모하면 모든 현인이 기뻐하고, 한 사람의 악인을 벌
주면 모든 악인이 두려워한다.(당唐 위징魏徵,《군서치요群書治要》체론體論)
몸의 병은 의사를 기다려야 치료되고, 국가의 전란은 현인을 기다려야 다
스려진다.(한漢 왕부王符,《잠부론潛夫論》사현思賢)

狗不以善吠爲良, 人不以善言爲賢.
구 불 이 선 폐 위 량　인 불 이 선 언 위 현

玉經琢磨多成器, 劍拔沈埋便依天.
옥 경 탁 마 다 성 기　검 발 침 매 편 의 천

개는 잘 짖는다고 해서 충견이라고는 할 수 없고, 사람은 말을 잘한다고
해서 현인이라고 할 수 없다.(《장자莊子》서무귀徐無鬼)
옥은 조탁을 거치면 대부분 유용한 기물이 되고, 보검은 깊은 진흙 속에
서 뽑혀 나오면 위력을 보일 수 있다.(오대五代 왕정보王定保,《당척언唐摭言》권3)

從古求賢貴拔茅, 素門平進有英豪.
종고구현귀발모 소문평진유영호

時人不識凌雲木, 直待凌雲始道高.
시인불식능운목 직대능운시도고

자고로 현자라야 현자를 추천할 수 있고, 빈한한 가문에서도 영웅호걸이 등용되기도 한다.(《소창산방시문집小倉山房詩文集》종고從古)

보통 사람들은 능운목을 알아보지 못하고, 능운목이 다 자란 후에야 높다고 말한다.(《당풍집唐風集》소송小松)

•拔茅: 즉 拔茅連茹. 번갈아 가며 추천해서 끌어들이는 것을 비유한 말.《周易·泰卦》의『拔茅茹以其彙』구절에 나오는데, 이에 대해 王弼은 注에서『茅之爲物, 拔其根而相牽引者也. 茹, 相牽引之貌也』라고 설명하였다. •素門: 빈한한 가문.

凌霜不肯讓松柏, 作宇由來稱棟梁.
능상불긍양송백 작우유래칭동량

明時公道還堪信, 莫遣錐鋒久在囊.
명시공도환감신 막견추봉구재낭

녹나무는 서리를 업신여기는 데 있어서 송백에게 양보하지 않고, 자고로 집을 짓는 데 동량으로 애용되었다.(당唐 사준史俊,《제파주광복사남목題巴州光福寺楠木》)

정치가 청명할 때는 정도가 믿을 만하며, 송곳 끝을 오랫동안 주머니 속에 두지 말라.(당唐 이함용李咸用,《증진망요贈陳望堯》)

•錐鋒在囊: 줄여서 錐囊(추낭)이라 하고, 또 錐處囊中(추처낭중)이라고도 한다. 재주 있는 사람이 마침내 두각을 나타냄을 비유하는 말. 錐處囊中은《史記·平原君虞卿列傳》의『夫賢士之處世也, 譬若錐之處囊中, 其末立見』이라는 구절에 나온다.

巨拳豈爲鷄揮肋, 强弩那因鼠發機.
거 권 기 위 계 휘 륵   강 노 나 인 서 발 기

寒地生材遺較易, 貧家養女嫁常遲.
한 지 생 재 유 교 이   빈 가 양 녀 가 상 지

큰 주먹을 어찌 닭 잡는 데 휘두르며, 강궁을 어찌 쥐잡는 데 쏘겠는가?
(당唐 맹지孟遲, 《기절우구막료寄浙右舊幕僚》)

한데서 자란 나무는 비교적 쉽게 잊혀지고, 가난한 집의 딸은 항상 늦게
시집 간다.(당唐 백거이白居易, 《만도화晚桃花》)

•弩: 쇠뇌. 기계의 힘을 이용해서 여러 개의 화살을 동시에 쏘게 만든 활.

陶犬無守夜之警, 瓦鷄無司晨之益.
도 견 무 수 야 지 경   와 계 무 사 신 지 익

腐儒酸寒作何用, 國家所欠奇偉士.
부 유 산 한 작 하 용   국 가 소 흠 기 위 사

진흙으로 만든 개는 밤을 지킬 수 없고, 기와로 만든 닭은 아침을 담당할
수 없다.(양梁 소역蕭繹, 《금루자金縷子》)

썩은 학자가 무슨 소용이 있겠는가? 국가에서 필요로 하는 것은 특출난
선비이다.(송宋 유과劉過, 《증허종도지자조손贈許從道之子祖孫》)

•腐儒: 쓸모 없는 썩은 학자.

龍游淺水遭蝦戲, 虎落平陽被犬欺.
용 유 천 수 조 하 희   호 락 평 양 피 견 기

龍蟠泥中未有雲, 不能生彼升天翼.
용 반 니 중 미 유 운   불 능 생 피 승 천 익

용이 개천에서 놀면 새우의 조롱을 받고, 호랑이가 평지에 가면 개에게
속는다.(《서유기西遊記》 제28회)

용이 진흙 속에 서려서 구름을 만나지 못하면 하늘로 날아오를 수 없다.
(당唐 장적張籍, 《행로난行路難》)

•蟠: 서리다. 몸으로 휘감다.

階前莫錯雙垂耳, 不遇孫陽不用嘶.
계 전 막 착 쌍 수 이　불 우 손 양 불 용 시

飛黃伯樂不出世, 四顧驤首空長嘶.
비 황 백 락 불 출 세　사 고 양 수 공 장 시

　섬돌 앞에서 병들어 두 귀가 처진 말을 오판하지 말라. 손양(즉 백락)을
만나지 않으면 울지 않는다.(당唐 조당曹唐,《병마病馬》)
　비황(즉 신마)은 백락이 세상에 나오지 않으면, 사방을 둘러보고 머리를
쳐들며 공연히 길게 울 뿐이다.(송宋 구양수歐陽修,《재화성유견답再和聖愈見答》)
　•孫陽: 伯樂(백락)을 가리킴.　　•驤首: 머리를 쳐들다.
　•飛黃: 등에 뿔이 나 있고 1천 년을 산다고 하는 神馬의 이름.

嗚呼何代無奇才, 世間未有黃金臺.
오 호 하 대 무 기 재　세 간 미 유 황 금 대

傷賢者殃及三代, 蔽賢者身當其害.
상 현 자 앙 급 삼 대　폐 현 자 신 당 기 해

　오호라, 어느 시대인들 특출난 인재가 없으랴마는 세간에 황금대가 없을
뿐이다.(송宋 유과劉過,《정진총령呈陳總領》)
　현인을 해치는 사람은 재앙이 3대에 미치고, 현인을 가리는 사람은 자기
가 해를 입는다.(한漢 황석공黃石公,《삼략三略》)
　•黃金臺: 전국시대에 燕나라 昭王이 易水 동남쪽에다 臺를 지어서 千金을 臺 위에 놓고
천하의 賢士를 끌어 모았다. 그래서 이 臺를 황금대라고 한다.　　•殃: 재앙.

有國由來在得賢, 莫言興廢是循環.
유 국 유 래 재 득 현   막 언 흥 폐 시 순 환

江山代有才人出, 各領風騷數百年.
강 산 대 유 재 인 출   각 령 풍 소 수 백 년

국가를 얻는 것은 본래 현인을 얻는 데 달려 있으니, 국가의 흥폐가 순환 반복한다고 말하지 말라.(당唐 이구령李九齡, 《독삼국지讀三國志》)

강산은 대를 이어 인재를 배출하는데, 각기 모두 정치상의 공훈이 있다.(청淸 조익趙翼, 《논시절구論詩絶句》)

•風騷: 《詩經》과 《楚辭》의 합칭. 여기서는 정치상의 공훈을 가리킴.

古人相馬不相皮, 瘦馬雖瘦骨法奇;
고 인 상 마 불 상 피   수 마 수 수 골 법 기

世無伯樂良可嗤, 千金市馬惟市肥.
세 무 백 락 양 가 치   천 금 시 마 유 시 비

옛사람이 말을 보는 것은 말의 겉모습을 보는 것이 아니며, 수척한 말이 비록 겉으로는 말랐지만 골격이 특출나게 좋기도 한다.

세간에 백락이 없다고 하는 것은 정말 가소로우며, 천금을 주면 튼실한 말을 살 수 있다.(송宋 구양수歐陽修, 《장구송육자리학사통판숙주長句送陸子履學士通判宿州》)

•嗤: 비웃다.

假金方用眞金鍍, 若是眞金不鍍金.
가 금 방 용 진 금 도   약 시 진 금 부 도 금

只今恃駿憑毛色, 綠耳驊騮賺殺人.
지 금 시 준 빙 모 색   녹 이 화 류 잠 살 인

가짜 금이 있어야 진짜 금으로 도금을 할 수 있는데, 만약 진짜 금이라면 도금을 할 필요가 없다.(《당시기사唐詩紀事》 권41)

지금 털 빛깔에 의해서만 준마를 판단할 수 있다면, 녹이나 화류 같은 준마는 사람들에게 중시되지 못했을 것이다.(당唐 두순학杜荀鶴, 《팔준도八駿圖》)

•綠耳: 고대의 준마 이름.   •驊騮: 고대의 준마 이름.

•賺: 속이다. 여기서는 중시되지 못하다.   •殺: 매우. 대단히.

買骨須求騏驥骨, 愛毛宜朵鳳凰毛.
매 골 수 구 기 기 골　애 모 의 채 봉 황 모

欲師夷技收夷用, 上策惟當選節旄.
욕 사 이 기 수 이 용　상 책 유 당 선 절 모

　말뼈를 사려면 모름지기 천리마의 뼈를 사야 하고, 새의 깃털을 좋아한다면 마땅히 봉황의 깃털을 가져야 한다.(당唐 서인徐寅,《우제이수偶題二首》)

　외국의 기술을 배워 우리가 사용하고자 하면, 가장 좋은 방법은 오직 유능한 사자를 뽑아 파견하는 것이다.(청淸 위원魏源,《환해寶海》)

　•節旄: 고대에 타지역으로 파견되는 使者는 符節을 증표로 삼았는데, 부절 위에 쇠꼬리털 장식을 하였기 때문에 節旄라고 한다. 旄는 깃대 머리에 다는 쇠꼬리털.

時人莫小池中水, 淺處無妨有臥龍.
시 인 막 소 지 중 수　천 처 무 방 유 와 룡

莫言酷學無知己, 未必王音不薦雄.
막 언 혹 학 무 지 기　미 필 왕 음 불 천 웅

　세상 사람들아, 연못 속의 물을 작다고 하지 말라. 얕은 곳이지만 와룡이 있기에는 장애가 없다.(당唐 두상寶庠,《취중증부재醉中贈符載》)

　배우기를 지극히 좋아하였는데도 자기를 알아 주지 않는다고 말하지 말라. 추천해 주는 사람이 없다고 걱정할 필요도 없다.(당唐 장호張祜,《제이감산거題李戡山居》)

　•酷: 대단히 좋아하다.

雖然知人要未易, 詎可例輕天下士?
수 연 지 인 요 미 이   거 가 예 경 천 하 사

莫嫌介子勛名晚, 麟閣而今席尙虛.
막 혐 개 자 훈 명 만   인 각 이 금 석 상 허

비록 사람을 안다는 것이 모름지기 쉽지는 않지만, 어찌 이 때문에 천하의 선비들을 경시할 수 있겠는가?(송宋 육유陸游,《독서讀書》)

개지추介之推가 진문공의 중용을 받지 못했다고 싫어하지 말라. 한대의 기린각에서 그린 공신상에는 아직도 빈 자리가 있다.(《장창수집張蒼水集》 증부척암贈傅惕庵)

• 介子: 즉 介之推(개지추), 介子推(개자추)라고도 함. 개지추는 춘추시대 때 晉나라 公子(즉 重耳, 후의 文公)를 따라 19년간 망명했다가 문공이 환국해서 군주가 되어 포상하려고 하자 모친과 함께 綿山(면산)에 은거했는데, 문공이 그를 불러내려고 산에 불을 지르자 그대로 타죽었다고 한다.

• 麟閣: 漢代의 閣 이름. 未央宮(미앙궁) 내에다 漢武帝가 건립하였는데, 일설에는 蕭何(소하)가 건립했다고도 함. 漢宣帝 甘露(감로) 3년에 공신인 霍光(곽광)·張安世(장안세)·韓增(한증) 등 11명의 초상을 이 각에다가 그렸다.

莫起陶潛折腰嘆, 才高位下始稱賢.
막 기 도 잠 절 요 탄   재 고 위 하 시 칭 현

始知物妙皆可憐, 燕昭市駿豈徒然.
시 지 물 묘 개 가 련   연 소 시 준 기 도 연

도연명이 오두미를 위해 허리 꺾지 않음을 감탄하지 말라. 고상한 재덕을 가지고 있으면서 아래 지위에 있는 사람이어야 진정한 현인이라고 할 수 있다.
(당唐 황도黃滔,《증정명부贈鄭明府》)

비로소 좋은 물건은 사람들이 모두 좋아한다는 것을 알았다. 연나라 소왕이 천리마를 산 것이 어찌 부질 없는 일이었겠는가?(당唐 고적高適,《동선어낙양어필원외택관화마가同鮮於洛陽於畢員外宅觀畵馬歌》)

• 陶潛: 즉 陶淵明(도연명). 淵明은 그의 字임.   • 折腰: 허리를 꺾다. 절하다.
• 物妙: 좋은 물건.   • 憐: 좋아하다. 아끼다.
• 燕昭: 즉 燕나라 昭王을 가리킴.   • 市: 사다.

九州生氣恃風雷, 萬馬齊暗究可哀!
구 주 생 기 시 풍 뢰   만 마 제 암 구 가 애
我勸天公重抖擻, 不拘一格降人才.
아 권 천 공 중 두 수   불 구 일 격 강 인 재

중국이 생기가 있으려면 폭풍우가 한 차례 있어야 하며, 모든 말이 일제히 벙어리가 된 듯한 현재의 암울한 상황은 필경 슬프다.

하느님이 새로이 정신을 진작시키고, 한 격식에 구애받지 않는 인재를 내려 주시길 바란다.(청清 공자진龔自珍, 《기해잡시己亥雜詩》)

•九州: 고대에는 중국을 아홉 州로 나누어서 九州라고 하였는데, 후에는 일반적으로 전 중국을 일컫게 되었다.

•喑: 벙어리.   •究: 필경.   •抖擻: 정신을 진작시키다.

金馬不可以追速, 土舟不可以涉水.
금 마 불 가 이 추 속   토 주 불 가 이 섭 수
鷹隼儀形螻蟻心, 雖能戾天何足貴.
응 준 의 형 누 의 심   수 능 여 천 하 족 귀

금으로 만든 말은 빨리 달리는 것을 쫓을 수 없고, 흙으로 만든 배는 강물을 건널 수 없다.(한漢 왕부王符, 《잠부론潛夫論》 사현思賢)

솔개는 송골매의 형상에다 개미의 마음을 갖고 있는데, 비록 창공을 높이 날지만 어찌 고귀하겠는가?(《유우석집劉禹錫集》 비연조飛鳶操)

•鷹隼: 매와 송골매. 모두 사나운 새.   •儀形: 의용. 풍채.

•螻蟻: 땅강아지와 개미. 보잘것 없는 것을 비유하는 말.

•戾天: 하늘 높이 날다.

西蜀地形天下險, 安危須仗出群材.
서 촉 지 형 천 하 험　안 위 수 장 출 군 재
往者不追來不戒, 莫將家世論人材.
왕 자 불 추 래 불 계　막 장 가 세 론 인 재

서촉의 지형은 천하의 험요지이지만, 안위는 뭇현인들에 의지해야 한다.
(당唐 두보杜甫,《제장오수諸將五首》)
　지난 것은 뒤쫓지 말고 올 것은 미리 경계하지 말며, 문벌을 가지고 인재
를 논하지 말라.(원元 주앙周昻,《과성헌길過省憲吉》)

雖離井底入匣中, 不用還與墮時同.
수 리 정 저 입 갑 중　불 용 환 여 타 시 동
不須要出我門下, 實用人才是至公.
불 수 요 출 아 문 하　실 용 인 재 시 지 공

비녀가 비록 우물 속에서 나와 문갑에 있지만, 사용하지 않으면 우물 속
에 떨어져 있을 때와 같다.(당唐 장적張籍,《악부시樂府詩》고차탄古釵嘆)
　우리 문하에서 나와야 한다고 말하지 말라. 진실로 인재의 등용은 지극히
공평해야 한다.(《송시화집일宋詩話輯佚》)

君材蜀錦三千丈, 要在刀尺作衣衾.
군 재 촉 금 삼 천 장　요 재 도 척 작 의 금
沙彌說法沙門聽, 不在年高在性靈.
사 미 설 법 사 문 청　부 재 연 고 재 성 령

그대의 재능은 촉의 비단처럼 훌륭하나, 중요한 것은 재단을 하여야 옷을
만들 수 있다.(송宋 황정견黃庭堅,《차운답장사하次韻答張沙河》)
　스님이 사미승의 설법을 듣는 것은 그의 나이가 많은 까닭이 아니라 그의
깨달음에 있는 것이다.(당唐 이상은李商隱의 시)
　•沙彌: 사미승. 갓 출가한 나이 어린 중.　　•沙門: 출가한 중의 총칭.

方寸地上生香草, 三夜店內有賢人.
방 촌 지 상 생 향 초   삼 야 점 내 유 현 인

世上豈無千里馬, 人中難得九方歅.
세 상 기 무 천 리 마   인 중 난 득 구 방 인

사방 한 치 땅에는 향초가 자라고, 3일 밤을 여관에서 머무르면 현인을 발견한다.(원元 왕중문王仲文,《구효자일救孝子一》)

세상에 어찌 천리마가 없으랴마는, 말 잘 보는 구방인 같은 사람을 만나기는 어렵다.(송宋 황정견黃庭堅,《과평여회이자선過平輿懷李子先》)

•香草: 재주와 덕망이 있는 사람을 비유한 말.

•九方歅: 춘추시대 秦나라 穆公 때의 사람으로 말을 잘 보았다고 하는데, 일설에는 관상을 잘 보았다고 한다.

義皇以來四億歲, 亂世人才倍平世.
희 황 이 래 사 억 세   난 세 인 재 배 평 세

江東子弟多才俊, 卷土重來未可知.
강 동 자 제 다 재 준   권 토 중 래 미 가 지

복희씨 이래로 오랜 역사가 증명하듯이, 난세에 나온 인재는 태평성세보다 훨씬 많다.(청淸 위원魏源,《관왕음觀往吟》)

강동의 자제 중에는 재주 있는 사람이 많지만, 권토중래할지는 아직 알 수 없다.(당唐 두목杜牧,《제오강정題烏江亭》)

•義皇: 즉 伏羲氏(복희씨). 중국 신화에 나오는 인류의 시조.

•江東子弟:《史記 · 項羽本紀》에『且籍與江東子弟八千人渡江而西, 今無一人還, 縱江東父兄憐而王我, 我何面目見之?』라는 구절에 나온다. 江東은 長江(즉 揚子江)의 南岸 지역을 가리킨다.

人生相遇貴相知, 熟謂世間無伯樂.
인 생 상 우 귀 상 지   숙 위 세 간 무 백 락

世間別有人才在, 臺閣招徠恐未多.
세 간 별 유 인 재 재   대 각 초 래 공 미 다

인생에서 만남은 서로를 알아 주는 것이 중요한데, 누가 세간에 백락이 없다고 말하는가?(《안문집雁門集》 제수마도題瘦馬圖)

세간의 인재는 매우 많지만, 대각에서 불러 위로하는 것이 많지 않을까 두렵다.(송宋 유과劉過, 《官舍阻雨十日不能出悶, 成五絶呈徐判部》)

•熟謂: 누가 말하는가?   •熟: 孰과 통용.

•臺閣: 東漢 때에는 尙書가 황제를 보좌하고 직접 정무를 처리하였기 때문에 三公의 권력이 점차 약해졌다. 尙書臺가 궁정 건축 안에 있었기 때문에 이 명칭이 있게 되었다.

•招徠: 불러서 위로하다.

冀北當年浩莫分, 斯人一顧每空群.
기 북 당 년 호 막 분   사 인 일 고 매 공 군

昆侖山下魯連子, 負販眞應惜此人.
곤 륜 산 하 노 련 자   부 판 진 응 석 차 인

당시에 기북의 말들은 우열을 구분하기가 어려웠으나, 백락이 한 번 본 후에 양마가 모두 뽑혀 갔다.(송宋 육유陸游, 《회진부경懷陳阜卿》)

곤륜산 아래에 사는 노중련魯仲連같이 협행을 하는 정노인에게 물건을 메고 팔게 했으니 정말 애석하다.(청淸 고악高鶚, 《증정장백강贈丁仗伯康》)

•斯人: 이 사람. 여기서는 백락을 가리킴.   •空群: 양마떼가 없게 되었다.

•魯連子: 즉 魯仲連(노중련)을 말함. 노중련은 전국시대 齊나라 사람으로서, 재주는 뛰어났으나 벼슬을 하지 못했다. 남의 근심이나 어려움을 해결해 주는 것을 좋아했으며, 남을 도와 주고 보답을 바라지 않는 청렴한 선비였다.

•負販: 물건을 메고 팔다. 負는 지다, 메다. 販은 판매하다.

蟪蛄寧與霜雪期, 賢哲難敎俗士知.
혜 고 녕 여 상 설 기 현 철 난 교 속 사 지

試玉要燒三日滿, 辨材須待七年期.
시 옥 요 소 삼 일 만 변 재 수 대 칠 년 기

매미가 어떻게 겨울을 살겠는가? 현철한 사람은 범속한 선비들에게 이해
되기 어렵다.(당唐 두목杜牧,《과위문정공택過魏文貞公宅》)

옥을 시험하려면 만 3일을 태워 봐야 하고, 나무를 식별하려면 7년을 기다
려야 한다.(당唐 백거이白居易,《방언오수放言五首》)

•蟪蛄: 매미의 일종. 씽씽매미.　　•寧: 反問을 나타냄. 어찌 ~하겠는가?

•材: 녹나무인 豫樹와 樟樹를 가리킴. 전하는 바에 의하면, 이 두 종의 나무는 7년이 지나
야 식별할 수 있다고 한다.

把向空中捎一聲, 良馬有心日馳千.
파 향 공 중 소 일 성 양 마 유 심 일 치 천

用違其才志不展. 臥龍無水動應難.
용 위 기 재 지 부 전 와 룡 무 수 동 응 난

말채찍을 허공에 휘두르는 소리가 나면, 준마는 하루에 천리를 달릴 생각
을 한다.(당唐 고적高適,《영마편詠馬鞭》)

등용해서 그의 재능을 다 발휘하지 못하게 하면 자기의 뜻을 펴지 못한다.
(송宋 소철蘇轍,《송이공서부궐送李公恕赴闕》)

와룡이 물을 떠나면 조금도 움직이기 어렵다.(당唐 백거이白居易,《득미지도관후
서得微之到官後書》)

•捎: 떨치다. 휘두르다.

4

育才篇

十年樹木, 百年樹人.
십 년 수 목　백 년 수 인
源淸流潔, 本盛末榮.
원 청 유 결　본 성 말 영

나무를 재배하려면 10년이 걸리지만, 인재를 양성하려면 1백 년이 걸린다.
(《관자管子》 수권修權)

근원이 맑으면 흐르는 물도 깨끗하고, 뿌리가 견고하면 나뭇가지도 무성
하다.(한漢 반고班固, 《회수정비명洄水亭碑銘》)

　•樹: 심다. 뒤의 樹는 양성하다.　　•榮: 초목이 무성하다.

雖有至聖, 不生而知;
수 유 지 성　불 생 이 지
雖有至材, 不生而能.
수 유 지 재　불 생 이 능

비록 최고의 성인이라고 하더라도 나면서부터 아는 것은 아니며,
비록 최고의 수재라고 하더라도 나면서부터 능력이 있는 것은 아니다.(한
漢 왕부王符, 《잠부론潛夫論》 찬학贊學)

　•至聖: 도덕이 최고로 높은 사람을 가리킴.
　•至材: 재주가 최고로 뛰어난 사람을 가리킴.

學以染人, 甚於丹靑.
학 이 염 인 심 어 단 청

學者有益, 須是日新.
학 자 유 익 수 시 일 신

학습이 사람을 물들이는 것은 단청보다 심하다.(《태평어람太平御覽》역학편曆學篇)
배우는 사람이 발전하려면 반드시 날마다 새로운 지식을 배워야 한다.(송
宋 조열지晁說之,《조씨객어晁氏客語》)
•丹靑: 丹은 朱砂, 靑은 騰靑을 가리킨다. 이 두 가지는 모두 염료를 만들 수 있는 광석이다.

聽和則聰, 視正則明.
청 화 즉 총 시 정 즉 명

技無大小, 貴在能精.
기 무 대 소 귀 재 능 정

조화된 소리를 들으면 귀가 밝아지고, 바른 것을 보면 눈이 밝아진다.(《국
어國語》주어周語)
재능에는 크고작음이 없으며, 중요한 것은 정통함에 있다.(청淸 이어李漁,《한
정우기閑情偶寄》결구結構)
•聽: 귀가 밝다. 청각이 예민하다.   •技: 기능. 재능.

耳濡目染, 不學以能.
이 유 목 염 불 학 이 능

舊染汚俗, 咸與惟新.
구 염 오 속 함 여 유 신

귀에 익숙하고 눈에 익숙한 것은 배우지 않아도 할 수 있다.(《창려선생집昌
黎先生集》청하군송방공묘갈명淸河郡公房公墓碣銘)
오랜 악습에 젖은 사람도 모두 새로워질 기회를 주어야 한다.(《상서尙書》윤
정胤征)
•濡: 물에 젖다. 익숙하다.   •汚俗: 나쁜 풍속. 악습.   •咸: 모두.
•惟新: 사물이 면목을 일신하다.

教育人才, 爲根本計.
교 육 인 재　위 근 본 계

上智不教, 而成下愚.
상 지 불 교　이 성 하 우

인재를 교육하는 것은 국가의 근본 대계이다.(《원사元史》 염희헌전廉希憲傳)

가장 총명한 사람도 가르치지 않으면 가장 우둔한 사람이 된다.(《안씨가훈顔
氏家訓》 교자敎子)

•上智: 지혜가 가장 뛰어난 사람.　　•下愚: 가장 우둔한 사람.

高以下基, 洪由纖起,
고 이 하 기　홍 유 섬 기

川廣自源, 成人在始.
천 광 자 원　성 인 재 시

높은 곳은 아래를 기초로 삼고, 큰 것은 작은 것에서 시작되며,

드넓은 하천은 샘에서 나오고, 인재가 되는 길은 시작에 달려 있다.(진晉 장
화張華,《고이하기高以下基》)

•洪: 크다

經師易遇, 人師難遇,
경 사 이 우　인 사 난 우

耆艾而信, 可以爲師.
기 애 이 신　가 이 위 사

경서를 가르치는 선생은 만나기 쉽지만 사람을 만드는 선생은 만나기 어
렵다.(《자치통감資治通鑑》 후한기後漢紀)

나이가 많으면서 성실한 사람은 선생이 될 만하다.(《순자荀子》 치사致士)

•經師: 경서를 가르치는 선생.　　•人師: 본받을 만한 사람.

•耆艾: 옛날에 70세를 耆, 50세를 艾라고 하였다.

敎誨爾子, 式穀似之.
교 회 이 자　식 곡 사 지

匪面命之, 言提其耳.
비 면 명 지　언 제 기 이

당신의 자식을 교육시켜서 가업을 잘 계승하게 해야 한다.(《시경詩經》소아小
雅 소완小宛)

면전에서 그를 가르칠 뿐 아니라 그의 귀를 끌어당겨 영원히 잊지 않도록
한다.(《시경詩經》대아大雅 억抑)

• 式: 쓰다. 혹은 發語詞.　• 穀: 잘하다.　• 似: 嗣의 가차자. 계승하다.
• 言: 어조사. 실제 의미는 없음.

良冶之子, 必學爲裘.
양 야 지 자　필 학 위 구

良弓之子, 必學爲箕.
양 궁 지 자　필 학 위 기

훌륭한 장인의 자식은 반드시 가죽옷 만드는 것을 배우고,
훌륭한 궁인의 자식은 반드시 삼태기 만드는 것을 배운다.(《예기禮記》학기學記)

• 冶: 주조하다. 대장장이.　• 裘: 가죽옷.　• 箕: 삼태기.

鼫鼠五能, 不成一技.
석 서 오 능　불 성 일 기

之乎也者, 助得甚事?
지 호 야 자　조 득 심 사

석서는 다섯 가지 재능이 있지만 한 가지 재주도 이루지 못한다.(한漢 채옹
蔡邕,《권학편勸學篇》)

자구에 얽매이는 사람이 무슨 일에 도움이 되겠는가?(송宋 승문영僧文瑩,《상
산야록湘山野錄》)

• 鼫鼠: 즉 鼫鼠(오서). 날다람쥐.
• 之乎也者: 모두 文言 虛字. 글귀만을 따지는 사람을 비꼬는 말로 사용됨.

建國君民, 敎學爲先.
건 국 군 민   교 학 위 선

凡師之道, 嚴師爲難.
범 사 지 도   엄 사 위 난

국가를 건립하고 통치하는 데는 교육사업이 가장 중요하다.(《예기禮記》학기學記)

무릇 스승의 도는 스승을 존경하는 것이 가장 어렵다.(《한시외전韓詩外傳》 권3)

學而不厭, 誨人不倦.
학 이 불 염   회 인 불 권

恭德愼行, 爲世師範.
공 덕 신 행   위 세 사 범

배우면서 만족하지 않고, 남을 가르치면서 게으르지 않는다.(《논어論語》술이述而)

덕을 숭상하고 언행을 신중히 하면 세상의 본보기가 될 수 있다.(《북사北史 양파전론楊播傳論》)

•厭: 饜과 통용. 만족하다.   •恭: 공경하다.

立身成敗, 在於所染.
입 신 성 패   재 어 소 염

習俗移人, 賢者不免.
습 속 이 인   현 자 불 면

출세의 성공과 실패는 감화시키는 데 달려 있다.(당唐 위징魏徵, 《십점불극종소十漸不克終疏》)

풍속과 습관이 사람을 변화시키며, 현인이라도 피하기 어렵다.(《문자文子》 상덕上德)

德不優者, 不能懷遠.
덕 불 우 자　불 능 회 원
才不大者, 不能博見.
재 부 대 자　불 능 박 견

덕이 뛰어나지 못한 사람은 원대한 뜻을 품을 수 없고,
재능이 크지 않은 사람은 넓은 식견을 가질 수 없다.(한漢 왕충王充,《논형論衡》별통別通)

專習一家, 硜硜小哉!
전 습 일 가　갱 갱 소 재
宜善相之, 多師爲佳.
의 선 상 지　다 사 위 가

전적으로 일가의 학설만 배운 사람은 고루하고 소견이 좁다.
마땅히 서로 배워야 하며, 스승을 많이 모시는 것이 좋다.(청淸 원매袁枚,《속시품주續詩品注》상제相題)
•硜硜: 본래는 돌이 부딪치는 소리. 고루한 모양.

常玉不琢, 不成文章.
상 옥 불 탁　불 성 문 장
君子不學, 不成其德.
군 자 불 학　불 성 기 덕

보통의 옥석은 쪼지 않으면 화려한 무늬를 가질 수 없다.
군자도 배우지 않으면 군자의 덕을 이룰 수 없다.(《한서漢書》동중서전董仲舒傳)
•文: 紋과 같음. 무늬.　•章: 무늬.

不學自知, 不問自曉.
불 학 자 지 불 문 자 효
古今行事, 未之有也.
고 금 행 사 미 지 유 야

배우지 않고 스스로 알며, 묻지 않고 스스로 깨우치는 사람은,
고금을 막론하고 있은 적이 없다.(한漢 왕충王充,《논형論衡》실지實知)

施薪若一, 火就燥也;
시 신 약 일 화 취 조 야
平地若一, 水就濕也.
평 지 약 일 수 취 습 야

똑같이 땔감을 넣는다면 불은 마른 나무한테로 가고,
똑같이 평지라면 물은 젖어 있는 곳으로 간다.(《순자荀子》권학勸學)
•施: 놓다.

學而爲名, 內不足也.
학 이 위 명 내 부 족 야
積學於己, 以待用也.
적 학 어 기 이 대 용 야

배우는 것이 만일 명리를 위한 것이라면, 이는 내적으로 수양이 부족한
것이다.(송宋 양시楊時,《이정수언二程粹言》논학편論學篇)
　자기에게 학문을 축적하는 것은 쓰일 때를 기다리기 위함이다.(송宋 정이程
頤,《위가군작시한주학책문爲家君作試漢州學策問》)
•內: 내심. 마음.

不聞大論, 則志不宏;
불 문 대 론　즉 지 불 굉

不聽至言, 則心不固.
불 청 지 언　즉 심 불 고

큰 의론을 듣지 않으면 뜻이 웅대하지 못하고,
지극한 말을 듣지 않으면 마음이 굳지 못하다.(《신감申鑒》 잡언雜言)
•宏: 크다.　•固: 굳다. 단단하다.

孤犢觸乳, 驕子罵母.
고 독 촉 유　교 자 매 모

一日爲師, 終身爲父.
일 일 위 사　종 신 위 부

외아들은 엄마 젖을 만지고, 버릇 없는 자식은 엄마를 욕한다.(《후한서後漢書》 구람전仇覽傳)
하룻동안 스승이 되었지만 종신토록 아버지처럼 존경한다.(원元 관한경關漢卿, 《옥경대玉鏡臺》)
•犢: 새끼소. 여기서는 자식을 가리킴.

善學邯鄲, 莫失故步.
선 학 한 단　막 실 고 보

鞭笞之下, 有賢士乎?
편 태 지 하　유 현 사 호

한단에 가서 잘 배웠더라도 원래의 걸음걸이를 잊지 말라.(청淸 원매袁枚, 《속
시품주續詩品注》 상식尙識)
채찍 아래에서 현명한 사람이 있었더냐?(《손지재집遜志齋集》 잡문雜問)
•學邯鄲: 한단에 가서 걸음걸이를 배우다. 《莊子·秋水》편에 의하면, 燕나라의 어떤 청년이
한단에 가서 趙나라 사람들의 걸음걸이가 매우 좋아 보여 배웠더니, 결과적으로 볼 때 제대로
배우지도 못하고 오히려 본래의 자기 걸음걸이조차 잊어버렸다고 한다.
•笞: 채찍.

和氏之璧, 井里璞耳;
화 씨 지 벽　정 리 박 이

良玉修之, 則成國寶.
양 옥 수 지　즉 성 국 보

화씨의 구슬은 우물 속의 옥덩이일 뿐이며,
훌륭한 옥공이 이를 다듬어서 국보가 되었다.(《의림意林》안자晏子)

學如牛毛, 成如麟角.
학 여 우 모　성 여 린 각

度德而師, 易子而敎.
탁 덕 이 사　역 자 이 교

배우는 사람은 소털만큼 많지만 성취하는 사람은 기린의 뿔만큼 적다.
(《태평어람太平御覽》)

자기의 덕을 헤아려서 스승을 삼고, 자식을 바꾸어서 가르친다.(《문중자文中
子》입명立命)

•麟角: 기린의 뿔. 보기 드문 인재, 혹은 사물을 비유하는 말.

•度: 헤아리다.　•易: 바꾸다.

學所以治己, 敎所以治人.
학 소 이 치 기   교 소 이 치 인
學者不長進, 只是好己勝.
학 자 부 장 진   지 시 호 기 승

　학습은 자기를 다스리기 위한 것이고, 교육은 남을 다스리기 위한 것이다.
(《의림意林》임자任子)
　학습이 향상되지 않는 이유는 자신이 옳다고 자만하기 때문이다.(《육상산집
陸象山集》어록語錄)

聞義貴能徙, 見賢思與齊.
문 의 귀 능 사   견 현 사 여 제
樹義不制勝, 不如不開帙.
수 의 부 제 승   불 여 불 개 질

　정의를 들으면 따르는 것을 중히 여기고, 현인을 보면 그와 같이 되기를
생각한다.(송宋 육유陸游, 《시아示兒》)
　정의를 세워서 악을 이기지 못하면 책을 펼치지 않은 것만 못하다.(청淸 법
식선法式善, 《독서사수讀書四首》)
　•徙: 옮기다.　　•樹: 세우다.　　•開帙: 책을 펼치다.

芳藍滋匹帛, 人力半天經.
방 람 자 필 백   인 력 반 천 경
浸潤加新氣, 光輝勝本淸.
침 윤 가 신 기   광 휘 승 본 청

　청색의 비단은 남색에서 오는데, 반나절 동안 사람의 노력을 가하며,
　푹 적신 뒤에 다시 새로운 광택을 첨가시키기 때문에 빛깔이 남색보다 더
푸르다.(당唐 왕계우王季友, 《청출람靑出藍》)
　•滋: 검다. 흑색. 여기서는 청색.

山深更須入, 聞有早梅村.
산 심 갱 수 입. 문 유 조 매 촌

物有無窮好, 藍靑又出靑.
물 유 무 궁 호 남 청 우 출 청

산이 깊을수록 더 들어가야 조매촌이 있다는 것을 듣는다.(송宋 양만리楊萬里,《명발석산明發石山》)

사물 중에는 한없이 좋은 것이 있으며, 청색은 남색에서 나오지만 남색보다 더 푸르다.(《여형주문집呂衡州文集》 청출람靑出藍)

輪曲輮而就, 木直在中繩.
윤 곡 유 이 취 목 직 재 중 승

堅金礪所利, 玉琢器乃成.
견 금 려 소 리 옥 탁 기 내 성

수레바퀴가 둥근 것은 불로 구워 구부려서 된 것이고, 목판이 곧은 것은 먹줄로 곧게 가공해서 된 것이다.

단단한 쇠는 숫돌에 갈아야 예리하게 되고, 옥은 쪼아야 기물이 된다.(송宋 구양수歐陽修,《증학자贈學者》)
• 輪曲: 원형으로 굽은 수레바퀴.　• 輮: 煣와 통용. 열을 가해 나무를 휘다.
• 中: 부합하다.　• 繩: 먹줄. 목수가 직선을 긋는 데 사용함.
• 礪: 숫돌. 여기서는 동사로 사용. 숫돌로 갈다.

耳限於所聞, 則奪其天聰.
이 한 어 소 문 즉 탈 기 천 총

目限於所見, 則奪其天明.
목 한 어 소 견 즉 탈 기 천 명

귀가 듣는 것에 한정되면 본래의 밝음을 상실하고,
눈이 보는 것에 한정되면 본래의 밝음을 상실한다.(명明 왕부지王夫之,《독통감론讀通鑒論》권10)
• 天: 태어나면서부터 가지고 있는 것을 가리킨다.
• 聰: 귀가 밝다.　• 明: 눈이 밝다.

納爽耳目新, 玩奇筋骨輕.
납 상 이 목 신 완 기 근 골 경

成人不自在, 自在不成人.
성 인 부 자 재 자 재 불 성 인

상쾌한 것을 받아들이면 이목이 새로워치고, 기이한 것을 감상하면 근골
이 가벼워진다.(당唐《유우석집劉禹錫集》추강조발秋江早發)

성취한 사람은 제멋대로 한 것이 아니며, 제멋대로 하면 성취하지 못한다.
(송宋 나대경羅大經,《학림옥로인鶴林玉露引》주희소간朱熹小簡)

•納: 받아들이다. •爽: 상쾌하다. •自在: 제멋대로 하다.

人知藥理病, 不知藥理身.
인 지 약 리 병 부 지 약 리 신

但求寡悔尤, 焉用名炳炳.
단 구 과 회 우 언 용 명 병 병

사람들은 약으로 병을 치료하는 것은 알지만, 지식으로 심신을 치료해야
함은 모른다.(《포박자抱朴子》욱학勗學)

과실이 적도록 노력해야지, 어찌 화려한 명성을 추구하는가?(청淸 이과李果,
《시양아示兩兒》)

•悔尤: 허물. 과실. •炳炳: 환한 모양. 명확한 모양.

欲得兒孫孝, 無過教及身.
욕 득 아 손 효 무 과 교 급 신

一朝千度打, 有罪更須嗔.
일 조 천 도 타 유 죄 갱 수 진

자녀의 효도를 얻고자 하면, 몸소 모범을 보여 가르치는 것이 가장 좋다.

하루에 천 번을 때리고, 죄가 있을 때는 더욱 나무라야 한다.(《전당시보일全
唐詩補逸》왕범지시王梵志詩)

•嗔: 성내다. 인신되어 〈책망하다〉라는 의미.

見泥須避道, 莫入汚却鞋.
견 니 수 피 도　막 입 오 각 혜

若知己有罪, 莫破戒持齊.
약 지 기 유 죄　막 파 계 지 재

진흙길을 만나면 피해 가서 신발이 더러워지지 않도록 해야 한다.

만일 자기에게 죄가 있음을 안다면, 파계를 하지 말고 결재를 지내라.(《전당시보일全唐詩補逸》 왕범지시王梵志詩)

•破戒: 불교 용어. 본래는 계율을 받은 스님이 계율을 어기는 것인데, 후에는 일반적으로 약속이나 규칙을 깨는 것을 가리킨다.

•持齊: 불교 용어. 결재潔齋를 지내다. 齊는 齋와 통용.

讀書何所求? 將以通事理.
독 서 하 소 구　장 이 통 사 리

勉汝言須記, 聞人善卽師.
면 여 언 수 기　문 인 선 즉 사

독서는 무엇을 추구하는가? 사리에 통달하기 위한 것이다.(청淸 장유병張維屛, 《독서이수讀書二首》)

너의 말은 반드시 기억하도록 힘쓰고, 남의 장점을 들으면 스승으로 섬겨라.(당唐 두순학杜荀鶴, 《송사제送舍弟》)

•聞: 듣다. 알다.　•善: 장점.

攝之以良朋, 敎之以明師.
섭 지 이 양 붕　교 지 이 명 사

性近如一家, 習遠如千里.
성 근 여 일 가　습 원 여 천 리

좋은 친구를 청해서 그를 도와 주고, 현명한 스승을 청해서 그를 가르쳐라.(한漢 왕부王符, 《잠부론潛夫論》 찬학贊學)

사람의 본성은 한집안처럼 가까우나, 학습으로 인해 천리만큼 멀어진다. (《진확집陳確集》 고언瞽言)

•攝: 돕다.

不患人不知, 惟患學不至.
불 환 인 부 지　유 환 학 부 지

耘而舍其田, 辛苦亦何實.
운 이 사 기 전　신 고 역 하 실

남이 자기를 알아 주지 않는다고 근심하지 말고, 오직 학문이 수준에 도
달하지 못함을 근심하라.(당唐 범질范質, 《계아질팔백자誡兒侄八百字》)

밭갈이하다가 중도에 그 밭을 내버려둔다면, 비록 고생을 했으나 무슨 결
실이 있겠는가?(《왕문공문집王文公文集》 우언寓言)

•患: 근심하다.

美材承斫削, 高義破迍邅.
미 재 승 작 삭　고 의 파 둔 전

約束神應阻, 鑪錘器益堅.
약 속 신 응 조　노 추 기 익 견

좋은 목재도 찍고 깎아야 되며, 높은 뜻도 좌절을 극복해야 한다.

단속하면 정신이 막히고, 화로와 가마에서 기물은 더욱 견고해진다.(청淸
정판교鄭板橋, 《증고우부명부병시왕군정의贈高郵傅明府幷示王君廷鋟》)

買地不肥實, 其繁系耕鑿.
매 지 불 비 실　기 번 계 경 착

良田少鋤理, 蘭焦香亦薄.
양 전 소 서 리　난 초 향 역 박

산 땅이 비옥하지 않다고 해도, 좋은 수확은 밭갈이하는 데 달려 있다.

좋은 전답이라도 김매기를 적게 하면, 난초의 향기 또한 적다.(당唐 왕건王
建, 《여학勵學》)

不患莫己知, 求爲可知也.
불 환 막 기 지   구 위 가 지 야

不目見口問, 不能盡知也.
불 목 견 구 문   불 능 진 지 야

자기를 알아 주지 않는다고 근심하지 말며, 노력을 하면 남이 알아 주게 된다.(《논어論語》 이인里仁)

눈으로 보고 입으로 묻지 않으면 제대로 알 수가 없다.(한漢 왕충王充, 《논형論衡》 실지實知)

積學以儲寶, 酌理以富才.
적 학 이 저 보   작 리 이 부 재

君要花滿縣, 桃李趁時栽.
군 요 화 만 현   도 리 진 시 재

장기간 학습해서 지식을 축적하고, 이치를 연구해서 자기의 재능을 풍부하게 한다.(남조南朝 양梁 유협劉勰, 《문심조룡文心雕龍》 신사神思)

그대가 온 현에 신선한 꽃을 피우려고 한다면 복숭아꽃과 오얏꽃을 제때에 심어야 한다.(송宋 신기질辛棄疾, 《수조가두水調歌頭》 화조경명지현운和趙景明知縣韻)

•桃李: 본래는 복숭아나무와 오얏나무. 여기서는 학생이 많음을 비유한 말.

迷者不問路, 溺者不問遂.
미 자 불 문 로   익 자 불 문 수

試登山嶽高, 方見草木微.
시 등 산 악 고   방 견 초 목 미

길을 잃은 사람은 길을 묻지 않은 때문이고, 물에 빠진 사람은 물길을 묻지 않은 때문이다.(《순자荀子》 대략大略)

높은 산에 올라가야 초목이 작음을 알 수 있다.(당唐 맹교孟郊, 《상하양이대부上河陽李大夫》)

•遂: 도랑. 밭 사이의 작은 물길. 여기서는 물을 건널 수 있는 길을 가리킨다.

蘊輝珠處淵, 含英金在礦.
온 휘 주 처 연   함 영 금 재 광

經事括根本, 史書閱興亡.
경 사 괄 근 본   사 서 열 흥 망

휘황한 보석은 깊은 연못 속에 숨겨져 있고, 찬란한 황금은 깊은 산 속에
숨겨져 있다.(청淸 이과李果, 《시양아示兩兒》)

경서에서는 근본 취지를 알아야 하고, 사서에서는 왕조의 흥망을 읽어야
한다.(《번천문집樊川文集》 동지일기소질아선시冬至日寄小侄阿宣詩)

爲士不學道, 所得皆支流.
위 사 불 학 도   소 득 개 지 류

爲民不服耕, 逐末非良謀.
위 민 불 복 경   축 말 비 량 모

선비가 도를 배우지 않으면 얻는 것은 모두 지엽적인 것이다.

백성이 밭갈이에 힘쓰지 않고 말단을 쫓는 것은 좋은 방법이 아니다.(청淸
육사陸師, 《지관진주술회之官眞州述懷》)

•服: 수행하다.   •逐末: 말단을 쫓다. 근본이 아닌 것을 추구하다.
•本: 농업을 가리킨다.   •末: 상업을 가리킨다.

以身敎者從, 以言敎者訟.
이 신 교 자 종   이 언 교 자 송

聞道有先後, 術業有專攻.
문 도 유 선 후   술 업 유 전 공

몸으로 가르치면 따르고, 말로 가르치면 논쟁을 한다.(《후한서後漢書》 종이송
건열전鍾離宋褰列傳)

이치를 깨닫는 데에는 선후가 있고, 술업에는 전공이 있다.(당唐 한유韓愈,
《사설師說》)

•身: 몸.   •訟: 쟁송하다.

人生重賢豪, 不在名字美;
인 생 중 현 호　부 재 명 자 미

難以易相方, 赤將白自比.
난 이 이 상 방　적 장 백 자 비

　사람은 살면서 현인이나 호걸이 되는 것이 중요하며, 이름자가 좋은 것이 중요한 것이 아니다.

　황거난黃居難은 백거이白居易를 견준 것이고, 이적李赤은 이백李白을 견준 것이다.(청清 예서선倪瑞璿,《四弟懇予易其名字, 予取文王世子語爲更名曰克昕字徵子, 因詩以勖》)

・難: 黃居難을 가리킴. 황거난은 자신을 백거이에 견주어 이름을 居難이라고 하였다.
・易: 白居易를 가리킴.　・方: 견주다.
・赤: 李赤을 가리킴. 이적은 자신을 이백에 견주어 이름을 赤이라고 하였다.
・白: 李白을 가리킴.

積德求師何患少, 由來天地不私親.
적 덕 구 사 하 환 소　유 래 천 지 불 사 친

人皆養子望聰明, 我被聰明誤一生.
인 개 양 자 망 총 명　아 피 총 명 오 일 생

덕을 쌓고 스승을 찾는 사람이 어찌 적다고 근심하랴? 종래로 천지는 사적으로 편들지 않는다.(당唐 여암呂巖,《답승아答僧兒》)

사람들은 모두 자녀를 교육해서 총명하기를 바라지만, 나는 총명 때문에 일생을 그르쳤다.(송宋 소식蘇軾,《세아洗兒》)

不尤人則德益弘, 能克己則學益進.
불 우 인 즉 덕 익 홍　능 극 기 즉 학 익 진

惟正己可以化人, 惟盡己可以服人.
유 정 기 가 이 화 인　유 진 기 가 이 복 인

남을 원망하지 않으면 덕은 더욱 커지고, 자기를 이길 수 있으면 학문은 더욱 진보된다.(《요재지이聊齋志異》 습문랑習文郎)

오직 자기를 단정하게 해야 남을 교화시킬 수 있고, 오직 자기의 성심을 다해야 남을 복종시킬 수 있다.(청淸 신거운申居鄖,《서암췌어西巖贅語》)

•尤: 원망하다. 탓하다.　•弘: 크다.

讀書不可無師承, 立論不可無依據.
독 서 불 가 무 사 승　입 론 불 가 무 의 거

弟子不必不如師, 師不必賢於弟子.
제 자 불 필 불 여 사　사 불 필 현 어 제 자

독서를 하는 데는 스승으로부터의 전수가 없어서는 안 되고, 입론을 하는 데는 의거하는 바가 없어서는 안 된다.(청淸 왕탁王晫,《금세설今世說》)

제자가 반드시 스승보다 못한 것은 아니며, 스승이 반드시 제자보다 훌륭한 것은 아니다.(당唐 한유韓愈,《사설師說》)

•師承: 스승에게서 가르침을 받다.

新竹高於舊竹枝, 全憑老幹爲扶持.
신 죽 고 어 구 죽 지   전 빙 노 간 위 부 지

明年再有新生者, 十丈龍孫繞鳳池.
명 년 재 유 신 생 자   십 장 용 손 요 봉 지

새로 난 댓가지는 먼저 있던 댓가지보다 높은데, 이는 전적으로 원줄기의
도움이 있기 때문이다.

내년에도 새로 생기는 것이 있어, 10장 길이의 대나무가 봉황지를 둘러쌀
것이다.(청淸 정판교鄭板橋,《신죽新竹》)

•龍孫: 대나무의 별칭.   •鳳池: 즉 鳳凰池. 본래는 唐代에 中書省에 있던 연못. 여기서
는 주위에 대나무가 자라는 연못을 가리킴.

剪除敗類毓良淑, 宛若嘉穀純無稊.
전 제 패 류 육 양 숙   완 약 가 곡 순 무 제

別裁僞體親風雅, 轉益多師是汝師.
별 재 위 체 친 풍 아   전 익 다 사 시 여 사

악인을 제거하고 선량한 사람을 기르는 것은 마치 좋은 곡식 속에 피가
없는 것과 같다.(송宋 화진華瑱,《운계거사집雲溪居士集》제도원도題桃園圖)

후세의 모방한 시체를 선별하고 《시경》의 풍아체를 가까이하며, 광범하게
여러 스승에게 배우는 것이 바로 너의 스승이다.(당唐 두보杜甫,《희위육절구戲爲
六絕句》)

•毓: 기르다.   •稊: 돌피.   •風雅:《시경》의 國風과 小雅 大雅를 가리킴.

•轉益多師: 간접적으로 여러 사람에게 배우다.

流出西湖載歌舞, 回頭不似在山時.
유 출 서 호 재 가 무   회 두 불 사 재 산 시

遺汝子孫淸白在, 不須厦屋太渠渠.
유 여 자 손 청 백 재   불 수 하 옥 태 거 거

서호를 흐르는 물은 가무하는 배를 싣고 있어, 뒤돌아보니 비래봉에 있을 때처럼 깨끗하지 못하다.(송宋 임진林稹,《냉천정冷泉亭》)

너의 자손에게 맑고 깨끗한 인품을 남겨 주어야 하며, 지나치게 커다란 집을 남겨 줄 필요가 없다.(송宋 진정헌陳正獻,《시이자시示二子詩》)

• 載歌舞: 가무하는 배를 싣고 있다. 가무하는 배가 떠 있다.
• 在山時: 飛來峯에 있을 때.   • 渠渠: 깊숙하고 너른 모양.

讀書好處心先覺, 立雪深時道已傳.
독 서 호 처 심 선 각   입 설 심 시 도 이 전

妙要能生覺本體, 勤心到處自如然.
묘 요 능 생 각 본 체   근 심 도 처 자 여 연

독서의 좋은 점을 마음 속에서 먼저 깨달으면, 큰 눈이 내리는 곳에 서 있을 때 도는 이미 전해진다.(청淸 원매袁枚,《수원시화隨園詩話》권3)

오묘한 요령은 본체를 깨닫는 데서 생겨나고, 부지런히 학습하면 가는 곳마다 자유자재이다.(당唐 여암呂巖,《칠언七言》)

• 立雪: 눈이 내리는 곳에 서 있다. 즉 程門立雪. 宋代의 游酢(유초)와 楊時(양시)가 맨 처음 程伊川(정이천)을 찾아갔을 때, 정이천이 한참 눈을 감고 정양을 하고 있자, 그를 깨우지 않으려고 그 두 사람도 그곳에 계속하여 꼿꼿이 서 있었다. 정이천이 깨어나 두 사람을 발견하였을 때는 이미 문 밖에 눈이 석 자나 쌓여 있었다고 한다.

5
軍 事 篇

兵之勝敗, 本在於政.
병 지 승 패　본 재 어 정
以正治國, 以奇用兵.
이 정 치 국　이 기 용 병

전쟁의 승패는 본래 정치에 달려 있다.(《회남자淮南子》병략훈兵略訓)
정도로 나라를 다스리고, 기이한 계책으로 군사를 운용해야 한다.(《노자老
子》57장)

上兵伐謀, 其次伐交,
상 병 벌 모　기 차 벌 교
其次伐兵, 其下攻城.
기 차 벌 병　기 하 공 성

용병의 상책은 적의 전략 계획을 좌절시키는 것이고, 그 다음은 적의 외
교를 좌절시키는 것이며,
그 다음은 적의 군대를 공격하는 것이고, 하책은 성을 공격하는 것이다.
(《손자병법孫子兵法》모공謀攻)

貴而不驕, 勝而不悖,
귀 이 불 교　승 이 불 패

賢而能下, 剛而能忍.
현 이 능 하　강 이 능 인

지위가 높지만 교만하지 않고, 승리를 얻어도 정도를 벗어나지 않으며,
재능이 있지만 아랫사람을 잘 대하고, 강하지만 참을 줄 알아야 한다.(《제
갈양집諸葛亮集》 장재將才)
•悖: 도리에 어긋나다. 정도를 벗어나다.

陣而後戰, 兵法之常;
진 이 후 전　병 법 지 상

運用之妙, 存乎一心.
운 용 지 묘　존 호 일 심

진을 펼친 후에 전쟁을 하는 것이 병법의 정도이며,
운용의 묘는 한마음에 달려 있다.(《송사宋史》 악비전岳飛傳)

知己知彼, 可款可戰;
지 기 지 피　가 관 가 전

匪證奚方, 孰醫瞑眩.
비 증 해 방　숙 의 명 현

나를 알고 적을 알아야 자유로이 전술을 운용할 수 있으며,
증세에 따라 처방할 수 없으면 어떻게 어지럼증을 치료할 수 있겠는가?
(청淸 위원魏源, 《술이정비채逑夷情備采》)
•款: 느리다.　•證: 症과 통용. 증세.　•奚: 의문사. 何와 뜻이 같음.
•孰: 의문사. 어떻게.

兩虎相鬪, 勢不俱生.
양 호 상 투　세 불 구 생
諸軍負信, 勢必不振.
제 군 부 신　세 필 부 진

두 호랑이가 싸우면 둘 다 살 수는 없다.(《사기史記》 염파인상여열전廉頗藺相如列傳)
모든 군사가 신의를 저버리면 사기는 반드시 저하된다.(《태평어람太平御覽》
병부兵部)

兵不妄動, 師必有名.
병 불 망 동　사 필 유 명
戰雖有陣, 而勇爲本.
전 수 유 진　이 용 위 본

군대는 함부로 움직여서는 안 되며, 전쟁에는 반드시 명분이 있어야 한다.
(당唐 백거이白居易,《책림策林》)
　전쟁에는 비록 진법이 있지만 병사의 용감함이 가장 근본이다.(《묵자墨子》
수신修身)
　•陣: 진법.

兵無常勝, 水無常形.
병 무 상 승　수 무 상 형
風無常順, 兵無常勝.
풍 무 상 순　병 무 상 승

　전쟁에서 항상 이기는 군대는 없으니, 이는 물에 일정한 형태가 없는 것
과 같다.(《손자孫子》 허실편虛實篇)
　바람에 일정한 방향이 없듯이, 전쟁에서 항상 이기는 것은 없다.(명明 풍몽
룡馮夢龍,《성세항언醒世恒言》 일문전소사조기원一文錢小事造奇冤)

置將不善, 壹敗塗地.
치 장 불 선   일 패 도 지

抗兵相加, 哀者勝矣.
항 병 상 가   애 자 승 의

　장수의 등용이 적당치 못하면 반드시 엄중한 실패를 초래한다.(《사기史記》
고조본기高祖本紀)

　양측의 병력이 서로 대등할 경우에는 비분하는 쪽이 승리한다.(《노자老子》
69장)

•壹: 一과 같음.　•抗: 대항하다. 대등하다.　•抗兵: 병력이 대등하다.
•相加: 서로 침범하다.

攻其無備, 出其不意.
공 기 무 비   출 기 불 의

擊其懈怠, 出其空虛.
격 기 해 태   출 기 공 허

　상대가 무방비 상태일 때 공격하고, 주의하지 않을 때 공격해야 한다.(《손
자孫子》 계편計篇)

　상대가 태만할 때 공격하고, 비어 있는 상태일 때 공격해야 한다.(삼국三國
위魏 조조曹操,《손자주孫子注》 계편計篇)

敵欲固守, 攻其不備;
적 욕 고 수   공 기 불 비

敵欲興陳, 出其不意.
적 욕 홍 진   출 기 불 의

　적이 굳게 지키고자 할 때에는 그들의 무방비를 틈타 공격하고,

　적이 진을 펼치려고 할 때에는 그들의 부주의를 틈타 공격하라.(《제갈양전諸
葛亮傳》 치군治軍)

•陳: 陣과 통용. 진을 치다.

假之以便, 唆之使前,
가 지 이 편　사 지 사 전
斷其援應, 陷之死地.
단 기 원 응　함 지 사 지

고의로 틈을 보여서 적을 앞으로 유인하고,
후원부대를 단절시켜 적을 사지로 빠뜨린다.(《삼십육계三十六計》 상층추제上層
抽梯)

始如處女, 敵人開戶;
시 여 처 녀　적 인 개 호
後如脫兎, 敵不及拒.
후 여 탈 토　적 불 급 거

전쟁을 시작할 때는 처녀처럼 행동해서 적이 문을 열게 만들고,
그런 후에 달아나는 토끼처럼 공격해서 적이 방비하지 못하게 만든다.(《손
자孫子》 구지九地)
•開戶: 문을 열다.　•脫: 달아나다. 도망가다.　•拒: 방비하다. 막다.

虛者虛之, 疑中生疑;
허 자 허 지　의 중 생 의
剛柔之際, 奇而復奇.
강 유 지 제　기 이 복 기

빈 것은 더 빈 것처럼 보여서 적이 추측하기 어렵게 만들어야 하는데,
적이 강하고 내가 약할 때, 이 계책은 기묘할 것이다.(《삼십육계三十六計》 공성
계空城計)
•剛柔: 強弱을 가리킴.

懷重寶者, 不以夜行.
회 중 보 자　불 이 야 행

任大功者, 不以輕敵.
임 대 공 자　불 이 경 적

귀중한 보물을 가지고 있는 사람은 밤에 다니지 않고,
중대한 임무를 맡은 사람은 적을 가볍게 여기지 않는다.(《전국책戰國策》조책
趙策)

一夫拼命, 萬夫莫敵.
일 부 병 명　만 부 막 적

十則圍之, 倍則戰之.
십 즉 위 지　배 측 전 지

한 사람이 필사적으로 나오면 만 사람도 당할 수 없다.(《오천탑吳天塔》)
열 배가 되면 포위하고, 두 배가 되면 결전하라.(《사기史記》회음후열전淮陰侯列傳)
•夫: 성년 남자. 여기서는 전사를 가리킴.

敵存而懼, 敵去而舞.
적 존 이 구　적 거 이 무

廢備自盈, 只益爲瘉.
폐 비 자 영　지 익 위 유

적이 있으면 두려워하고, 적이 떠나면 춤을 춘다.
방비를 하지 않고 자만하면 더욱 위험하기만 할 뿐이다.(당唐 유종원柳宗元,
《적계敵戒》)
•舞: 기쁨을 형용한 말.　•廢備: 방비를 하지 않다.　•自盈: 자만하다.
•益: 더하다.　•瘉: 병. 여기서는 〈해치다〉라는 의미.

將欲敗之, 必姑輔之.
장 욕 패 지　필 고 보 지

將欲取之, 必姑與之.
장 욕 취 지　필 고 여 지

장차 적을 패퇴시키려면 먼저 잠시 적을 도와야 하고,
장차 적의 땅을 빼앗으려면 먼저 잠시 적에게 땅을 주어야 한다.(《전국책戰
國策》 위책魏策)
•姑: 잠시.　•輔: 돕다.

將欲去之, 必固與之.
장 욕 거 지　필 고 여 지

將欲弱之, 必固强之.
장 욕 약 지　필 고 강 지

장차 적을 제거하려면, 먼저 잠시 적을 도와야 한다.(《노자老子》 36장)
장차 적을 약하게 만들려면, 먼저 잠시 적을 강하게 해주어야 한다.(《노자老
子》 36장)
•固: 姑와 통용. 잠시.

養軍千日, 用軍一時.
양 군 천 일　용 군 일 시

敵不可易, 時不可失.
적 불 가 이　시 불 가 실

천 일 동안 군사를 길러서 하루 아침에 써먹는다.(원元 마치원馬致遠,《한궁추
漢宮秋》 제2절)
적은 경시해서는 안 되고, 시기는 놓쳐서는 안 된다.(《전국책戰國策》 진책秦策)

鷙鳥將擊, 卑飛斂翼.
지 조 장 격 비 비 염 익

虎之躍也, 必伏乃厲.
호 지 약 야 필 복 내 려

사나운 새는 공격할 때 낮게 날고 날개를 오므린다.(한漢 황석공黃石公,《육도
六韜》무도武韜 발적發敵)

호랑이는 도약할 때 반드시 엎드려야 더 멀리 뛴다.(명明 유기劉基,《성의백문
집誠意伯文集》연주連珠)

•鷙鳥: 사나운 새.   •卑: 낮추다.   •斂: 오므리다.

一勝一敗, 兵家常勢.
일 승 일 패 병 가 상 세

三十六計, 走爲上計.
삼 십 육 계 주 위 상 계

이기고 지는 것은 전쟁에서 보통 있는 일이다.(《구당서舊唐書》배도전裵度傳)

삼십육계 중에서 도망 가는 것이 상책이다.(《남사南史》왕경칙전王敬則傳)

•走: 달리다.

勝而不驕, 敗而不怨.
승 이 불 교 패 이 불 원

用兵之法, 敎戒爲先.
용 병 지 법 교 계 위 선

이겼으나 교만하지 않고, 패했지만 원망하지 않는다.(《상군서商君書》전법戰法)

용병의 방법은 교육과 훈련이 가장 중요하다.(《오자병법吳子兵法》치병治兵)

安靜則治, 暴疾則亂.
안 정 즉 치   포 질 즉 란

呼之則來, 揮之則散.
호 지 즉 래   휘 지 즉 산

장수가 침착하고 냉정하면 부대가 잘 통솔되고, 사납고 조급하면 부대가 혼란된다.(《위료자尉繚子》 병령상兵令上)

부르면 달려오고, 손짓하면 흩어진다.(송宋 소식蘇軾, 《왕중의진찬서王仲儀眞贊序》)

信賞必罰, 其足以戰.
신 상 필 벌   기 족 이 전

一日縱敵, 數世之患.
일 일 종 적   수 세 지 환

공 있는 사람은 반드시 상 주고 죄 있는 사람은 반드시 벌하면, 그 부대는 전쟁을 하기에 충분하다.(《한비자韓非子》 외저설우상外儲說右上)

하루 아침에 함부로 적을 놓아 주면 누대의 후환이 된다.(《좌전左傳》 희공僖公 33년)

攻心爲上, 攻城爲下.
공 심 위 상   공 성 위 하

心戰爲上, 兵戰爲下.
심 전 위 상   병 전 위 하

마음을 공략하는 것은 상책이고, 성을 공략하는 것은 하책이다.

심리전은 상책이고, 백병전은 하책이다.(《삼국연의三國演義》 제87회)

矢在弦上, 不可不發.
시 재 현 상　 불 가 불 발
用兵之害, 猶豫最大.
용 병 지 해　 유 예 최 대

화살이 활시위에 걸려 있으면 쏘지 않을 수 없다.(《삼국지三國志》위서魏書 진림전陳琳傳)

용병의 해로움은 주저하는 것이 가장 크다.(《의림意林》태공육도太公六韜)

敵存滅禍, 敵去召過.
적 존 멸 화　 적 거 소 과
善持勝者, 以强爲弱.
선 지 승 자　 이 강 위 약

적이 있을 때는 화를 물리치고, 적이 물러나면 위험을 부른다.(당唐 유종원柳宗元,《적계敵戒》)

승리를 잘 지키는 사람은 강함을 약한 것처럼 보여 준다.(《열자列子》설부說符)

寧速毋久, 寧拙毋巧,
영 속 무 구　 영 졸 무 교
但能速勝, 雖拙可也.
단 능 속 승　 수 졸 가 야

속전속결할지언정 오래 끌지 말고, 서투르게 할지언정 교묘하게 하지 말라.

빨리 이길 수만 있다면 설령 서투르다고 해도 괜찮다.(명明 이지李贄,《손자참동孫子參同》권2)

•毋: 금지사. ~하지 말라.　　•雖: 설령.

以戰去戰, 雖戰可也.
이 전 거 전   수 전 가 야

有勇無謀, 不足慮也.
유 용 무 모   부 족 려 야

전쟁을 해서 전쟁을 없앤다면 비록 전쟁을 한다 해도 괜찮다.(《상군서商君書》획책畫策)

적이 용맹만 있고 지모가 없으면 크게 신경쓸 것 없다.(《삼국연의三國演義》제11회)

•去: 없애다.

香餌之下, 必有死魚.
향 이 지 하   필 유 사 어

重賞之下, 必有勇夫.
중 상 지 하   필 유 용 부

냄새 좋은 미끼 아래에는 반드시 죽은 물고기가 있다.

큰상 아래에는 반드시 용맹한 병사가 있다.(한漢 황석공黃石公, 《삼략三略》상략上略)

攻如燎髮, 戰似摧枯.
공 여 요 발   전 사 최 고

始爲處女, 後如脫兎.
시 위 처 녀   후 여 탈 토

공격은 머리카락 태우듯이 하고, 전투는 마른 나무 꺾듯이 하라.(《수서隋書》악음지하樂音志下)

처음에는 처녀처럼 하고, 나중에는 달아나는 토끼처럼 하라.(삼국三國 위魏 조조曹操, 《손자병법서孫子兵法序》)

政善於內, 兵强於外.
정 선 어 내 병 강 어 외

專一則勝, 離散則敗.
전 일 즉 승 이 산 즉 패

대내적으로는 정치가 잘 되어야 하고, 대외적으로는 군사력이 강해야 한다.(삼국三國 위魏 환범桓范, 《정요론政要論》 병요兵要)

마음이 하나가 되면 이기고, 마음이 흩어지면 진다.(《위료자尉繚子》 병령상兵令上)

一夫當關, 萬夫莫開.
일 부 당 관 만 부 막 개

殺人一萬, 自損八百.
살 인 일 만 자 손 팔 백

한 사람이 관문을 지키면 만 사람도 열 수 없다.(당唐 이백李白, 《촉도난蜀道難》)

적을 1만 명 죽이면 자기도 8백 명의 손실이 있다.(《원사본기元史本紀》)

天下雖安, 忘戰必危.
천 하 수 안 망 전 필 위

戰陣之間, 不厭詐僞.
전 진 지 간 불 염 사 위

천하가 비록 태평하더라도 전쟁을 잊으면 반드시 위험하다.(《사마법司馬法》 인본仁本)

전쟁을 할 때에는 적을 속이는 방법을 최대한 써야 한다.(《한비자韓非子》 난일難一)

•戰陣: 작전을 하고 포진을 하다. 여기서는 전쟁을 하다.　•詐僞: 속이다.

兵不可玩, 玩則無威;
병 불 가 완　완 즉 무 위

兵不可廢, 廢則召寇.
병 불 가 폐　폐 즉 소 구

병무는 장난으로 할 수 없으니, 장난으로 하면 위엄이 없게 되며,
병무는 폐지할 수 없으니, 폐지하면 적의 침입을 불러온다.(한漢 유향劉向,
《설원說苑》 지무指武)

兵不如者, 勿與挑戰;
병 불 여 자　물 여 도 전

粟不如者, 勿與持久.
속 불 여 자　물 여 지 구

병력이 적만 못하면 전쟁을 도발하지 말고,
식량이 적만 못하면 지구전을 하지 말라.(《전국책戰國策》 조책趙策)

千軍易得, 一將難求.
천 군 이 득　일 장 난 구

三軍易得, 一將難求.
삼 군 이 득　일 장 난 구

천 명의 군사는 얻기 쉽지만 한 명의 장수는 구하기 어렵다.(《삼국연의三國
演義》 제70회)
삼군은 얻기 쉽지만 한 명의 장수는 구하기 어렵다.(원元 마치원馬致遠, 《한궁
추漢宮秋》 제2절)

狼衆食人, 人衆食狼.
낭 중 식 인　인 중 식 랑

龍爭虎鬪, 苦了小獐.
용 쟁 호 투　고 료 소 장

이리가 많으면 사람을 잡아먹고, 사람이 많으면 이리를 잡아먹는다.(《논형論衡》 난시편諛時篇)

용과 호랑이가 싸우면 새끼노루가 고통받는다.(《금병매金瓶梅》 제18회)

一夫舍死, 萬夫莫當.
일 부 사 사　만 부 막 당

一人拼命, 萬夫難當.
일 인 병 명　만 부 난 당

한 사람이 죽기를 작정하면 만 사람이 당할 수 없다.(《속어전俗語典》)

한 사람이 죽음을 각오하면 만 사람이 당하기 어렵다.(원元 관한경關漢卿, 《관대왕독부단도회關大王獨赴單刀會》 제3절)

知己知彼, 勝乃不殆;
지 기 지 피　승 내 불 태

知天知地, 勝乃不窮.
지 천 지 지　승 내 불 궁

나를 알고 적을 알면 승리해서 위태롭지 않게 되고,
천시를 알고 지리를 알면 승리해서 곤궁하지 않게 된다.(《손자병법孫子兵法》 지형편地形篇)

•殆: 위태롭다.

佯北勿從, 銳卒勿攻.
양배물종　예졸물공

萬事俱備, 只欠東風.
만사구비　지흠동풍

패배를 가장한 적은 쫓지 말고, 정예 군사는 공격하지 말라.(《손자병법孫子兵法》 군쟁편軍爭篇)

모든 것이 다 갖추어졌는데 단지 동풍만이 빠졌다.(《삼국연의三國演義》 제49회)

• 佯北: 거짓으로 패배하다. 패배를 가장하다.

功略蓋天地, 義勇冠三軍.
공 략 개 천 지　의 용 관 삼 군
草枯鷹眼疾, 雪盡馬蹄輕.
초 고 응 안 질　설 진 마 제 경

　공훈과 지략은 천지를 덮을 만하고, 충의와 용기는 삼군에서 제일이다.(한漢 이릉李陵, 《답소무서答蘇武書》)
　초목이 시드니 사냥매의 눈초리 매섭고, 눈이 녹으니 말발굽 소리 경쾌하다.(당唐 왕유王維, 《관렵觀獵》)
　•功略: 공훈과 지략.

數戰則民窮, 久師則兵弊.
삭 전 즉 민 궁　구 사 즉 병 폐
百勝慮無敵, 三折乃良醫.
백 승 여 무 적　삼 절 내 양 의

　전쟁을 자주 하면 백성이 곤궁해지고, 전쟁을 오래 하면 병사가 지친다.(《전국책戰國策》 연책燕策)
　백승한 사람의 지략은 천하에 적이 없고, 여러 차례 골절을 하면 훌륭한 의사가 된다.(《유우석집劉禹錫集》 학완공체삼수學阮公體三首)
　•數: 자주. 여러 번.　•弊: 피로하다. 지치다.

軍中無戲言. 兵事尙神密.
군 중 무 희 언　병 사 상 신 밀
機在於應事, 戰在於治氣.
기 재 어 응 사　전 재 어 치 기

　군중에는 농담이 없다.(청淸 무명씨, 《설당說唐》 제8회)
　군대의 일은 신출귀몰과 비밀이 중요하다.(《한서漢書》 주발전周勃傳)
　시기는 사태의 변화에 순응할 수 있느냐에 달려 있고, 전쟁은 병사의 사기를 북돋우어 주는 데 달려 있다.(《위료자尉繚子》 십이릉十二陵)
　•尙: 숭상하다. 존중하다.　•神密: 신비막측하다. 신출귀몰하다.

健兒寧鬪死, 壯士恥爲儒.
건 아 녕 투 사　　장 사 치 위 유

身輕一鳥過, 槍急萬人呼.
신 경 일 조 과　　창 급 만 인 호

건장한 남아는 차라리 싸우다 죽는 것을 원하고, 기개 있는 선비는 학자
가 되는 것을 부끄러워한다.

몸은 한 마리의 새가 날아가듯이 가볍고, 창은 만인의 외침처럼 빠르다.(당唐
두보杜甫, 《송채희증도위환롱우인기고삼십오서기送蔡希曾都尉還隴右因寄高三十五書記》)

落日照大旗, 馬鳴風蕭蕭.
낙 일 조 대 기　　마 명 풍 소 소

戰苦軍猶樂, 功高將不驕.
전 고 군 유 락　　공 고 장 불 교

지는 해는 대장기를 비추고, 말울음 소리는 바람을 타고 온다.(당唐 두보杜
甫, 《후출새오수後出塞五首》)

전쟁은 고달프지만 병사들은 오히려 즐겁고, 공훈은 높으나 교만함은 없
다.(당唐 교연皎然, 《종군행오수從軍行五首》)

•蕭蕭: 바람이 부는 소리.

敗棋有勝着. 先下手爲强.
패 기 유 승 착　　선 하 수 위 강

射人先射馬, 擒賊先擒王.
사 인 선 사 마　　금 적 선 금 왕

바둑은 져도 승착은 있다.(명明 양신楊愼, 《병탑수취病榻手吹》)

먼저 두는 것이 유리하다.(《북사北史》 원주전元冑傳)

사람을 쏘는 것보다 말을 먼저 쏘고, 상대의 군사를 잡는 것보다 장수를
먼저 잡아야 한다.(당唐 두보杜甫, 《전출새구수前出塞九首》)

•着: 바둑을 둘 때의 한 수를 一著이라고 한다.

大漠風塵日色昏, 紅旗半卷出轅門.
대 막 풍 진 일 색 혼　　홍 기 반 권 출 원 문

前軍夜戰洮河北, 已報生擒吐谷渾.
전 군 야 전 조 하 북　　이 보 생 금 토 욕 혼

모래바람 휘몰아치는 고비 사막에 날은 저물고, 붉은 기 반권이 원문을 나선다.
선발대가 조하의 북쪽에서 야간 전투를 해서, 토욕혼 장수를 생포했다는 첩
보가 이미 들려온다.(당唐 왕창령王昌齡,《종군행칠수從軍行七首》)

•轅門: 軍營(군영)의 문. 고대에는 행군하고 주둔할 때 수레의 끌채를 서로 향하게 해서
문을 삼았기 때문에 이를 원문이라고 한다.　　•洮河: 지금의 감숙성 서남부.

•吐谷渾: 西域의 나라 이름. 唐代 초기에 항상 당나라를 침범했음.

周郎妙計安天下, 賠了夫人又折兵.
주 랑 묘 계 안 천 하　　배 료 부 인 우 절 병

千紅萬紫安排著, 只待春雷第一聲.
천 홍 만 자 안 배 저　　지 대 춘 뢰 제 일 성

주유의 신묘한 계책은 오나라를 안정시켰지만, 손부인으로 보상하고 장수
를 잃었다.(《삼국연의三國演義》 제55회)

온갖 꽃들은 꽃망울을 머금고 단지 첫봄 우뢰 소리를 기다린다.(청淸 장유병
張維屛,《신뢰新雷》)

•周郎妙計: 周郎(주랑)은 삼국시대 吳나라의 장수인 周瑜(주유)를 가리킨다.《삼국연의》에
보면, 주유가 손권의 여동생을 유비에게 거짓으로 시집보내서, 유비를 오나라에 유인하여 죽
이자는 계책을 손권에게 건의하는데, 주랑묘계는 바로 이것을 말한다.

佩刀一刺山爲開, 壯士大呼城欲摧.
패 도 일 자 산 위 개　장 사 대 호 성 욕 최

三軍甲兵不知數, 但見動地銀山來.
삼 군 갑 병 부 지 수　단 견 동 지 은 산 래

허리에 찬 칼로 한 번 찌르니 산이 열리고, 장사가 크게 외치니 성이 무너
지려 한다.

삼군의 병사는 그 수를 알 수 없고, 다만 흔들리는 땅을 보니 은산이 밀려
오는 듯하다.(송宋 육유陸游,《출새곡出塞曲》)

•三軍: 수많은 군대를 가리킴.　•甲兵: 갑옷과 무기. 여기서는 人馬를 가리킴.

稍喜長沙向延閣, 疲兵敢犯犬羊鋒.
초 희 장 사 상 연 각　피 병 감 범 견 양 봉

棋逢對手難藏幸, 將遇良才好用功.
기 봉 대 수 난 장 행　장 우 양 재 호 용 공

장사의 상연각(즉 向子埋)을 따라, 지친 병사들도 흉악한 무리에 대항한
다.(송宋 진여의陳與義,《상춘傷春》)

바둑은 호적수를 만나면 요행으로 이기기 어렵고, 장차 훌륭한 인재를 만
나야 능력을 잘 발휘할 수 있다.(송宋 석보제釋普濟,《오등회원五燈會元》권19)

•長沙向延閣: 潭州(지금의 호남성 장사시)의 知州 向子燕을 가리킴.
•敢犯犬羊鋒: 송 고종 建炎 4년(1130년) 2월, 상자연이 군민을 조직하여 長沙를 지키려고
金나라 군대에 대항한 일을 말한다.

•犬羊: 금나라 군대에 대한 비칭.　•藏幸: 요행.

一身能擘兩雕弧, 虜騎千重只似無.
일 신 능 벽 량 조 호   노 기 천 중 지 사 무

偏坐金鞍調白羽, 紛紛射殺五單于.
편 좌 금 안 조 백 우   분 분 사 살 오 선 우

한 몸으로 두 활을 동시에 당기고, 오랑캐 기병 1천 겹이 안중에 없는 듯 종횡무진한다.

비스듬히 금안장에 앉아 흰색 깃털 조절해서, 이리저리 달리면서 다섯 선우를 쏘아 죽였다.(당唐 왕유王維, 《소년행사수少年行四首》)

•擘: 활을 당기다.   •雕弧: 무늬를 아로새겨 꾸민 활.

•五單于: 흉노는 西漢 중엽부터 5개의 부락으로 나누어졌는데, 각 부락에서 각기 한 명의 선우를 옹립하였으므로 오선우라고 부른다.

•單于: 흉노의 군주.

138
軍事篇

6

執法篇

功不濫賞, 罪不濫刑.
공 불 람 상 죄 불 람 형

罪止一身, 家屬不問.
죄 지 일 신 가 속 불 문

공 있다고 상을 남발하지 말고, 죄 있다고 형벌을 남발하지 말라.(당唐 원결元結,
《지정至正》)

죄는 당사자에게 그치고, 가족에게는 묻지 않는다.(《자치통감資治通鑑》진기陳紀)

執法如山, 守身如玉.
집 법 여 산 수 신 여 옥

賞厚而信, 刑重而必.
상 후 이 신 형 중 이 필

법을 집행하는 것은 산처럼 흔들림 없이 해야 하며, 절조를 지키는 것은
옥처럼 깨끗하게 해야 한다.(《격언연벽格言聯璧》종정從政)

상은 후하면서 믿음이 있어야 하며, 형벌은 엄하면서 반드시 실행해야 한다.
(《상군서商君書》수권修權)

天網恢恢, 疏而不失.
천 망 회 회　소 이 불 실

城門失火, 殃及池魚.
성 문 실 화　앙 급 지 어

하늘의 법망은 넓어서 조밀하지 못하지만 빠뜨리는 것이 없다.(《노자老子》)

성문에 불이 나면, 재앙이 연못의 물고기까지 미친다.(북조北朝 제齊 두필杜弼,
《격량문檄梁文》)

- 天網: 하늘의 법망.　　•恢恢: 광대한 모양.
- 疏而不失: 疏而不漏라고도 함.　　•疏: 성기다. 촘촘하지 못하다.
- 殃: 재앙.　　•池: 성을 둘러싼 연못. 護城河(호성하). 垓字(해자).

法不阿貴, 繩不撓曲.
법 불 아 귀　승 불 뇨 곡

法之不行, 上自犯之.
법 지 불 행　상 자 범 지

법은 귀족을 편들지 않고, 먹줄은 굽은 나무대로 휘지 않는다.(《한비자韓非子》
유도有度)

법이 철저하게 실행되지 않는 것은 위에 있는 사람 스스로가 이를 어기기
때문이다.(《사기史記》 상군열전商君列傳)

- 阿: 한쪽 편을 들다.　　•撓曲: 굽은 것을 따라 굽히다.

石以砥焉, 化鈍爲利;
석 이 지 언　화 둔 위 리

法以砥焉, 化愚爲智.
법 이 지 언　화 우 위 지

숫돌로 갈면 무딘 것을 날카롭게 만들 수 있고,

법으로 단속하면 바보를 총명하게 만들 수 있다.(당唐 유우석劉禹錫, 《지석부砥石賦》)

- 石以: 즉 以石. 개사와 목적어의 도치.
- 砥: 숫돌. 여기서는 〈숫돌로 갈다〉라는 의미의 동사로 사용.

賞罰無章, 何以沮勸.
상 벌 무 장   하 이 저 권

法若有弊, 不可不變.
법 약 유 폐   불 가 불 변

상벌에 원칙이 없으면 어떻게 악행을 금지시키고 선행을 장려시킬 수 있
겠는가?(《좌전左傳》 양공襄公 27년)

법에 폐단이 있으면 고치지 않을 수 없다.(《송사宋史》 장상영전張商英傳)

•沮勸: 악행을 막고 산행을 장려하다.　　•沮: 막다.　　•勸: 권면하다.

誅不避貴, 賞不遺賤.
주 불 피 귀   상 불 유 천

殺人償命, 欠債還錢.
살 인 상 명   흠 채 환 전

형벌은 권세가를 피하지 않고, 상은 천민을 빠뜨리지 않는다.

살인을 하면 목숨으로 보상하고, 빚을 지면 돈으로 갚는다.(《안자춘추晏子春秋》
내편문상內篇問上)

•誅: 형벌.　　•遺: 빠뜨리다.

以殺去殺, 雖殺可也;
이 살 거 살   수 살 가 야

以形去形, 重形可也.
이 형 거 형   중 형 가 야

죽임으로써 살인자를 없앨 수 있다면 비록 죽여도 괜찮고,

형벌로써 범법자를 없앨 수 있다면 중벌이라도 괜찮다.(《상군서商君書》 획책畫策)

•去: 없애다. 제거하다.

隨事制法, 因事制宜,
수 사 제 법　인 사 제 의
自我而作, 何必師古.
자 아 이 작　하 필 사 고

일에 따라 법을 제정하고, 일에 따라 마땅한 조치를 한다.

나로 말미암아 선례를 만들어야지 하필 옛것을 따르는가?(《구당서舊唐書》예의제
禮儀制)

　•師古: 옛사람에게 배우다. 옛것을 본받다.　　•師: 스승으로 삼다. 본받다.

官不私親, 法不遺愛.
관 불 사 친　법 불 유 애
賞勉罰偸, 則民不怠.
상 면 벌 투　즉 민 불 태

관직은 제멋대로 육친에게 주지 않고, 법은 사랑하는 사람을 빠뜨리지 않
는다.(《신자愼子》군신君臣)

근면한 사람을 상 주고 게으른 사람을 벌하면, 백성은 태만하지 않게 된
다. (《한시외전韓詩外傳》권6 제3장)

　•偸: 구차하다. 게으르다.

進有厚賞, 退有嚴刑;
진 유 후 상　퇴 유 엄 형
賞不逾時, 刑不擇貴.
상 불 유 시　형 불 택 귀

진격하면 큰상을 주고, 후퇴하면 중벌을 내린다.

상은 때를 넘기지 않아야 하고, 형벌은 권세를 가리지 말아야 한다.(《제갈양
집諸葛亮集》장재將才)

　•逾: 넘다. 지나가다.

南山可移, 判不可搖.
남 산 가 이   판 불 가 요
無轡而策, 則馬失道.
무 비 이 책   즉 마 실 도

남산은 옮길 수 있어도 판결은 고칠 수 없다.(《신당서新唐書》이원굉전李元紘傳)
고삐 없이 채찍질만 하면 말은 길을 잃게 된다.(《공총자孔叢子》형론刑論)
•轡: 고삐.   •策: 채찍. 여기서는 동사로서 채찍질을 하다.

罰不諱強大, 賞不私親近.
벌 불 휘 강 대　상 불 사 친 근

罪不容加死, 愛之欲其生.
죄 불 용 가 사　애 지 욕 기 생

　형벌은 권문세가를 피해서는 안 되고, 상은 제멋대로 친근한 사람에게 주면 안 된다.(《전국책戰國策》진책秦策)
　죄가 사형으로도 부족하면 사랑으로써 그가 새사람이 되게 해야 한다.(청淸 양장거梁章鉅, 《낭적총담浪迹叢談》교대보록巧對補錄)
　•諱: 꺼리다. 피하다.

有事不避難, 有罪不避刑.
유 사 불 피 난　유 죄 불 피 형

無罪而不刑, 無才而不任.
무 죄 이 불 형　무 재 이 불 임

　나라에 일이 있으면 어려움을 피하지 말고, 죄가 있으면 형벌을 피하지 말아야 한다.(《국어國語》진어晉語)
　죄가 없으면 처벌을 받지 않고, 재능이 없으면 임용될 수 없다.(《진서晉書》왕맹전王猛傳)
　•事: 전쟁이나 제사를 가리킴.

有功而不賞, 則善不勸矣;
유 공 이 불 상　즉 선 불 권 의

有過而不誅, 則惡不懼矣.
유 과 이 불 주　즉 악 불 구 의

　공이 있는데도 상을 받지 못하면 선량한 사람이 권면되지 않고,
　죄가 있는데도 벌하지 않으면 악인이 두려워하지 않는다.(한漢 유향劉向, 《설원說苑》정리政理)
　•勸: 권면하다.　•誅: 벌하다.

賞者不昵德, 誅者不挾怨.
상 자 불 닐 덕   주 자 불 협 원
刑一而正百, 殺一而愼萬.
형 일 이 정 백   살 일 이 신 만

상은 덕을 가까이하지 않고, 처벌은 원한을 사이에 두지 않는다.(송宋 최돈례崔敦禮,《추언芻言》권상)

한 사람을 징벌하여 백 사람을 바로잡고, 한 사람을 죽여서 만 사람이 삼가게 한다.(한漢 환관桓寬,《염철론鹽鐵論》질빈疾貧)

•昵: 친근하다. 가깝다.　　•挾怨: 사적인 원한을 개입시키다.

•正百: 백 사람이 정도를 걷게 하다.　　•愼萬: 만 사람이 삼가게 하다.

賞不避疏賤, 罰不避親貴.
상 불 피 소 천   벌 불 피 친 귀
賞不遺疏遠, 罰不阿親貴.
상 불 유 소 원   벌 불 아 친 귀

상은 소원하거나 미천한 사람을 피해서는 안 되며, 벌은 친하거나 높은 사람을 피해서는 안 된다.(진晉 양천楊泉,《물리론物理論》권1)

상은 소원한 사람을 빠뜨리지 않고, 벌은 친하거나 높은 사람을 빠뜨리지 않는다.(당唐 오긍吳兢,《정관정요貞觀政要》택관擇官)

法正則民慤, 罪當則民從.
법 정 즉 민 각   죄 당 즉 민 종
殺一以懲萬, 賞一而勸衆.
살 일 이 징 만   상 일 이 권 중

법이 공정하면 백성이 성실해지고, 죄가 타당하면 백성이 따르게 된다.(《사기史記》효문제본기孝文帝本紀)

한 사람을 죽여서 만 사람을 처벌하고, 한 사람을 상 주어서 대중을 권면해야 한다.(당唐 위징魏徵,《군서치요群書治要》음모陰謀)

•慤: 성실하다.

賞妄行則善不勸, 罰妄行則惡不懲.
상 망 행 즉 선 불 권　벌 망 행 즉 악 불 징

私道行則法度侵. 賞罰明則將威行.
사 도 행 즉 법 도 침　상 벌 명 즉 장 위 행

함부로 상을 주면 선인이 권면되지 않고, 함부로 벌을 주면 악인이 징계되지 않는다.(당唐 위징魏徵, 《군서치요群書治要》 신감申鑒)

개인을 위한 정책이 행해지면 국가의 법도가 침해당한다.(《관자管子》 칠신칠주七臣七主)

상벌이 분명해지면 장수는 자연히 위엄이 있게 된다.(한漢 황석공黃石公, 《삼략三略》)

•妄: 함부로. 제멋대로.

刑罰不足以移風, 殺戮不足以禁姦.
형 벌 부 족 이 이 풍　살 륙 부 족 이 금 간

無身不善而怨人, 無刑已至而呼天.
무 신 불 선 이 원 인　무 형 이 지 이 호 천

형벌만으로는 사회기풍을 개선시킬 수 없으며, 살륙만으로는 악행을 금지시킬 수 없다.(《문자文子》 정성精誠)

자기가 나쁜 짓을 하고서 남을 원망하지 말 것이며, 형벌이 몸에 다가와서야 하늘을 부르지 말라.(《순자荀子》 법행法行)

•無: 勿과 같음. 금지사. ~하지 말라.

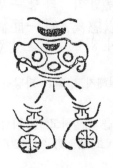

7

忠 奸 篇

未見君子, 不知僞臣.
미 견 군 자　부 지 위 신

致理興化, 必在推誠.
치 리 흥 화　필 재 추 성

군자를 만난 적이 없으면 간신을 알아볼 수가 없다.(한漢 환관桓寬,《염철론鹽鐵論》논비論誹)

이치를 깨닫게 하고 감화를 시키는 데는 반드시 정성을 다해야 한다.(《자치통감資治通鑑》당기唐紀)

•致: 이르게 하다.

佞言似忠, 奸言似信.
영 언 사 충　간 언 사 신

觀聽不參, 則誠不聞.
관 청 불 참　즉 성 불 문

아첨하는 말은 마치 충언처럼 들리고, 간사한 말은 마치 진실한 말처럼 들린다.(청淸 신함욱申涵煜,《성심단어省心短語》)

한 사람의 말만 듣고는 다른 사람들과 상의해 보지 않으면 진실한 말을 들을 수 없다.(《한비자韓非子》내저설상內儲說上)

•觀聽: 즉 觀行聽言. 행동을 보고 말을 듣다.　　•參: 대조하여 생각하다.

君子之言, 信而有征.
군 자 지 언　신 이 유 정

忠讜之言, 唯患不聞.
충 당 지 언　유 환 불 문

군자의 말은 진실하면서 증거가 있다.(《좌전左傳》 소공昭公 8년)
오직 충성되고 정직한 말을 듣지 못함을 두려워한다.(《자치통감資治通鑑》 권79)
•征: 證과 같음. 증거.　•讜: 바른 말. 정직한 말.　•患: 두려워하다.

春風不信, 其華不盛.
춘 풍 불 신　기 화 불 성

去食去兵, 不可去信.
거 식 거 병　불 가 거 신

봄바람이 제때 불지 않으면 그 꽃은 번성하지 못한다.(《태평어람太平御覽》)
양식을 버리고 군사를 버릴 수는 있지만 신의를 버릴 수는 없다.(원元 관한
경關漢卿,《관대왕독부단도회關大王獨赴單刀會》)
•華: 花와 같음. 꽃.

物以類聚, 人以群分.
물 이 류 취　인 이 군 분

義動君子, 利動貪人.
의 동 군 자　이 동 탐 인

사물은 종류대로 모이고, 사람은 끼리끼리 나누어진다.(《역경易經》 계사상繫辭上)
정의는 군자를 감동시키고, 이익은 탐욕한 사람을 움직인다.(남조南朝 송宋
범엽范曄,《후한서後漢書》 반고열전班固列傳)

以信待人, 不信思信;
이 신 대 인 불 신 사 신

不信待人, 思信不信.
불 신 대 인 사 신 불 신

믿음으로 남을 대하면 원래 믿지 않던 사람이 믿게 되고,
불신으로 남을 대하면 원래 믿던 사람이 믿지 않게 된다.(《부자傅子》의신편義
信篇)

信言不美, 美言不信.
신 언 불 미 미 언 불 신

侈言無驗, 雖麗非經.
치 언 무 험 수 려 비 경

진실한 말은 화려하지 않고, 화려한 말은 진실하지 못하다.(《노자老子》)
큰소리 친 것이 실행되지 않으면 비록 화려하다고 해도 아무런 소용이 없
다.(진晉 좌사左思, 《촉도부蜀都賦》)
•侈言: 큰 소리.　•驗: 여기서는 〈실행하다〉라는 의미.

內不自誣, 外不誣人.
내 부 자 무 외 불 무 인

知無不言, 言無不行.
지 무 불 언 언 무 불 행

안으로는 자신을 속이지 말고, 밖으로는 남을 속이지 말라.(《한시외전韓詩外
傳》권5)
아는 것은 말하지 않는 것이 없어야 하고, 말한 것은 반드시 실행해야 한
다.(송宋 소식蘇軾, 《책략策略》제3)
•誣: 속이다.

群居終日, 言不及義.
군 거 종 일   언 불 급 의

言不持正, 論如其已.
언 부 지 정   논 여 기 이

여럿이 모여 온종일 이야기했으나 의미는 하나도 없다.(《논어論語》위령공衛靈公)

말이 정도를 지킬 수 없으면 말을 하지 않는 것만 못하다.(남조南朝 양梁 유협劉勰,《문심조룡文心雕龍》논설論說)

•已: 그치다.

言必顧心, 心必副事.
언 필 고 심   심 필 부 사

說一是一, 說二是二.
설 일 시 일   설 이 시 이

입으로 한 말은 반드시 마음으로 생각해야 하고, 마음으로 생각한 것은 반드시 말한 것과 일치해야 한다.(당唐 육지陸贄,《봉천론사서사조장奉天論赦書事條狀》)

하나를 말하면 하나이고, 둘을 말하면 둘이다.(《홍루몽紅樓夢》제55회)

忠無不報, 信不見疑.
충 무 불 보   신 불 견 의

欲當大事, 須是篤實.
욕 당 대 사   수 시 독 실

충직한 사람은 보답을 받지 않을 수 없고, 신용이 있는 사람은 의심을 받지 않는다.(한漢 추양鄒陽,《옥중상양왕서獄中上梁王書》)

큰일을 하려고 하면 반드시 성실해야 된다.(《경거패어瓊琚佩語》정술政術)

寵邪信惑, 近佞好諛.
총 사 신 혹　근 녕 호 유
脅肩諂笑, 病於夏畦.
흡 견 첨 소　병 어 하 휴

사악한 사람을 총애하면 반드시 미혹된 것을 믿게 되고, 아첨꾼을 가까이
하면 반드시 아첨을 좋아하게 된다.(당唐 원결元結, 《지감至感》)
어깨를 으쓱하고 겉으로 미소짓는 것은 한여름에 밭갈이하는 것보다 더
힘들다.(《맹자孟子》등문공하滕文公下)
•惑: 미혹하다.　　•佞: 아첨하다.　　•脅肩: 어깨를 으쓱거리다.
•諂笑: 아첨하며 웃는 표정을 짓다.

聲無取猜, 譽無致疑.
성 무 취 시　예 무 치 의
作僞心勞, 不如一實.
작 위 심 로　불 여 일 실

명성을 얻으면 시기를 당하지 않도록 해야 하며, 영예를 얻으면 의혹을
일으키지 않도록 해야 한다.(당唐 피일휴皮日休, 《시잠市箴》)
몹시 신경써서 허위로 꾸미는 것보다 한 번 진실한 것이 낫다.(《곽호도일기
郭嵩燾日記》권1)

受人之託, 終人之事.
수 인 지 탁　종 인 지 사
無信患作, 失援必斃.
무 신 환 작　실 원 필 폐

남의 부탁을 받으면 반드시 남의 일을 마쳐야 한다.(원元 고칙성高則誠, 《비파기
琵琶記》)
신의가 없으면 반드시 재난이 일어나고, 원조가 없으면 반드시 패망한다.
(《좌전左傳》희공僖公 14년)

任賢無貳, 去邪無疑.
임 현 무 이   거 사 무 의

自欺欺人, 不誠極矣.
자 기 기 인   불 성 극 의

현인을 임용하는 데 두 마음을 갖지 말며, 악인을 제거하는 데 주저하지
말라.(《상서尚書》 대우모大禹謨)
　자기를 속임으로써 남을 속이는 것은 불성실의 극치이다.(청淸 유악劉鶚,《노
잔유기老殘游記》 제9회)

蛇蛇碩言, 出自口矣,
이 이 석 언   출 자 구 의

巧言如簧, 顔之厚矣.
교 언 여 황   안 지 후 의

자신 있게 허풍 떠는 말이 자기의 입에서 나오고,
　아첨하는 것이 황을 두드리는 것과 같으면, 낯가죽이 두꺼운 것이다.(《시경
詩經》 소아小雅 교언巧言)
　•蛇蛇: 蛇는 訑와 통용. 천박하면서 스스로 대단하게 여기는 모양.
　•碩言: 훌륭한 말. 여기서는 큰소리.　•碩: 크다.
　•簧: 악기 속에서 진동하며 소리를 내는 얇은 조각.

小人得志, 蹔快一時;
소 인 득 지   잠 쾌 일 시

要其得失, 後世方知.
요 기 득 실   후 세 방 지

소인이 뜻을 얻으면 한때 통쾌하지만,
　진정으로 그 득실을 알려면, 후세에야 비로소 알 수 있다.(송宋 구양수歐陽修,
《제정학사문祭丁學士文》)
　•蹔: 暫과 같음. 잠시.

白石似玉, 奸佞似賢.
백 석 사 옥　간 녕 사 현

欲知己過, 要納讜言.
욕 지 기 과　요 납 당 언

　하얀 돌은 마치 옥처럼 보이고, 간사하고 아첨하는 무리는 마치 현인처럼 보인다.(《의림意林》 포박자抱朴子)
　자기의 잘못을 알려고 하면 직언을 받아들여야 한다.(《태평광기太平廣記》 첨녕諂佞)

快馬一鞭, 快人一言.
쾌 마 일 편　쾌 인 일 언

言而不信, 何以爲言.
언 이 불 신　하 이 위 언

　빠른 말은 채찍질 한 번에도 잘 달리고, 호쾌한 사람은 말 한 마디이면 된다.(송宋 석도원釋道原,《경덕전등록景德傳燈錄》 원주남원도명선사袁州南源道明禪師)
　말을 하되 믿지 않으면 어떻게 말이라고 하겠는가?(《춘추곡량전春秋穀梁傳》 희공僖公 22년)

捷捷幡幡, 謀欲譖言.
첩 첩 번 번　모 욕 참 언

豈不爾受, 旣其女遷.
기 불 이 수　기 기 녀 천

　아첨하는 말을 하며, 참소하는 말을 생각해낸다.
　어찌 너를 속이는 사람이 없겠는가? 머지 않아 네가 속을 것이다.(《시경詩經》 소아小雅 항백巷伯)
　•捷捷: 말 잘하는 모양. 아첨하는 모양.
　•幡幡: 왕래하는 모양. 반복하는 모양.
　•女: 汝와 통용. 2인칭대명사. 너. 당신.

諂淚在瞼, 遇便卽流;
첨 루 재 검　우 편 즉 류

巧舌如簧, 應機必發.
교 설 여 황　응 기 필 발

아첨의 눈물이 눈꺼풀에 매달려 있다가 적당한 때가 되면 흘러내리고,
아첨의 혀는 황처럼 있다가 시기가 되면 반드시 발설된다.(《구당서舊唐書》 장
중방전張仲方傳)
　•瞼: 눈꺼풀.

君子上達, 小人下達.
군 자 상 달　소 인 하 달

信以接物, 寬以待下.
신 이 접 물　관 이 대 하

군자는 인의에 통달하고, 소인은 재물에 통달한다.(《논어論語》 헌문憲問)
믿음으로 사물을 대하고, 관용으로 아랫사람을 대해야 한다.(《설문청공종정록
薛文淸公從政錄》)
　•上達: 인의에 통달하다.　•下達: 재물과 이익에 통달하다.

成也蕭何, 敗也蕭何.
성 야 소 하　패 야 소 하

狐欲渡河, 無奈尾何.
호 욕 도 하　무 내 미 하

성공하는 것도 소하이고, 실패하는 것도 소하이다.(원元 마치원馬致遠, 《쌍조雙
調》 절계령折桂令 탄세嘆世)
　여우가 강을 건너려고 하면 꼬리를 감출 수 없다.(청淸 적호翟灝, 《통속편通俗篇》
권83)
　•蕭何: 劉邦(유방)이 漢을 세우는 데 큰 역할을 하여 후에 재상이 되었다. 그는 처음에 韓
信(한신)을 추천하여 대장이 되게 하였다가, 나중에는 呂后(여후)를 도와 한신을 죽였다.

信不由中, 質無益也.
신 불 유 중   질 무 익 야

誠其意者, 毋自欺也.
성 기 의 자   무 자 기 야

믿음이 마음 속으로부터 있지 않으면 인질은 아무 소용이 없다.(《좌전左傳》
은공隱公 3년)

자기의 뜻을 성실하게 하려면 스스로를 속이지 말아야 한다.(《예기禮記》 대
학大學)

都蔗雖甘, 杖之必折;
도 자 수 감   장 지 필 절

巧言雖美, 用之必滅.
교 언 수 미   용 지 필 멸

사탕수수가 비록 달지만 지팡이로 사용하려면 반드시 잘라야 하며,

아첨하는 말이 비록 아름답게 들리지만 이를 따르면 반드시 망한다.(삼국三
國 위魏 조식曹植,《교지시矯志詩》)

•都蔗: 사탕수수. 都는 〈크다〉는 의미.

與人以實, 雖疎必密;
여 인 이 실   수 소 필 밀

與人以虛, 雖戚必疎.
여 인 이 허   수 척 필 소

진심으로 남을 대하면 비록 소원하더라도 반드시 가까워질 것이고,

거짓으로 남을 대하면 비록 친척이라도 반드시 소원해질 것이다.(《한시외전
韓詩外傳》 권9)

蛟龍雖困, 不資凡魚.
교 룡 수 곤　부 자 범 어

鸞鸑雖孤, 不匹鶩雛.
악 작 수 고　불 필 목 추

교룡은 비록 신세가 곤궁하더라도 보통 물고기에게 의탁하지 않고,
악작은 비록 외로워도 집오리나 병아리와 어울리지 않는다.(명明 왕정상王廷相,
《교지시矯志詩》)
•資: 의탁하다.　　•匹: 짝을 이루다.　　•鶩: 집오리.
•鸞鸑: 오리보다 더 크며 눈이 붉은 물새. 상서로움을 표시하는 데 사용.

開心見誠, 無所隱伏.
개 심 견 성　무 소 은 복

弄巧成拙, 爲蛇畵足.
농 교 성 졸　위 사 화 족

진심을 털어 놓으면 속이는 것이 없게 된다.(남조南朝 송宋 범엽范曄,《후한서後
漢書》마원전馬援傳)
교묘하게 하려다가는 오히려 졸렬하게 되는데, 이는 뱀을 그리면서 다리
를 그리는 격이다.(송宋 황정견黃庭堅,《졸헌송拙軒頌》)

言行不類, 始終相悖.
언 행 불 류　시 종 상 패

精誠所加, 金石爲虧.
정 성 소 가　금 석 위 휴

말과 행동이 일치하지 않으면 처음과 끝이 서로 어긋난다.(《일주서逸周書》관인
官人)
정성이 가해지면 금석이라도 깨뜨릴 수 있다.(한漢 왕충王充,《논형論衡》감허感虛)
•虧: 이지러지다. 여기서는 깨뜨리다.

欲人無聞, 莫若不言;
욕 인 무 문　막 약 불 언

欲人無知, 莫若無爲.
욕 인 무 지　막 약 무 위

남이 듣지 못하게 하려면 아무 말도 안하는 것이 가장 좋고,
남이 알지 못하게 하려면 아무것도 안하는 것이 가장 좋다.(당唐 오긍吳兢 《정
관정요貞觀政要》 공평公平)
 •莫若: ~만 못하다.

獨鶴歸何晚, 昏鴉已滿林.
독 학 귀 하 만　혼 아 이 만 림

君子山嶽定, 小人絲毫爭.
군 자 산 악 정　소 인 사 호 쟁

선학만이 어찌 늦게 돌아오는가? 황혼에 우는 까마귀가 이미 온 숲에 가
득하다.(《시인옥설詩人玉屑》권4)

군자는 산악처럼 동요하지 않고, 소인은 작은 일에도 다툰다.(당唐 맹교孟郊,
《추회십오수秋懷十五首》)

曲木惡日影, 讒人畏賢明.
곡 목 오 일 영　참 인 외 현 명

古來忠烈士, 多出寒賤門.
고 래 충 열 사　다 출 한 천 문

굽은 나무는 태양 광선을 싫어하고, 헐뜯는 사람은 현명한 사람을 꺼린다.
(당唐 맹교孟郊, 《고의증량숙보궐古意贈梁肅補闕》)

예로부터 충열지사는 대부분 빈한한 가문에서 나왔다.(당唐 최응崔膺, 《감흥感興》)

君子畏幽獨, 大廷乃敢言;
군 자 외 유 독　대 정 내 감 언

小人讐稠衆, 衾影不可捫.
소 인 섭 조 중　금 영 불 가 문

군자는 혼자 있을 때에 매우 삼가며, 조정에서는 과감하게 발언한다.

소인은 사람이 많은 것을 꺼리며, 혼자 잘 때에도 반성하지 않는다.(청淸 진
학수陳學洙, 《군자행君子行》)

•讐: 두려워하다. 꺼리다.　•衾: 이불.

•衾影: 北齊 때 劉晝(유주)가 지은 《新論·愼獨》편의 『獨立不慚影, 獨寢不愧衾』라는 문장
에서 이 말이 나왔다.

兄弟敦和睦, 朋友篤信誠.
형 제 돈 화 목　　붕 우 독 신 성

百金孰爲重, 一諾良匪輕.
백 금 숙 위 중　　일 낙 양 비 경

형제지간에는 화목을 돈독히 해야 하고, 친구 사이에는 신의와 성실을 돈독히 해야 한다.(당唐 진자앙陳子昻, 《좌우명座右銘》)

백금을 누가 귀중하다고 하는가? 한 마디의 언약은 진실로 가볍지 않다. (당唐 노조린盧照隣, 《영사詠史》)

•敦: 두텁다. 돈독히 하다.　　•篤: 두텁다. 돈독히 하다.　　•匪: ~ 아니다.

石以堅爲信, 君勿輕素誠.
석 이 견 위 신　　군 물 경 소 성

名不得過實, 實不得延名.
명 부 득 과 실　　실 부 득 연 명

돌은 단단한 것이 본성인데, 그대는 성실한 본성을 가벼이 여기지 말라. (진晉 포조鮑照, 《의고팔수擬古八首》)

명성이 실제보다 지나쳐서는 안 되고, 실제보다 명성을 확대시켜서는 안 된다.(《관자管子》 심술상心術上)

•素誠: 성실한 본성.　　•延: 늘이다.

白珪玷可滅, 黃金諾不輕.
백 규 점 가 멸　　황 금 낙 불 경

作事必謀始, 出言必顧行.
작 사 필 모 시　　출 언 필 고 행

백옥의 티는 지울 수 있지만, 황금 같은 언약은 함부로 고칠 수 없다.(당唐 진자앙陳子昻, 《좌우명座右銘》)

일을 할 때에는 반드시 계획을 잘 세우고, 말을 할 때에는 반드시 행동을 돌아보아야 한다.(《소학집주小學集注》 광경신廣敬身)

•白珪: 희고 맑은 옥.　　•玷: 옥티.

百慮輸一忘, 百巧輸一誠.
백 려 수 일 망　백 교 수 일 성

立身存篤信, 景行勝將金.
입 신 존 독 신　경 행 승 장 금

　백 번 생각에 한 번 잊으면 실패하고, 백 번 기교에 한 번의 성실이면 성
공하기 어렵다.(청淸 고도하顧圖河,《임원任遠》)
　입신출세를 하려면 독실한 믿음이 있어야 하고, 고상한 덕행은 손에 가진
황금보다 낫다.(《전당시보일全唐詩補逸》권2 왕범지시王梵志詩)
　•將: 잡아 가지다.

來說是非者, 便是是非人.
내 설 시 비 자　편 시 시 비 인

改頭換面孔, 不離舊時人.
개 두 환 면 공　불 리 구 시 인

　시비를 말하는 사람이 바로 시비를 야기사키는 사람이다.(송宋 석보제釋普濟,
《오등회원五燈會元》)
　머리를 고치고 얼굴을 바꾸어도 원래의 그 사람을 떠나지 못한다.(당唐 한
산寒山,《시삼백삼수詩三百三首》)

達士如弦直, 小人似鉤曲.
달 사 여 현 직　소 인 사 구 곡

養勇期除惡, 輸忠在滅私.
양 용 기 제 악　수 충 재 멸 사

　통달한 사람은 거문고의 현처럼 곧고, 소인은 굽은 구와 같다.(당唐 두보杜
甫,《사회이수寫懷二首》)
　용기를 기르는 것은 악을 제거하기 위함이고, 정성을 다하는 것은 사욕을
없애기 위함이다.(당唐 백거이白居易,《대서일백운기미지대書一百韻寄微之》)
　•鉤: 고대의 병기. 형태는 검과 비슷하면서 굽었다.

君子懼失義, 小人懼失利.
군 자 구 실 의   소 인 구 실 리

盛飾入朝者, 不以私汚義.
성 식 입 조 자   불 이 사 오 의

군자는 의를 저버릴까봐 두려워하고, 소인은 이익을 잃을까봐 두려워한
다.(《태평어람太平御覽》인사부人事部)

복장을 바로 하고 조정에 들어가는 사람은 사심으로 정의를 더럽히지 않
는다.(한漢 추양鄒陽,《옥중상양왕서獄中上梁王書》)

•盛飾入朝: 복장을 바로 하고 조정에 들어가다. 평상시에 일처리가 엄근하고 행위가 단정
한 사람을 가리킴.

射虎射石頭, 始知劍鋒利.
사 호 사 석 두   시 지 검 봉 리

居世逢亂離, 始辨英雄士.
거 세 봉 난 리   시 변 영 웅 사

돌을 호랑이로 간주하고 쏘아야 활촉의 날카로움을 알 수 있다.

혼란된 시대를 당해 봐야 영웅호걸을 분간할 수 있다.(청淸 진공엄陳恭嚴,《사
호사석두射虎射石頭》)

•射虎射石頭: 이 말은 《史記·李將軍列傳》의 『(李)廣出獵, 見草中石, 以爲虎而射之, 中石沒
鏃, 視之石也』라는 구절에 나온다.

海嶽尙可傾, 口諾終不移.
해 악 상 가 경   구 낙 종 불 이

推誠而不欺, 守信而不疑.
추 성 이 불 기   수 신 이 불 의

바다와 산은 그래도 기울일 수 있지만, 입으로 한 약속은 끝내 바꿀 수 없다.
(《당시기사唐詩紀事》권18 이백시李白詩)

성심을 다해 속이지 않고, 신의를 지키는 데 망설이지 않는다.(송宋 임포林逋,
《성심록省心錄》)

空口說白話, 眼飽腹中饑.
공 구 설 백 화　안 포 복 중 기
物情忌盈滿, 君子愼名實.
물 정 기 영 만　군 자 신 명 실

입으로 빈말만 하면, 눈은 배부르나 뱃속은 굶주린다.(명明 풍몽룡馮夢龍,《성
세항언醒世恒言》서노복의분성가徐老僕義憤成家)
사물은 꽉 차는 것을 꺼리고, 군자는 삼가 명실상부에 주의한다.(《중주집中
州集》조지걸趙之傑 제야除夜)

學力艱危見, 精誠夢寐知.
학 력 간 위 견　정 성 몽 매 지
自是桃李樹, 何畏不成蹊.
자 시 도 리 수　하 외 불 성 혜

학문의 깊이는 어렵고 위험한 때에 나타나며, 사람의 정성은 꿈 속에서도
알 수 있다.(송宋 육유陸游,《검남시고劍南詩稿》면학勉學)
그 자체가 복숭아나무와 오얏나무인데, 어찌 길이 생기지 않음을 두려워
하겠는가?(당唐 이하李賀,《봉화이형파사견마귀연천奉和二兄罷使遣馬歸延川》)

季布無二諾, 侯嬴重一言.
계 포 무 이 락　후 영 중 일 언
輕諾必寡信, 多易必多難.
경 낙 필 과 신　다 이 필 다 난

계포는 허락을 두 번 하지 않았고, 후영은 말 한 마디를 중시하였다.(당唐
위징魏徵,《술회述懷》)
쉽게 허락하면 반드시 신용이 적고, 지나치게 쉬우면 반드시 어려움이 많다.
(《노자老子》)
•季布: 漢代 초기의 장군으로서 신의를 매우 중시한 것으로 알려져 있다. 《史記·季布欒布
列傳》에『得黃金百斤, 不如得季布一諾』이라는 말이 나온다.
•侯嬴: 전국시대 魏나라 信陵君(신릉군)의 식객.

猛虎不怯敵, 烈士無虛言.
맹 호 불 겁 적   열 사 무 허 언

濟劇人才易, 扶顚力量難.
제 극 인 재 이   부 전 역 량 난

사나운 호랑이는 적을 두려워하지 않고, 열사는 빈말을 하지 않는다.(당唐
이함용李咸用, 《맹호행猛虎行》)

일을 망치는 사람은 찾기 쉽지만, 난국을 극복하는 사람은 찾기 어렵다. (송
宋 육유陸游, 《우언寓言》)

•濟劇: 본래 이미 크게 변화한 사물을 더욱 발전시킴.   •扶顚: 난국을 구제하다.

林中多疾風, 富貴多諛言.
임 중 다 질 풍   부 귀 다 유 언

苦口應多利, 誰誇爾味甘.
고 구 응 다 리   수 과 이 미 감

숲 속에는 큰 바람이 많이 불고, 권력자에게는 아첨의 말이 많다.(한漢 환관
桓寬, 《염철론鹽鐵論》 고질固疾)

노파심으로 권하는 말은 행동에 이로운데, 누가 너에게 달콤한 말로 과장
하는가?(《청구시집青邱詩集》 제제齊薺)

良藥不甘苦, 厥功見沈疴;
양 약 불 감 고   궐 공 견 침 아

忠言初厭之, 事至悔若何.
충 언 초 염 지   사 지 회 약 하

좋은 약은 입에 달지 않지만, 그 효용은 중병에서 나타난다.

충언을 처음에 싫어하면, 일이 후회해도 소용 없는 지경에 이르게 된다.(송宋
구양수歐陽修, 《감람橄欖》)

•厥功: 그 효용.   •沈疴: 중병.

欺暗常不然, 欺明當自戮.
기 암 상 불 연 기 명 당 자 륙

難將一人手, 掩得天下目.
난 장 일 인 수 엄 득 천 하 목

어둠을 속이는 것은 항상 옳지 못하며, 밝음을 속이는 것은 스스로를 죽이는 것이다.

한 사람의 손으로 천하 사람들의 눈을 가리기는 어렵다.(당唐 조업曹鄴, 《독이사전讀李斯傳》)

•戮: 죽이다.

賴有忠信存, 波濤敦敢侮?
뇌 유 충 신 존 파 도 돈 감 모

豈效相欺謾, 衒牛沽馬脯.
기 효 상 기 만 현 우 고 마 포

성실과 신의에 의존하는데, 어떤 풍파가 그를 굴복시킬 수 있는가?(명明 주이존朱彝尊, 《옥대생가玉帶生歌》 병서幷序)

서로 기만해서 소고기를 선전하고는 말고기를 파는 행위를 어찌 본받을 수 있겠는가?(송宋 소철蘇轍, 《송유자옥시送柳子玉詩》)

•欺謾: 기만하다. •衒: 자기 자랑을 하다.

蓼蟲避葵菫, 習苦不言非.
요 충 피 규 근 습 고 불 언 비

小人自齷齪, 安知曠士懷.
소 인 자 악 착 안 지 광 사 회

요충은 맛이 단 규근을 싫어하고, 매운맛이 습관이 되어 맵다고 말하지 않는다.

소인은 자기에게 구애되는데, 어찌 세속을 초탈한 사람의 마음을 알겠는가?(남조南朝 제齊 포조鮑照, 《대방가행代放歌行》)

•蓼蟲: 매운 여뀌를 먹고 사는 작은 벌레. •葵菫: 葵와 菫은 모두 맛이 단 야채의 이름.

•曠士: 세속에 구애받지 않는 선비.

君子論是非, 小人計利害.
군 자 논 시 비   소 인 계 이 해
直道驅將去, 奸邪漏進來.
직 도 구 장 거   간 사 누 진 래

군자는 시비를 논하고, 소인은 이해를 계산한다.(청淸 신거운申居鄖, 《서암췌어西巖贅語》)

정도를 몰아내면 간사한 무리가 틈을 통해 들어온다.(《수호전水滸傳》 제45회)

壯士心是劍, 爲君射斗牛.
장 사 심 시 검   위 군 사 두 우
平生莫邪劍, 不報小人仇.
평 생 막 야 검   불 보 소 인 구

기개 있는 사람의 마음은 검과 같아 군주를 위해 두우성을 쏜다.(당唐 맹교孟郊, 《백우百憂》)

평생토록 막야검으로 개인적인 원수를 갚지 말라.(당唐 장호張祜, 《서분書憤》)

•射斗牛: 《晉書·張華傳》에 『斗牛之間, 常有紫氣, 乃邀雷煥仰視. 煥曰: 寶劍之精, 上徹於天耳』라는 말이 나온다.

•斗牛: 斗宿(두수)와 牛宿(우수) 모두 28宿에 속함.

寧向直中取, 不向曲中求.
영 향 직 중 취   불 향 곡 중 구
感激有公議, 曲私非所求.
감 격 유 공 의   곡 사 비 소 구

차라리 정도로 취할지언정 아부해서 구걸하지는 않겠다.(《증광현문增廣賢文》)

공평한 의론은 사람의 의지를 격발시키며, 간사함은 내가 추구하는 바가 아니다.(당唐 왕유王維, 《헌시흥공獻始興公》)

•感激: 감동해서 분발하다.

偽詐不可長, 空虛不可守.
위 사 불 가 장   공 허 불 가 수
朽木不可雕, 情亡不可久.
후 목 불 가 조   정 망 불 가 구

허위와 사기는 오래 갈 수 없고, 공허한 것은 지켜질 수 없다.
썩은 나무는 조각을 할 수 없고, 정이 없어지면 오래 지속될 수 없다.(《한
시외전韓詩外傳》)
•守: 지키다. 준수하다.

大賢秉高鑒, 公燭無私光.
대 현 병 고 감   공 촉 무 사 광
小人智慮險, 平地本太行.
소 인 지 려 험   평 지 본 태 행

위대한 인물은 높이 서서 멀리 보며, 촛불처럼 자기를 비추지 않는다.(당唐
맹교孟郊, 《맹동야시집孟東野詩集》 상달해사인上達奚舍人)
소인은 지모가 음험해서, 겉은 바른 것 같지만 내심은 태항산처럼 위험하다.
(당唐 맹교孟郊, 《증별최순량贈別崔純亮》)

二桃殺三士, 詎假劍如霜.
이 도 살 삼 사   거 가 검 여 상
蚍蜉撼大樹, 可笑不自量.
비 부 감 대 수   가 소 부 자 량

복숭아 두 개로 용사 세 명을 죽일 수도 있는데, 어찌 서릿발 같은 검을
빌리려고 하는가?(당唐 이백李白, 《구참懼讒》)
왕개미가 큰 나무를 흔들려고 하니, 이는 가소롭게도 스스로를 헤아릴 줄
모르는 것이다.(당唐 한유韓愈, 《조장적調張籍》)
•二桃殺三士:《晏子春秋·諫下》편에 보면, 公孫接(공손접)·田開疆(전개강)·古冶子(고야
자)의 세 용사가 齊景公의 조정에서 일을 하였는데, 晏子가 그들을 미워하여 경공에게 하나
의 계책을 올렸다. 즉 그들에게 두 개의 복숭아를 보내었더니, 그 두 개의 복숭아를 나눌 수
가 없어서 세 사람 모두 자살하였다고 한다.
•詎: 어찌 ~하겠는가? 반문을 표시.   •蚍蜉: 왕개미.

一人登兩舟, 所冀左右逢.
일 인 등 량 주　소 기 좌 우 봉

豈知成游戲, 兩舟不汝容.
기 지 성 유 희　양 주 불 여 용

한 사람이 두 척의 배를 타고서, 양쪽이 만나기를 바란다.
어찌 유희가 됨을 알리오? 두 배가 모두 너를 받아들이지 않을 것이다.

(《개당집漑堂集》잡흥雜興)

•冀: 바라다.

虛名不値一錢輕, 換得呶呶百謗生.
허 명 불 치 일 전 경　환 득 노 노 백 방 생

機關算盡太聰明, 反誤了卿卿性命.
기 관 산 진 태 총 명　반 오 료 경 경 성 명

허명은 한 푼의 값어치도 없으며, 온갖 비방을 초래한다.(금金 원호문元好問, 《원유산시집元遺山詩集》 허명虛名)

온갖 지혜를 다 짜내도 총명이 지나치면 반대로 너의 생명을 해친다.(《홍루몽紅樓夢》 제5회)

•呶呶: 계속해서 말하는 모양.　•卿卿: 남녀 사이의 호칭. 당신.

千淘萬漉雖辛苦, 吹盡狂沙始到金.
천 도 만 록 수 신 고　취 진 광 사 시 도 금

毀譽從來不可聽, 是非終久自分明.
훼 예 종 래 불 가 청　시 비 종 구 자 분 명

천번 만번 사금을 거르는 것이 비록 고생스럽기는 해도, 모래를 다 불어내면 금을 볼 수 있다.(당唐 유우석劉禹錫, 《낭도사사구수浪淘沙詞九首》)

비방과 칭찬은 이제까지 들을 만한 것이 없으며, 시비는 결국 저절로 분명해진다.(명明 풍몽룡馮夢龍, 《경세통언驚世通言》 요상공음한반산당拗相公飲恨半山堂)

謬時蹇步尋高躅, 魚目驪珠豈繼明?
유 시 건 보 심 고 촉　어 목 려 주 기 계 명

弄假到頭終是假, 豈能欺得世間人.
농 가 도 두 종 시 가　기 능 기 득 세 간 인

굼뜬 말의 걸음에서 날렵한 걸음걸이를 찾는 것은 잘못이며, 물고기 눈알이 어떻게 여주처럼 계속 밝을 수 있겠는가?(당唐 왕정王鋌, 《등월왕루견교공시우제登越王樓見喬公詩偶題》)

가짜로 한 것은 결국 가짜인데, 어떻게 세상 사람들을 속일 수 있겠는가?
(원元 무명씨, 《격강두지隔江斗智》 곡曲 쇄철록瑣綴錄)

•謬: 잘못.　•蹇: 굼뜨다. 느리다.　•高躅: 고상한 걸음걸이. 여기서는 준마가 달리는 모양을 가리킨다.　•驪珠: 검은 용의 턱 밑에 있다고 하는 귀중한 구슬.

虛車不屢以行遠, 贋鼎不足以入廟.
허 거 부족 이 행 원　　 안 정 부족 이 입 묘

寧爲世人笑其拙, 勿爲君子病其巧.
영 위 세 인 소 기 졸　　 물 위 군 자 병 기 교

모는 사람이 없는 수레는 멀리 갈 수 없고, 위조된 정은 종묘에 놓을 수 없다.(청淸 유사관劉嗣綰, 《이우인서貽友人書》)

차라리 세상 사람들에게 치졸하다고 비웃음을 당할지언정 군자에게 교활하다고 비난받지는 않겠다.(청淸 신거운申居鄖, 《서암췌어西嚴贅語》)

•贋: 거짓. 위조.　•病: 비방하다.

翻手作雲覆手雨, 當面論心背面笑.
번 수 작 운 복 수 우　　 당 면 논 심 배 면 소

一團和氣盡虛囂, 滿面春風笑裹刀.
일 단 화 기 진 허 효　　 만 면 춘 풍 소 과 도

손을 뒤집어 구름을 만들고 다시 손을 뒤집어 비를 만들며, 앞에서는 마음을 논하고 뒤돌아서는 비웃는다.(《왕문공문집王文公文集》 노인행老人行)

온화한 기운으로 말을 하지만 내심은 거짓이고, 만면에는 봄바람 같은 미소를 짓지만 속에는 칼을 품고 있다.(《고금잡극古今雜劇》 풍월만뢰기風月滿牢記)

巫峽之水能覆舟, 若比人心是安流.
무 협 지 수 능 복 주　　 약 비 인 심 시 안 류

手提三尺龍泉劍, 不斬奸邪誓不休.
수 제 삼 척 룡 천 검　　 불 참 간 사 서 불 휴

무협의 격류는 배를 뒤엎을 수 있지만 소인의 마음에 비하면 고른 것이다.(당唐 백거이白居易, 《태행로太行路》)

손에 세 척 길이의 용천검을 들고서 간사한 무리를 베지 못하면 맹세를 그만두지 않으리라.(《수호전水滸傳》 제72회)

•龍泉劍: 고대의 보검 이름. 전하는 바에 의하면, 晉代의 張華가 斗宿와 牛宿 사이에 紫氣가 있는 것을 보고 사람을 시켜 豐城의 감옥에서 땅을 파 2개의 보검을 얻었는데, 그 이름이 하나는 龍泉(용천)이고, 다른 하나는 太阿(태아)라고 한다.

8

善惡篇

彰善癉惡, 樹之風聲.
창 선 단 악   수 지 풍 성

君復自愛, 莫爲非行.
군 복 자 애   막 위 비 행

　선행은 표창하고 악행은 증오해야 좋은 기풍이 수립된다.(《상서尙書》 필명畢名)
그대는 또한 스스로를 존중해서 잘못된 행동을 하지 말라.(《고악부古樂府》 동
문행東門行)

　•癉: 증오하다.　　•風聲: 기풍.　　•非行: 잘못된 행동.

從善如登, 從惡如崩.
종 선 여 등   종 악 여 붕

諸惡不作, 諸善奉行.
제 악 부 작   제 선 봉 행

　선행을 하는 것은 산을 오르는 것과 같고, 악행을 하는 것은 산이 무너지
는 것과 같다.(《국어國語》 주어周語)
　어떠한 악행도 하지 말 것이며, 선행은 모두 받들어 행해야 한다.(《대반열반
경大般涅槃經》)

失晨之鷄, 思補更鳴.
실 신 지 계   사 보 갱 명

過而不改, 謂之喪心.
과 이 불 개   위 지 상 심

새벽을 놓친 닭은 자기의 실수를 만회하려고 다시 운다.(삼국三國 위魏 조조
曹操,《선거령選擧令》)

잘못이 있으면서 고치지 않는 것을 〈상심〉이라고 한다.(삼국三國 위魏 서간徐干,
《중론中論》 귀험貴驗)

正身自立, 衆邪自息.
정 신 자 립   중 사 자 식

洗滌邪慮, 以啓新知.
세 척 사 려   이 계 신 지

품행이 단정하고 행위가 정직하면 일체의 사악한 것이 끊어진다.(《회남자淮
南子》 무칭훈繆稱訓)

사악한 생각을 씻어내고 새로운 지식을 열어야 한다.(《손지재집遜志齋集》 욕기浴器)

剪惡如草, 颺奸如秕.
전 악 여 초   양 간 여 비

爲善勿怠, 去惡勿疑.
위 선 물 태   거 악 물 의

악인 제거하기를 풀 자르듯 하고, 간악한 사람 제거하기를 쭉정이 날리듯
하라.(《피일휴문집皮日休文集》 수잠手箴)

선행을 하는 데는 게으르지 말고, 잘못을 고치는 데는 주저하지 말라.(《설
문청공종정록薛文清公從政錄》)

•秕: 쭉정이.

立不更名, 坐不改姓.
입 불 경 명　좌 불 개 성

智不重惡, 勇不逃死.
지 부 중 악　용 부 도 사

　서서는 이름을 바꾸지 않고, 앉아서는 성을 고치지 않는다.(원元 무명씨,《사
금오삼謝金吾三》초찬백焦贊白)
　지혜 있는 사람은 잘못을 두 번 저지르지 않고, 용기 있는 사람은 죽음을
피하지 않는다.(한漢 유향劉向,《설원說苑》입절立節)

白日所爲, 夜來省己,
백 일 소 위　야 래 성 기

是惡當驚, 是善當喜.
시 악 당 경　시 선 당 희

　밤에는 자기가 낮에 한 행위에 대해 반성을 해야 하는데,
　나쁜 일을 했으면 응당 경계해야 할 것이요, 착한 일을 했으면 응당 기쁠
것이다.(《양정유규養正遺規》권3)

晝之所爲, 夜必思之;
주 지 소 위　야 필 사 지

有善則樂, 有過則懼.
유 선 즉 락　유 과 즉 구

　낮에 한 행위에 대해 밤에 반드시 이를 생각해야 하는데,
　착한 일을 했으면 즐겁고, 잘못을 했으면 두려울 것이다.(송宋 임포林逋,《성
심록省心錄》)

良心炯炯, 有過自知;
양 심 형 형　유 과 자 지

知而不改, 謂之自欺.
지 이 불 개　위 지 자 기

양심이 밝아서 잘못이 있으면 자신이 안다.
알면서 고치지 않는 것을 〈스스로를 속인다〉라고 한다.(《진확집陳確集》 문집文
集 좌잠坐箴)
• 炯炯: 밝은 모양.

同惡相助, 同好相趨.
동 악 상 조　동 호 상 추

山河易改, 本性難移.
산 하 이 개　본 성 난 이

나쁜 습성이 같으면 서로 돕게 되고, 좋아하는 것이 같으면 서로 따르게
된다.(《육도六韜》 무도武韜)
산과 강은 변하기 쉽지만 사람의 본성은 고치기 어렵다.(원元 무한신武漢臣,
《옥호춘玉壺春》)
• 趨: 趍와 같음.

十目所視, 十手所指.
십 목 소 시　십 수 소 지

一兎過街, 百人逐之.
일 토 과 가　백 인 축 지

많은 사람이 보고 있고, 많은 사람이 손가락질하고 있다.(《예기禮記》 대학大學)
토끼 한 마리가 거리를 지나면 1백 사람이 쫓는다.(《신자愼子》)

無口過易, 無身過難;
무 구 과 이　무 신 과 난

無身過易, 無心過難;
무 신 과 이　무 심 과 난

입으로 잘못하지 않기는 쉽지만 몸으로 잘못하지 않기는 어려우며,
몸으로 잘못하지 않기는 쉽지만 마음으로 잘못하지 않기는 어렵다.(《소자邵
子》관물내편觀物內篇)

人非堯舜, 誰能盡善.
인 비 요 순　수 능 진 선

過而能改, 善莫大焉.
과 이 능 개　선 막 대 언

요순과 같은 성인이 아닌데 누군들 완벽하겠는가?(당唐 이백李白, 《백한형주서
白韓荊州書》)

잘못을 했으나 이를 고친다면, 선한 일 중에서 이보다 큰 것은 없다.(《좌전
左傳》선공宣公 2년)

有善必聞, 有惡必見.
유 선 필 문　유 악 필 현

有則改之, 無則加勉.
유 즉 개 지　무 즉 가 면

좋은 일을 하면 반드시 귀에 들리고, 나쁜 일을 하면 반드시 눈에 드러날
것이다.(당唐 한유韓愈, 《조주자사사상표潮州刺史謝上表》)

잘못이 있으면 이를 고치고, 없으면 더욱 힘써야 한다.(송宋 주희朱熹, 《주자전
서朱子全書》논어論語)

•見: 現과 같음. 드러나다.

知過非難, 改過爲難;
지 과 비 난　개 과 위 난
言善非難, 行善爲難.
언 선 비 난　행 선 위 난

잘못을 알기는 어렵지 않지만 잘못을 고치기는 어려우며,
좋은 일을 말하기는 어렵지 않지만 좋은 일을 실천하기는 어렵다.(송宋 사
마광司馬光,《자치통감資治通鑑》당기唐紀)

善者不辨, 辨者不善.
선 자 불 변　변 자 불 선
惑者知反, 迷道不遠.
혹 자 지 반　미 도 불 원

착한 사람은 말을 꾸미지 않고, 말을 꾸미는 사람은 착하지 않다.(《노자老子》)
길을 잃은 사람이 돌아올 줄을 알면, 잃은 길은 멀지 않다.(명明 양신楊愼,
《풍아일편風雅逸篇》권8)

陷人於危, 必同其難.
함 인 어 위　필 동 기 난
猜忍之人, 志欲無限.
시 인 지 인　지 욕 무 한

남을 위험에 빠지게 한 사람은 반드시 자기도 똑같은 어려움에 빠진다.(남
조南朝 송宋 범엽范曄,《후한서後漢書》공손찬전公孫瓚傳)
시기심이 많고 잔인한 사람은 야망과 욕심이 끝이 없다.(《북제서北齊書》봉융
지전封隆之傳)

同惡相濟, 自絕於天.
동 악 상 제　자 절 어 천
尤而效之, 罪又甚焉.
우 이 효 지　죄 우 심 언

나쁜 일을 한 사람끼리 서로 돕는 것은 스스로 하늘과 절연하는 것이다.
(《자치통감資治通鑑》 진기晉紀)
　잘못을 보고 이를 본받으면 죄는 이보다 더 심하다.(《좌전左傳》 희공僖公 24년)
•尤: 허물. 잘못.　•效: 본받다.

强毋攘弱, 衆毋暴寡.
강 무 양 약　중 무 포 과
爲善最樂, 讀書更佳.
위 선 최 락　독 서 갱 가

강자는 약자를 배척하지 말고, 다수는 소수를 업신여기지 말아야 한다.(한
漢 반고班固, 《한서漢書》 경제기景帝紀)
　착한 일을 하는 것은 가장 큰 즐거움이며, 독서는 더욱 아름다운 일이다.
(청淸 완규생阮葵生, 《다여객화茶餘客話》 권12)
•攘: 배척하다.　•暴: 난폭하다. 업신여기다.

一毫之善, 與人方便;
일 호 지 선　여 인 방 편
一毫之惡, 勸君莫作.
일 호 지 악　권 군 막 작

터럭만큼의 선행도 남에게는 이로움을 주며,
터럭만큼의 악행도 그대는 하지 말기를 권하노라.(당唐 여암呂巖, 《권세勸世》)

善欲人見, 不是眞善;
선 욕 인 견　불 시 진 선

惡恐人知, 便是大惡.
악 공 인 지　편 시 대 악

선행을 남이 알도록 하는 것은 진정한 선행이 아니며,
악행을 남이 알까봐 두려워하는 것은 바로 대악이다.(청淸 주백려朱柏廬,《치가
격언治家格言》)

人非聖賢, 孰能無過.
인 비 성 현　숙 능 무 과

日日知非, 日日改過.
일 일 지 비　일 일 개 과

사람이 성현이 아닐진대 누군들 잘못이 없겠는가?(《훈속유규訓俗遺規》권3)
날마다 잘못을 살피고, 날마다 잘못을 고쳐야 한다.(《경거패어瓊琚佩語》수기修己)

農夫之耨, 去害苗者;
농 부 지 누　거 해 묘 자

賢者之治, 去害義者.
현 자 지 치　거 해 의 자

농부가 김매는 것은 벼이삭에 해로운 것을 제거하기 위함이고,
현인이 나라를 다스리는 것은 정의를 해치는 무리를 제거하기 위함이다.
(《의림意林》시자尸子)

•耨: 김매다. 제초하다.

君子雖殞, 善名不滅.
군 자 수 운　선 명 불 멸

染習深者, 難得淨潔.
염 습 심 자　난 득 정 결

군자는 비록 죽어도 훌륭한 명성은 없어지지 않는다.(당唐 무칙천武則天, 《신궤
하신軌下》 성신장誠信章)

악습에 깊이 젖은 사람은 맑고 깨끗해지기가 어렵다.(《육상산선생어록陸象山先
生語錄》)

擇善而行, 何有遠近;
택 선 이 행　하 유 원 근

聞義不徙, 是吾尤也.
문 의 불 사　시 오 우 야

선행을 택해서 실천하는 데 어찌 멀고 가까움이 있겠는가?

정의를 듣고도 실행하지 않는데, 이것이 나의 허물이다.(《문사통의文史通義》)

過而能改, 民之上也.
과 이 능 개　민 지 상 야

過而不悛, 亡之本也.
과 이 부 전　망 지 본 야

잘못이 있어서 이를 고치는 사람은 가장 훌륭한 사람이다.(《국어國語》 노어魯語)

잘못이 있는데도 뉘우치지 않는 것은 패망의 근본이다.(《한비자韓非子》 난사
難四)

•悛: 회개하다. 뉘우치다.

驕奢淫佚, 所自邪也.
교 사 음 일　소 자 사 야

多行無禮, 必自及也.
다 행 무 례　필 자 급 야

교만·사치·방탕·안일은 자신을 사악하게 만드는 것이다.(《좌전左傳》은공
隱公 3년)

무례한 짓을 많이 하면 반드시 화가 자신에게 미칠 것이다.(《좌전左傳》양공
襄公 4년)

•佚: 逸과 같음. 안일.

無用之苗, 苗之害也;
무 용 지 묘　묘 지 해 야

無用之民, 民之賊也.
무 용 지 민　민 지 적 야

쓸모 없는 잡초는 벼이삭을 해치며,

쓸모 없는 한량은 백성을 해친다.(한漢 환관桓寬,《염철론鹽鐵論》후형後刑)

剪草除根, 拔茅連茹.
전 초 제 근　발 모 연 여

草茅弗去, 則害禾穀.
초 모 불 거　즉 해 화 곡

잡초를 자르고 뿌리째 뽑고, 뿌리가 줄줄이 연결된 띠를 뽑아야 한다.(명明
풍유민馮惟敏,《해부산당사고海浮山堂詞稿》조천자朝天子)

잡초를 제거하지 않으면 벼와 곡식에 피해를 준다.(《관자管子》명법明法)

•草茅: 잡초.　•弗: ~하지 않다.

性淸者榮, 性濁者辱.
성 청 자 영   성 탁 자 욕

改過宜勇, 遷善宜速.
개 과 의 용   천 선 의 속

　본성이 맑은 사람은 영화롭고, 본성이 흐린 사람은 굴욕을 당한다.(진晉 좌분左芬,《탁목시啄木詩》)

　잘못을 고치는 것은 용감해야 하고, 착하게 되는 것은 빨라야 한다.(《유몽속영幽夢速影》)

不義而强, 其斃甚速.
불 의 이 강   기 폐 심 속

一之謂甚, 其可再乎?
일 지 위 심   기 가 재 호

　의롭지 않은 수단으로 강성해진 것은 그 멸망도 매우 빠르다.(《좌전左傳》 소공昭公 원년)

　한 번 잘못을 저지른 것도 심하다고 하는데, 어찌 다시 저지르겠는가?(《좌전左傳》희공僖公 5년)

路見不平, 拔刀相助.
노 견 불 평   발 도 상 조

放下屠刀, 立地成佛.
방 하 도 도   입 지 성 불

　길에서 억울함을 당하는 것을 보면, 칼을 뽑아 도와 준다.(원元 마치원馬致遠,《진정고와陳情高臥》 제1절)

　도살용 칼을 버리면 바로 부처가 된다.(명明 팽대익彭大翼,《산당사고山堂肆考》 정집征集 권1)

工獻納者, 雖敏非才,
공 헌 납 자　수 민 비 재

昧是非者, 雖廉無補.
매 시 비 자　수 렴 무 보

헌납을 잘하는 사람은 비록 민첩하나 재주가 있는 것은 아니며,
시비가 분명치 않은 사람은 비록 청렴하더라도 도움이 안 된다.(《선정사략先
正事略》)

見善則遷, 有過則改.
견 선 즉 천　유 과 즉 개

短於從善, 故至於敗.
단 어 종 선　고 지 어 패

남의 선행을 보면 이를 배우고, 잘못이 있으면 이를 고쳐야 한다.(《역경易
經》익괘益卦)
선행을 따르지 않으면, 이로 인해 패망에 이르게 된다.(송宋 사마광司馬光, 《자
치통감資治通鑑》한기漢紀)

揚淸激濁, 蕩去滓穢.
양 청 격 탁　탕 거 재 예

呑刀刮腸, 飮灰洗胃.
탄 도 괄 장　음 회 세 위

맑은 물을 끌어올리고 탁한 물을 흘러보내며, 찌꺼기와 오물을 쓸어 없앤다.
(《시자尸子》군치君治)
칼을 삼켜서 내장을 도려내고, 재를 먹어 위를 씻어낸다.(《남사南史》)

見善若驚, 嫉惡如仇.
견 선 약 경　질 악 여 구

改過不吝, 從善如流.
개 과 불 린　종 선 여 류

　선행을 보고 마치 미친 듯이 기뻐하고, 악행을 보고 마치 원수처럼 생각
하라.(한漢 공융孔融, 《천예형표薦禰衡表》)
　잘못을 고치는 데 인색하지 말 것이며, 선행 따르기를 흐르는 물처럼 하라.
(송宋 소식蘇軾, 《상황제서上皇帝書》)

邪穢在身, 怨之所構.
사 예 재 신　원 지 소 구

一善染心, 萬劫不朽.
일 선 염 심　만 겁 불 후

　바르지 못한 것이 몸에 있으면 원한이 맺어진다.(《순자荀子》 권학勸學)
　하나의 선행이 마음에 물들면 영원히 썩지 않는다.(양梁 간문제簡文帝, 《창도문
唱導文》)

積善多者, 雖有一惡,
적 선 다 자　수 유 일 악

是爲過失, 未足以亡.
시 위 과 실　미 족 이 망

　선행을 많이 쌓은 사람은 비록 하나의 악행이 있어도,
　이것이 과실이 되기는 하지만 망하게 하지는 않는다.(한漢 왕부王符, 《잠부론潛
夫論》 신미愼微)

善不可失, 惡不可長.
선 불 가 실   악 불 가 장

無縱詭隨, 以謹無良.
무 종 궤 수   이 근 무 량

선행은 잃어서는 안 되고, 악행은 자라게 해서는 안 된다.(《좌전左傳》 은공隱公 6년)

사기꾼을 내버려두지 말고, 선량하지 않은 사람을 경계하라.(《시경詩經》 대아大雅 민로民勞)

•無: 毋와 통용. ~하지 말라.   •縱: 내버려두다. 일설에는 從의 가차자. 맹종하다.
•詭隨: 남을 속이는 간악한 사람. 사기꾼.

君有丈夫淚, 泣人不泣身.
군 유 장 부 루 읍 인 불 읍 신
節義士枉成, 何異鴻毛輕.
절 의 사 왕 성 하 이 홍 모 경

　그대에게 대장부의 눈물이 있다면, 남을 위해서 흘리고 자신을 위해서는
흘리지 말라.(당唐 맹교孟郊, 《답요부견기答姚怤見寄》)
　절개와 의리가 있는 선비가 부정한 일을 하면, 가벼운 기러기털과 무엇이
다르겠는가?(당唐 노동盧仝, 《양주송백령과강揚州送伯齡過江》)
　•泣身: 자기의 불행 때문에 울다.

樹德莫如滋, 去疾莫如盡.
수 덕 막 여 자 거 질 막 여 진
善走須得途, 邪徑不可行.
선 주 수 득 도 사 경 불 가 행

　덕을 쌓는 데는 부단하게 증가시키는 것이 가장 중요하고, 병을 떨치는
데는 완전히 제거하는 것이 가장 중요하다.(《좌전左傳》 애공哀公 원년)
　길을 잘 가는 사람은 반드시 큰길로 걸어가니, 곧지 않은 길로 걸어가서
는 안 된다.(청淸 고도하顧圖河, 《임원任遠》)

衆人不爲善, 積微成滅身;
중 인 불 위 선 적 미 성 멸 신
君子能自知, 改過不逡巡.
군 자 능 자 지 개 과 부 준 순

　소인이 나쁜 일을 많이 하면, 작은 것이 쌓여 죽음을 초래할 수 있다.
　군자는 스스로를 알기 때문에 잘못을 고치는 데 주저하지 않는다.(송宋 구
양수歐陽修, 《송오생남귀送吳生南歸》)
　•衆人: 일반 소인을 가리킴.　　•逡巡: 머뭇거리다. 주저하다.

狐假獅子勢, 詐妄却稱珍.
호 가 사 자 세 사 망 각 칭 진

鉛鑛入爐冶, 方知金不眞.
연 광 입 로 야 방 지 금 부 진

여우가 사자의 위세를 빌어 속인 것인데 오히려 진짜라고 생각한다.

연광은 용광로 속에 넣어서 제련을 해보아야 비로소 금이 아님을 알 수 있다.(당唐 한산寒山, 《시삼백삼수詩三百三首》)

人瘦尙可肥, 士俗不可醫.
인 수 상 가 비 사 속 불 가 의

善不進不休, 惡不去不止.
선 부 진 불 휴 악 불 거 부 지

사람은 말라도 다시 살찔 수 있지만 사람이 용렬한 것은 고칠 수 없다.(송宋 소식蘇軾, 《우잠승록균헌于潛僧綠筠軒》)

호인을 나아가게 하지 않으면 멈추지 않고, 악인을 제거하지 않으면 그치지 않는다.(《삼국지三國志》 위서魏書 순욱전荀彧傳)

飄風不終朝, 驟雨不終日.
표 풍 부 종 조 취 우 부 종 일

好人常直道, 不順世間逆.
호 인 상 직 도 불 순 세 간 역

광풍은 아침 내내 불지 않고, 폭우는 하루 종일 내리지 않는다.(《노자老子》 제23장)

호인은 항상 도를 바르게 하며, 세간의 악인을 따르지 않는다.(당唐 맹교孟郊, 《맹동야집孟東野集》 택우擇友)

有勢不煩意, 欺他必自危.
유세불번의　기타필자위

但看木裏火, 出則自燒伊.
단간목리화　출즉자소이

힘이 있다고 뜻을 번거롭게 하지 말라. 남을 속이면 반드시 자신이 위태로워질 것이다.

나무 속의 불만 보더라도, 불이 나오면 저절로 그 나무를 태운다.(《전당시보일全唐詩補逸》왕범지시王梵志詩)

•但: 다만.　•伊: 지시대명사.

聖賢非虛名, 惟善爲可勉.
성현비허명　유선위가면

仲由喜聞過, 令名無窮焉.
중유희문과　영명무궁언

성현은 허명에 힘쓰지 않으며, 오직 잘하려고 힘쓴다.(송宋《구양수전집歐陽修全集》감흥오수感興五首)

중유는 자신의 잘못을 듣기 좋아하여, 좋은 명성이 오래 전해지는 것이다.(《어찬성리정의御纂性理精義》)

•仲由: 공자의 제자. 子路(자로).　•令名: 좋은 명성.

一言白璧輕, 片善金錢賤.
일언백벽경　편선금전천

昇蕭艾乃至, 鋤桂致傷蘭.
승소애내지　서계치상란

명언 한 마디는 백옥보다 고귀하고, 작은 선행은 황금보다 가치가 있다.(양梁 유효작劉孝綽,《삼일시안성왕곡수연三日侍安成王曲水宴》)

소초(쑥)를 자라게 하면 애초(쑥)도 자라서, 물푸레나무꽃을 베게 되고 난초를 상하게 만든다.(명明. 하경명何景明,《종마편種麻篇》)

•鋤: 鉏와 같음. 김매다. 제초하다.　•蕭·艾: 모두 쑥의 종류. 惡草의 비유.

•桂·蘭: 물푸레나무와 난초. 香草의 비유.

偸盜須無命, 侵欺罪更多,
투 도 수 무 명　침 기 죄 갱 다
將他物已用, 思量得夜魔.
장 타 물 기 용　사 량 득 야 마

도둑질은 매우 위험한 일이며, 남의 재산을 강점하는 것은 죄가 더 크다. 남의 물건을 자기의 것으로 삼으면 밤에 악몽을 꾸게 된다.(《전당시보일全唐詩補逸》권2 왕범지시王梵志詩)

狂風拔倒樹, 樹倒根已露.
광 풍 발 도 수　수 도 근 이 로
上有數枝藤, 靑靑猶未悟.
상 유 수 지 등　청 청 유 미 오

광풍이 나무를 뽑아 쓰러뜨리면, 나무는 거꾸러져서 뿌리가 드러난다. 나무에는 많은 가지와 덩굴이 있어 무성하지만 아직 깨닫지 못한다.(《시인옥설詩人玉屑》권9 당비시唐備詩)

好事須相讓, 惡事莫相推.
호 사 수 상 양　악 사 막 상 추
蒼鷹獨立時, 惡鳥不敢飛.
창 응 독 립 시　악 조 불 감 비

좋은 일은 모름지기 서로 겸양하여야 하지만, 나쁜 일은 서로 미루어선 안 된다.(《전당시보일全唐詩補逸》권2 왕범지시王梵志詩)
창응(큰매)이 홀로 서 있을 때는 나쁜 새가 감히 날지 못한다.(당唐 맹교孟郊, 《상하양이대부上河陽李大夫》)

去惡猶農夫, 稂莠須耕耨.
거 악 유 농 부   낭 유 수 경 누
若不鋒端死, 空成俠少游.
약 불 봉 단 사   공 성 협 소 유

악인을 제거하는 것은 마치 농부처럼 해야 하니, 잡초는 반드시 제거해야
한다.(《당시기사唐詩紀事》 권43 서원여시舒元輿詩)
만약 정의로운 싸움에서 죽지 않으면 부질 없이 협소유라는 이름만 얻게
된다.(명明 임운봉林雲鳳,《오인묘五人墓》)
•稂莠: 논밭에 난 잡초. 가라지.

知過之謂智, 改過之謂勇.
지 과 지 위 지   개 과 지 위 용
知過而能改, 聞善而能用.
지 과 이 능 개   문 선 이 능 용

잘못을 아는 것을 〈지혜롭다〉고 하고, 잘못을 고치는 것을 〈용기가 있다〉
고 한다.(《진확집陳確集》 별집別集 고언瞽言)
잘못을 알면 과감하게 고쳐야 하고, 좋은 말을 들으면 받아들여야 한다.
(송宋 양시楊時,《이정수언二程粹言》 논학편論學篇)

禮所以防淫, 樂所以移風.
예 소 이 방 음   악 소 이 이 풍
惡惡疾其始, 善善樂其終.
오 악 질 기 시   선 선 낙 기 종

예의는 악한 행위를 방지하는 작용을 하고, 음악은 풍속을 바꾸는 역할을
한다.(한漢 환관桓寬,《염철론鹽鐵論》 논비論誹)
나쁜 것을 미워하는 것은 처음 생길 때 해야 하고, 좋은 것을 좋아하는 것
은 시종여일해야 한다.(《곡량전穀梁傳》 희공僖公 17년)
•淫: 각종 악한 행위.   •風: 풍속. 기풍.

畢竟英雄誰得似, 臍脂自照不須燈.
필경영웅수득사 제지자조불수등

平身不做皺眉事, 世上應無切齒人.
평신부주추미사 세상응무절치인

필경 동탁 같은 영웅과 누가 비슷한가? 배꼽 기름이 저절로 비추어 등불이 필요 없다.(송宋 소식蘇軾,《미오郿塢》)

평생 양미간을 찡그리는 일을 하지 않아야 하며, 세상에 원한을 맺는 사람이 없도록 해야 한다.(명明 풍몽룡馮夢龍,《경세통언警世通言》최대조생사원가崔待詔生死冤家)

•臍脂自照: 배꼽 기름이 저절로 비추다.《삼국연의》에 의하면, 後漢의 역적 董卓(동탁)의 몸이 너무 비대하여, 피살된 뒤에 그의 배에서 흘러나온 기름에 심지를 꽂고 불을 붙이니 등불처럼 밝았다고 한다.

善惡到頭終有報, 只爭來速與來遲.
선악도두종유보 지쟁래속여내지

常將冷眼看螃蟹, 看爾橫行得幾時.
상장냉안간방해 간이횡행득기시

선악은 종국에는 응보가 있고, 다만 오는 시간의 차이만이 있을 뿐이다.(원元 고칙성高則誠,《비파기琵琶記》)

항상 차가운 눈초리로 방게를 보니, 그대가 언제까지 모로 가는지 볼 것이다.(원元 탕현지湯顯之,《임강역만상추우臨江驛萬湘秋雨》)

新松恨不高千尺, 惡竹應須斬萬竿.
신송한불고천척 악죽응수참만간

莫爲無人欺一物, 他時須慮石能言.
막위무인기일물 타시수려석능언

새로운 소나무가 1천 척 높이로 자라지 못함이 한스럽고, 나쁜 대나무는 1만 그루라도 베어 버려야 한다.(당唐 두보杜甫,《將赴成都草堂途中有作, 先寄嚴鄭公五首》)

아는 사람이 없다고 하나라도 속이지 말라. 언젠가 반드시 돌이 말을 한다는 것을 생각해야 한다.(당唐 이상은李商隱,《명신明神》)

能憐鈍拙誅豪俊, 憫弱摧强眞丈夫.
능 련 둔 졸 주 호 준　민 약 최 강 진 장 부

不敢妄爲些子事, 只因曾讀數行書.
불 감 망 위 사 자 사　지 인 증 독 수 행 서

미련하고 졸렬한 약자를 동정하고 권세를 남용하는 강자를 주벌해야 하며, 약자를 동정하고 강자를 꺾는 사람이 진정한 대장부이다.(당唐 주담周曇, 《영사詠史》)

양심에 부끄러운 일을 조금도 하지 않는 까닭은 몇 줄의 글을 읽었기 때문이다.(원元 도종의陶宗儀, 《남촌철경록南村輟耕錄》)

•豪俊: 권세에 힘입어 전횡하는 사람.　•憫: 동정하다.

乘時投隙非謂才, 苟得未必爲汝福.
승 시 투 극 비 위 재　구 득 미 필 위 여 복

紫綿朱粉謾誇汝, 要見妖嬈有眞淑.
자 면 주 분 만 과 여　요 견 요 요 유 진 숙

때를 이용하고 기회를 틈타는 것이 재주라고 말할 수는 없으며, 구차하게 얻는 것이 반드시 너의 복이 되는 것은 아니다.(송宋 육유陸游, 《작탁속작탁속雀啄粟》)

비단과 보석 치장으로 너를 자랑하지 말고, 진정한 아름다움은 선량한 마음에 있다는 것을 알아야 한다.(《사양선생존고射陽先生存稿》 제심청문기화해당용동파정혜원운題沈靑門寄畵海棠用東坡定惠院韻)

•投隙: 기회를 타다.　•苟得: 구차하게 얻다.　•眞淑: 선량하다. 착하다.

惡影不將燈作伴, 怒形常與鏡爲讐.
악 영 부 장 등 작 반　노 형 상 여 경 위 수

勸君莫設虛言誓, 湛湛靑天在上頭.
권 군 막 설 허 언 서　잠 잠 청 천 재 상 두

못생긴 사람은 등을 들고 다니지 않고, 화내는 모습은 항상 거울과 원수가 된다.(청淸 이어李漁, 《내하천奈何天》)

너에게 권하노니 허언으로 맹세하지 말라. 맑은 하늘이 너의 머리 위에 있다.(명明 풍몽룡馮夢龍, 《성세항언醒世恒言》 권36)　•湛湛: 물이 맑다.

9

報國篇

疾風知勁草, 板蕩識誠臣.
질 풍 지 경 초　판 탕 식 성 신
但令身未死, 隨力報乾坤.
단 령 신 미 사　수 력 보 건 곤

광풍이 불어야 억센 풀을 알 수 있고, 혼란한 시대가 되어야 충신을 알 수
있다.(《자치통감資治通鑑》 당기唐紀)

숨이 아직 남아 있다면 사력을 다해 국가에 보답할 것이다.(송宋 문천상文天祥,
《즉사卽事》)

•疾: 빠르다.

•板蕩: 정국 혼란이나 사회 불안을 가리킴. 板과 蕩은 원래 《시경·대아》의 편명. 이 두 편
에서는 周나라 厲王이 무도해서 국가를 상실하였다고 노래하고 있다.

•誠: 충성하다.　•但令: 단지 ~하기만 하면.　•乾坤: 국가를 가리킴.

讀書成底事, 報國是何人?
독 서 성 저 사　보 국 시 하 인
恥見干戈裏, 荒城梅又春?
치 견 간 과 리　황 성 매 우 춘

독서가 무슨 일을 할 수 있으며, 어느 선비가 국가에 보답할 것인가?

치욕스런 외적의 침략 속에서, 황량한 성에 매화 피며 봄이 다시 오려나?
(송宋 정사초鄭思肖,《덕우이년세단德佑二年歲旦》)

•底事: 무슨 일.

猛士不帶劍, 威武豈得申?
맹 사 부 대 검   위 무 기 득 신

丈夫不報國, 終爲愚賤人.
장 부 불 보 국,   종 위 우 천 인

용사가 검을 차지 않았는데, 어떻게 위용을 떨칠 수 있겠는가?
대장부가 나라에 보답하지 않으면 결국에는 우둔하고 비천한 사람이 된다.
(청淸 진공윤陳恭尹,《사호사석두射虎射石頭》의고지삼擬古之三)

昔賢多使氣, 憂國不謀身.
석 현 다 사 기   우 국 불 모 신

目覽千載事, 心交上古人.
목 람 천 재 사   심 교 상 고 인

옛날의 현인은 대부분 기개를 중시하여 나라를 걱정하고 자신을 도모하지
않았다.
눈으로 역사서를 보며, 내 마음은 옛사람과 교감을 한다.(당唐 유우석劉禹錫,
《학완공체삼수學阮公體三首》)

裹瘡猶出陳, 飮血更登陴.
과 창 유 출 진   음 혈 갱 등 비

忠信應難敵, 堅貞諒不移.
충 신 응 난 적   견 정 량 불 이

상처를 싸맸지만 그래도 출진해서, 피를 마시고 다시 성첩에 올랐다.
충성과 신의로 대적하기는 어렵지만, 의지 굳어서 결코 동요되지 않으리
라.(당唐 장순張巡,《수휴양작守睢陽作》)
•陴: 성 위에 낮게 쌓은 담. 성가퀴. 城堞(성첩).

丈夫淸萬里, 誰能守一室.
장부청만리 수능수일실
輕生本爲國, 重氣不關私.
경생본위국 중기불관사

대장부는 만리를 깨끗이 할 것에 뜻을 두는데, 누가 한 집을 지키겠는가?
(당唐 유희이劉希夷, 《종군행從軍行》)
목숨을 가벼이 여기는 것은 본래 나라를 위함이니, 기개를 중시하고 자기
를 돌보지 않는다.(남조南朝 진강휘陳江暉, 《우설곡雨雪曲》)

我願平東海, 身沈心不改;
아 원 평 동 해   신 침 심 불 개
大海無平期, 我心無絶時.
대 해 무 평 기   아 심 무 절 시

나는 동해를 평정하기를 원하며, 몸이 물에 빠져 죽더라도 마음을 바꾸지
않으리라.
큰 바다가 평정될 기약이 없다고 해도, 내 마음은 영원히 바뀌지 않으리라.
(명明 고염무顧炎武, 《정위精衛》)

願持如石心, 爲國作堅壁.
원 지 여 석 심   위 국 작 견 벽
豈因徼後福, 其肯蹈危機?
기 인 요 후 복   기 긍 도 위 기

돌처럼 굳은 마음을 영원히 지속하여 나라를 위해 견고한 벽이 되기를 원
한다.(《제산집霽山集》 첩박명육수妾薄命六首)
어찌 뒷날의 행복을 추구해서 위기를 밟으려고 하는가?(송宋 문천상文天祥,
《張元師謂予:『國亡矣, 殺身以忠, 誰復書之?』予謂:『商非不亡, 夷齊自不食周粟. 人臣自盡其心,
豈論書與不書」張爲改容, 因成一詩》)
•持: 보존·지속하다.   •堅壁: 중견, 혹은 영웅적 기개를 비유하는 말.
•徼: 추구하다.

健兒須快馬, 快馬須健兒.
건 아 수 쾌 마   쾌 마 수 건 아

跋跋黃塵下, 然後別雄雌.
별 발 황 진 하   연 후 별 웅 자

대장부는 날쌘 말을 필요로 하고, 날쌘 말은 대장부를 필요로 한다.
말발굽 소리가 황토 먼지 아래서 들린 후에야 자웅을 구별할 수 있다.(《악
부樂府》절양류가사折楊柳歌辭 횡취곡橫吹曲)
•跋跋: 말발굽 소리.

壯心欲塡海, 苦膽爲憂天.
장 심 욕 전 해   고 담 위 우 천

毅魄歸來日, 靈旗天際看.
의 백 귀 내 일   영 기 천 제 간

웅대한 뜻은 동해를 메우려 하고, 쓴 쓸개를 먹은 것은 나라를 근심한 것
이다.(송宋 문천상文天祥,《지남록指南錄》부궐赴闕)
훗날에 의연한 혼백이 돌아오고, 깃발이 하늘 높이 날리는 것을 볼 것이다.
(명明 하완순夏完淳,《별운간別雲間》)
•苦膽: 즉 臥薪嘗膽(와신상담).

聖賢恥獨善, 所貴匡時艱.
성 현 치 독 선   소 귀 광 시 간

烈士多悲心, 小人媮自閑.
열 사 다 비 심   소 인 투 자 한

성현은 혼자만의 선행을 부끄럽게 여기고, 시대적 난국의 구원을 중시한다.
(명明 굴대균屈大均,《별왕이장여안別王二丈予安》)
열사는 항상 나라와 민족을 근심하고, 소인은 구차하게 되는 대로 살아간다.
(삼국三國 위魏 조식曹植,《잡시육수雜詩六首》)
•匡: 구원하다.   •時艱: 시대적 난국.   •媮: 偸와 같음. 구차하게 살다.

天地存肝膽, 江山閱鬢華.
천 지 존 간 담 강 산 열 빈 화

多蒙千里訊, 逐客已無家.
다 몽 천 리 신 축 객 이 무 가

충간의담은 천지와 공존하며, 강산은 귀밑머리 반백을 경험한다.
　여러 차례 천리를 무릅쓰고 소식을 물어오는데, 떠돌아다니는 과객은 이미
돌아갈 집이 없다.(청淸 고염무顧炎武,《수왕처사구일견회지작酬王處士九日見懷之作》)
　•鬢華: 귀 앞에 난 흰 머리털. 華는 花와 같음.　　•訊: 소식을 묻다. 안부를 묻다.

平生鐵石心, 忘家思報國.
평 생 철 석 심 망 가 사 보 국

誰爲濟時彦, 相與挽頹波.
수 위 제 시 언 상 여 만 퇴 파

한평생을 철석 같은 마음으로, 내 집을 잊고 나라에 보답할 것을 생각했
다.(송宋 육유陸游,《태식太息》숙청산포작宿靑山鋪作)
　누가 난국을 구원하는 호걸이 될 것인가? 나는 그와 더불어 쇠퇴하는 시
국을 구하겠다.(청淸 추근秋瑾,《감사感事》)
　•濟時: 난국을 구제하다.　　•彦: 호걸.　　•頹波: 무너지는 물결. 쇠미하는 국운을 가리킴.

名在壯士籍, 不得中顧私.
명 재 장 사 적 부 득 중 고 사

捐驅赴國難, 視死忽如歸.
연 구 부 국 난 시 사 홀 여 귀

기개 있는 선비로 기록된 사람은 마음 속으로 자신을 돌보지 않는다.
　자기를 버리고 국가의 어려운 상황에 달려가며, 죽음을 경시하는 것을 제
집 돌아가듯 한다.(삼국三國 위魏 조식曹植,《백마편白馬篇》)
　•中顧: 집에 마음을 쓰다.

方術三年艾, 河山兩戒圖.
방 술 삼 년 애　하 산 양 계 도
鉛刀貴一割, 夢想騁良圖
연 도 귀 일 할　몽 상 빙 량 도

　방술에는 3년 된 쑥이 필요하고, 강산의 보전에는 남북 양계를 도모해야
한다.(청淸 위원魏源,《강구오소림목제부江口晤少林穆制府》)
　무딘 칼은 한 번 베는 것도 어렵지만, 꿈 속에서도 준마 타고 달리는 것을
그려 본다.(진晉 좌사左思,《영사詠史》)
　•方術: 천문(星占風角 등을 포괄함)·의학(巫醫를 포괄함)·신선술·방중술·점복·相術·
遁甲·堪輿·讖緯 등을 널리 일컬음.
　•兩戒: 唐代의 釋一行이 제기한 중국 지리 현상의 특징. 北戒는 지금의 청해·섬서·이북·
산서·하북·요령에 해당하고, 南戒는 지금의 사천·섬서·이남·호북·호남·강서·복건에
해당한다.

秦楚縱橫日, 幽燕十六州.
진 초 종 횡 일　유 연 십 륙 주
未聞南北海, 處處扼咽喉.
미 문 남 북 해　처 처 액 인 후

　진나라와 초나라가 종횡하던 시절에 연운십륙주가 거란에게 할양되었다.
　그러나 남북의 해안이 지금처럼 곳곳마다 숨통이 막혔다는 것은 들어 본
적이 없다.(청淸 황준헌黃遵憲,《서분書憤》)
　•縱橫: 전국시대 후기에 秦나라와 楚나라가 가장 강성했다. 초나라는 육국을 연합하여 진
나라에 대항하였는데 이를 合縱(합종)이라고 부르며, 진나라는 각 나라들과 따로따로 결맹을
해서 각개격파를 하였는데 이를 連橫(연횡)이라고 한다.
　•幽燕十六州: 五代 때, 石敬唐(석경당)이 契丹에게 신하를 자칭하고 燕雲 16주(지금의 하
북성과 산서성 일대)를 할양해 주었다.

閑居非吾志, 甘心赴國憂.
한 거 비 오 지　감 심 부 국 우
中夜四五嘆, 常爲大國憂.
중 야 사 오 탄　상 위 대 국 우

한가롭게 사는 것은 나의 뜻이 아니며, 기꺼운 마음으로 국가의 근심 있는 곳으로 달려간다.(삼국三國 위魏 조식曹植,《잡시육수雜詩六首》)

한밤중에도 서너 번 탄식하며, 항상 나라를 근심한다.(당唐 이백李白,《경란리후천은유야랑억구유서회증강하위태수양재經亂離後天恩流夜郎億舊游書懷憎江夏韋太守良宰》)

時窮見臣節, 世亂識忠良.
시 궁 견 신 절　세 란 식 충 량
臨難不顧生, 身死魂飛揚.
임 난 불 고 생　신 사 혼 비 양

시국이 어려우면 신하의 지조를 볼 수 있고, 세상이 어지러우면 충량한 신하를 알 수 있다.(진晉 포조鮑照,《대출자계북문행代出自薊北門行》)

국난이 닥치면 목숨을 돌보지 않을 것이니, 몸은 죽더라도 혼은 날아다니리라.(진晉 완적阮籍,《장사하강개壯士何慷慨》)

胸中有誓深如海, 肯使神州竟陸沈.
흉 중 유 서 심 여 해　긍 사 신 주 경 육 침

古來靑史誰不見, 今見功名勝古人.
고 래 청 사 수 불 견　금 견 공 명 승 고 인

가슴 속에 바다처럼 깊은 맹세가 있으니, 국가를 외적의 침략에서 구원하
겠노라.(송宋 정사초鄭思肖,《이려二礪》)

고래로 청사에 누가 보이지 않는가? 지금 사람의 공명은 옛사람보다 낫다.
(당唐 잠삼岑參,《윤대가봉송봉대부출사서정輪臺歌奉送封大夫出師西征》)

•神州: 중국을 가리킴.　•靑史: 역사서. 고대에는 竹簡에다 글자를 써서 기록하였으므
로 역사서를 청사라고 한다.

丈夫身在要有立, 逆虜運盡行當平.
장 부 신 재 요 유 립　역 로 운 진 행 당 평

男兒寧當格鬪死, 何能怫鬱築長城?
남 아 영 당 격 투 사　하 능 불 울 축 장 성

대장부는 마땅히 공을 세워야 하며, 적을 다 없애야 그만둔다.(송宋 육유陸游,
《제취중소작초서권후題醉中所作草書卷後》)

사내가 차라리 싸우다가 죽을지언정, 어찌 울적한 마음으로 장성을 쌓겠
는가?(한漢 진림陳琳,《음마장성굴행飮馬長城窟行》)

•格鬪: 싸우다.　•怫鬱: 마음이 울적하다.

痴兒不了公家事, 男子要爲天下奇.
치 아 불 료 공 가 사　남 자 요 위 천 하 기

丈夫可爲酒色死, 戰場橫尸勝牀第.
장 부 가 위 주 색 사　전 장 횡 시 승 상 자

멍청한 사람은 국가의 중대사를 알지 못하니, 대장부는 나라를 위해 큰
공을 세워야 한다.(송宋 왕정규王庭珪,《송호방형지신주폄소送胡邦衡之新州貶所》)

대장부가 어찌 주색으로 죽겠는가? 전장에서 죽는 것이 집에서 죽는 것보
다 낫다.(송宋 육유陸游,《전유준주행前有樽酒行》)

力微任重六神疲, 再竭衰庸定不支.
역 미 임 중 육 신 피　　재 갈 쇠 용 정 부 지

苟利國家生死以, 豈因禍福避趨之?
구 이 국 가 생 사 이　　기 인 화 복 피 추 지

힘은 미약한데 임무가 무거워 육신이 피곤하며, 거듭 힘을 다해 쇠약해졌는데 어찌 붙잡지 않는가?

진실로 국가의 이익을 위해 목숨을 바쳤는데, 어찌 화복에 따라 피하고 나아갈 수 있겠는가?(청淸 임칙서林則徐, 《부수등정구점시가인赴戍登程口占示家人》)

•以: 여기서는 〈주다〉라는 의미.

魚龍寂寞秋江冷, 故國平居有所思.
어 룡 적 막 추 강 랭　　고 국 평 거 유 소 사

國色天香人詠盡, 丹心獨抱更誰知?
국 색 천 향 인 영 진　　단 심 독 포 갱 수 지

어룡이 적막하니 가을 강물이 차가운데, 평소에 항상 고국을 생각하고 있다.
(당唐 두보杜甫, 《추흥팔수秋興八首》)

사람들은 모두 모란을 〈국색천향〉이라고 노래하였지만, 또한 모란이 〈단심독포〉임을 누가 알겠는가?(명明 유대유兪大猷, 《영모란詠牡丹》)

桑弧未了男子事, 何能局促甘囚山?
상 호 미 료 남 자 사　　하 능 국 촉 감 수 산

繁霜應是心頭血, 灑向千峰秋葉丹.
번 상 응 시 심 두 혈　　쇄 향 천 봉 추 엽 단

뽕나무 활로 아직 대장부의 일을 마치지 못했는데, 어찌 죄수처럼 산에 갇혀 있는 것을 달가워하겠는가?(송宋 문천상文天祥, 《생일사사애산장구生日謝愛山長句》)

많이 내리는 서리는 응당 마음 속의 피이고, 온 산에 흩뿌리는 것은 가을 단풍잎이다.(명明 척계광戚繼光, 《망궐대望闕臺》)

•桑弧: 뽕나무로 만든 활.
•囚山: 산 속에 사는 것이 마치 죄수가 갇혀 있는 것 같다는 말.

欲爲聖明除弊事, 肯將衰朽惜殘年.
욕 위 성 명 제 폐 사　긍 장 쇠 후 석 잔 년

不隨俗物皆成土, 只待良時却補天.
불 수 속 물 개 성 토　지 대 양 시 각 보 천

　군왕을 위해 폐단을 제거하고자 하나, 장차 나이 들고 쇠약해져 남은 해를 안타까워한다.(당唐 한유韓愈,《좌천지남관시질손상左遷至藍關示侄孫湘》)
　속물을 따라 모두 흙이 되어서는 안 되며, 오직 좋은 때를 기다려 국가에 공헌해야 한다.(당唐 풍연馮涓,《제지기석題支機石》)

祖國山河頻入夢, 中原名士孰揮戈?
조 국 산 하 빈 입 몽　중 원 명 사 숙 휘 과

雄心壯志銷難盡, 惹得旁人笑熱魔.
웅 심 장 지 소 난 진　야 득 방 인 소 열 마

　조국 산하가 자주 꿈에 나타나는데, 중원의 명사여 누가 전쟁을 지휘할 것인가?
　웅대한 포부는 다 없애기 어려우며, 남이 비웃어도 상관치 않고 스스로 묻고 노력한다.(청淸 추근秋瑾,《감시이수感時二首》)

馬革裹尸當自誓, 蛾眉伐性休重說.
마 혁 과 시 당 자 서　아 미 벌 성 휴 중 설

鋒鏑牢囚取次過, 依然不廢我弦歌.
봉 적 뢰 수 취 차 과　의 연 불 폐 아 현 가

　말가죽에 시체를 싸겠다고 스스로 맹세해야 하며, 미인 때문에 의지가 약해진다고 다시 말하지 말라.(송宋 신기질辛棄疾,《만강홍滿江紅》)
　전쟁과 감금생활을 차례로 거쳤으나, 의연히 내 거문고 노래를 그만두지 않겠다.(청淸 황종희黃宗羲,《산거잡영山居雜詠》)
　•蛾眉: 미녀를 가리킴.　•伐性: 의지가 약해지다.
　•鋒鏑: 창끝과 화살촉. 전쟁을 비유함.　•取次過: 차례로 거치다.　•弦歌: 절개를 비유함.

行遍天涯身尙健, 却嫌陶令愛吾廬.
행 편 천 애 신 상 건　　각 혐 도 령 애 오 려

願將血淚寄山河, 去灑東山一抔土.
원 장 혈 루 기 산 하　　거 쇄 동 산 일 부 토

나라를 위해 하늘 끝까지 두루 다녔으나 몸은 아직 건장하여, 도연명처럼 전원생활에 미련 두는 것을 싫어한다.(송宋 육유陸游,《미모진역사소작彌牟鎭驛舍小酌》)

피눈물을 고향 산천에 보내 동산에 있는 조상의 분묘에 뿌려지길 원한다.(송宋 이청조李淸照,《상추밀한공上樞密韓公, 병부상서호공兵部尙書胡公》)

•愛吾廬: 도연명의 시에 나오는 말.『衆鳥欣有托, 吾亦愛吾廬.』
•東山: 靑州라고 하기도 하며, 여기서는 작자의 고향을 가리킴.
•一抔土: 분묘. 작자의 조상 분묘를 가리킴.
•抔: 손으로 움켜쥐다. 여기서는 양사로 사용됨.

嗚呼人生孰不死, 死亦要貴得其所.
오 호 인 생 숙 불 사　　사 역 요 귀 득 기 소

重如泰山輕鴻羽, 流芳遺臭俱千古.
중 여 태 산 경 홍 우　　유 방 유 취 구 천 고

오호라 사람은 누가 죽지 않는가? 죽어도 제자리에서 죽는 것이 중요하다.

나라를 위해 죽으면 태산처럼 무겁게 명성이 천고에 흐르고, 민족을 배반해서 죽으면 악취가 천고에 남는다.(청淸 무종위繆鍾渭,《기대동구전사조등총병세창紀大東溝戰事吊鄧總兵世昌》)

不惜千金買寶刀, 貂裘換酒也堪豪.
불 석 천 금 매 보 도　　초 구 환 주 야 감 호

一腔熱血勤珍重, 死去猶能化碧濤.
일 강 열 혈 근 진 중　　사 거 유 능 화 벽 도

천금으로 보도 사는 것을 아끼지 말고, 담비 가죽으로 술을 바꾸는 것도 호기를 부리는 것이다.

가슴에 넘치는 뜨거운 피는 부지런히 아껴서, 죽더라도 푸른 파도가 되게 해야 한다.(청淸 추근秋瑾,《대주對酒》)

葡萄美酒夜光杯, 欲飮琵琶馬上催.
포 도 미 주 야 광 배　욕 음 비 파 마 상 최
醉臥沙場君莫笑, 古來征戰幾人回.
취 와 사 장 군 막 소　고 래 정 전 기 인 회

　맛 좋은 포도주는 야광배에 담겨 있고, 술 마시고 싶은 마음에 비파 소리
를 말 위에서 재촉한다.
　술 취해 전장에 누웠다고 그대는 웃지 말라. 고래로 전장에 나가 몇 사람
이나 돌아왔는가?(당唐 왕한王翰, 《양주사이수涼州詞二首》)
•夜光杯: 서역에서 나는 정교하고 아름다운 술잔. 　•沙場: 戰場.

滿地蘆花和我老, 舊家燕子傍誰飛?
만 지 노 화 화 아 로　구 가 연 자 방 수 비
從天別却江南日, 化作啼鵑帶血歸.
종 천 별 각 강 남 일　화 작 제 견 대 혈 귀

　가득 핀 갈꽃은 나와 함께 늙어가고, 옛집의 제비는 누구 옆에서 날아가는가?
　하늘로부터 강남을 떠나는 날에, 지저귀는 두견새가 되어 피를 물고 돌아
가리라.(송宋 문천상文天祥, 《금릉역金陵驛》)
•啼鵑: 즉 두견새. 전하는 바에 의하면, 고대 蜀帝 杜宇(두우)가 강압에 못 이겨 나라를 넘
겨 주었는데, 그의 혼이 두견새로 변해서 슬피 울었다고 한다.

莫向西湖歌此曲, 水光山色不勝悲.
막 향 서 호 가 차 곡　수 광 산 색 불 승 비
正待吾曹紅抹額, 不須辛苦學顔回.
정 대 오 조 홍 말 액　불 수 신 고 학 안 회

　서쪽 오랑캐를 향해 이 노래를 부르지 말라. 산천경개가 슬픔을 이기지
못하게 한다.(원元 조맹부趙孟頫, 《악왕묘岳王墓》)
　바야흐로 우리 붉은 두건을 기다리고 있는데, 수고롭게 안회를 배울 필요
가 없다.(송宋 진여의陳與義, 《제계조반삼수題繼祖蟠三首》)
•不勝: 이기지 못하다. 견디지 못하다. 　•紅抹額: 붉은 두건.
•顔回: 공자의 수제자. 역경 속에서도 仁을 실천한 인물로 숭앙된다.

靑山是處可埋骨, 白髮向人羞折腰.
청 산 시 처 가 매 골　　백 발 향 인 수 절 요
只緣不伴沙場死, 虛向人間走一遭.
지 연 불 반 사 장 사　　허 향 인 간 주 일 조

청산은 곳곳마다 충신의 뼈를 묻을 수 있고, 백발인 나는 남에게 허리 굽히는 것을 부끄럽게 여긴다.(송宋 육유陸游,《취중출서문우서醉中出西門偶書》)
애국지사들과 함께 전장에서 죽지 않았기 때문에 헛되게 한세상 살았다.(청淸 영조원寧調元,《악주피포시구점삼수岳州被捕時口占三首》)
•緣: 때문에. ~으로 말미암아.

最苦無山遮望眼, 淮南極目是神州.
최 고 무 산 차 망 안　　회 남 극 목 시 신 주
江聲不盡英雄淚, 天地無私草木秋.
강 성 부 진 영 웅 루　　천 지 무 사 초 목 추

회남에서 눈으로 보이는 곳까지가 중원인데, 시야를 가리는 산 하나 없는 것이 가장 괴롭다.(송宋 대복고戴復古,《강음부원당江陰浮遠堂》)
강물 소리에 영웅의 눈물 다하지 않고, 천지는 공평무사한데 초목은 가을을 맞는다.(송宋 육유陸游,《황하黃河》)
•淮南: 지금의 강소성・안휘성의 장강 이북 및 淮河 이남 지역을 가리킨다. 남송은 금나라와 화친하고 회하를 경계로 정했다.
•神州: 중국. 여기서는 금나라에 점령된 지역을 가리킴.

海上魚龍應有恨, 山中草木自生愁.
해 상 어 룡 응 유 한　　산 중 초 목 자 생 수
憑君莫話興亡事, 舊日長年已白頭.
빙 군 막 화 흥 망 사　　구 일 장 년 이 백 두

해상의 어룡은 한계가 있으며, 산중의 초목은 이로 인해 근심이 생긴다.
그대에게 요구하노니 흥망의 일을 말하지 말라. 지난날의 장년은 이미 백발이 되었노라.(명明 고염무顧炎武,《팔척八尺》)
•憑: 요구하다.

男兒何不帶吳鉤, 收取關山五十州.
남 아 하 불 대 오 구 수 취 관 산 오 십 주

臣心一片磁針石, 不指南方不肯休.
신 심 일 편 자 침 석 부 지 남 방 불 긍 휴

대장부가 어찌 오구도를 차고 관산오십주를 평정하지 않겠는가?(당唐 이하
李賀,《남원십삼수南園十三首》)

신하의 마음은 나침반의 바늘과 같아 남방을 가리키지 않으면 멈추지를
않는다.(송宋 문천상文天祥,《양자강揚子江》)

　•吳鉤: 刀의 이름. 형태가 약간 굽었다.　•關山五十州: 唐代에 藩鎭(번진)이 할거한 지
역으로, 황하 남북의 50여 주를 가리킨다.

山河縱破人猶在, 試把興亡細較量.
산 하 종 파 인 유 재 시 파 흥 망 세 교 량

裹尸馬革英雄事, 縱死終令汗竹香.
과 시 마 혁 영 웅 사 종 사 종 령 한 죽 향

산하가 비록 일부 상실되었지만 애국지사 아직 살아 있으니, 흥망의 원인
을 상세하게 연구 분석해 보세.(명明 장황언張煌言,《서회書懷》)

시체가 말가죽에 싸여 돌아오는 것은 영웅의 일이며, 비록 죽더라도 청사
에 빛나게 해야 한다.(명明 장가옥張家玉,《군중야감軍中夜感》)

　•汗竹: 즉 汗靑(한청). 靑史(청사). 역사서.

男兒墮地志四方, 裹尸馬革固其常.
남 아 타 지 지 사 방 과 시 마 혁 고 기 상

忠肝義膽不可狀, 要與人間留好樣.
충 간 의 담 불 가 상 요 여 인 간 유 호 양

사내는 태어나서부터 사해에 뜻을 두어야 하며, 말가죽에 시체가 싸이는
것은 극히 일상적인 일이다.(송宋 육유陸游,《농두수隴頭水》)

충성된 마음과 의로운 담력은 형용할 수 없으며, 사람들에게 좋은 본보기
를 남겨야 한다.(《송유민록宋遺民錄》부구도인초혼가浮丘道人招魂歌)

　•墮地: 태아가 세상에 나오다.

志頂江山心欲奮, 胸羅宇宙氣潛呑.
지 정 강 산 심 욕 분　　흉 라 우 주 기 잠 탄
我自橫刀向天笑, 去留肝膽兩昆侖.
아 자 횡 도 향 천 소　　거 류 간 담 량 곤 륜

강산에 우뚝 서서 마음껏 떨치며, 우주를 가슴에 안고 정기를 삼키는 데 뜻을 둔다.(태평천국太平天國 홍인헌洪仁軒, 《이월하완군차성북음어행부二月下浣軍次城北吟於行府》)

내 스스로 칼을 빼들고 하늘을 향해 웃으며, 간과 쓸개를 두 곤륜산에 남기리라.(청淸 담사동譚嗣同, 《옥중제벽獄中題壁》)

國讐未報壯士老, 匣中寶劍夜有聲.
국 수 미 보 장 사 로　　갑 중 보 검 야 유 성
倘得此生重少壯, 臨危敢愛不貲身!
당 득 차 생 중 소 장　　임 위 감 애 부 자 신

나라의 원수를 갚기도 전에 대장부가 이미 늙으니, 칼집 속의 보검이 밤마다 소리내어 운다.(송宋 육유陸游, 《장가행長歌行》)

만약 내가 다시 젊은 시절로 돌아간다면, 위험에 직면해서도 내 고귀한 생명을 아끼지 않을 것이다.(송宋 육유陸游, 《객거추억좌간소언客去追憶坐間所言》)

•匣: 상자. 여기서는 칼집.　•不貲: 가치가 무한하다.

人生不作安期生, 醉入東海騎長鯨.
인 생 부 작 안 기 생　　취 입 동 해 기 장 경
誰言咽月餐雲客, 中有憂時致主心.
수 언 연 월 찬 운 객　　중 유 우 시 치 주 심

사람은 살면서 안기생처럼 술 취해서 동해에 들어가 큰 고래를 타고 다니는 은거생활을 해서는 안 된다.(송宋 육유陸游, 《장가행長歌行》)

누가 나를 단순히 자연풍광만을 묘사한다고 말하는가? 그 속에는 우국의 심정이 가득 차 있노라.(송宋 양만리楊萬里, 《제유고사간운도題劉高士看雲圖》)

•安期生: 秦始皇 때에 수련을 통해 득도한 仙人이라고 전해진다.

此中何處無人世, 只恐難酬烈士心.
차 중 하 처 무 인 세   지 공 난 수 열 사 심

誰憐愛國千行淚, 說到胡塵意不平.
수 련 애 국 천 행 루   설 도 호 진 의 불 평

이 신선 세계 중에서 어느곳이 인간 세상만 못한가? 단지 열사의 마음을 펼치지 못할까 두렵다.(청淸 고염무顧炎武,《해상海上》)

누가 애국시인의 천 줄기 눈물로 쓴 시를 불쌍히 여기는가? 외적이 침략한 것을 노래한 이 시에는 작자의 마음이 격동하고 있다.(청淸 양계초梁啓超, 《독육방옹집讀陸放翁集》)

•此中: 此는 신선 세계를 가리킴.   •胡塵: 외적을 가리킴.

詩界千年靡靡風, 兵魂銷盡國魂空.
시 계 천 년 미 미 풍   병 혼 소 진 국 혼 공

集中十九從軍樂, 亘古男兒一放翁.
집 중 십 구 종 군 악   긍 고 남 아 일 방 옹

시계는 1천 년 동안 기백 없는 기풍이 이어졌으며, 전투정신은 쇠진하고 민족정신도 없다.

유독 육유의 시만은 열 중의 아홉이 종군을 노래하였으니, 자고 이래로 대장부는 육유 한 사람뿐이로다.(청淸 양계초梁啓超,《독육방옹시讀陸放翁詩》)

•亘古: 옛부터 지금까지.

山川不改仗英雄, 浩氣能排岱麓松.
산 천 불 개 장 영 웅   호 기 능 배 대 록 송

壯心未死年俱老, 死去猶能作鬼雄.
장 심 미 사 년 구 로   사 거 유 능 작 귀 웅

산천이 무사한 것은 영웅을 의지한 덕이니, 그들의 호연지기는 태산의 청송보다 낫다.(명明 황주성黃周星,《서호죽지사西湖竹枝詞》)

영웅의 장한 뜻은 늙어도 죽지 않으며, 죽어서도 귀웅이 되어 외적과 싸우리라.(송宋 육유陸游,《서분書憤》)

人生自古誰無死, 留取丹心照汗靑.
인 생 자 고 수 무 사　유 취 단 심 조 한 청
人寰尙有遺民在, 大節難隨九鼎淪.
인 환 상 유 유 민 재　대 절 난 수 구 정 륜

자고로 누가 죽지 않는가? 붉은 마음을 남겨 청사에 빛나게 해야 한다.(송宋 문천상文天祥,《과영정양過零丁洋》)

나라에는 아직 유민이 있으며, 큰 절개는 구정에 따라 변할 리 없다.(명明 고염무顧炎武,《陳生藝續兩尊人先後卽世: 時皆以三月九日, 追痛之作, 詞旨哀惻, 依韻奉和》)

• 留取: 남겨두다.　　• 丹心: 붉은 마음. 성심.
• 汗靑: 漢簡(한간)과 같음. 서적. 역사책.　　• 人寰: 천하. 세상.
• 遺民: 망국의 백성. 또는 왕조가 바뀐 뒤에 새 왕조에 출사하지 않는 사람.
• 九鼎: 고대에 국가의 정권을 상징하는 보물. 국가를 가리킴.

金甌已缺總須補, 爲國犧牲敢惜身?
금 구 이 결 총 수 보　위 국 희 생 감 석 신
休言女子非英物, 夜夜龍泉壁上鳴.
휴 언 녀 자 비 영 물　야 야 용 천 벽 상 명

나라가 이미 침략당했으니 반드시 회복시켜야 하며, 나라를 위해 희생하기를 원하는데 어찌 감히 자기를 아끼겠는가?

여자는 영웅이 아니라고 말하지 말라. 밤마다 용천검이 벽에서 운다.(청淸 추근秋瑾,《자고천鷓鴣天》야야용천벽상명夜夜龍泉壁上鳴)

• 金甌已缺: 중국의 대만과 요동반도 등이 제국주의에 강점당한 것을 가리킴.
• 英物: 영준한 인물.
• 龍泉壁上鳴: 전하는 바에 의하면, 어떤 사람이 仙人 王子喬(왕자교)의 묘를 도굴하던 중 검 하나가 벽에 걸려 있는 것을 보고 꺼내려 하자, 검에서 갑자기 뇌성벽력이 발출하면서 용이 되어 하늘로 날아 올라갔다고 한다. 후에 검의 울음소리로 웅대한 뜻을 가지고 사업을 하려는 것을 비유하게 되었다.
• 龍泉: 고대의 보검 이름.

少小雖非投筆吏, 論功還欲請長纓.
소 소 수 비 투 필 리　　논 공 환 욕 청 장 영

一身報國有萬死, 雙鬢向人無再靑.
일 신 보 국 유 만 사　　쌍 빈 향 인 무 재 청

　비록 어렸을 때는 붓을 내던질 수 없었다 하더라도, 군대에 자원하여 공
을 세울 것이다.(당唐 조영조詠祖, 《망계문望薊門》)
　내 한 몸으로 나라에 보답할 수 있으면 1만 번 죽어도 사양치 않으며, 양
쪽 귀밑머리는 다시는 푸르게 되지 않는다.(송宋 육유陸游, 《야박수촌夜泊水村》)
　•投筆: 붓을 내던지다. 《後漢書·班超傳》의 『(超)家貧常爲官傭書以供養. 久勞苦, 嘗綴業投
筆嘆曰: 大丈夫無他志略, 猶當效傅介子·張騫之功異域, 以取封侯, 安能久事筆硯間呼?』 구절에
이 말이 나온다.
　•請長纓: 군대에 나갈 것을 자원하다.　　•纓: 말 가슴에 걸어 안장에 매는 가죽끈.

陸沈誰向中流砥, 天闕招尋煉石神.
육 침 수 향 중 류 지　　천 궐 초 심 연 석 신

秋風不用吹華髮, 滄海橫流要此身.
추 풍 불 용 취 화 발　　창 해 횡 류 요 차 신

　외적에게 침략당한 이때 누가 황하 중류의 지주산이 되겠는가? 조정에서
는 연석신을 찾고 있다.(명明 장황언張煌言, 《기기시어충문寄紀侍御衷文》)
　추풍아 사람이 늙어지게 불지 말라. 창해가 험하고 거세어서 이 몸을 필
요로 한다.(금金 원호문元好問, 《임진십이월거가동렵후즉사壬辰十二月車駕東獵後卽事》)
　•陸沈: 국가가 침략자에게 점령당했음을 비유하는 말.
　•中流砥: 즉 中流砥柱(중류지주), 또는 中流底柱(중류저주)라고도 함.
　•底柱: 산 이름. 三門峽(삼문협) 부근의 황하 중류에 우뚝 솟아 있음. 그래서 中流底柱는
난국을 지탱해내는 강한 역량을 비유하는 말로 자주 사용됨.
　•天闕: 천자의 궁궐. 또는 조정을 가리킨다.
　•煉石神: 즉 女媧氏煉石補天을 말한다.
　•女媧: 신화에 나오는 고대의 제왕 이름. 伏羲(복희)의 여동생이라고도 하고, 복희의 부인
이라고도 한다. 아주 먼 옛날에 하늘이 무너지고 땅이 갈라졌는데, 여왜가 오색의 돌을 불에
달구어서 하늘을 보수하고, 자라의 다리를 잘라서 四極(사극)에 세웠다고 한다.
　•滄海: 큰 바다.
　•滄海橫流: 큰 바다가 가로로 흐르다. 국가의 위난을 가리킴.

薪膽生涯劇苦辛, 莫憂孱弱莫憂貧.
신 담 생 애 극 고 신　　막 우 잔 약 막 우 빈

不嫌屋漏無干處, 正要群龍洗甲兵.
불 혐 옥 루 무 간 처　　정 요 군 룡 세 갑 병

　　와신상담의 자세로 사는 것은 매우 고달프지만, 나라가 쇠약하고 빈곤하
다고 근심하지 말라.(청淸 주실周實,《감사感事》)
　　집이 샌다고 꺼리지 않아도 아무런 상관이 없으며, 단지 영웅들이 출현하
여 외적을 물리치면 된다.(송宋 진여의陳與義,《관우觀雨》)
　•薪膽: 즉 臥薪嘗膽(와신상담).　　•孱弱: 수척하고 약하다.
　•群龍: 나라를 구원하려고 적에게 대항하는 영웅들을 가리킴.　　•甲兵: 무기.

應念同仇多死友, 休言有母不售人.
응 념 동 구 다 사 우　　휴 언 유 모 불 수 인

了却君王天下事, 籯得生前身後名.
요 각 군 왕 천 하 사　　영 득 생 전 신 후 명

　　마땅히 원수와 함께 싸우다 죽은 수많은 전우들을 생각해야 할 것인데,
어찌 노모가 있다 하여 전쟁에서 물러난다고 말할 수 있는가?(명明 장황언張煌
言,《기기시어충문寄紀侍御夷文》)
　　군왕의 천하 대사를 달성하면 이름이 천고에 빛날 것이다.(송宋 신기질辛棄
疾,《파진자破陣子》위진동보부장어이기爲陳同父賦壯語以寄)
　•有母不售人: 당시의 紀夷文(기충문)을 비평한 말. 기충문은 원래 抗淸(항청) 전쟁에 참가
하였으나, 나중에 노모를 봉양한다 하여 전투에서 물러나 太白山에 은거하였다.
　•天下事: 국가의 대사.

一生肝膽如星斗, 嗟爾頑銅豈見明.
일 생 간 담 여 성 두   차 이 완 동 기 현 명

此身合是詩人未, 細雨騎驢入劍門.
차 신 합 시 시 인 미   세 우 기 려 입 검 문

일생을 별처럼 떳떳한 마음가짐으로 살았는데, 너의 무지한 거울로 어떻게 밝게 비출 수 있을지 탄식한다.(송宋 소순흠蘇舜欽,《남조覽照》)

이 몸은 시인이 되는 것을 원치 않고, 이슬비 속을 나귀 타고 검문관에 들어간다.(송宋 육유陸游,《검문도중우미우劍門道中遇微雨》)

• 頑銅: 무지한 거울.   • 頑: 미련하다. 무지하다.
• 銅: 고대에는 평평한 구리를 거울로 삼았다.
• 見: 現과 같음. 나타내다.   • 合: ~해야 한다.
• 入劍門: 宋 효종 乾道 8년(1172) 겨울, 陸游는 成都府路(지금의 사천성에 있음)의 安撫司參議官(안무사참의관)에 임명되어 劍門關(지금의 사천성 劍閣縣 동북의 大劍門山과 小劍門山 사이에 있음)을 지나갔다. 이해 가을에 主戰에 적극적인 사천 宣撫使 王炎(왕염)이 臨安으로 소환되어, 시인도 항전의 기회를 잃었다.

日月雙懸于氏墓, 乾坤半壁岳家祠.
일 월 쌍 현 우 씨 묘   건 곤 반 벽 악 가 사

慙將赤手分三席, 敢爲丹心借一枝.
참 장 적 수 분 삼 석   감 위 단 심 차 일 지

해와 달이 함께 우겸의 묘에 걸려 있고, 건곤이 악비의 사당을 반분하였다. 빈손으로 세 자리로 나누는 것을 부끄럽게 여겨, 감히 붉은 마음을 위해 나뭇가지 하나를 빌린다.(명明 장황언張煌言,《갑진팔월사고리甲辰八月辭故里》)

• 于氏墓: 중국의 민족 영웅인 于謙(우겸)의 묘를 말함.
• 岳家祠: 중국의 민족 영웅인 岳飛(악비)의 사당. 우씨의 묘와 악비의 사당은 모두 항주시 西湖에 있다.

頭顱肯使閑中老? 祖國寧甘劫後灰?
두 로 긍 사 한 중 로　조 국 녕 감 겁 후 회
拚得十萬頭顱血, 須把乾坤力挽回.
변 득 십 만 두 로 혈　수 파 건 곤 력 만 회

어째서 머리를 하는 일 없이 늙게 만드는가? 조국이 재난당하는 것을 어
찌 달가워하겠는가?(청淸 추근秋瑾, 《간모군柬某君》)
　수많은 민중이 목숨 걸고 혈전을 벌여, 반드시 조국을 구하도록 힘써야 한다.
(청淸 추근秋瑾, 《황해주중일인삭구병견일아전쟁지도黃海舟中日人索句幷見日俄戰爭地圖》)
　•劫: 불교 용어. 천지가 한 번 이루어졌다가 훼멸되는 것을 劫이라고 한다. 여기서는 대재
난을 가리킨다.

男兒西北有神州, 莫滴水西橋畔淚.
남 아 서 북 유 신 주　막 적 수 서 교 반 루
何心更作喎喎語, 起趁鷄聲舞一回.
하 심 갱 작 우 우 어　기 진 계 성 무 일 회

대장부는 서북쪽에 있는 조국땅을 수복해야 하니, 수서교 물가에서 눈물
을 흘리지 말라.(송宋 유극장劉克莊, 《옥루춘玉樓春》 희림추戲林推)
　어찌 아녀자의 정에 빠지겠는가? 닭 우는 소리를 듣고 일어나 한 차례 춤
을 춘다.(청淸 양계초梁啓超, 《기사시紀事詩》)
　•水西橋: 기녀가 사는 곳을 말함.　•喎喎: 서로 화답하는 소리를 형용한 말.
　•〈起趁〉句: 東晉 때의 조적祖逖이 닭 우는 소리를 듣고 일어나 춤을 추며〔聞鷄起舞〕 중원
을 회복할 뜻을 가졌다고 한다. 여기에서는 작자의 구국 의지를 표현한 것이다.

只解沙場爲國死, 何須馬革裹尸還.
지 해 사 장 위 국 사　　하 수 마 혁 과 시 환

但使龍城飛將在, 不叫胡馬度陰山.
단 사 룡 성 비 장 재　　불 규 호 마 도 음 산

나는 단지 모래밭에서 나라를 위해 죽는 것만을 아는데, 어째서 반드시 말가죽에 시체를 싸가지고 돌아와야 하는가?(청淸 서석린徐錫麟,《출새시出塞詩》)

다만 용성에 비장군(즉 이광李廣)을 있게 해서, 오랑캐 말이 음산을 지나지 못하게 한다.(당唐 왕창령王昌齡,《출새出塞》)

•龍城: 고대에 북방 흉노의 각 부족이 모여서 제사지내던 곳. 漢 武帝 때 衛靑(위청)이 車騎將軍(거기장군)이 되어 흉노를 정벌하러 갔다가 줄곧 용성에서 적을 막았다. 지금의 몽골 인민공화국의 타밀강에 있다.

•飛將: 한무제 때에 변방을 수비하던 飛將軍(비장군) 李廣(이광)을 가리킨다.

•陰山: 지금의 내몽골 자치구에 있음. 한대에 흉노는 항상 음산에 거점을 두고 중국을 침략했다.

黃沙百戰穿金甲, 不破樓蘭終不還.
황 사 백 전 천 금 갑　　불 파 누 란 종 불 환

樓船夜雪瓜洲渡, 鐵馬秋風大散關.
누 선 야 설 과 주 도　　철 마 추 풍 대 산 관

사막에서 백 번 싸워 갑옷을 뚫리고, 누란을 격파하지 못하여 끝내 돌아오지 못했다.(당唐 왕창령王昌齡,《종군행칠수從軍行七首》)

전함은 눈 내리는 밤에 과주를 건너고, 갑옷 두른 전투마는 가을바람 맞으며 대산관을 넘는다.(송宋 육유陸游,《서분書憤》)

•黃沙: 사막을 가리킴.　　•金甲: 갑옷.

•樓蘭: 한대에 있었던 서역의 나라 이름. 지금의 신강 위구르 자치구에 있었음.

•樓船: 망루가 있는 큰 전함.　　•瓜洲渡: 지금의 강소성 邗江縣에 있음.

•鐵馬: 무장한 말.　　•大散關: 지금의 섬서성 寶鷄市에 있음.

死去無知萬事空, 但悲不見九州同.
사 거 무 지 만 사 공　단 비 불 견 구 주 동
王師北定中原日, 家祭無忘告乃翁.
왕 사 북 정 중 원 일　가 제 무 망 고 내 옹

사람이 죽는 것을 알지 못하면 만사가 모두 부질 없고, 다만 조국의 통일을 보지 못한 것이 한이로다.

왕의 군대가 중원을 평정하는 날에, 가제를 지내면서 너의 아버지에게 고하는 것을 잊지 말라.(송宋 육유陸游, 《시아示兒》)

•九州: 고대에는 중국을 아홉 州로 나누어서 九州라고 하였는데, 후에는 일반적으로 전 중국을 일컫게 되었다.　•王師: 宋나라의 군대를 가리킴.
•乃翁: 당신의 아버지. 乃는 제2인칭대명사.

救月有矢救日弓, 世間豈謂無英雄.
구 월 유 시 구 일 궁　세 간 기 위 무 영 웅
安得壯士挽天河, 淨洗甲兵長不用.
안 득 장 사 만 천 하　정 세 갑 병 장 불 용

월식과 일식은 화살을 쏘아서 구제하니, 세간에 어찌 영웅이 없다고 말할 수 있으랴?(명明 오승은吳承恩, 《이랑수산도가二郞搜山圖歌》)

어찌 장사가 천하의 물을 끌어다 병기를 깨끗이 씻어서 영원토록 쓸모 없게 할 수 있겠는가?(송宋 정해程垓, 《보살만菩薩蠻》 방강동외가작訪江東外家作)

•〈救月〉句: 고대 풍속에 일식과 월식이 天狗(천구)가 해와 달을 먹기 때문이라 생각하고, 사람들이 활을 쏘고 징과 북을 치며 구제한다.
•甲兵: 병기.　•長: 영원히.

10

爲民篇

貴者雖自貴, 視之若埃塵.
귀 자 수 자 귀   시 지 약 애 진

賤者雖自賤, 重之若千鈞. ·
천 자 수 자 천   중 지 약 천 균

지위가 높은 사람은 비록 스스로를 고귀하다고 생각하지만, 나는 티끌같이 본다.

지위가 낮은 사람은 비록 스스로를 비천하다고 생각하지만, 나는 천균만큼 중히 여긴다.(진晉 좌사左思, 《영사팔수詠史八首》)

• 鈞: 고대의 중량 단위. 30斤이 1鈞이다.

丈夫貴兼濟, 豈獨善一身?
장 부 귀 겸 제   기 독 선 일 신

丈夫須兼濟, 豈得樂一身?
장 부 수 겸 제   기 득 락 일 신

대장부는 모두가 잘 되는 것을 소중하게 여기는데, 어찌 자기 자신만 잘 되려 하는가?(당唐 백거이白居易, 《신제포구新制布裘》)

대장부는 응당 다수를 위해야 하는데 어찌 개인의 안락만을 추구하는가?
(당唐 설거薛據, 《고흥古興》)

• 丈夫: 성년 남자. 대장부.   • 濟: 구제하다.

丈夫不逆旅, 何以及蒼生?
장 부 불 역 려　하 이 급 창 생

字人無異術, 至論不如淸.
자 인 무 이 술　지 론 불 여 청

대장부가 남북을 주유하지 않으면, 어떻게 백성에게 다가갈 수 있겠는가?
(명明 유대유兪大猷,《추일산행秋日山行》)

백성을 사랑하는 데는 특별한 방법이 따로 없으며, 가장 좋은 말로는 청렴결백만한 것이 없다.(당唐 두순학杜荀鶴,《송인재오현送人宰吳縣》)

•逆旅: 여관. 여기서는〈세상을 두루 다니다〉라는 의미.　•蒼生: 백성.
•字: 기르다. 사랑하다.　•至論: 가장 좋은 이론(혹은 말).　•淸: 청렴결백하다.

自當舟楫路, 應濟往來人.
자 당 주 즙 로　응 제 왕 래 인

須識苦寒士, 莫矜狐白溫.
수 식 고 한 사　막 긍 호 백 온

자신이 배 위에 있으면 응당 왕래하는 사람을 건네 주어야 한다.(당唐 장중보張仲甫,《삼주도三州渡》)

마땅히 헐벗고 굶주린 사람을 알아야 하며, 여우털이 따뜻하다고 자랑하지 말라.(당唐 노동盧仝,《잡시이수雜詩二首》)

•狐白: 狐白裘(호백구)라고도 한다. 여우의 겨드랑이에 난 흰털로 만든 고급 가죽옷.

三年淸知府, 十萬雪花銀.
삼 년 청 지 부　십 만 설 화 은

遍身羅綺者, 不是養蠶人.
편 신 나 기 자　불 시 양 잠 인

3년간 청렴한 지부가 10만 냥의 눈꽃 같은 은화를 모은다.(《유림외사儒林外史》제8회)

온 몸에 비단옷을 두른 사람은 양잠을 하는 사람이 아니다.(당唐 장유張兪,《잠부蠶婦》)

東風滿天地, 貧家獨無春.
동 풍 만 천 지　빈 가 독 무 춘
負薪花下過, 燕語似饑人.
부 신 화 하 과　연 어 사 기 인

동풍이 온 천지에 가득한데, 가난한 집에만 봄이 없구나.
땔감을 지고 초목 아래를 지나는데, 주고받는 말을 들어 보니 마치 굶주린 사람 같구나.(송宋 나여지羅與之,《상가商歌》)
•負薪: 땔감을 지다.　•燕語: 한담.

聖人不曾高, 衆人不曾低.
성 인 부 증 고　중 인 부 증 저
敬賢如大賓, 愛民如赤子.
경 현 여 대 빈　애 민 여 적 자

성인은 한 차원 높은 사람이 아니고, 백성은 한 차원 낮은 사람이 아니다.
(명明 이지李贄,《분서焚書》복경중봉우復京中朋友)
현인 존중하기를 귀빈 존중하듯 하고, 백성 사랑하기를 갓난아이 사랑하듯 한다.(《한서漢書》노온서전路溫舒傳)
•赤子: 갓난아이.

月下江流靜, 荒村人語稀.
월 하 강 류 정　황 촌 인 어 희
不憂一家寒, 所憂四海饑.
불 우 일 가 한　소 우 사 해 기

밝은 달빛 아래 강물은 고요히 흐르고, 황폐한 마을에는 사람의 소리 드물다.(당唐 전기錢起,《강행무제일백수江行無題一百首》)
자기 한 집의 추위만을 걱정하지 말고, 천하 사람들의 굶주림을 걱정하라.
(청淸 위원魏源,《우연음偶然吟》)

江上往來人, 但愛鱸魚美.
강 상 왕 래 인　단 애 노 어 미
君看一葉舟, 出入風波裏.
군 간 일 엽 주　출 입 풍 파 리

강가에서 오고가는 사람들은 농어의 맛만 좋아한다.
보시게, 일엽편주가 비바람과 파도 속을 드나드는 것을.(송宋 범중엄范仲淹,
《강상어자江上漁者》)
　•但: 다만.　•鱸魚: 농어.

春蠶不應老, 晝夜常懷思.
춘 잠 불 응 로　주 야 상 회 사
何惜微軀盡, 纏綿自有時.
하 석 미 구 진　전 면 자 유 시

봄누에는 늙는 것을 모르고 밤낮으로 끊임 없이 실을 토해낸다.
어찌 하찮은 몸뚱이를 아끼랴? 근심에 싸이는 것은 자연히 때가 있노라.
(남조南朝 송宋 포령휘鮑令暉,《잠사가蠶絲歌》)

斗水瀉大海, 不如瀉枯池.
두 수 사 대 해　불 여 사 고 지
東風不擇木, 吹煦長未已.
동 풍 불 택 목　취 후 장 미 이

물 한 되를 바다에다 쏟는 것은 메마른 연못에다 쏟는 것만 못하다.(《맹동
야시집孟東野詩集》 증주인贈主人)
동풍은 나무를 가리지 않고, 따뜻한 공기를 쉬지 않고 불어댄다.(당唐 백거
이白居易,《행원중조수杏園中棗樹》)
　•瀉: 물을 쏟다.　•吹煦: 따뜻한 공기를 불어보내다. 煦는 따뜻하다.
　•長未已: 오랫동안 쉬지 않다.

聖人不利己, 所憂在元元.
성 인 불 리 기　소 우 재 원 원

莫道桑楡晚, 爲霞尙滿天.
막 도 상 유 만　위 하 상 만 천

성인은 자기의 이익을 도모하지 않고, 근심하는 것은 백성의 고통이다.(당唐 진자앙陳子昂,《감우삼십팔수感遇三十八首》)

황혼이라 늦었다고 말하지 말라. 저녁놀이 아직 온 하늘에 걸려 있다.(당唐 유우석劉禹錫,《수락천영로견시酬樂天詠老見示》)

•元元: 백성.
•桑楡: 원래는 해질녘을 의미하나, 여기서는 인생의 황혼기를 비유하였다.

高以下爲基, 民以食爲天.
고 이 하 위 기　민 이 식 위 천

人生歸有道, 衣食固其端.
인 생 귀 유 도　의 식 고 기 단

높은 곳은 낮은 곳을 토대로 삼고, 백성은 먹을 것을 하늘로 삼는다.(진晉 반악潘岳,《자전부藉田賦》)

사람이 살면서 돌아가는 데 길이 있으니, 옷과 음식이 과연 그 실마리이다. (진晉 도연명陶淵明,《경술세구월중어서전획조도庚戌歲九月中於西田獲早稻》)

•天: 하늘. 여기서는 우러러보고 의지하는 대상을 말한다.

古戍連山火, 新城殷地笳.
고 수 연 산 화　신 성 은 지 가

九州猶虎豹, 四海未桑麻.
구 주 유 호 표　사 해 미 상 마

옛둔영에 산불이 연달아 일어나고, 신축한 성과 넓은 대지에는 호가 소리 요란하다.

구주(중국)가 적에게 유린당해, 대지 위에 뽕과 삼을 심지 못했다.(명明 유기 劉基《고수古戍》)

•殷: 크다.　　•笳: 악기 이름. 군중에서 주로 사용한다. 胡笳(호가).
•虎豹: 외적을 비유한 말.

陶盡門前土, 屋上無片瓦.
도 진 문 전 토   옥 상 무 편 와

十指不沾泥, 鱗鱗居大厦.
십 지 불 첨 니   인 린 거 대 하

집 앞의 흙으로 벽돌과 기와를 모두 구워낸 사람은 지붕 위에 기와 한 조
각이 없다.

열 손가락에 진흙을 묻히지 않은 사람은 고래등 같은 기와집에서 산다.(송
宋 매요신梅堯臣, 《도자陶者》)

•鱗鱗: 지붕 위의 기와가 마치 물고기 비늘 같음을 말한 것이다.

天高皇帝遠, 民少相公多.
천 고 황 제 원   민 소 상 공 다

一日三遍打, 不反待何如!
일 일 삼 편 타   불 반 대 하 여

하늘은 높고 황제는 멀리 있는데, 백성은 적고 상공은 많다.

하루에도 여러 차례 매질하니 반항하지 않으면 무엇을 기다리겠는가?(원元
황부黃溥, 《한중고금록閑中古今錄》 대온처수기요臺溫處樹旗謠)

窮年憂黎元, 嘆息腸內熱.
궁 년 우 여 원   탄 식 장 내 열

期當作說霖, 天下同滂沱.
기 당 작 열 림   천 하 동 방 타

일년 내내 백성을 걱정하며, 탄식해서 내장이 들끓는다.(당唐 두보杜甫, 《자경
부봉선현영회오백자自京赴奉先縣詠懷五百字》)

단비가 되어 천하가 온통 크게 적셔지기를 바란다.(당唐 구양첨歐陽詹, 《익창행
益昌行》)

•窮年: 일년 내내.   •黎元: 백성.   •期: 바라다.
•滂沱: 큰비가 내리는 모양.

乃知農家春, 不入五侯宅.
내 지 농 가 춘   불 입 오 후 택

所計一身肥, 豈望天下活.
소 계 일 신 비   기 망 천 하 활

이제야 농가의 봄이 오후의 저택으로 들어가지 않음을 알겠노라.(당唐 맹교
孟郊,《장안조춘長安早春》)

자기 한 사람이 살찌는 것을 생각하는데, 어찌 천하가 살기를 바라겠는가?
(청淸 고염무顧炎武,《쌍안雙雁》)

•五侯: 漢 元帝의 외삼촌인 王譚(왕담)·王逢時(왕봉시)·王根(왕근)·王音(왕음)·王商
(왕상)은 동시에 侯로 봉해졌는데, 이를 五侯라고 한다. 여기서는 귀족을 가리킨다.

悠悠萬事功, 矻矻當年苦.
유 유 만 사 공   굴 굴 당 년 고

魚自入深淵, 人自居平土.
어 자 입 심 연   인 자 거 평 토

옛날 하우의 치수는 만대를 위한 공훈인데, 당시에는 수고를 아끼지 않아
고생이 말이 아니었다.

물고기는 깊은 연못으로 들어가기 마련이고, 사람은 평지에서 살기 마련
이다.(송宋 신기질辛棄疾,《생사자生査子》제경구군치진표향題京口郡治塵表享)

•矻矻: 부지런히 일하는 모양.

朱門酒肉臭, 路有凍死骨.
주 문 주 육 취   노 유 동 사 골

雖有數斗玉, 不如一盤粟.
수 유 수 두 옥   불 여 일 반 속

권문세가의 집에는 술과 고기 냄새가 진동하고, 길가에는 얼어죽은 시체
가 나뒹군다.(당唐 두보杜甫,《자경부봉선현영회오백자自京赴奉先縣詠懷五百字》)

비록 여러 되의 구슬이 있다 해도 소반 위의 곡식만 못하다.(당唐 이백李白,
《서회증남릉상찬부書懷贈南陵常贊府》)

•朱門: 붉은 칠을 한 대문. 주홍대문. 부호나 권문세가의 집을 가리킴.

鋤禾日當午, 汗滴禾下土.
서 화 일 당 오   한 적 화 하 토
誰知盤中餐, 粒粒皆辛苦.
수 지 반 중 찬   입 립 개 신 고

김을 매는데 해가 한낮이라, 벼와 흙 위로 땀이 쉴새 없이 흐른다.
누가 알겠는가? 소반 위의 쌀밥 알갱이 하나하나가 모두 농민의 고생이란
것을.(당唐 이신李紳,《민농憫農》)

獲飽暖之體, 思作者之勞;
획 포 난 지 체   사 작 자 지 로
享尊榮之樂, 思供者之苦.
향 존 영 지 락   사 공 자 지 고

배부르고 따뜻한 사람은 공급자의 노고를 생각해야 하고,
영화의 즐거움을 누리는 사람은 제공자의 고통을 생각해야 한다.(명明 여곤呂坤,
《신음어呻吟語》응사應事)

貧人莫簡棄, 有食最須呼.
빈 인 막 간 기   유 식 최 수 호
但惠封瘡藥, 何愁不奉珠.
단 혜 봉 창 약   하 수 불 봉 주

가난한 사람은 게으름을 피우지 말고, 먹을 것이 있으면 불러서 함께 먹
어야 한다.
그들의 어려움을 구제할 수만 있다면, 어찌 진주로 보답받지 못함을 걱정
하겠는가?(《전당시보일全唐詩補逸》권2 왕범지시王梵志詩)
•簡棄: 태만하다. •瘡: 종기. 여기서는 경제적인 어려움. •奉: 바치다.

惟憑野老口, 不立政聲碑.
유 빙 야 로 구　불 립 정 성 비

但傷民病痛, 不識時忌諱.
단 상 민 병 통　불 식 시 기 휘

　오직 촌로의 입에 의지하고, 정성비는 세우지 말라.(《당풍집상唐風集上》증추포
금명부장贈秋浦金明府長)
　백성의 고통만 알 뿐 금기와 기휘는 알지 못한다.(당唐 백거이白居易, 《상당구
이수傷唐衢二首》)

樂民之樂者, 民亦樂其樂;
낙 민 지 락 자　민 역 락 기 락

憂民之憂者, 民亦憂其憂.
우 민 지 우 자　민 역 우 기 우

　백성의 즐거움을 즐거워하는 사람은 백성도 그의 즐거움을 즐거워하고,
　백성의 근심을 근심하는 사람은 백성도 그의 근심을 근심한다.(《맹자孟子》
양혜왕하梁惠王下)

日月爭驅馳, 民生誰獲休?
일 월 쟁 구 치　민 생 수 획 휴

嫉邪霜氣直, 問俗春辭柔.
질 사 상 기 직　문 속 춘 사 유

　해와 달이 앞다투어 달려가면, 민생은 누가 쉬게 해주는가?(명明 굴대균屈大均,
《과탁주작過涿州作》)
　사악한 무리를 추상같이 엄하게 대하면, 풍속을 묻는 말이 봄날처럼 부드
럽다.(당唐 맹교孟郊, 《투증장단공投贈張端公》)

但願天下人, 家家足稻粱.
단 원 천 하 인　가 가 족 도 량

我命渾小事, 我死庸何傷?
아 명 혼 소 사　아 사 용 하 상

　다만 천하 사람들 집집마다 벼와 메조가 풍족하기를 바랄 뿐이다.

　내 목숨은 아주 작은 것인데, 내가 죽은들 어찌 슬퍼하겠는가?(송宋 문천상
文天祥,《오월십칠일야대우가五月十七日夜大雨歌》)

　•庸何: 어찌하여. 무엇 때문에.

望鄕心空切, 耕夫盡把弓.
망 향 심 공 절　경 부 진 파 궁

千家數人在, 一稅十年空.
천 가 수 인 재　일 세 십 년 공

　고향을 바라보니 마음은 공허한데, 농부들은 모두 활 잡고 전쟁터에 나갔
구나.

　온 마을에 사람은 몇 안 되고, 한 번 세금에 십 년을 굶주린다.(당唐 황도黃滔,
《서사書事》)

百姓多寒無可救, 一身獨暖亦何情.
백 성 다 한 무 가 구   일 신 독 난 역 하 정

爭得大裘長萬丈, 與君都蓋洛陽城.
쟁 득 대 구 장 만 장   여 군 도 개 낙 양 성

백성들이 대부분 헐벗어도 구제할 수가 없는데, 혼자만이 따뜻하면 어떤
마음일까?

어떻게 하면 만 장 길이의 큰 가죽옷을 구해서 온 낙양성 사람들을 덮어
줄 수 있겠는가?(당唐 백거이白居易,《신제릉오성감이유영新制綾襖成感而有詠》)

•爭得: 어떻게 ~할 수 있겠는가.

不愁屋漏牀牀濕, 且喜溪流岸岸深.
불 수 옥 루 상 상 습   차 희 계 류 안 안 심

些小吾曹州縣吏, 一枝一葉總關情.
사 소 오 조 주 현 리   일 지 일 엽 총 관 정

집이 새서 침대마다 젖는 것을 슬퍼하지 않으며, 시냇물이 흘러 밭도랑마
다 물이 차는 것을 기뻐한다.(송宋 증기曾幾,《蘇秀道中, 自七月二十五日夜大雨三日, 秋
苗已蘇, 喜而有作》)

우리 주현의 하급관리들은 아무리 작은 일이라도 언제나 백성들을 생각해
야 한다.(청淸 정판교鄭板橋,《유현서중화죽정년백포대중함괄濰縣署中畫竹呈年伯包大中函括》)

•關情: 관심을 갖다.

但願蒼生俱飽暖, 不辭辛苦出山林.
단 원 창 생 구 포 난   불 사 신 고 출 산 림

驅却坐上千重寒, 燒出爐中一片春.
구 각 좌 상 천 중 한   소 출 로 중 일 편 춘

백성들이 모두 배부르고 따뜻하기만을 바라며, 채탄 작업이 힘들다고 산
림을 나오지 않겠다.(명明 우겸于謙,《영매탄詠煤炭》)

앉아서 천 겹 추위 몰아내며, 난로 속에서 목탄이 타며 봄날 같은 따뜻함
을 뿜어낸다.(당唐 맹교孟郊,《답우인증탄答友人贈炭》)

時人不識農家苦, 將謂田中穀自生.
시 인 불 식 농 가 고　장 위 전 중 곡 자 생
今來縣宰加朱紱, 便是生靈血染成.
금 래 현 재 가 주 불　변 시 생 령 혈 염 성

　세상 사람들은 농부의 수고를 모르고, 논밭 속에서 곡식이 저절로 나온다고 말한다.(당唐 안인욱顏仁郁,《농가農家》)
　지금 현령이 입고 있는 붉은색 관복은 백성의 피로 물들여 만든 것이다.
(당唐 두순학杜荀鶴,《재경호성현再經胡城縣》)
　•縣宰: 현령.　•朱紱: 주홍색의 관복. 唐代에는 4·5품관이 주불을 입었다.　•生靈: 백성.

利在一身無謀也, 利在天下者謀之.
이 재 일 신 무 모 야　이 재 천 하 자 모 지
利在一時無謀也, 利在萬世者謀之.
이 재 일 시 무 모 야　이 재 만 세 자 모 지

　일신의 사익을 도모하지 않고, 천하 사람들의 공익을 위해 도모하며,
　일시의 이익을 도모하지 않고, 만세의 이익을 도모한다.(《격언연벽格言聯璧》
종정從政)

棗花最小能結實, 桑葉雖柔能作絲.
조 화 최 소 능 결 실　상 엽 수 유 능 작 사
堪笑牡丹如斗大, 不成一事只空枝.
감 소 모 란 여 두 대　불 성 일 사 지 공 지

　대추꽃은 작지만 열매를 맺을 수 있고, 뽕잎은 부드럽지만 실을 만들 수 있다.
　감히 웃노니, 모란은 크기는 됫박만큼 크지만 아무것도 할 수 없는 빈 가지일 뿐이다.(송宋 왕부王溥,《영모란詠牡丹》)

望公聊比泰山雲, 歲歲年年天下雨.
망 공 요 비 태 산 운　세 세 연 년 천 하 우

爲霖須救蒼生旱, 莫向西郊作雨稀.
위 림 수 구 창 생 한　막 향 서 교 작 우 희

그대가 오로지 태산의 구름이 되어 해마다 천하에 비를 뿌리기를 바란다.
(송宋 모방毛滂, 《옥루춘玉樓春》)

장마비가 되어 모름지기 백성들의 가뭄을 구해야 하며, 서쪽 교외에 비가
적게 내리게 하면 안 된다.(당唐 서인徐寅, 《운雲》)

•霖: 계속해서 내리는 큰비. 장마비.　　•蒼生: 백성.

樵童牧竪勞相問, 巖穴從來出帝師.
초 동 목 수 로 상 문　암 혈 종 래 출 제 사

安得壯士挽天河, 一洗煩鬱淸九區.
안 득 장 사 만 천 하　일 세 번 울 청 구 구

초동과 목동에게도 배워야 하며, 황제의 스승은 자고로 민간에서 나왔다.
(당唐 이함용李咸用, 《제진처사출거題陳處士出居》)

어찌 영웅이 은하를 멈추게 하고, 단번에 백성들의 근심을 씻고 조국을
맑게 하겠는가?(원元 왕면王冕, 《비고행悲苦行》)

•煩鬱: 번민. 우울.　　•九區: 즉 九州. 중국을 가리킴.

蓬萊有路敎人到, 亦應年年稅紫芝.
봉 래 유 로 교 인 도　역 응 연 년 세 자 지

但得官淸吏不橫, 卽是村中歌舞時.
단 득 관 청 리 불 횡　즉 시 촌 중 가 무 시

봉래산에 사람이 올라올 수 있는 길이 있다면, 영지도 해마다 세금을 내
게 될 것이다.(당唐 육구몽陸龜蒙, 《신사新沙》)

관리가 청렴하고 횡포를 부리지만 않는다면, 마을 백성들은 기뻐서 춤을
출 것이다.(송宋 육유陸游, 《춘일잡흥春日雜興》)

•蓬萊: 봉래산. 바다 한가운데 있다고 하는 전설상의 산.
•紫芝: 영지. 전설상의 신비한 약초.

自從伏波下南粵, 蠻江多少人流血.
자 종 복 파 하 남 월　만 강 다 소 인 유 혈.

百丈不斷腸斷絕, 流水無情亦嗚咽.
백 장 부 단 장 단 절　유 수 무 정 역 오 열.

복파장군이 남월을 정벌한 이후로, 만강에는 얼마나 많은 사람의 피가 흘렀는가?

뱃사람들의 생활이 너무 고통스러우니, 무정한 강물도 흐느껴 운다.(청淸 시윤장施閏章,《백장행百丈行》)

•伏波: 東漢 때의 馬援(마원)을 가리킴. 그는 복파장군에 봉해져서 南征을 하였음.
•南粵: 南越이라고도 함. 고대의 민족 이름. 또는 나라 이름. 고대 남방에 거주하던 越人의 한 갈래.　•蠻江: 남방의 강과 바다를 가리킴.
•嗚咽: 물소리가 미약하여 끊어질 듯 이어질 듯 마치 우는 것 같음을 형용한 말.

颯颯西風滿院栽, 藥寒香冷蝶難來.
삽 삽 서 풍 만 원 재　예 한 향 랭 접 난 래.

他年我若爲靑帝, 報與桃花一處開.
타 년 아 약 위 청 제　보 여 도 화 일 처 개.

소슬한 가을바람이 온 정원의 국화를 길러 주는데, 꽃술과 향기가 차가워 나비의 접근이 어렵다.

이 다음에 내가 만약 청제가 되면 복숭아꽃과 함께 피라고 알리겠다.(당唐 황소黃巢,《제국화題菊花》)

•颯颯: 바람 소리.　•靑帝: 신화 전설상의 봄을 관장하는 동쪽의 신.
•一處開: 국화와 복숭아꽃이 동시에 핌을 가리킨다.

只籌一纜十夫多, 細算千艘渡北河.
지 주 일 람 십 부 다   세 산 천 소 도 북 하
我也曾糜太倉粟, 夜聞邪許淚滂沱.
아 야 증 미 태 창 속   야 문 야 호 루 방 타

닻줄 하나에 10여 명의 인부가 달라붙어 있는데, 가만히 세어 보니 1천 척
의 배가 북하를 건너간다.
나도 일찍이 태창의 곡식을 축냈으니, 밤에 들리는 어영차 소리에 눈물이
뚝뚝 떨어지는구나.(청淸 공자진龔自珍,《기해잡시己亥雜詩》)
•籌: 주판. 여기서는 수를 세다. •糜: 써서 없애다.
•太倉: 수도에 있는 조정의 곡식 창고. 여기서는 관부의 창고를 말함.
•邪許: 邪呼라고도 씀. 선원이 닻줄을 당길 때 내는 소리.

水晶宮殿冰雪山, 芙蕖衣裳菱芡盤.
수 정 궁 전 빙 설 산   부 거 의 상 릉 감 반
老農背脊曬欲裂, 君王猶道深宮熱.
노 농 배 척 쇄 욕 렬   군 왕 유 도 심 궁 열

수정궁전은 눈덮인 산에 있고, 옷에는 부용꽃 수놓여 있고 쟁반에는 마름
과 가시연이 담겨 있다.
늙은 농부의 등허리는 폭염에 갈라지려 하는데, 황제는 궁전 깊은 곳에서
오히려 더 덥게 하라고 말한다.(송宋 양만리楊萬里,《백저가무사시사白紵歌舞四時詞》)
•芙蕖: 부용. 여기서는 복식이 화려함을 형용한 말. •菱: 마름. •芡: 가시연.

昆侖之高有積雪, 蓬萊之遠常遺寒.
곤 륜 지 고 유 적 설   봉 래 지 원 상 유 한
不能手提天下往, 何忍身去游其間!
불 능 수 제 천 하 왕   하 인 신 거 유 기 간

높다란 곤륜산에는 언제나 눈이 쌓여 있고, 머나먼 봉래산에는 항상 추위
가 남아 있다.
천하 사람들을 이끌고 갈 수 없는데, 어찌 모질게 혼자 그곳에 가서 놀겠
는가?(송宋 왕령王令,《서한고열서暑苦熱》)

五嶽翠乾雲彩滅, 陽侯海底愁波竭.
오 악 취 건 운 채 멸   양 후 해 저 수 파 갈

何當一夕金風發, 爲我掃却天下熱.
하 당 일 석 금 풍 발   위 아 소 각 천 하 열

　오악에는 비취빛 하늘에다 구름 한 점 없으며, 양후는 바다 속에서 파도
의 고갈을 근심한다.
　어느 날 저녁에 가을바람이 불어 우리를 위해 온 천하의 열을 쓸어내 버
릴까?(당唐 왕곡王轂, 《고열행苦熱行》)
　•五嶽: 고대에 동쪽의 泰山, 남쪽의 衡山, 서쪽의 華山, 북쪽의 恒山, 중앙의 嵩山을 오악이
라고 했음.　•陽侯: 신화 전설상의 바다신.　•金風: 가을 바람.

不論鹽鐵不籌河, 獨倚東南涕淚多.
불 론 염 철 부 주 하   독 의 동 남 체 루 다

國賦三升民一斗, 屠牛哪不勝栽禾.
국 부 삼 승 민 일 두   도 우 나 불 승 재 화.

　염철의 생산을 논하지 않고 황하의 수리사업을 일으키지 않으니, 홀로 동
남쪽에 기대어 하염 없이 눈물 흘린다.
　국가의 조세는 석 되이나 백성들은 한 말을 잃으니, 소를 잡는 것이 어찌
곡식 심는 것보다 낫지 않겠는가?(청淸 공자진龔自珍, 《기해잡시己亥雜詩》)
　•鹽鐵: 소금과 철의 생산을 가리킴. 여기서는 일반적인 생산활동을 말한다.
　•籌河: 황하의 수리사업을 일으키다.　•賦: 부세.

日照澄洲江霧開, 淘金女伴滿江隈,
일 조 징 주 강 무 개   도 금 여 반 만 강 외

美人首飾王侯印, 盡是江中浪底來.
미 인 수 식 왕 후 인   진 시 강 중 랑 저 래

　해가 새하얀 모래톱에 비치니 강안개가 피어나고, 사금 이는 아낙네들 강
굽이에 가득하다.
　미인의 머리에 장식한 왕후인은 모두 강 한가운데의 파도 속에서 나온 것
이다.(당唐 유우석劉禹錫, 《낭도사구수浪淘沙九首》)
　•澄洲: 맑은 모래톱.　•江隈: 강굽이. 강물이 굽어 들어간 곳.

願與吾君作霖雨, 且應平地活枯苗.
원 여 오 군 작 림 우　차 응 평 지 활 고 묘
何如掬取天池水, 灑向人間救枯苗.
하 여 국 취 천 지 수　쇄 향 인 간 구 고 묘

나는 장마비되어 온 대지 위에 뿌려져 시든 이삭을 살리고 싶다.(전촉前蜀
장빈張嬪,《투한림장시랑投翰林張侍郞》)
　어떻게 해야 천지의 물을 떠다가 세상에 뿌려 시든 이삭을 구제할 수 있
을까?(당唐 유상劉象,《영선장詠仙掌》)
　•掬: 두 손으로 물을 뜨다.

時挑野菜和根煮, 旋斫生柴帶葉燒.
시 도 야 채 화 근 자　선 작 생 시 대 엽 소
任是深山更深處, 也應無計避徵徭.
임 시 심 산 갱 심 처　야 응 무 계 피 징 요

때때로 야채와 초근을 날라다 삶고, 그 자리에서 도끼로 잎사귀 달린 생
나무를 베어다가 불을 땐다.
　설령 깊은 산 저 깊은 곳이라도 징세와 노역을 피할 방법이 없구나.(당唐
두순학杜荀鶴,《산중과부山中寡婦》)
　•旋斫: 그 자리에서 도끼로 치다.　•徵徭: 조세와 노역.

赤日炎炎似火燒, 野田禾稻半枯焦.
적 일 염 염 사 화 소　야 전 화 도 반 고 초
農夫心內如湯煮, 公子王孫把扇搖.
농 부 심 내 여 탕 자　공 자 왕 손 파 선 요

붉은 해 타오르는 것이 불에 타는 듯하며, 들녘의 곡식은 절반이나 타죽
었다.
　농부의 마음 속은 탕처럼 끓는데, 귀족의 자제들은 부채질만 한다.(명明 시
내암施耐庵,《수호水滸》 제16회)
　•公子王孫: 귀족의 자제들을 가리킴.

采得西風雪一籃, 御寒功在倍春蠶.
채 득 서 풍 설 일 람   어 한 공 재 배 춘 잠
世間多少閑花草, 無補其人亦自慙.
세 간 다 소 한 화 초   무 보 기 인 역 자 참

　가을바람에 백설 같은 면화를 한 광주리 따면, 추위를 막는 공로가 봄누에보다 배가될 것이다.
　세상의 수많은 별볼일 없는 꽃들은 사람들에게 도움이 안 되어 스스로 부끄러울 것이다.(청淸 김식金埴,《불하대편不下帶編》)
•雪: 면화의 회고 깨끗함을 형용한 말.

采得百花成蜜後, 不知辛苦爲誰甛.
채 득 백 화 성 밀 후   부 지 신 고 위 수 첨
身多疾病思田里, 邑有流亡愧俸錢.
신 다 질 병 사 전 리   읍 유 류 망 괴 봉 전

　벌이 온갖 꽃에서 꿀을 채집한 후에는, 고생해서 누구를 위해 달게 했는지는 모른다.(당唐 나은羅隱,《봉蜂》)
　몸에는 병이 많지만 마을을 생각해 보니, 읍에는 유랑하는 사람이 많으니 봉전 받는 것이 부끄럽구나.(당唐 위응물韋應物,《기이담원석寄李儋元錫》)
•俸錢: 옛날에 관원 등이 봉급으로 받는 돈.

先天下之憂而憂, 後天下之樂而樂.
선 천 하 지 우 이 우   후 천 하 지 락 이 락
先憂後樂范文正, 此志此言高孟軻.
선 우 후 락 범 문 정   차 지 차 언 고 맹 가

　천하 사람들이 근심하기 앞서서 근심하고, 천하 사람들이 즐거워한 후에 즐거워한다.(송宋 범중엄范仲淹,《악양루기岳陽樓記》)
　범중엄은 먼저 근심하고 나중에 즐거워한다고 말했는데, 이 뜻과 말은 맹자보다 고상하다.(송宋 왕십명王十明,《독악양루기讀岳陽樓記》)
•孟軻: 맹자. 이름은 軻(가). 자는 子輿(자여).

耕犁千畝實千箱, 力盡筋疲誰復傷?
경 리 천 묘 실 천 상   역 진 근 피 수 복 상

但得衆生皆得飽, 不辭羸病臥殘陽.
단 득 중 생 개 득 포   불 사 이 병 와 잔 양

소가 1천 묘의 밭을 갈아 수많은 통가리를 채웠지만, 힘이 다하고 근육이 피곤하다고 또 누가 동정하겠는가?

백성들이 모두 배부를 수만 있다면, 병들어 말라죽어도 사양하지 않으리라.

(송宋 이강李綱, 《병우病牛》)

•千箱: 매우 많은 곡물 통가리.   •傷: 불쌍하게 여기다.   •羸病: 병으로 수척해지다.

何方可化身千億, 一樹梅花一放翁.
하 방 가 화 신 천 억   일 수 매 화 일 방 옹

却是竹君殊解事, 炎風篩過作淸風.
각 시 죽 군 수 해 사   염 풍 사 과 작 청 풍

어떻게 해야 천억 개의 몸으로 변해서, 온 산에 만발한 매화를 보호할 수 있을까?(송宋 육유陸游, 《매화절구梅花絕句》)

오히려 대나무는 사람의 뜻을 가장 잘 이해하며, 열풍이 대나무를 친 뒤에는 청풍으로 바뀐다.(송宋 양만리楊萬里, 《오열등다가정午熱登多稼亭》)

•放翁: 陸游(육유)의 호. 작자 자신.

11

勵 志 篇

學不博者, 不能守約;
학 불 박 자 불 능 수 약

志不篤者, 不能力行.
지 부 독 자 불 능 역 행

학식이 해박하지 않은 사람은 요령을 터득할 수 없고,
뜻이 전일하지 않은 사람은 힘써 일을 할 수 없다.(송宋 양시楊時,《이정수언二
程粹言》논학論學)
　•守約: 요령을 터득하다. 　•篤: 전일하다. 　•力行: 힘써 일을 하다.

庸猥之徒, 器小志近.
용 외 지 도 기 소 지 근

束炬夜行, 不如早行.
속 거 야 행 불 여 조 행

용렬하고 천한 사람은 도량이 작고 생각이 짧다.(《포박자抱朴子》백리百里)
　횃불을 밝혀서 밤에 가는 것은 아침에 가는 것만 못하다.(청淸 시윤장施閏章,
《경지시警志詩》)
　•庸猥: 용렬하고 미천하다.

寧能我食, 不食於人.
영 능 아 식 불 식 어 인
復食於人, 是食其身.
복 식 어 인 시 식 기 신

　차라리 내 힘으로 먹을지언정 남에게 먹여 달라고 해선 안 된다.
　반복해서 남에게 먹여 달라고 하는 것은 자기 자신을 먹는 것이다.(《피일휴
문집皮日休文集》식잠병서食箴并序)

老驥伏櫪, 志在千里;
노 기 복 력 지 재 천 리
烈士暮年, 壯心不已.
열 사 모 년 장 심 불 이

　노쇠한 준마는 마판에 엎드려 있지만 뜻은 천리를 달리는 데 있고,
　열사는 말년에 이르러도 웅대한 뜻이 그치지 않는다.(삼국시대三國時代 위魏
조조曹操,《귀수수龜雖壽》)

受不得屈, 做不得事.
수 불 득 굴 주 불 득 사
信不棄功, 知不遺時.
신 불 기 공 지 불 유 시

　굴욕을 참지 못하는 사람은 큰일을 할 수 없다.(청淸 신거운申居鄖,《서암췌어西
岩贅語》)
　믿음이 있는 사람은 공을 포기하지 않고, 지혜로운 사람은 때를 놓치지
않는다.(《전국책戰國策》조책趙策)
　•知: 智와 통용. 지혜. 지혜로운 사람.

志不可慢, 時不可失.
지 불 가 만　시 불 가 실
敗不可悔, 時不可失.
패 불 가 회　시 불 가 실

의지가 게을러서는 안 되며, 때는 놓쳐서는 안 된다.(송宋 진호陳顥,《논왕패찰자論王霸扎子》)

실패했다고 해서 후회하지 말 것이며, 때는 놓쳐서는 안 된다.(《후한서後漢書》풍연열전馮衍列傳)

　•慢: 게으르다. 소홀히 하다.

川廣自源, 成人在始.
천 광 자 원　성 인 재 시
爲者常成, 行者常至.
위 자 상 성　행 자 상 지

드넓은 강은 샘으로부터 시작된 것이며, 성공한 사람은 처음부터 노력한 결과이다.(서진西晉 장화張華,《여지시勵志詩》)

끊임 없이 실천하는 사람은 항상 성공하고, 멈추지 않고 전진하는 사람은 항상 목적지에 도달한다.(한漢 유향劉向,《설원說苑》설총說叢)

　•爲: 하다. 행동하다.　　•至: 목적지에 도달하다.

因循二字, 誤盡一生,
인 순 이 자　오 진 알 생
鼓舞精神, 方破此弊.
고 무 정 신　방 파 차 폐

〈인순〉이란 두 글자는 일생을 헛살게 하는데,

정신을 고무시켜야 이 폐단을 극복할 수 있다.(청淸 신거운申居鄖,《서암췌어西巖贅語》)

　•因循: 과거에 하던 대로 바꾸지 않고 지키다.　　•弊: 폐단.

志猶學海, 業比登山.
지 유 학 해　업 비 등 산

無迷其途, 無絕其源.
무 미 기 도　무 절 기 원

뜻을 세우는 것은 바다에서 배우고, 사업은 등산하듯이 해야 한다.
길을 잃지 말고, 근원을 끊지 말아야 한다.(북조北朝 제齊 형소邢邵, 《광평왕비廣
平王碑》)
•學海: 하천이 끊임 없이 바다로 흘러가듯이 배우는 것을 말함.

井底之蛙, 所見不大;
정 저 지 와　소 견 부 대

螢火之光, 其亮不遠.
형 화 지 광　기 량 불 원

우물 바닥의 개구리는 보는 것이 넓지 못하고,
반딧불의 빛은 멀리 가지 못한다.(명明 서중림徐仲琳, 《봉신연의封神演義》 제25회)

志不求易, 事不避難.
지 불 구 이　사 불 피 난

山不碍路, 路自通山.
산 불 애 로　노 자 통 산

뜻은 쉬운 것을 찾지 말고, 일은 어려운 것을 피하지 말라.(남조南朝 송宋 범
엽范曄, 《후한서後漢書》 우후열전虞詡列傳)
산이 길을 막지 않으면, 길은 자연히 산으로 통한다.(《서유기西遊記》 제80회)

譬如農夫, 是穮是蓘.
비 여 농 부   시 표 시 곤

雖有饑饉, 必有豊年.
수 유 기 근   필 유 풍 년

예를 들면 농부는 김매고 흙을 북돋우고 하기 때문에,
비록 기근이 들 때도 있지만, 반드시 풍년을 맞이한다.(《좌전左傳》 소공昭公
원년)

•穮: 김매다. 제초하다.

凡人之情, 窮則思變.
범 인 지 정   궁 즉 사 변

東隅已逝, 桑楡非晚.
동 우 이 서   상 유 비 만

사람의 본성은 막히면 변화를 생각한다.(송宋 사마광司馬光, 《자치통감資治通鑑》
당기唐紀)

아침에 이미 잃어버렸지만, 저녁에 가서 찾아도 늦지 않다.(당唐 왕발王勃,
《왕자안집王子安集》 등왕각시서滕王閣詩序)

•情: 본성.   •窮: 다하다. 막히다.

•東隅: 해가 동쪽 구석에서 뜨기 때문에 東隅라고 하며, 아침을 가리킴.

•桑楡: 원래는 뽕나무와 느릅나무를 가리킴. 해질녘에 햇빛이 뽕나무와 느릅나무 끝을 비
치므로 해질녘을 의미하게 되었다.

千里之行, 始於足下.
천 리 지 행   시 어 족 하

見鬼莫怕, 但與之打.
견 귀 막 파   단 여 지 타

천리 길도 발 아래에서 시작된다.(《노자老子》 64장)

귀신을 만나도 두려워하지 말고 그와 함께 맞붙어 싸워라.(청淸 원매袁枚,
《수원시화隨園詩話》 권4)

取法乎上, 僅得其中;
취 법 호 상　근 득 기 중

取法乎中, 不免爲下.
취 법 호 중　불 면 위 하

최고를 배우고 본받으면 적어도 중간은 얻을 수 있고,
중간을 배우고 본받으면 오히려 최하를 면할 수 없다.(《당태종기唐太宗紀》)

不避煩難, 不違危殆.
불 피 번 난　불 위 위 태

一息尙存, 此志不懈.
일 식 상 존　차 지 불 해

어려움을 피하지 말고, 위험을 두려워하지 말라.(《회남자淮南子》수무훈脩務訓)
한 번의 숨이라도 아직 남아 있으면, 자기의 뜻을 게을리하지 말라.(명明 호
거인胡居仁,《거업록居業錄》권3)

年雖晩暮, 志力如壯.
연 수 만 모　지 력 여 장

名標靑史, 萬古流芳.
명 표 청 사　만 고 유 방

나이가 비록 황혼이 되었지만 의지와 정력은 장년과 같다.(《구당서舊唐書》맹
세전孟洗傳)
이름을 청사에 기록하여 영원히 후세에 전해지도록 해야 할 것이다.(원元
기군상紀君祥,《조씨고아趙氏孤兒》제2절)
•標: 기록하다. 적다.
•靑史: 역사서. 고대에는 竹簡에다 글자를 써서 기록하였으므로 역사서를 청사라 한다.

靡不有初, 鮮克有終.
미 불 유 초　선 극 유 종

不勤於始, 將悔於終.
불 근 어 시　장 회 어 종

처음이 없는 것은 없지만 끝이 있는 것은 매우 드물다.(《시경詩經》 대아大雅)
처음에 노력하지 않으면 끝에 가서 반드시 후회할 것이다.(당唐 오긍吳兢,
《정관정요貞觀政要》 존경사전尊敬師傳)
•靡: 없다.　•初: 처음.　•鮮: 드물다.

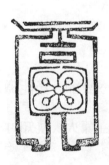

高懷無近趣, 淸抱多遠聞.
고 회 무 근 취　　청 포 다 원 문

白鷗沒浩蕩, 萬里誰能訓.
백 구 몰 호 탕　　만 리 수 능 훈

뜻이 원대한 사람은 작은 목표에 대해 흥취가 없고, 흥금이 깨끗한 사람
은 대부분 명성이 멀리 전파된다.(당唐 맹교孟郊,《송온초하제送溫初下第》)

백구가 드넓은 강물에서 오르락내리락하는데, 만리 밖에서 누가 그에게 훈
계할 수 있는가?(당唐 두보杜甫,《봉증좌승장이십이운奉贈左丞丈二十二韻》)

賢人多安排, 俗士多虛歆.
현 인 다 안 배　　속 토 다 허 흠

良馬不念秣, 烈士不苟營.
양 마 불 념 말　　열 사 불 구 영

현인은 대부분 자기 일을 잘 처리하고, 보통 사람은 대부분 헛되이 남을
흠모한다.(당唐 맹교孟郊,《맹동야시집孟東野詩集》 연주음삼장連州吟三章)

좋은 말은 여물 먹을 생각만 하지 않고, 열사는 자기의 안전만 도모하지
않는다.(당唐 장적張籍,《서주西州》)

•安排: 처리하다.　　•虛歆: 쓸데없이 흠모하다.　　•秣: 여물.

不因感衰節, 安能激壯心.
불 인 감 쇠 절　　안 능 격 장 심

不有百煉火, 孰知寸金精.
불 유 백 련 화　　숙 지 촌 금 정

고난에 대해 아무런 느낌이 없다면, 어떻게 자기의 웅대한 뜻을 떨칠 수
있는가?(당唐 유우석劉禹錫,《학완공체삼수學阮公體三首》)

1백 번 이상 불로 제련하지 않으면, 누가 황금의 귀중함을 알겠는가?(당唐
맹교孟郊,《고의증양숙보궐古意贈梁肅補闕》)

•衰: 盛의 반의어. 여기서는 〈고난〉을 의미함.
•節: 일의 한 끝. 여기서는 〈사정〉을 비유한 말.

千里始足下, 高山起微塵.
천 리 시 족 하　고 산 기 미 진
吾道也如此, 行之貴日新.
오 도 야 여 차　행 지 귀 일 신

천리 길도 발 아래서 시작하고, 높은 산도 미세한 먼지에서 시작되었다.
인생 길도 이와 같으니, 몸소 역행하고 매일 진보하는 것이 중요하다.(당唐
백거이白居易,《속좌우명續座右銘》병서幷書)

丈夫志四海, 萬里猶比隣.
장 부 지 사 해　만 리 유 비 린
男兒出門志, 不獨爲謀身.
남 아 출 문 지　부 독 위 모 신

대장부는 사해에 뜻을 두어서, 만리나 떨어진 곳도 마치 이웃과 같다.(삼국
三國 위魏 조식曹植,《증백마왕표贈白馬王彪》)
남아가 집 떠날 것을 생각하는 것은 자기만을 위한 것이 아니다.(당唐 두순
학杜荀鶴,《추숙산관秋宿山館》)

丈夫志不大, 何以佐乾坤.
장 부 지 부 대　하 이 좌 건 곤
男兒徇大義, 立節不沽名.
남 아 순 대 의　입 절 불 고 명

대장부가 뜻을 크게 갖지 않으면, 어떻게 국가를 안정시킬 수 있겠는가?
(당唐 소알邵謁,《송종제장안하제남귀관친送從弟長安下第南歸觀親》)
　대장부는 대의를 위해 헌신하며, 절개를 지키고 명예를 구하지 않는다.(당
唐 섭이중聶夷中,《호무인행胡無人行》)
•佐: 보좌하다. 돕다.　•乾坤: 하늘과 땅. 인신되어 천하·국가를 의미함.
•徇: 殉과 같음. 목숨을 바치다.　•沽名: 명예를 구하다. 沽는 〈사다〉라는 의미.

共莫更初志, 俱期立後名.
공 막 경 초 지   구 기 립 후 명

男兒且如此, 何用嘆平生.
남 아 차 여 차   하 용 탄 평 생

모두 원래의 뜻을 바꾸지 말고, 청사에 자기의 이름을 남겨야 한다.

대장부가 이렇게 노력한다면 어찌 일평생 탄식할 일이 있겠는가?(당唐 두순학杜荀鶴, 《기이부寄李溥》)

丈夫要弘毅, 天地爲蓋軫.
장 부 요 홍 의   천 지 위 개 진

丈夫皆有志, 會是立功勳.
장 부 개 유 지   회 시 입 공 훈

대장부는 포부가 커야 하며, 하늘과 땅이 덮개와 수레가 되어야 한다.(《시인옥설詩人玉屑》황산곡시黃山谷詩)

대장부는 원대한 뜻을 가지고 있어야 하니, 바로 국가에 공훈을 세워야 한다.(당唐 양형楊炯, 《출새出塞》)

• 弘: 포부가 크다.   • 毅: 의지가 강하다.   • 蓋: 수레 덮개.
• 軫: 수레.   • 會: 마땅히 ~해야 한다.

進則萬景晝, 退則群物陰.
진 즉 만 경 주   퇴 즉 군 물 음

但有路可上, 更高人也行.
단 유 로 가 상   갱 고 인 야 행

나아가면 온갖 경치가 대낮처럼 밝고, 물러나면 온갖 사물이 흐린 날처럼 어둡다.(당唐 맹교孟郊, 《최종사운이직려휴직崔從事郎以直隳職》)

다만 다닐 만한 길이 있기만 하면, 더 높은 곳도 사람이 간다.(《전당시속보유全唐詩續補遺》권20 공림시龔霖詩)

朔風悲老驥, 秋霜動鷙禽.
삭 풍 비 노 기　추 상 동 지 금

春華不自賞, 壯歲求其根.
춘 화 부 자 상　장 세 구 기 근

매서운 북풍은 노쇠한 천리마를 비장하게 하고, 차디찬 가을 서리는 맹금을 높이 날게 한다.(당唐 유우석劉禹錫,《학완공체삼수學阮公體三首》)

나이가 젊다고 뽐내지 말고, 어른이 되어서 업적을 이루도록 생각해야 한다.
(《공자진전집龔自珍全集》이애시二哀詩)

　•驥: 천리마.　　•鷙: 맹금. 사나운 새.

見義必許死, 臨危當指囷.
견 의 필 허 사　임 위 당 지 균

惠物辭所賞, 勵志故絕人.
혜 물 사 소 상　여 지 고 절 인

정의를 보면 죽음을 불사해야 하며, 친구가 곤궁하게 되면 곳간을 가리켜 주어야 한다.(당唐 이함용李咸用,《초사집초沙集》고의논문古意論文)

좋은 일을 하고는 상을 바랄 필요가 없으며, 자기의 뜻을 격려할 수 있는 사람은 남보다 뛰어나다.(남조南朝 송宋 사령운謝靈運,《술조덕시이수述祖德詩二首》)

　•指囷: 곳간을 가리킨다. 강개해서 친구를 도와 주는 것을 비유한 말. 囷은 고대의 원형 곳간이다.

有骨不作土, 應作直木根.
유 골 부 작 토　응 작 직 목 근

由來骨鯁材, 喜被軟弱吞.
유 래 골 경 재　희 피 연 약 탄

죽어서도 뼈를 흙으로 만들지 말고, 곧은 나무의 뿌리가 되게 해야 한다.
(당唐 맹교孟郊,《조비간묘吊比干墓》)

자고로 강직한 사람이 절개를 지키지 못하는 것은 성격상의 연약함 때문이다.(당唐 한유韓愈,《송진사유사복동귀送進士劉師服東歸》)

　•骨鯁: 骨硬이라고도 함. 강직하다.

莫道君行早, 更有早行人.
막 도 군 행 조   갱 유 조 행 인
努力圖樹立, 庶幾終有成.
노 력 도 수 립   서 기 종 유 성

자기가 남보다 일찍 간다고 말하지 말라, 더 일찍 가는 사람이 있다.(송宋
석도원釋道原, 《경덕전등록景德傳燈錄》 권22)
공훈을 세울 결심으로 노력하면 머지 않아 목적을 달성할 수 있다.(송宋
《구양수전집歐陽修全集》 거사외집居士外集 면유신勉劉申)

天下無難事, 只怕有心人.
천 하 무 난 사   지 파 유 심 인
願君保玄曜, 壯志無自沈.
원 군 보 현 요   장 지 무 자 침

세상에 어려운 일은 없으며, 단지 사람에게 두려워하는 마음이 있을 뿐이다.
(명明 왕기덕王驥德, 《제홍기제紅記》 제이십칠출第二十七出)
그대에게 바라노니 영원히 청춘을 보존하고, 웅대한 뜻을 제 손으로 침몰
시키지 말라.(당唐 맹교孟郊, 《연주음삼장連州吟三章》)
•玄: 검은색.   •曜: 빛나다.   •玄曜: 머리카락이 검게 윤이 나는 것을 말함.

後達多晚榮, 速得多疾傾.
후 달 다 만 영   속 득 다 질 경
君看構大厦, 何曾一日成.
군 간 구 대 하   하 증 일 일 성

나중에 출세하는 사람은 대부분 늦게 꽃피우고, 일찍 출세하는 사람은 대
부분 빨리 무너진다.
그대는 보시게, 고층 건물을 짓는 데 어찌 하루에 완성할 수 있겠는가?(당唐
섭이중聶夷中, 《객유추탄후시자작시면지客有追嘆後時者作詩勉之》)
•達: 입신 출세하다. 목적을 이루다.   •疾: 빠르다.   •傾: 무너지다.

丈夫志四方, 不受兒女羈.
장 부 지 사 방　불 수 아 녀 기
苟懷萬里志, 勞勸何足辭.
구 회 만 리 지　노 예 하 족 사

대장부는 사해를 집으로 삼고, 아녀자의 정에 얽매이지 말아야 한다.
만일 원대한 뜻을 품고 있다면 수고를 어찌 마다 하겠는가?(청淸 황구하黃九河,
《차상우원포발가서此上于袁浦發家書》)
　•羈: 얽매이다.　　•勸: 수고롭다.

人生若波瀾, 世路有屈曲.
인 생 약 파 란　세 로 유 굴 곡
崇臺非一干, 珍裘非一腋.
숭 대 비 일 간　진 구 비 일 액

인생은 마치 출렁이는 물결과 같으며, 세상의 길에도 굴곡이 있다.(당唐 이
백李白,《고풍古風》)
높은 누대는 나무 한 그루로 만들어진 것이 아니고, 최상의 모피는 여우 한
마리의 겨드랑이털로 만들어진 것이 아니다.(진晉 노심盧諶,《답위자제答魏子悌》)
　•裘: 가죽옷.　　•腋: 여우 겨드랑이의 흰털.

讀書與磨劍, 旦夕但忘疲.
독 서 여 마 검　단 석 단 망 피
倘若功名立, 那愁變化遲.
당 약 공 명 립　나 수 변 화 지

독서와 칼 가는 일은 항상 피로를 잊게 해준다.
만일 공명을 세울 수 있다면 너무 늦다고 우려할 필요가 없다.(당唐 이중李中,
《면동지勉同志》)
　•旦夕: 아침 저녁.　　•功名: 공적과 명성.

寧爲有瑕玉, 不作無瑕石.
영 위 유 하 옥　부 작 무 하 석

安求一時譽, 當期千載知.
안 구 일 시 예　당 기 천 재 지

차라리 티가 있는 옥이 될지언정 티가 없는 돌이 되지는 않겠다.(명明 초횡
焦竑,《옥당총어玉堂叢語》권5)

어찌 일시의 영예를 추구하는가? 영원토록 알아 주기를 바라야 한다. (송
宋 매요신梅堯臣,《기저주구양영숙寄滁州歐陽永叔》)

•瑕: 옥의 티. 인신되어 결점이라는 의미.

丈夫志氣事, 兒女安得知.
장 부 지 기 사　아 녀 안 득 지

達士志寥廓, 所在能忘機.
달 사 지 요 곽　소 재 능 망 기

기개 있는 대장부가 추구하는 일을 아녀자가 어찌 알 수 있겠는가?(당唐
여온呂溫,《우연작偶然作》)

통달한 사람은 뜻이 원대하고, 가치 없는 일을 마음에 두지 않는다.(당唐 저
광희儲光羲,《고의古意》)

•寥廓: 원대하다.　•忘機: 말할 것도 없는 일.

人生何必同, 要在有所立.
인 생 하 필 동　요 재 유 소 립

人生各有志, 此論我久持.
인 생 각 유 지　차 론 아 구 지

인생이 구태여 같을 필요가 있겠는가? 중요한 것은 업적이 있어야 한다.
(《귀장집歸莊集》고영인거동기시차운답지顧寧人去冬寄詩次韻答之)

사람은 모두 자기의 이상을 가지고 있어야 하는데, 이것은 내가 오래 전
부터 가져온 생각이다.(송宋 소식蘇軾,《차운공문중추관견증次韻孔文仲推官見贈》)

淵淸有遐略, 高躅無近蹊.
연 청 유 하 략 고 촉 무 근 혜

出門餘眼淚, 終不是男兒.
출 문 여 안 루 종 불 시 남 아

물이 깊고 맑으면 반드시 긴 원류가 있으며, 이상이 높은 사람은 작은 일을
가까이하지 않는다.(당唐 맹교孟郊, 《맹동야시집孟東野詩集》 헌양양우대부獻襄陽于大夫)

문을 나서서 눈물이 남아 있으면 필경 대장부가 아니다.(《원굉도집袁宏道集》
별룡호사別龍湖師)

•淵: 물이 깊다.   •遐略: 원류가 긺을 비유한 말.   •躅: 자취.
•高躅: 행위가 고상하다. 여기서는 이상이 높다는 의미.   •蹊: 좁은 길.
•無近蹊: 좁은 길을 가까이하지 않다. 목표가 원대하다는 비유.

志人固不羈, 與道同周旋.
지 인 고 불 기 여 도 동 주 선

進則天下仰, 已之能晏然.
진 즉 천 하 앙 이 지 능 안 연

뜻이 웅대한 사람은 어떠한 세력에도 구속되지 않고 정도와 함께 행동한다.

벼슬길에 나아가면 천하 사람들의 존경을 받고, 물러나면 마음이 편안하
게 된다.(송宋 사마광司馬光, 《간원제명기諫院題名記》)

•羈: 구속되다. 얽매이다.   •周旋: 빙빙 돌다.   •仰: 존경하다.
•已: 그치다. 물러나다.   •晏然: 마음이 편안하다.

鸚鵡立樊籠, 焉用能人言?
앵 무 입 번 롱 언 용 능 인 언

蒼鷹無羽儀, 一日翔九天.
창 응 무 우 의 일 일 상 구 천

새장에 갇힌 앵무새가 사람의 말을 한들 무슨 소용이 있겠는가?

쉬파리는 훌륭한 날개가 없어도 하루 종일 온 하늘을 날아다닌다.(청淸 진
공윤陳恭尹, 《인음탁하수人飮濁河水 감회지십오感懷之十五》)

平沙利馬足, 驚飆宜鷹翰.
평 사 이 마 족   경 표 의 응 한

蛟龍無定窟, 黃鵠摩蒼天.
교 룡 무 정 굴   황 곡 마 창 천

광활한 사막에는 말의 다리가 이롭고, 격렬한 회오리바람에는 매의 깃털이 적합하다.(명明 굴대균屈大均,《별왕이장여안별王二丈予安》)

교룡은 일정한 거주지가 없고, 황곡은 푸른 하늘을 날아다닌다.(당唐 두보杜甫,《기제강외초당寄題江外草堂》)

•飆: 폭풍. 회오리바람.　•翰: 깃털.　•鵠: 고니.

立志言爲本, 修身行乃先.
입 지 언 위 본   수 신 행 내 선

忍恥古所尙, 留侯亦迍邅.
인 치 고 소 상   유 후 역 둔 전

원대한 뜻을 세우는 데는 말이 근본이 되고, 수양을 하는 데는 행동이 우선 된다.(당唐 오숙달吳叔達,《언행상경言行相傾》)

치욕을 참는 것은 예로부터 찬양된 것인데, 장량도 곤란을 당한 적이 있다.
(명明 굴대균屈大均,《출새작出塞作》)

•留侯: 張良(장량)은 劉邦(유방)을 도와 漢나라를 세운 공으로 유후로 봉해졌다.
•迍邅: 길이 험하여 가기 힘든 모양. 곤란을 당한 모양.

千金何足貴, 所存意氣間.
천 금 하 족 귀   소 존 의 기 간

志當存高遠. 心堅石也穿.
지 당 존 고 원   심 견 석 야 천

천금이 어찌 소중하겠는가? 원대한 뜻을 갖고 노력하는 것이 중요하다.(남조南朝 송宋 포조鮑照,《대낭월행代朗月行》)

뜻은 높고 먼 곳에 있어야 한다.(삼국三國 촉蜀 제갈량諸葛亮,《계외손서誡外孫書》)

마음이 굳으면 돌도 뚫을 수 있다.(당唐 봉특경封特卿,《이별난離別難》)

若將容易得, 便作等閑看.
약 장 용 이 득　변 작 등 한 간
乃知學者心, 羞愧豈饑寒.
내 지 학 자 심　수 괴 기 기 한

만약 일을 쉽게 할 수 있다면, 일을 등한히 보고 하게 된다.(《서유기西遊記》
제22회)
이제 학자의 마음을 아노니, 일하는 것을 부끄럽게 여기는데 어떻게 굶주
림과 추위를 막겠는가?(송宋 육유陸游,《병안病雁》)

出門即有礙, 誰謂天地寬.
출 문 즉 유 애　수 위 천 지 관
良時正可用, 行矣莫徒然.
양 시 정 가 용　행 의 막 도 연

문을 나서면 바로 장애가 있는데, 누가 천지가 넓다고 말하는가?(《당시기사
唐詩記事》권35 맹교시孟郊詩)
좋은 기회가 오면 바로 자기의 능력을 발휘해야 하며, 시간을 헛되이 보
내지 말라.(당唐 고적高適,《송한구送韓九》)

人生天地間, 長路有險夷.
인 생 천 지 간　장 로 유 험 이
遇險即欲避, 安得皆通達.
우 험 즉 욕 피　안 득 개 통 달

사람이 천지 사이에 사노라면, 긴 노정에는 반드시 험로와 평지가 있기
마련이다.
험로를 만났다고 피하려 한다면, 어찌 전부가 평탄한 길이 될 수 있겠는가?
(금金 원호문元好問,《원유산시집元遺山詩集》임분이씨임운당이수臨汾李氏任運堂二首)

男兒無英標, 焉用讀書博.
남 아 무 영 표　언 용 독 서 박
人生須氣健, 饑凍縛不得.
인 생 수 기 건　기 동 박 부 득

　대장부가 원대한 목표가 없으면, 독서를 아무리 많이 한들 무슨 소용이
있겠는가?(송宋 유과劉過,《懷古四首爲知己魏倅元長賦兼呈王永叔宗丞戴少望》)
　사람은 모름지기 굳센 의지를 가져야 하며, 굶주림과 추위에 속박되어서
는 안 된다.(당唐 요합姚合,《기경습유寄耿拾遺》)

精神經百煉, 鋒銳堅不挫.
정 신 경 백 련　봉 예 견 부 좌
因難乃見才, 不止將有得.
인 난 내 견 재　부 지 장 유 득

　시련을 많이 겪은 사람은 의지가 강해서 좌절하지 않는다.(송宋 유과劉過,
《兪太古賞叩閽上書, 有名天下, 予甚敬之, 相會於姑蘇, 將婦洞庭讀書, 賦詩以將其行》)
　어려움을 당해야 재능을 알 수 있고, 꾸준히 노력하면 성공할 수 있다.(송宋
구양수歐陽修,《한공열고당韓公閱古堂》)
　•不止: 그치지 않고 노력하다.

出處全在人, 路亦無通塞.
출 처 전 재 인　노 역 무 통 새
門前兩條轍, 何處去不得?
문 전 양 조 철　하 처 거 부 득

　나아가고 물러나는 것은 완전히 사람의 노력에 달려 있으며, 길은 통한
곳도 막힌 곳도 없다.
　집 문 앞에 두 길이 있는데, 어느 길이 갈 수 없는가?(당唐 섭이중聶夷中,《행
로난行路難》)

志大者遺小, 用權者離俗.
지 대 자 유 소   용 권 자 이 속
豈無懷土心, 所羨千里途.
기 무 회 토 심   소 선 천 리 도

뜻이 큰 사람은 작은 득실을 따지지 않고, 권력을 잘 사용하는 사람은 일
반인과 생각이 다르다.(한漢 환관桓寬,《염철론鹽鐵論》복고復古)
어찌 고향을 생각하는 마음이 없겠는가? 다만 원대한 뜻을 가지고 있다.
(청淸 고염무顧炎武,《장부丈夫》)

驊騮當少時, 其志萬里途;
화 류 당 소 시   기 지 만 리 도
一旦老伏櫪, 猶思玉山芻.
일 단 노 복 력   유 사 옥 산 추

천리마는 어릴 때 만리 길을 달리려는 뜻을 가진다.
어느 날 늙어서 여물통 옆에 엎드려서도, 옥산으로 달려가 꼴을 먹을 생
각을 한다.(송宋 구양수歐陽修,《곡만경哭曼卿》)
•驊騮: 천리마. 준마.   •芻: 꼴. 소나 말의 먹이.
•玉山: 옥으로 쌓은 산. 전설상의 西王母가 살던 곳이라 한다.

因人恥成事, 貴欲決良圖.
인 인 치 성 사   귀 욕 결 양 도
刃當摩厲須, 錐乃脫穎出.
인 당 마 려 수   추 내 탈 영 출

남에게 기대어 일을 이루는 것은 부끄러우며, 혼자서 좋은 계획을 결단하
는 것이 중요하다.(당唐 이백李白,《증장상호贈張相鎬》)
칼은 항상 갈아야 예리하게 되며, 송곳은 자루를 반드시 뚫고 나온다.(청淸
황준헌黃遵憲,《入境廬詩草, 陸軍官學校開學禮成賦呈栖川熾仁親王》)
•脫穎: 穎脫이라고도 한다. 穎은 뾰족한 끝을 가리킨다. 송곳 끝이 주머니 속에서 삐져 나
오는 것을 영탈이라 한다. 후에는 재능 있는 자가 결국에는 돋보인다는 의미로 사용되었다.

丈夫畢此願, 始與螻蟻殊.
장 부 필 차 원　시 여 누 의 수

有始有卒者, 其惟聖人乎!
유 시 유 졸 자　기 유 성 인 호

　대장부는 자기의 뜻을 실현시켜야 하며, 그래야 비로소 땅강아지나 개미
와 구별이 된다.(송宋 육유陸游,《관대산관도유감觀大散關圖有感》)
　처음이 있고 끝이 있는 사람은 아마도 오직 성인뿐일 것이다!(《논어論語》자
장子張)

精衛銜微木, 將以塡滄海.
정 위 함 미 목　장 이 전 창 해

刑天舞干戚, 猛志故常在.
형 천 무 간 척　맹 지 고 상 재

　정위는 작은 나무를 물어다가 창해를 메우려고 하며,
　머리 잘린 형천은 방패와 도끼를 휘두르는데, 이는 불굴의 투지가 영원히
존재하기 때문이다.(진晉 도연명陶淵明,《독산해경讀山海經》)
　•精衛: 새 이름. 고대의 신화 기록에 의하면, 炎帝(염제)의 딸이 동해에서 놀다가 빠져서
돌아오지 못하고, 정위로 변하여 서산의 목석을 물어다가 동해를 메우려 했다고 한다.
　•刑天: 짐승 이름. 전설에 의하면, 형천이 帝와 싸웠는데 제가 형천의 머리를 잘라 버리자,
젖을 눈으로 삼고 배꼽을 입으로 삼아 방패와 도끼를 가지고 휘둘렀다고 한다.
　•天: 머리.　　•干: 방패.　　•戚: 큰 도끼.

百川東到海, 何時復西歸.
백 천 동 도 해　하 시 복 서 귀

少壯不努力, 老大徒傷悲.
소 장 불 노 력　노 대 도 상 비

　모든 하천은 동해로 흐르는데, 언제 다시 서쪽으로 돌아오겠는가?
　젊었을 때 노력을 하지 않으면, 늙어서 부질 없이 상심하고 후회할 것이다.
(《한악부漢樂府》장가행長歌行)

大海從魚躍, 長空任鳥飛.
대 해 종 어 약 장 공 임 조 비

男兒兩行淚, 不欲等閑垂.
남 아 양 행 루 불 욕 등 한 수

큰 바다에서는 물고기가 마음껏 노닐 수 있고, 넓은 하늘에서는 새가 마음대로 날아다닐 수 있다.(《당시기사唐詩紀事》 위상시衛象詩)

대장부의 두 줄기 눈물은 쉽게 흘러내리지 않는다.(당唐 두순학杜荀鶴, 《송인유강남送人游江南》)

•從: 縱과 같음. 제멋대로 하다.   •任: 마음대로 하다.

魚游樂深池, 鳥棲欲高枝.
어 유 낙 심 지 조 서 욕 고 지

嗟爾蜉蝣羽, 薨薨亦何爲!
차 이 부 유 우 횡 횡 역 하 위

물고기는 깊은 물에서 노니는 것을 좋아하고, 새는 높은 가지에서 서식하는 것을 좋아한다.

탄식하노니 물가에서 날아다니는 하루살이가 횡횡 소리를 낸다 한들 무슨 소용이 있겠는가?(당唐 장구령張九齡, 《감우感遇》)

•蜉蝣: 하루살이.   •薨薨: 곤충이 떼지어 나는 소리.

良馬不受羈, 化龍不困沼.
양 마 불 수 기 화 룡 불 곤 소

男兒四方志, 風塵安足道.
남 아 사 방 지 풍 진 안 족 도

준마는 속박을 받지 않고, 교룡은 소택 속에서 곤액을 당하지 않는다.

대장부가 사해에 뜻을 두었는데, 바람과 티끌을 어찌 말하겠는가?(《미분집未焚集》 기회중형객유고소寄懷仲兄客游姑蘇)

•風塵: 바람과 티끌. 먼길을 가는 어려움을 비유한 말.

所以才智人, 不肯自棄暴,
소 이 재 지 인 불 긍 자 기 포

力欲爭上游, 性靈乃其要.
역 욕 쟁 상 유 성 령 내 기 요

재주와 지혜가 있는 사람은 자포자기하지 않는다.
다투어 위로 올라가려고 노력하는 정신이 가장 중요하다.(청淸 조익趙翼,《구
북시초甌北詩抄》한거독서작閑居讀書作)
• 自棄暴: 즉 자포자기.   • 性靈: 사람의 정신 · 성정 · 정감 등을 가리킴.

鰕䲓游潢潦, 不知江海流.
하 선 유 황 료 부 지 강 해 류

燕雀戲藩柴, 安識鴻鵠游.
연 작 희 번 시 안 식 홍 곡 유

새우와 두렁허리는 작은 웅덩이물에서 놀아, 강과 바다의 흐름을 알지 못
한다.
제비와 참새는 울타리와 땔감더미에서 노는데, 어떻게 홍곡이 노는 것을
알겠는가?(삼국三國 위魏 조식曹植,《하선편鰕䲓篇》)
• 鰕: 蝦와 같음. 새우.   • 䲓: 鱓와 같음. 두렁허리.
• 潢潦: 길바닥에 괸 물. 작은 웅덩이 물.   • 藩: 울타리.

作氣須先鼓, 爭雄必上游.
작 기 수 선 고 쟁 웅 필 상 유

欲窮千里目, 更上一層樓.
욕 궁 천 리 목 갱 상 일 층 루

사기를 돋우려면 반드시 먼저 북을 치고, 승부를 겨루려면 반드시 높은
곳을 점유해야 한다.(청淸 고염무顧炎武,《상오시랑양上吳侍郞暘》)
천리 먼 곳을 보려고 하면 더 높은 누각으로 올라가야 한다.(당唐 왕지환王
之渙,《등관작루登鸛鵲樓》)

有志誠可樂, 及時宜自彊.
유 지 성 가 락　급 시 의 자 강

行之苟有恒, 久久自芬芳.
행 지 구 유 항　구 구 자 분 방

뜻을 갖고 있다는 것은 실로 유쾌한 일이며, 제때에 스스로 노력해야 한다.
(송宋 구양수歐陽修,《송혜근귀여항送慧勤歸餘杭》)

만일 꾸준히 노력한다면 오랜 뒤에는 저절로 향내가 날 것이다.(한漢 최원崔瑗,《좌우명座右銘》)

•彊: 强과 같음. 노력하다.　•苟: 만일.　•有恒: 항심이 있다.

神龍藏深淵, 猛虎步高崗.
신 룡 장 심 연　맹 호 보 고 강

慨慷丈夫志, 可以耀鋒鋩.
개 강 장 부 지　가 이 요 봉 망

신룡은 언제나 깊은 연못 속에 몸을 숨기고 있고, 사나운 호랑이는 높은 산등성이를 걸어다닌다.(삼국三國 위魏 조조曹操,《각동서문행却東西門行》)

기개 있는 대장부의 웅지는 칼끝처럼 빛을 사방에 비출 수 있다.(당唐 맹교孟郊,《견흥연구遣興連句》)

分明天地心, 不爲淺狹謀.
분 명 천 지 심　불 위 천 협 모

丈夫四方志, 安可辭固窮.
장 부 사 방 지　안 가 사 고 궁

하늘과 땅을 명확하게 나눈 것은 하느님의 뜻이며, 얕고 편협한 계획이 아니다.(명明 방효유方孝孺,《면학시勉學詩》)

대장부가 사해에 뜻을 두고 있는데, 어찌 곤궁하다고 사양할 수 있는가?
(당唐 두보杜甫,《전출새前出塞》)

•安可: 어찌 ~할 수 있겠는가?　•辭: 사양하다.
•固窮: 뜻을 이루지 못하다.　•窮: 達의 반의어. 출세하지 못하다.

九十方稱半, 歸途詎有踪.
구 십 방 칭 반   귀 도 거 유 종

人誰不善始, 鮮能克厥終.
인 수 불 선 시   선 능 극 궐 종

〔1백 리 길에는〕 90리를 가야 절반을 간 것인데, 돌아가는 길에 어찌 발자취가 있겠는가?(양梁 음갱陰鏗,《만출신정晩出新亭》)

사람이 일을 하면 누구나 시작이 좋아야 한다고 말하는데, 그러나 끝까지 지속할 수 있는 사람은 매우 드물다.(진晉 완적阮籍,《영회시詠懷詩》)

•詎: 어찌.

有心雄太華, 無意巧玲瓏.
유 심 웅 태 화   무 의 교 영 롱

願將黃鶴翅, 一借飛雲空.
원 장 황 학 시   일 차 비 운 공

태산이나 화산과 고저를 다툴 마음은 있지만 아름답고 영롱한 것에는 생각이 없다.(송宋 신기질辛棄疾,《임강선臨江仙》 막소오가창벽소莫笑吾家蒼壁小)

황학의 날개를 한 번 빌려 구름과 창공을 날고 싶다.(당唐 맹교孟郊,《상포좨주上包祭酒》)

丈夫意志薄靑雲. 笨鳥先飛早入林.
장 부 의 지 박 청 운 분 조 선 비 조 입 림

丈夫志氣直如鐵, 無曲心中道自眞.
장 부 지 기 직 여 철 무 곡 심 중 도 자 진

대장부의 의지는 청운을 업신여긴다.(명明 풍몽룡馮夢龍, 《성세항언醒世恒言》노태
학시주오왕후盧太學詩酒傲王侯)

둔한 새가 먼저 날아 일찍 숲에 들어간다.(원元 관한경關漢卿, 《진모교자陳母敎子》)

대장부의 포부와 정기는 쇠처럼 곧고, 마음이 정직한 사람이 하는 말은
그 자체가 진실이다.(당唐 한산寒山, 《시삼백삼수詩三百三首》)

山高自有客行處, 水深自有渡船人.
산 고 자 유 객 행 처 수 심 자 유 도 선 인

遠路不須愁日暮, 老年終自望河淸.
원 로 불 수 수 일 모 노 년 종 자 망 하 청

산이 높아도 길손이 다니는 길은 있으며, 강물이 깊어도 배로 건너는 사
람이 있다.(명明 오승은吳承恩, 《서유기西遊記》제74회)

먼길을 가는 데 날이 저물었다고 걱정하지 말라. 나는 비록 늙었지만 아
직 황하 물이 맑아지기를 바라고 있다.(청淸 고염무顧炎武, 《오십초도시재평창五十初
度時在平昌》)

•河淸: 황하는 탁류라서 맑을 때가 드물기 때문에 하청을 천하태평의 상징으로 간주하였다.

物情大忌不量力, 立志亦復嘉專精.
물 정 대 기 불 량 력 입 지 역 부 가 전 정

畵虎不成君莫笑, 安排爪牙始驚人.
화 호 불 성 군 막 소 안 배 조 아 시 경 인

세상은 자기의 힘을 헤아리지 않고 실행하는 것을 가장 꺼리며, 뜻을 세
우는 것도 전문적인 방면을 더 좋게 본다.(송宋 유과劉過, 《정진총령정陳總領》)

그리던 호랑이가 완성되지 않았다고 비웃지 말라. 발톱과 이빨을 그려넣
으면 사람을 놀라게 할 것이다.(명明 풍몽룡馮夢龍, 《경세통언警世通言》종수재일조교
태鍾秀才一朝交泰)

憑君且莫哀吟好, 會待靑雲道路平.
빙 군 차 막 애 음 호　회 대 청 운 도 로 평

但看古來盛名下, 終日坎壈纏其身.
단 간 고 래 성 명 하　종 일 감 람 전 기 신

그대는 슬픈 곡조를 좋아하지 말라. 청운을 기다리면 도로가 평탄해질 것
이다.(당唐 승모유僧慕幽,《삼협문원三峽聞猿》)

고래로 명성을 얻은 사람들을 보면, 언제나 역경에 둘러싸여 있었다.(당唐
두보杜甫,《단청인증조장군패丹靑引贈曹將軍霸》)

•坎壈: 길이 험난하다. 뜻을 얻지 못하다.

冰雪林中著此身, 不同桃李混芳塵.
빙 설 림 중 저 차 신　부 동 도 리 혼 방 진

忽然一夜淸香發, 散作乾坤萬里春.
홀 연 일 야 청 향 발　산 작 건 곤 만 리 춘

매화는 빙설의 숲 속에서 자태를 드러내는데, 이는 향기와 먼지로 뒤범벅
이 된 도리화와는 다르다.

홀연히 밤중에 청향을 풍겨 온 천지에 뿌리니 만리 길이 봄이 된 듯하다.
(원元 왕면王冕,《백매白梅》)

男兒自古多別離, 懶對英雄淚滿巾.
남 아 자 고 다 별 리　나 대 영 웅 누 만 건

丈夫不作兒女別, 臨歧涕淚沾衣巾.
장 부 부 작 아 녀 별　임 기 체 루 첨 의 건

대장부는 자고로 이별하는 경우가 많지만, 눈물을 흘려 온 두건을 적시지
는 않는다.(당唐 이함용李咸用,《별이장군別李將軍》)

대장부는 아녀자처럼 헤어질 때 눈물을 흘려 옷과 두건을 적시지 않는다.
(당唐 고적高適,《별위참군別韋參軍》)

驥雖老去壯心在, 鶴縱病來仙骨淸.
기 수 노 거 장 심 재   학 종 병 래 선 골 청
風餐露宿寧非苦, 且試平生鐵石心.
풍 찬 노 숙 영 비 고   차 시 평 생 철 석 심

천리마는 늙어도 웅대한 뜻이 남아 있고, 선학은 병이 들어도 뼈가 단단
하며 정신이 맑다.(《시인옥설詩人玉屑》권4)
　한데서 먹고자고 하는 것이 어찌 고되지 않을까마는, 평생의 철석 같은
웅지를 시험할 수 있다.(송宋 육유陸游,《장사음차당인운壯士吟次唐人韻》)

寄言後世艱難子, 白日靑天奮臂行.
기 언 후 세 간 난 자   백 일 청 천 분 비 행
謾道强親堪倚賴, 到頭須是有前程.
만 도 강 친 감 의 뢰   도 두 수 시 유 전 정

후세에 고생스러운 사람들에게 전하노니, 어떠한 역경을 당해도 힘차게
전진하라.(《공자진전집龔自珍全集》명명갱갱鳴鳴硜硜)
　의뢰할 만한 힘센 친척이 있다고 말하지 말라. 결국에는 역시 자기가 앞
길을 도모해야 한다.(당唐 두순학杜荀鶴,《견회遣懷》)
 •謾道: 말하지 말라.

大鵬一日同風起, 扶搖直上九萬里.
대 붕 일 일 동 풍 기   부 요 직 상 구 만 리
靑鸞自有雲霄伴, 莫向場間顧木鷄.
청 난 자 유 운 소 반   막 향 장 간 고 목 계

대붕은 하루 종일 바람 따라 날아다니다가 회오리를 만나면 수만 리 상공
을 치솟아 올라간다.(당唐 이백李白,《상이옹上李邕》)
　청난새는 스스로 창공과 짝을 이루며, 나무 닭을 보려고 마당을 돌아보지
않는다.(《사양선생존고射陽先生存稿》금릉유증金陵有贈)
 •扶搖: 회오리바람.

萬里飛騰仍有路, 莫愁四海正風塵.
만 리 비 등 잉 유 로　　 막 수 사 해 정 풍 진

百尺竿頭須進步, 十方世界是全身.
백 척 간 두 수 진 보　　 시 방 세 계 시 전 신

만리를 날아오르면 아직 길이 있으니, 조국의 혼란 국면을 근심하지 말라.
(명明 하완순夏完淳,《주우억소경설기장자퇴舟牛憶邵景說寄張子退》)

긴 장대 꼭대기에서도 더 진보해야 하며, 시방세계가 온 몸이다.(송宋 석도
원釋道原,《경덕전등록景德傳燈錄》호남장사경령호초현대사湖南長沙景嶺號招賢大師)

•百尺竿頭: 1백 척 길이의 장대 끝을 가리킨다. 불교에서는 도행과 수양이 최고 경지에 이
르렀음을 비유하는 데 사용한다.

•十方: 불교 용어. 동·서·남·북·동남·서남·동북·서북·상·하를 말한다.

丈夫生有四方志, 東欲入海西入秦.
장 부 생 유 사 방 지　　 동 욕 입 해 서 입 진

安能齷齪守一隅, 白頭章句淅與閩.
안 능 악 착 수 일 우　　 백 두 장 구 절 여 민

대장부는 사해에 뜻을 두어야 하며, 동으로는 바다로 들어가고 서로는 진
나라로 들어가리라.

어찌 작은 일에 구애되어 한 모퉁이만 지켜서, 종신토록 절강과 복건에서
문장이나 일삼겠는가?(송宋 유과劉過,《다경루취가多景樓醉歌》)

•齷齪: 이가 자잘한 모양. 인신되어 마음이 좁은 모양, 또는 작은 일에 구애받는 모양을 의
미함.　　•淅: 절강.　　•閩: 복건.

男兒不藝則已矣, 藝則須高天下人.
남 아 불 예 즉 이 의   예 즉 수 고 천 하 인
男兒自保黃金膝, 除却梅花不拜人.
남 아 자 보 황 금 슬   제 각 매 화 불 배 인

대장부가 학문을 하지 않겠다면 그만이지만, 만일 학문을 하려 한다면 천하
사람들보다 나아야 한다.(《사양선생존고射陽先生存稿》 후원기가증소리後園棋歌贈小李)
　대장부는 스스로 황금 같은 다리를 지켜야 하며, 매화 같은 고결한 사람
을 물리치지 않아야 남에게 받들어질 수 있다.(《영운해일루시초嶺雲海日樓詩鈔》 위
림생제배매도爲林生題拜梅圖)
　•藝: 기예. 여기서는 학문을 가리킴.

願持精衞銜石心, 窮取河源塞泉脈.
원 지 정 위 함 석 심   궁 취 하 원 새 천 맥
長風破浪會有時, 直掛雲帆濟滄海.
장 풍 파 랑 회 유 시   직 괘 운 범 제 창 해

원컨대 정위처럼 돌을 물어다가 온 힘을 다해 강의 근원을 찾아 천맥을
막는 굳은 마음을 갖고자 한다.(당唐 왕예王叡, 《공무도하公無渡河》)
　바람을 타고 파도를 헤쳐 나가야 할 때가 되면, 구름 같은 돛을 높이 내걸
고 창해를 건너리라.(당唐 이백李白, 《행로난行路難》)
　•濟: 건너다.

豪華一去難再得, 壯志銷沈土一丘.
호 화 일 거 난 재 득   장 지 소 침 토 일 구
神仙本是凡人做, 只爲凡人不肯修.
신 선 본 시 범 인 주   지 위 범 인 불 긍 수

부귀영화는 한 번 가면 다시 얻기 어렵고, 웅지가 사그라지면 한 줌의 흙
일 뿐이다.(명明 우겸于謙, 《정야사靜夜思》)
　신선은 본래 보통 사람이 된 것인데, 다만 보통 사람이 수양을 하려고 하
지 않을 뿐이다.(명明 풍몽룡馮夢龍, 《성세항언醒世恒言》 이도인독보운문李道人獨步雲門)
　•銷: 消와 통용. 사라지다.　•丘: 언덕. 무덤.

策馬前途須努力, 莫學龍鍾虛嘆息.
책 마 전 도 수 노 력　　막 학 용 종 허 탄 식
傳語世間馳走肉, 生前早作死時計.
전 어 세 간 치 주 육　　생 전 조 작 사 시 계

　달리는 말에 채찍질하듯이 모름지기 노력해야 하며, 실의에 빠진 사람처
럼 장탄식을 해서는 안 된다.(당唐 이섭李涉,《악양별장호岳陽別張祜》)
　세상에 걸어다니는 산송장들에게 전하노니, 살아 있을 때 일찍 죽을 계획
을 세우지 말라.(청淸 위원魏源,《관물음觀物吟》)
　•龍鍾: 노쇠한 모양. 실의한 모양.

化人之心固甚難, 自化之心更不易.
화 인 지 심 고 심 난　　자 화 지 심 경 불 이
化人可以程限之, 自化元須有其志.
화 인 가 이 정 한 지　　자 화 원 수 유 기 지

　남의 마음을 개조시키는 것은 참으로 매우 어려운데, 자기의 마음을 개조
하는 것은 더욱 어렵다.
　남을 개조하는 데는 일정한 한도가 있지만, 자기를 개조하는 데는 원래
반드시 강인한 의지가 있어야 한다.(당唐 오융吳融,《증광리대사가贈廣利大師歌》)
　•化: 변화하다. 풍속이나 사람의 기질을 바꾸다. 개조하다.　•程限: 일정한 한도.
　•元: 원래.

從來好事天生儉, 自古瓜兒苦後甛.
종 래 호 사 천 생 검　　자 고 과 아 고 후 첨
若將世路比山路, 世路更多千萬盤.
약 장 세 로 비 산 로　　세 로 갱 다 천 만 반

　종래로 좋은 일은 매우 적으며, 자고로 오이는 쓴맛이 난 후에 달다.(원元
백박白樸,《희춘래喜春來》 제정題情)
　만약 인생 길과 산길을 비교한다면, 인생 길이 훨씬 더 구불구불하다.(송宋
범성대范成大,《사십팔반四十八盤》)

莫誇恬淡勝榮祿, 雁引行高未許閑.
막 과 염 담 승 영 록　안 인 행 고 미 허 한
須知一一丈夫氣, 不是綺羅兒女言.
수 지 일 일 장 부 기　불 시 기 라 아 녀 언

담박한 생활이 벼슬살이보다 낫다고 과장하지 말라. 기러기는 날개를 이끌고 높이 날면서 한가한 것을 허락하지 않는다.(당唐 이소상李昭象, 《제고정자계거題顧正字谿居》)

하나하나 대장부의 기개가 화려한 옷을 입은 아녀자의 말들과 같지 않음을 알아야 한다.(당唐 제이제已, 《독이백집讀李白集》)

待到秋來九月八, 我花開後百花殺.
대 도 추 래 구 월 팔　아 화 개 후 백 화 살
沖天香陳透長安, 滿城盡帶黃金甲.
충 천 향 진 투 장 안　만 성 진 대 황 금 갑

가을 중양절이 도래했을 때, 우리 국화꽃이 활짝 핀 후에는 뭇꽃들이 시든다.

충천하는 국화 향기가 장안에 들어갈 때, 온 성안 사람들이 모두 황금 갑옷을 입게 되리라.(당唐 황소黃巢, 《국화菊花》)
　•我花開: 국화가 피다.　　•百花殺: 온갖 꽃이 시들다.

君看金盡失顏色, 壯士灰心不丈夫.
군 간 금 진 실 안 색　장 사 회 심 부 장 부
勸汝立身須苦志. 月中丹桂自扶疏.
권 여 입 신 수 고 지　월 중 단 계 자 부 소

생활이 빈곤하다고 안색을 잃으니, 기개 있는 선비의 풀죽은 마음은 장부답지 못하다.(한漢 마진馬瑧, 《전결교행前結交行》)

그대에게 권하노니, 입신을 하려면 모름지기 굳은 의지를 갖고 있어야 한다. 그러면 달 속의 붉은 계수나무처럼 저절로 가지가 무성하여 운치가 있으리라.(당唐 유겸劉兼, 《이제학의貽諸學意》)
　•金盡: 황금을 다 쓰다. 빈곤한 지경에 빠지다.
　•扶疏: 가지와 나뭇잎이 무성하여 운치가 있다는 의미.

男兒少壯不樹立, 挾此窮老將安歸.
남아소장불수립　협차궁로장안귀

莫爲霜臺愁歲暮, 潛龍須待一聲雷.
막위상대수세모　잠룡수대일성뢰

남자가 젊어서 뜻을 세우지 않으면, 늙어서 장차 어디로 돌아갈꼬?(《왕문공문집王文公文集》억작시시제외제憶昨詩示諸外弟)

어사대에서 추운 겨울철을 근심하지 말라. 잠룡은 모름지기 봄 우뢰 소리를 기다려야 한다.(당唐 두목杜牧,《사회왕당주최사마서겸기사운인화使回枉唐州崔司馬書兼寄四韻因和》)

傳語萬古觀潮客, 莫觀老潮觀壯潮.
전 어 만 고 관 조 객　막 관 노 조 관 장 조

寄言燕雀莫相咠, 自有雲霄萬里高.
기 언 연 작 막 상 조　자 유 운 소 만 리 고

만고에 조수를 바라보는 사람들에게 고하노니, 쇠퇴하는 조수를 보지 말고 새로 일어나는 조수를 보라.(청淸 위원魏源,《전당관조행錢塘觀潮行》)

제비와 참새 들에게 전하노니, 서로 쩍쩍거리지 말고 제각기 하늘 높이 날아라.(당唐 고적高適,《견전대비응작見前大臂鷹作》)

•老潮: 쇠퇴하는 조수.　•壯潮: 새로 일어나는 조수.　•咠: 시끄럽게 떠들다.

年少不應辭苦節, 諸生若遇亦封侯.
연 소 불 응 사 고 절　제 생 약 우 역 봉 후

袖裡鏌鋣光似水, 丈夫不合等閑休.
수 리 막 야 광 사 수　장 부 불 합 등 한 휴

어려서 굳은 절개를 사양해서는 안 되며, 학생들이 만일 때를 만나면 봉후도 될 수 있다.(당唐 왕유王維,《송설거사화주독서送薛居士和州讀書》)

소맷속의 막야검 검광은 마치 물과 같으니, 대장부는 쉽게 그만둘 수 없다.(당唐 양뢰楊牢,《증사제贈舍弟》)

•生: 서생.　•侯: 고대의 작위 이름. 公·侯·伯·子·男의 순.
•鏌鋣: 막야검. 고대의 보검 이름.　•不合: ~해서는 안 된다.

分得兩頭輕與重, 世間何事不擔當.
분 득 양 두 경 여 중   세 간 하 사 부 담 당
不是一番寒徹骨, 怎得梅花撲鼻香.
불 시 일 번 한 철 골   즘 득 매 화 박 비 향

가벼운 것과 무거운 것을 나눌 수 있다면, 세상사 무슨 일을 담당하지 못
하랴?(《원시기사元詩紀事》권41)
뼛속에 파고드는 추위를 한 차례 겪지 않으면, 어찌 매화가 코를 찌르는
향을 낼 수 있으랴?(명明 풍몽룡馮夢龍,《성세항언醒世恒言》장숙아교지탈양생張淑兒巧
智脫楊生)

摩霄志在潛修羽, 會接鸞鳳別葦叢.
마 소 지 재 잠 수 우   회 접 난 봉 별 위 총
莫羨三春桃與李, 桂花成實向秋榮.
막 선 삼 춘 도 여 리   계 화 성 실 향 추 영

백로는 구름 속을 높이 날려는 뜻을 가지고 물 속에서 날개를 단련시키
며, 난새 봉황과 함께 날며 갈대숲을 떠난다.(당唐 유상劉象,《노사鷺鷥》)
춘삼월의 어여쁜 복숭아꽃과 오얏꽃을 부러워하지 말라. 월계꽃처럼 열매
를 맺어 가을에 무성해야 한다.(《유우석집劉禹錫集》권32)
•摩霄: 구름 속을 높이 날다.

有其初者貴其終. 男兒屈窮心不窮.
유 기 초 자 귀 기 종   남 아 굴 궁 심 불 궁
志若不移山可改, 何愁靑史不書功.
지 약 불 이 산 가 개   하 수 청 사 불 서 공

시작이 있으면 그 결말을 소중히 해야 한다.(《구당서舊唐書》유태진전劉太眞傳)
대장부는 곤궁할 때에도 마음이 궁핍하지 않다.(당唐 이하李賀,《야가野歌》)
만약 산을 옮기겠다는 뜻을 바꾸지 않는데, 어찌 청사에 공적이 기록되지
않는다고 근심하겠는가?(당唐 전류錢鏐,《상무야차서평강남上無夜次序平江南》)

昂昂獨負靑雲志, 下看金玉不如泥.
앙 앙 독 부 청 운 지   하 간 금 옥 불 여 니
王侯無種英雄志, 燕雀喧喧安得知.
왕 후 무 종 영 웅 지   연 작 훤 훤 안 득 지

기세 드높이 홀로 청운의 뜻을 안고, 황금과 옥을 진흙만도 못하게 본다.
(당唐 이발李渤,《희제숙재지위장가喜弟淑再至爲長歌》)
왕후장상은 씨가 따로 없으며 영웅적인 기개가 결정하는데, 찍찍거리는
제비나 참새가 어찌 이를 알겠는가?(당唐 주담周曇,《진섭陳涉》)
•昂昂: 뜻이 높고 뛰어난 모양.

男兒事業須自奇. 好漢不怕出身低.
남 아 사 업 수 자 기   호 한 불 파 출 신 저
丈夫生世能幾時, 安能蹀躞垂羽翼
장 부 생 세 능 기 시   안 능 접 섭 수 우 익

대장부의 사업은 모름지기 뛰어나야 한다.(오대五代 전촉前蜀 관휴貫休,《송노사
인삼수送盧舍人三首》) 영웅은 출신의 빈천함을 두려워하지 않는다.(청淸 문강文康,
《아녀영웅전兒女英雄傳》)
대장부가 세상에 사는 때 얼마인데, 어찌 날개를 내리고 천천히 걸어갈
수 있겠는가?(남조南朝 송宋 포조鮑照,《의행로난십팔수擬行路難十八首》)
•蹀躞: 천천히 걷다.

咬定靑山不放松, 立根原在破巖中;
교 정 청 산 불 방 송   입 근 원 재 파 암 중
千磨萬擊還堅勁, 任爾東西南北風.
천 마 만 격 환 견 경   임 이 동 서 남 북 풍

청산의 대나무가 죽어도 돌을 물고 놓지 않는 것은 뿌리가 원래 암석을
뚫고 박혀 있기 때문이다.
어떠한 고난이 닥쳐도 굳세게 버티며, 동서남북 바람이 부는 대로 내맡긴다.
(청淸 정판교鄭板橋,《죽석竹石》)

不須浪飮丁都護, 世上英雄本無主.
불 수 낭 음 정 도 호　　세 상 영 웅 본 무 주
一死鴻毛或泰山, 之輕之重安所處.
일 사 홍 모 혹 태 산　　지 경 지 중 안 소 처

정도호 가락 흐른다고 함부로 술 마시지 말라. 세상의 영웅은 본래 주인이 없다.(당唐 이하李賀, 《호가浩歌》)

사람의 죽음은 기러기털처럼 가볍기도 하고 태산보다 무겁기도 한데, 어느것이 가볍고 무거운가를 어떻게 처리할 수 있겠는가?(송宋 문천상文天祥, 《언지言志》)

•丁都護: 즉 《丁督護》. 晉宋 때의 애원조의 악곡 이름. 여기서는 권주가를 가리킴.
•之: 지시대명사. 여기서는 〈어느것〉이라는 의미.
•之輕之重: 어느것이 가볍고 어느것이 무거운가.

勸君失意歸莫急, 荊璞豈信世低昂.
권 군 실 의 귀 막 급　　형 박 기 신 세 저 앙
乘運應須宅八荒, 男兒安在戀池隍.
승 운 응 수 택 팔 황　　남 아 안 재 연 지 황

그대에게 권하노니, 실의했을 때 제발 포기하지 말라. 초나라 박옥이 어찌 세상의 평가를 믿었겠는가?(청淸 공상임孔尙任, 《장류집長留集》 유해탁장하절환노산겸치석민선생留解琢章下節還勞山兼致石民先生)

좋은 운수가 되면 마땅히 사해를 집으로 삼아야지, 대장부가 어찌 고향을 연연해하는가?(당唐 이상은李商隱, 《제한조묘題漢祖廟》)

•荊璞: 荊은 초나라. 璞은 아직 다듬어지지 않은 옥. 卞和(변화)가 초나라 사람이므로 和氏璧(화씨벽)을 형박이라고 한다.　•宅八荒: 팔황을 집으로 삼다. 사해에 뜻을 두다.
•八荒: 팔방의 끝. 아주 먼 곳.　•池隍: 護城河(호성하). 해자. 물이 있는 것을 池라 하고, 물이 없는 것을 隍이라 한다. 여기서는 고향을 비유.

麒麟墜地思千里. 眼大心雄知所以.
기 린 추 지 사 천 리　안 대 심 웅 지 소 이

滄海可塡山可移, 男兒志氣當如斯.
창 해 가 전 산 가 이　남 아 지 기 당 여 사

　기린은 태어나면서부터 천리의 장정을 생각한다.(송宋 황정견黃庭堅,《재차운기
자유再次韻寄子由》) 뜻이 웅대한 사람은 그 까닭을 안다.(당唐 이하李賀,《당아가唐
兒歌》)

　산을 옮겨 창해를 메울 수 있다고 하는데, 대장부의 웅지는 마땅히 이와
같아야 한다.(송宋 유과劉過,《우이행盱眙行》)

　•麒麟: 전설상의 상서로운 짐승. 여기서는 천리마를 가리킨다.　　•如斯: 이와 같다.

嘉爾螢火不自欺, 草間相照光煜煜.
가 이 형 화 부 자 기　초 간 상 조 광 욱 욱

勸君愼莫讒風伯, 會有開帆破浪時.
권 군 신 막 참 풍 백　회 유 개 범 파 랑 시

　가상하게도 반딧불은 자기를 속이지 않고, 초간에서 서로를 비추려고 빛
을 발한다.(《진여의집陳與義集》형화螢火)

　그대에게 권하노니 삼가 바람신을 헐뜯지 말라. 돛을 달고 물결 속을 헤
치며 나아갈 때가 있을 것이다.(《왕문공문집王文公文集》東流頓令罷官阻風示文有按風
伯奏天閽之語答以四句)

　•煜煜: 빛나는 모양.　　•風伯: 바람신.

12

崇德篇

山不在高, 有仙則名;
산 부 재 고   유 선 즉 명

水不在深, 有龍則靈.
수 부 재 심   유 룡 즉 영

산은 높다고 이름이 있는 것이 아니라 신선이 있으면 이름이 있고,
물은 깊다고 신령한 것이 아니라 용이 있으면 신령하다.(당唐 유우석劉禹錫,
《누실명陋室銘》)

立不慙影, 寢不慙魂.
입 불 참 영   침 불 참 혼

惟賢惟德, 能服於人.
유 현 유 덕   능 복 어 인

서 있을 때는 그림자에게 부끄럽지 않고, 잠잘 때는 영혼에게 부끄럽지
않다.(《안자晏子》)
　오직 현명하고 덕 있는 사람이라야 남을 복종시킬 수 있다.(《삼국지三國志》
촉서蜀書 선주전先主傳)
　•慙: 慚의 異體字. 부끄러워하다.

賤不害智, 貧不妨行.
천 불 해 지　빈 불 방 행

與其濁富, 寧此淸貧.
여 기 탁 부　영 차 청 빈

비천한 사람이라고 해서 지혜가 없다고 할 수 없고, 가난한 사람이라고
해서 선행이 없다고 할 수 없다.(한漢 환관桓寬,《염철론鹽鐵論》지광地廣)
더러운 풍족보다는 깨끗한 빈곤이 낫다.(당唐 요숭姚崇,《빙호계冰壺誡》)
•濁富: 정의롭지 못한 수단으로 치부를 하다.

心如規矩, 志如尺衡.
심 여 규 구　지 여 척 형

平靜如水, 正直如繩.
평 정 여 수　정 직 여 승

마음은 그림쇠나 곱자 같아야 하고, 뜻은 자나 저울 같아야 한다.
생각은 물처럼 고요해야 하고, 행위는 먹줄처럼 정직해야 한다.(한漢 엄준嚴遵,
《도덕지귀론道德指歸論》)

弗慮胡獲, 弗爲胡成.
불 려 호 획　불 위 호 성

無本不立, 無文不行.
무 본 불 립　무 문 불 행

생각하지 않고 어떻게 수확하며, 일을 하지 않고 어떻게 성공하는가?(《상서
尙書》태갑하太甲下)
덕이 없으면 입신하지 못하고, 학문이 없으면 행세하지 못한다.(《예기禮記》
예기禮器)
•弗: 不과 같음. ~아니다.　•文: 학문·수양 등을 가리킴.

見利思義, 見危授命.
견 리 사 의 견 위 수 명

終始惟一, 時乃日新.
종 시 유 일 시 내 일 신

이익을 보면 정의를 생각하고, 국난을 당하면 몸을 바쳐야 한다.(《논어論語》
헌문憲問)

시종여일 굳게 지켜야 하며, 이러면 날로 진보할 것이다.(《상서尙書》 함유일덕
咸有一德)

• 授命: 목숨을 바치다.

憚勞怕怨, 做不得事;
탄 로 파 원 주 부 득 사

避慊遠疑, 救不得人.
피 혐 원 의 구 부 득 인

수고를 꺼리고 원망을 두려워하면 아무 일도 할 수 없고,

혐의를 피하고 의심을 멀리하면 남을 구할 수 없다.(청淸 신거운申居鄖,《서암
췌어西巖贅語》)

• 憚: 꺼리다. 두려워하다.   • 慊: 嫌과 통용. 혐의.

高山仰止, 景行行止.
고 산 앙 지 경 행 행 지

文質彬彬, 然後君子.
문 질 빈 빈 연 후 군 자

높은 산은 사람들이 우러러보고, 큰길은 사람들이 걸어간다.(《시경詩經》 소아
小雅)

문채와 질박함이 잘 조화되어야 군자라고 할 수 있다.(《논어論語》 옹야雍也)

• 景行: 큰길. 여기서는 행위가 광명정대한 사람을 비유했다. 景은 〈크다〉는 의미.

• 止: 어기사.

物有可好, 汝勿好之;
물 유 가 호　여 물 호 지

德有可好, 汝則效之;
덕 유 가 호　여 즉 효 지

사물 중에는 좋아할 만한 것이 있지만, 너는 이것을 좋아하지 말고,
덕 중에는 좋아할 만한 것이 있는데, 너는 이것을 본받으라.(《손지재집遜志齋集》
호好)
• 好: 좋아하다.〔동사〕

內淸外濁, 弊衣裹玉.
내 청 외 탁　폐 의 과 옥

以仁安人, 以義正己.
이 인 안 인　이 의 정 기

마음이 깨끗하고 외모가 남루한 사람은 해어진 옷으로 옥을 싼 것과 같다.
(《의림意林》 태현경太玄經)
인덕으로 남을 편안하게 하고, 정의로 자기를 바로잡는다.(《춘추번로春秋繁露》
인의법仁義法)
• 仁: 仁愛.　• 安: 편안하게 하다. 따뜻하게 대하다.
• 正己: 자기를 바로잡는다. 자기에게 엄격하게 요구하다.

君子盛德, 容貌若愚.
군 자 성 덕　용 모 약 우

日月欲明, 浮雲蓋之.
일 월 욕 명　부 운 개 지

군자는 덕이 성대하지만 용모는 바보와 같다.(《사기史記》 노장신한열전老莊申韓
列傳)
해와 달은 밝게 비추려고 하지만 뜬구름이 이를 가린다.(《문자文子》 상덕尙德)

上士聞道, 勤而行之.
상 사 문 도　근 이 행 지

每有患急, 先人後己.
매 유 환 급　선 인 후 기

고명한 사람은 진리를 들으면 부지런히 이를 실행한다.(《노자老子》)

매번 재앙과 위급한 일이 있을 때면 남을 먼저 생각하고 자기를 나중에
생각한다.(《삼국지三國志》 촉서蜀書)

人該省事, 不可怕事.
인 해 성 사　불 가 파 사

人該順時, 不可趣時.
인 해 순 시　불 가 취 시

사람은 사리를 잘 살펴야지 일을 두려워해서는 안·된다.

사람은 시대 조류에 순응해야지 시대에 영합해서는 안 된다.(청淸 신거운申
居鄖,《서암췌어西巖贅語》)

•趣: 趨와 같음. 향하다.

衣人在寒, 食人在饑.
의 인 재 한　식 인 재 기

趨人之急, 甚於己私.
추 인 지 급　심 어 기 사

헐벗었을 때는 남에게 옷을 보내 주고, 굶주렸을 때는 남에게 음식물을
보내 준다.(양梁 효원제孝元帝,《금루자金縷子》 권4)

남의 위급함을 재빨리 도와 주기를 자기 일 이상으로 한다.(《한서漢書》 유협
전游俠傳)

•衣: 남에게 옷을 입혀 주다.(동사)　•食: 남에게 먹을 것을 주다.(동사)

利不苟就, 害不苟去.
이 불 구 취　해 불 구 거

人有急難, 傾財救之.
인 유 급 난　경 재 구 지

이익이 된다고 구차하게 취하지 말고, 해가 된다고 구차하게 피하지 말라.
(《한서漢書》가의전賈誼傳)

남이 위급한 재난에 직면해 있으면 온 재산을 다 써서라도 도와 주어야
한다.(당唐 이조李肇,《당국사보唐國史補》)

磊磊落落, 日月皎然.
뇌 뢰 낙 락　일 월 교 연

心地干淨, 自然平寬.
심 지 간 정　자 연 평 관

사람은 공명정대하게 해와 달처럼 밝아야 한다.(《진서晉書》석륵재기石勒載記)

마음이 깨끗하면 자연히 솔직 담백해진다.(《설문청공독서록薛文淸公讀書錄》체험
體驗)

善人在患, 饑不及餐.
선 인 재 환　기 불 급 찬

釣名之士, 無賢士焉.
조 명 지 사　무 현 사 언

선량한 사람에게 근심이 있으면 밥을 먹지 않아도 구제하러 가야 한다.
(《자치통감資治通鑑》한기漢紀)

명예를 낚는 사람들 중에는 현인이 없다.(《관자管子》법법法法)

桃李不言, 下自成蹊.
도 리 불 언   하 자 성 혜
此言雖小, 可以喩大.
차 언 수 소   가 이 유 대

복숭아나무와 오얏나무는 말이 없으나, 그 밑에는 저절로 길이 생긴다.
이 말은 비록 작지만 큰 뜻을 깨우쳐 준다.(《사기史記》이장군열전李將軍列傳)
•蹊: 좁은 길.

金玉不琢, 美珠不畵.
금 옥 불 탁   미 주 불 화
德比於上, 欲比於下.
덕 비 어 상   욕 비 어 하

황금과 주옥은 더 이상 조탁할 필요가 없고, 아름다운 진주는 더 이상 그
릴 필요가 없다.(한漢 환관桓寬,《염철론鹽鐵論》수로殊路)
덕은 자기보다 나은 사람과 비교해야 하고, 욕심은 자기보다 못한 사람과
비교해야 한다.(《부자傅子》인론편仁論篇)

高山景行, 私所仰慕.
고 산 경 행   사 소 앙 모
作德日休, 爲善最樂.
작 덕 일 휴   위 선 최 락

고상한 품덕과 광명정대한 행위는 내가 우러러보고 사모하는 것이다.(삼국
三國 위魏 조비曹丕,《여종대리서與鍾大理書》)
덕을 쌓는 것은 가장 아름다운 행위이고, 선행을 하는 것은 가장 즐거운
일이다.(송宋 나대경羅大經,《학림옥로鶴林玉露》권1)
•景行: 큰길. 여기서는 행위가 광명정대한 사람을 비유함.   •休: 아름답다.

老有加惠, 旅有施舍.
노 유 가 혜　　여 유 시 사

行也無邪, 言也無頗.
행 야 무 사　　언 야 무 파

노인에게는 우대를 하고, 과객에게는 은덕을 베풀어야 한다.(《좌전左傳》선공
宣公 12년)

행동에 사악함이 없고, 언사에 치우침이 없어야 한다.(당唐 한유韓愈, 《행잠行箴》)

•加: 베풀다.　•惠: 仁愛.　•施舍: 은덕을 베풀다.　•頗: 치우치다.

不恒其德, 無所容也.
불 항 기 덕　　무 소 용 야

背施幸災, 民所棄也.
배 시 행 재　　민 소 기 야

덕을 영원히 보존하지 못하면 세상에 용납될 수가 없다.(《용경容經》함전咸傳
항恒)

남의 은덕을 배반하고 남의 재난을 바라면 남에게 버림받게 된다.(《좌전左
傳》희공僖公 14년)

•恒: 영원하다.

擇善必精, 執中必固.
택 선 필 정　　집 중 필 고

冰壺玉尺, 纖塵弗汚.
빙 호 옥 척　　섬 진 불 오

좋은 것을 선택하려면 반드시 정통해야 하고, 과불급이 없으려면 반드시
견고해야 한다.(청淸 왕부지王夫之, 《상서인의尙書引義》태갑太甲)

빙호와 옥척은 조그마한 티끌이 더럽힐 수 없다.(《원사元史》황진전黃溍傳)

•執中: 過(지나침)와 不及(모자람)이 없는 中庸의 도를 굳게 지키다.

•冰壺: 물을 채운 옥병. 결백함을 비유함.　•玉尺: 옥으로 만든 자. 깨끗함을 비유함.

天不頗覆, 地不偏載.
천 불 파 복　지 불 편 재
言無陰陽, 行無內外.
언 무 음 양　행 무 내 외

하늘은 치우쳐서 덮지 않고, 땅은 치우쳐서 싣지 않는다.(《한서漢書》 흉노전匈奴傳)

말은 음양이 없어야 하고, 행동은 내외가 없어야 한다.(《안자춘추晏子春秋》 내편문상內篇問上)

•覆: 뒤덮다.　•載: 싣다.　•陰陽: 표리. 겉과 속.

聞難思解, 見利思避.
문 난 사 해　견 리 사 피
後己先人, 臨財思惠.
후 기 선 인　임 재 사 혜

남의 재난 소식을 들으면 해결해 줄 것을 생각하고, 이익을 보면 멀리 피할 것을 생각해야 한다.(수隋 왕통王通, 《중설中說》 위상魏相)

자기보다 먼저 남을 생각하고, 재물이 닥치면 남에게 베풀 것을 생각해야 한다.(진晉 도연명陶淵明, 《제종제경원문祭從弟敬遠文》)

•惠: 은혜를 베풀다.

貧而無諂, 富而無驕.
빈 이 무 첨　부 이 무 교
君子獨處, 守正無撓.
군 자 독 처　수 정 무 뇨

가난하지만 아첨하지 않고, 부유하지만 교만하지 않다.(《논어論語》 학이學而)

군자는 혼자 있을 때 정도를 지키고 나쁜 일을 하지 않는다.(《한서漢書》 유향전劉向傳)

•諂: 아첨하다.　•撓: 구부러지다. 여기서는 나쁜 일(방법)을 가리킨다.

士有百行, 以德爲首.
사 유 백 행　이 덕 위 수

有德則樂, 樂則能久.
유 덕 즉 락　낙 즉 능 구

선비는 1백 가지 행위 중에 덕을 첫머리로 삼는다.(《삼국지三國志》 위서魏書 제
하후조전諸夏候曹傳)

덕이 있으면 즐겁고, 즐거우면 장구할 수 있다.(《좌전左傳》 양공襄公 24년)

•士: 선비.

禮義廉恥, 國之四維,
예 의 염 치　국 지 사 유

四維不張, 國乃滅亡.
사 유 부 장　국 내 멸 망

예·의·염·치는 국가의 네 가지 기강인데,

네 가지 기강이 발양되지 못하면 국가는 곧 멸망하게 된다.(《관자管子》 목민
牧民)

•維: 밧줄. 그물을 잡아매는 벼리.　　•張: 발양하다.

恃德者昌, 恃力者亡.
시 덕 자 창　시 력 자 망

得全者昌, 失全者亡.
득 전 자 창　실 전 자 망

덕에 의지하는 사람은 창성하고, 힘에 의지하는 사람은 멸망한다.(《사기史記》
상군열전商君列傳)

행위가 완전무결한 사람은 창성하고, 행위가 단정치 못한 사람은 멸망한다.
(한漢 매승枚乘,《상서간오왕上書諫吳王》)

無偏無黨, 王道蕩蕩.
무 편 무 당　왕 도 탕 탕

前人栽樹, 後人乘涼.
전 인 재 수　후 인 승 량

치우침이 없이 공평무사하면 왕도가 널리 펼쳐질 것이다.(《상서尙書》 홍범洪範)
앞사람이 나무를 심으면 뒷사람이 더위를 피한다.(청淸 이쇄頤瑣,《황수구黃綉球》)
•偏: 치우치다.　•黨: 치우치다.　•蕩蕩: 넓고 큰 모양.
•王道: 유가에서 말하는 仁義로 나라를 다스리는 정치 주장.

義不反顧, 計不旋踵.
의 불 반 고　계 불 선 종

視遠惟明, 聽德惟聰.
시 원 유 명　청 덕 유 총

정의로운 일은 뒤돌아보지 않고, 계획한 일은 물러서지 않는다.(한漢 사마상
여司馬相如,《유파촉격喩巴蜀檄》)
눈 밝은 사람만이 멀리 볼 수 있고, 귀 밝은 사람만이 덕을 들을 수 있다.
(《상서尙書》 태갑중太甲中)
•旋踵: 돌아서다. 물러서다.

不飮濁泉水, 不息曲木陰.
불 음 탁 천 수　불 식 곡 목 음
所逢苟非義, 糞土千萬金.
소 봉 구 비 의　분 토 천 만 금

더러운 샘물을 마시지 않고, 굽은 나무 그늘에서 쉬지 않는다.
만나는 것이 만약 정의롭지 않으면 천만금이라도 썩은 흙처럼 본다.(당唐
백거이白居易, 《구중유일사이수丘中有一士二首》)
• 濁泉: 더러운 샘.　• 曲木陰: 굽은 나무의 그늘.　• 苟: 만약.

直如朱絲繩, 淸如白壺冰.
직 여 주 사 승　청 여 백 호 빙
仰不愧於天, 俯不怍於人.
앙 불 괴 어 천　부 부 작 어 인

곧기가 거문고의 붉은 줄 같고, 맑기가 백옥 항아리 속의 얼음과 같다.(남
조南朝 송宋 포조鮑照, 《대백두음代白頭吟》)
고개를 들고 볼 때 하늘에 부끄러움이 없으며, 고개를 숙여서 생각할 때
남에게 부끄러움이 없다.(《맹자孟子》 진심상盡心上)
• 仰: 고개를 들다.　• 怍: 부끄러워하다.

兒不嫌母醜, 犬不嫌家貧.
아 불 혐 모 추　견 불 혐 가 빈
山瘦松亦勁, 鶴老飛更輕.
산 수 송 역 경　학 로 비 경 경

자식은 어미가 못생겼다고 싫어할 수 없고, 개는 집이 가난하다고 싫어할
수 없다.(명明 서아徐啞, 《살구기殺狗記》 제16절)
산은 헐벗어도 소나무는 역시 꿋꿋하며, 학은 늙어도 나는 것은 오히려
경쾌하다.(당唐 사마퇴지司馬退之, 《세심洗心》)

緇素旣異染, 碔瑜僅同形.
치 소 기 이 염 무 유 근 동 형
瀉水一器中, 當辨渭與涇.
사 수 일 기 중 당 변 위 여 경

검은 옷과 흰 옷은 물들인 것이 다르고, 무(옥돌)와 유(옥)는 단지 형태만
이 동일하다.
　물을 같은 그릇 속에 쏟아도 마땅히 경수와 위수를 구분해야 한다.(청淸 진
학수陳學洙,《군자행君子行》)
　•緇: 검다. 검은 옷. •素: 희다. 흰 옷. •碔: 옥처럼 생긴 돌. •瑜: 옥.
　•渭涇: 渭水와 涇水라는 두 강의 이름. 위수는 맑고 경수는 탁해서, 시비가 분명함을 비유
하는 데 사용.

居高聲自遠, 非是借秋聲.
거 고 성 자 원 비 시 차 추 성
爲絲若不直, 焉得弦上音.
위 사 약 부 직 언 득 현 상 음

높은 나무의 매미 소리는 바람을 빌리지 않아도 저절로 멀리 들린다.(당唐
우세남虞世南,《영선詠蟬》)
　거문고 줄이 만일 곧지 않다면 어떻게 현의 음을 낼 수 있겠는가?(당唐 소
알邵謁,《송서군재망강送徐群宰望江》)

樹德莫如滋, 除害莫如盡.
수 덕 막 여 자 제 해 막 여 진
此身儻未死, 仁義當力行.
차 신 당 미 사 인 의 당 역 행

덕을 닦는 일은 점점 늘어야 하고, 재해를 없애는 일은 완전하게 해야 한다.
(《전국책戰國策》 진책秦策4)
　생명이 남아 있는 한 힘써 인의를 실행해야 한다.(송宋 육유陸游,《독숙당여주
북산잡시차기운讀叔黨汝州北山雜詩-次其韻》)
　•儻: 만일.

令德唱高言, 識曲聽其眞.
영 덕 창 고 언　식 곡 청 기 진

勿慕富與貴, 勿憂賤與貧.
물 모 부 여 귀　물 우 천 여 빈

덕이 높은 사람은 고상한 노래를 부르고, 곡조를 아는 사람만이 그 내용을 이해한다.(한漢 무명씨,《금일양연회今日良宴會》)

남의 부귀를 부러워하지 말고, 나의 빈천을 근심하지 말라.(당唐 백거이白居易,《속좌우명續座右銘》)

•令德: 덕이 높은 사람. 令은 착하다 · 좋다는 의미.　•識曲: 곡조를 아는 사람.

哲人日已遠, 典型在夙昔.
철 인 일 이 원　전 형 재 숙 석

努力崇明德, 皓首以爲期.
노 력 숭 명 덕　호 수 이 위 기

철인이 살았던 시대는 이미 멀어졌지만, 본보기는 옛날에 있다.(송宋 문천상文天祥,《정기가正氣歌》)

노력해서 자기의 미덕을 배양하면, 늙어서 더욱 고상해진다.(한漢 무명씨,《고시삼수古詩三首》)

•哲人: 여기서는 충의롭고 절개가 굳은 사람을 가리킴.　•夙昔: 이전. 옛날.
•崇: 숭고하다. 여기서는 배양하다.
•明德: 덕을 밝게 하다. 즉 발양광대하다.　•皓首: 흰머리. 노년을 가리킴.

丈夫不感恩, 感恩寧有淚?
장 부 불 감 은　감 은 녕 유 루

心頭感恩血, 一滴染天地.
심 두 감 은 혈　일 적 염 천 지

대장부는 눈물로 감은을 표시하지 않는다.

마음 속에 있는 감은의 피 한 방울이면 온 천하를 붉게 물들인다.(《당시기사唐詩紀事》 권39 진윤시陳潤詩)

•丈夫: 성년 남자.

少年負志氣, 信道不從時.
소 년 부 지 기   신 도 부 종 시
寄言立身者, 孤直當如此.
기 언 입 신 자   고 직 당 여 차

젊은 사람은 웅대한 뜻을 품고, 이상을 견지하며 시속을 쫓지 않는다.(당唐 유우석劉禹錫, 《학완공체삼수學阮公體三首》)

입신한 사람들에게 전하노니, 고동나무처럼 곧아야 한다.(당唐 백거이白居易, 《운거사고동雲居士孤桐》)

•負: 믿다.   •從時: 시속을 쫓다.   •孤: 즉 孤桐. 오동나무의 일종.

寧作沈泥玉, 不爲媚渚蘭.
영 작 침 니 옥   불 위 미 저 란
所貴一寸丹, 可踰金石堅.
소 귀 일 촌 단   가 유 금 석 견

차라리 진흙에 빠진 옥이 될지언정 물가의 난초가 되지는 않겠다.(송宋 매요신梅堯臣, 《문윤사노적부수聞尹師魯謫富水》)

귀중한 것은 한 치의 단심이며, 이는 쇠나 돌보다 훨씬 더 견고하다.(《장창수집張蒼水集》 피집과고리被執過故里)

•媚: 아첨하다.   •踰: 逾와 같음. 넘다. 더욱.

濁水菱葉肥, 淸水菱葉鮮,
탁 수 릉 엽 비   청 수 릉 엽 선
義不游濁水, 志士多苦言.
의 불 유 탁 수   지 사 다 고 언

흐린 물은 마름잎을 살찌게 하고, 맑은 물은 마름잎을 곱게 만드니,

의로운 사람은 흐린 물을 건너지 않고, 뜻 있는 사람에게는 말 못할 것이 많이 있다.(당唐 저광희儲光羲, 《채릉사采菱詞》)

茲實鷙鳥最, 急難心炯然.
자 실 지 조 최　급 난 심 형 연
功成失所往, 用舍何其賢.
공 성 실 소 왕　용 사 하 기 현

송골매는 확실히 맹금 가운데 가장 뛰어나서, 급하고 어려운 사정을 마음
속으로 잘 안다.
일을 마친 후에는 종적 없이 사라지는데, 진퇴가 어찌 현명치 않은가?(당唐
두보杜甫,《의골행義鶻行》)
•茲: 이〔지시대명사〕. 여기서는 송골매〔鶻〕를 가리킴.　•鷙: 맹금. 사나운 새.
•急難: 급하고 어려운 사정.　•炯: 밝다.　•用舍: 進退. 쓰임과 버려짐.
•用: 쓰이다.　•舍: 捨와 통용.

貞剛自有質, 玉石乃非堅.
정 강 자 유 질　옥 석 내 비 견
高功後毀易, 德薄人存難.
고 공 후 훼 이　덕 박 인 존 난

자기에게 곧은 바탕이 있으면, 옥석은 견고한 것이 못 된다.(진晉, 도연명陶淵明,
《무신세유월중천화戊申歲六月中遷火》)
큰 공을 세운 뒤에는 비방을 받기 쉽고, 덕이 없는 사람은 세상에 입신하
기가 어렵다.(송宋 왕안석王安石,《우언寓言》)

折輈不在道, 覆舟不在河.
절 주 부 재 도　복 주 부 재 하
良玉燒不熱, 直竹文不頗.
양 옥 소 불 열　직 죽 문 불 파

수레가 엎어진 원인은 길에 있지 않고, 배가 뒤집어진 원인은 강에 있지
않다.
좋은 옥은 불로 태우기 어렵고, 곧게 뻗은 대나무 무늬는 치우쳐 있지 않다.
(당唐 맹교孟郊,《군자는 번민하지 말아야 하고, 선비에게는 비방하는 사람이 있게 마련이므
로 시를 지어 증여한다 君子勿郁郁士有謗毀者作詩以贈之》)
•輈: 수레의 끌채. 여기서는 수레를 가리킴.

謗議庸何傷? 虛譽不足慕.
방 의 용 하 상　허 예 부 족 모

不蔽人之美, 不言人之惡.
불 폐 인 지 미　불 언 인 지 악

남의 비방에 어찌 마음을 상하는가? 헛된 영예는 부러워할 가치가 없다.
(《최씨가전좌우명崔氏家傳座右銘》)

남의 장점을 덮어 가리지 말고, 남의 단점을 말하지 말라.(《의림意林》 한비자
韓非子)

•庸何: 反問을 나타냄. 어찌하여.

珠無脛而走, 玉無翼而飛.
주 무 경 이 주　옥 무 익 이 비

自古逃名者, 至今名豈微.
자 고 도 명 자　지 금 명 기 미

진주는 다리가 없어도 걸어가고, 옥은 날개가 없어도 날아간다.(《열자列子》)

자고로 명성을 누리는 사람은 공을 자처하지 않는데, 오늘에 와서 그 명
성이 어찌 희미해지겠는가?(당唐 유찬劉贊,《증나은시贈羅隱詩》)

•逃名: 공이 있으나 공을 자처하지 않다.

重義如泰山, 輕利如鴻毛.
중 의 여 태 산　경 리 여 홍 모

浩乎若滄海, 斗斛不能校.
호 호 약 창 해　두 곡 불 능 교

의리는 태산만큼 중히 여기고, 이익은 기러기털만큼 가볍게 여긴다.(《부자
傅子》궐제闕題)

큰 바다같이 광활한 것은 됫박으로 잴 수 없다.(《포박자抱朴子》 광비廣譬)

•斛: 열 말들이 됫박. 원래는 다섯 말들이 됫박임.　　•校: 세다. 계산하다.

登山須正路, 飮水須直流.
등 산 수 정 로　음 수 수 직 류

振衣千仞岡, 濯足萬里流.
진 의 천 인 강　탁 족 만 리 류

　산을 오를 때는 바른 길로 가야 하고, 물을 마실 때는 곧게 흐르는 물을
마셔야 한다.(《맹동야시집孟東野詩集》송단하자완방안상인귀산送丹霞子阮芳顏上人歸山)
　천길 되는 산등성이에서 옷을 털고, 만리 되는 긴 강에서 발을 씻는다.
(진晉 좌사左思,《영사팔수詠史八首》)

　•振: 떨치다. 힘 있게 털다.　　•仞: 8尺(혹은 7尺)을 1仞이라고 한다.　　•濯: 씻다.

盛德必有後, 仁義終克昌.
성 덕 필 유 후　인 의 종 극 창

有容德乃大, 有麝自然香.
유 용 덕 내 대　유 사 자 연 향

　덕이 높은 사람은 반드시 명성을 후세에 남기고, 인과 의를 갖춘 사람은
반드시 창성한다.(《유자산시문집庾子山詩文集》)
　포용력이 있는 덕은 위대하며,(《상서尚書》군진君陳)
　사향노루는 저절로 향내를 낸다.(청淸 왕유선王有先,《오하언련吳下諺聯》권1)
　•盛德: 고상한 품덕.　　•昌: 창성하다.　　•容: 용납하다. 포용하다.
　•麝: 사향노루. 香獐이라고도 함.

魚失水則亡, 人失道則喪.
어 실 수 즉 망　인 실 도 즉 상

名終埋不得, 骨任朽何妨.
명 종 매 부 득　골 임 후 하 방

　물고기는 물을 잃으면 죽고, 사람은 도를 잃으면 죽는다.(《소리자素履子》이도
履道)
　명성은 끝내 파묻을 수 없는데, 뼈가 썩는다고 무슨 관계가 있겠는가?(《당
시기사唐詩紀事》권65 배해시裴諧詩)
　•亡: 죽다.　　•失道: 도를 잃다. 정의를 저버리다.　　•道: 道義.

斷木啄雖長, 不啄柏與松.
단 목 탁 수 장　불 탁 백 여 송

松柏木堅直, 中心無蠹蟲.
송 백 목 견 직　중 심 무 두 충

딱다구리의 부리가 비록 길어도 송백은 쪼지 않는다.

송백은 목질이 단단해서 속에 나무굼벵이가 없다.(宋송 매요신梅堯臣, 《피열음
彼鴷吟》)

•斷木: 딱다구리를 가리킴.

不息惡木枝, 不飮盜泉水;
불 식 악 목 지　불 음 도 천 수

常思稻粱遇, 願栖梧桐樹.
상 사 도 량 우　원 서 오 동 수

악목의 가지에서 쉬지 말고, 도천의 물을 마시지 말라.

항상 좋은 곡식 찾는 것을 생각하고, 오동나무에서 서식하기를 희망한다.
(당唐 노조린盧照隣, 《증익부군관贈益府群官》)

•盜泉: 고대의 샘 이름. 지금의 산동성 泗水縣 동북쪽에 옛터가 남아 있음. 《尸子》卷下에
는 『(孔子)過於盜泉, 渴而不飮, 惡其名也』라고 기록되어 있다.

•稻粱遇: 稻粱謀(도량모)라고도 함. 호구지책. 여기서는 새가 먹을 것을 찾다. 稻粱은 벼와
메조로서 가장 좋은 곡식임.　•栖梧桐樹: 오동나무 가지에 서식하다. 《莊子》에는 『鵷鶵非
梧桐不止, 非練實不食, 非醴泉不飮』이라는 말이 있다. 원추새는 봉황의 일종으로서 매우 고귀
하여 일반 나무에는 서식하지 않는다고 한다. 항상 고결함의 비유로 사용된다.

明鏡止水以澄心, 泰山喬嶽以立身.
명 경 지 수 이 징 심　　태 산 교 악 이 입 신
靑天白日以應事, 霽月風光以待人.
청 천 백 일 이 응 사　　제 월 풍 광 이 대 인

맑은 거울과 고요한 물처럼 마음을 깨끗이 하고, 태산과 높은 산악처럼
입신해야 한다.
맑은 하늘과 밝은 태양처럼 일을 처리하고, 비 갠 뒤의 풍광처럼 사람을
대해야 한다.(《격언연벽格言聯璧》혜길惠吉)
•明鏡止水: 맑은 거울과 고요한 물.　　•喬嶽: 높은 산.
•嶽: 岳과 같음. 산.　　•霽月風光: 비 갠 뒤의 풍광. 도량이 넓고 시원함을 비유.

種樹者必培其根, 種德者必養其心.
종 수 자 필 배 기 근　　종 덕 자 필 양 기 심
觀書者當觀其意, 慕賢者當慕其心.
관 서 자 당 관 기 의　　모 현 자 당 모 기 심

나무를 심는 사람은 반드시 뿌리를 북돋우고, 덕을 심는 사람은 반드시
자기의 마음을 기른다.(명明 왕양명王陽明,《어록語錄 1》전습록상傳習錄上)
책을 읽는 사람은 마땅히 그 속의 의미를 보아야 하고, 현인을 숭상하는
사람은 마땅히 그들의 마음을 숭상해야 한다.(당唐 유우석劉禹錫,《변적론일수辯迹
論一首》)

逆流好用船頭力, 下水偏將船尾行.
역 류 호 용 선 두 력　　하 수 편 장 선 미 행
一葉不妨危地過, 此心平處水皆平.
일 엽 불 방 위 지 과　　차 심 평 처 수 개 평

물을 거슬러 올라갈 때에는 뱃머리에 주의를 하고, 물을 따라 내려갈 때
에는 배의 후미가 흔들리지 않게 해야 한다.
그러면 배가 위험한 곳을 지나는 데 지장이 없으며, 나의 마음이 평정되
면 강물도 평온하다.(청淸 장심蔣深,《마양선구호麻陽船口號》)

願化功名爲道德, 毋認富貴爲功名.
원 화 공 명 위 도 덕　무 인 부 귀 위 공 명
但敎方寸無諸惡, 狼虎叢中也立身.
단 교 방 촌 무 제 악　낭 호 총 중 야 입 신

공명이 도덕으로 되기를 바라야 하지만, 부귀를 공명으로 생각하지 말라.
(청淸 왕예王豫, 《초창일기蕉窓日記》 권1)

　자기의 마음에 일체의 악이 없게 하면 이리와 호랑이떼 속에서도 입신할
수 있다.(오대五代 풍도馮道, 《우작偶作》)

　•方寸: 사람의 마음을 가리킴.

英雄第一開心事, 撒手千金報德時.
영 웅 제 일 개 심 사　철 수 천 금 보 덕 시
多藏苟得何名富, 飽食嗟來未勝饑.
다 장 구 득 하 명 부　포 식 차 래 미 승 기

영웅이 제일 유쾌한 일은 천금을 소중히 여기지 않고 은덕에 보답하는 것
이다.(청淸 원매袁枚, 《독회음후전讀淮陰侯傳》)

　구차하게 얻어서 많이 감춘 것을 어찌 부유하다고 할 것인가? 굴욕을 당
하며 음식을 배불리 먹는 것은 굶주리는 것만 못하다.(당唐 서인徐夤, 《축취창승
逐臭蒼蠅》)

　•嗟來之食: 무례한 태도로 불러서 주는 음식. 〈야! 이리 와서 먹어!〉 하며 주는 음식. 굴욕
적으로 베푸는 은덕을 가리킨다.

山藏異寶山含秀, 沙有黃金沙放光.
산 장 이 보 산 함 수　사 유 황 금 사 방 광
羨他已是無瑕玉, 又占花中第一香.
선 타 이 시 무 하 옥　우 점 화 중 제 일 향

산에 기이한 보석이 있으면 산이 빼어남을 머금고, 모래 속에 황금이 있
으면 모래가 빛을 발한다.(명明 풍몽룡馮夢龍, 《성세항언醒世恒言》)

　옥란화는 흠 없는 옥과 같아 이미 선망을 받는데, 게다가 향기 또한 꽃 중
의 제일이다.(《사양선생존고射陽先生存稿》 자고천鷓鴣天 제옥란題玉蘭)

何方圜之能周兮, 夫孰異道而相安.
하 방 환 지 능 주 혜 부 숙 이 도 이 상 안

寧爲君子譏其偏, 勿爲世人喜其圓.
영 위 군 자 기 기 편 물 위 세 인 희 기 원

네모와 원이 어떻게 함께 있을 수 있는가? 뜻이 다른데 어찌 서로 평온무사할 수 있겠는가?(《초사楚辭》이소離騷)

차라리 군자에게 편벽되다고 비난받을지언정, 소인에게 원만하다고 칭찬받지 않겠다.(청淸 신거운申居鄖,《서암췌어西巖贅語》)

•方: 네모. 군자의 정직함을 비유.　•圜: 圓과 같음. 원. 소인의 원만함을 비유.
•周: 서로 합치되다.

妙香不比衆香同, 鼻觀誰能絶流俗.
묘 향 불 비 중 향 동 비 관 수 능 절 유 속

諸公莫效王尼嘆, 隨處容身足草廬.
제 공 막 효 왕 니 탄 수 처 용 신 족 초 려

해당화의 향기는 다른 꽃들의 향기와 달리 기묘하지만, 코로 맡는다면 누가 세속을 벗어날 수 있겠는가?(《사양선생존고射陽先生存稿》제심청문기화해당용동파정혜원운題沈靑門寄畵海棠用東坡定慧院韻)

그대들은 왕니의 탄식을 본받지 말라. 어디서든 몸 하나 들어갈 초가만 있으면 충분하다.(청淸 고염무顧炎武,《여강남제자별與江南諸子別》)

•王尼: 晉代의 사람으로,『滄海橫流, 處處不安也』라고 탄식하였다고 한다.

13

尙 節 篇

玉貞而折, 不能瓦合;
옥 정 이 절 불 능 와 합
鸞鍛而萎, 不同鷄群.
난 쇄 이 위 부 동 계 군

옥은 단단해서 부서질지언정 기와와 함께 있는 것을 원치 않고,
난새는 깃이 상해서 시들지언정 닭과 함께 무리짓는 것을 원치 않는다.(당
唐 유우석劉禹錫,《대배상공제이사공문代裴相公祭李司空文》)

•折: 끊어지다. 인신되어 부서지다.　•合: 마음이 일치하다. 짝이 되다.

•鸞: 난새. 봉황의 일종인 전설상의 새.　•鍛: 깃털이 빠지다.　•萎: 시들다.

窮不易操, 達不患失.
궁 불 역 조 달 불 환 실
義重於生, 舍生可矣.
의 중 어 생 사 생 가 의

곤궁했을 때는 지조를 바꾸지 말고, 출세했을 때는 개인적인 득실을 따지
지 말라.(송宋 임포林逋,《성심록省心錄》)

정의는 삶보다 중하니, 정의를 위해서는 목숨을 버려도 좋다.(《후한서後漢書》
두교열전杜喬列傳)

•舍生: 목숨을 버리다.

勿替令名, 更昭殊續.
물 체 영 명   갱 소 수 속

變形易色, 隨風東西.
변 형 역 색   수 풍 동 서

좋은 명성을 버리지 말고, 더욱 뛰어난 공적을 이룩해야 한다.(《태평광기太平廣記》적유겸狄惟謙)

형색을 잘 바꾸는 사람은 바람 부는 대로 행동한다.(삼국三國 위魏 조예曹睿,《보출하문행步出夏門行》)

•替: 폐하다. 버리다.

寧爲玉碎, 不爲瓦全.
영 위 옥 쇄   불 위 와 전

雖死之日, 猶生之年.
수 사 지 일   유 생 지 년

차라리 옥이 되어 부서질지언정 기와가 되어 보전하지는 않겠다.(《북제서北齊書》원경안전元景安傳)

비록 죽는 날이지만 오히려 태어나는 해로 생각한다.(《삼국지三國志》오서吳書 손등전孫登傳)

寧直見伐, 無爲曲全.
영 직 견 벌   무 위 곡 전

寧渴而死, 不飮盜泉.
영 갈 이 사   불 음 도 천

차라리 곧게 살다가 박해를 받을지언정 아부해서 보전하지는 않겠다.

차라리 목말라 죽을지언정 도천의 물은 먹지 않겠다.(명明 왕정진王廷陳,《교지편矯志篇》)

•曲全: 굽어서 쓸모 없는 나무는 베어가지 않아 온전할 수 있다는 말로, 자기를 굽히면 온전할 수 있다는 의미. 《莊子·天下》편에 『人皆求福, 已獨曲全』라고 하였다.

•盜泉: 고대의 샘 이름. 지금의 산동성 泗水縣 동북쪽에 옛터가 남아 있음. 《尸子》卷下에는 『(孔子)過於盜泉, 渴而不飮, 惡其名也』라고 기록되어 있다.

朝華之草, 夕而零落.
조 화 지 초　석 이 영 락

松柏之茂, 隆寒不衰.
송 백 지 무　융 한 불 쇠

아침에 화려하게 피는 꽃은 저녁이 되면 시들어 떨어진다.
무성한 송백은 한겨울에도 시들지 않는다.(《삼국지三國志》위서魏書)

見利不動, 臨死不恐.
견 리 부 동　임 사 불 공

松柏之姿, 經霜猶茂.
송 백 지 자　경 상 유 무

이익을 보고 동요하지 않고, 죽음에 임박해도 두려워하지 않아야 한다.(《신
서新序》의용義勇)

송백의 자태는 서리를 맞고도 오히려 무성하다.(《진서晉書》고개지전顧愷之傳)

絶頂人來少,　高松鶴不群.
절 정 인 래 소　　고 송 학 불 군
急弦無懦響,　亮節難爲音.
급 현 무 나 향　　양 절 난 위 음

산 정상에 오는 사람은 매우 적고, 높은 소나무 위에 사는 선학은 무리를
짓지 않는다.(당唐 가도賈島,《숙산사宿山寺》)
　빠른 거문고는 미약한 소리를 내지 않고, 깨끗한 절개는 보통 사람이 알
기 어렵다.(진晉 육기陸機,《맹호행猛虎行》)
　•懦響: 미약한 소리.

功成恥受賞,　高節卓不群.
공 성 치 수 상　　고 절 탁 불 군
時窮節乃見,　一一垂丹靑.
시 궁 절 내 현　　일 일 수 단 청

큰 공을 세운 후에는 상받는 것을 부끄러워하며, 고상한 절개는 우뚝 서
서 무리를 짓지 않는다.(진晉 좌사左思,《영사팔수詠史八首》)
　위급한 때에야 충신의 절개가 나타나며, 한 사람 한 사람이 굳은 절개를
남길 것이다.(송宋 문천상文天祥,《정기가正氣歌》)
　•卓: 고명하다. 우뚝하다.　　•時窮: 위급한 때.　　•見: 現과 같음.

霜飄知柳脆,　雪冒覺松貞.
상 표 지 유 취　　설 모 각 송 정
盛衰無改節,　史冊何傳神.
성 쇠 무 개 절　　사 책 하 전 신

서리가 내려야 버드나무가 약하다는 것을 알고, 눈을 맞아야 소나무가 곧
음을 깨닫게 된다.(당唐 한사언韓思彦,《수하수양酬賀遂亮》)
　흥성하든 쇠퇴하든 절개를 바꾸지 않는데, 어찌 역사책에서 그의 정신을 전
하지 않겠는가?(명明 풍몽룡馮夢龍,《성세항언醒世恒言》서노복의분성가徐老僕義憤成家)

是氣所磅礴, 凜烈萬古存.
시 기 소 방 박　늠 열 만 고 존
當其貫日月, 生死安足論.
당 기 관 일 월　생 사 안 족 론

이 정기가 충만한 사람들은 장엄하게 만고에 길이 남을 것이다.

이 정기가 해와 달을 꿰뚫을 때에, 개인의 생사를 어찌 말하겠는가?(송宋 문천상文天祥,《정기가正氣歌》)

•貫: 꿰뚫다.

志士感恩起, 變衣非變性.
지 사 감 은 기　변 의 비 변 성
烈士不忘死, 所死在忠貞.
열 사 불 망 사　소 사 재 충 정

뜻 있는 선비는 국은에 감사하여 일어나는데, 옷은 바뀌어도 본성은 변하지 않는다.(《맹동야시집孟東野詩集》 송한유종군送韓愈從軍)

열사는 죽음을 잊지 않으며, 죽으려면 충성과 정절을 위해 죽는다.(당唐 유종원柳宗元,《위도안韋道安》)

•志士: 절개가 있는 사람.　•衣: 옷. 여기서는 관복.
•烈士: 고대에 功業을 세우는 데 뜻을 둔 사람.

天意憐幽草, 人間重晚晴.
천 의 연 유 초　인 간 중 만 청
君看磊落士, 不肯易其身.
군 간 뇌 락 사　불 긍 역 기 신

하늘은 음지에 핀 꽃을 불쌍히 여기고, 인간은 황혼의 갠 하늘을 소중하게 생각한다.(당唐 이상은李商隱,《만청晚晴》)

그대는 보았는가. 뜻이 큰 선비들이 자기의 절조를 바꾸려 하지 않는 것을.
(당唐 두보杜甫,《삼운삼편三韻三篇》)

•晚晴: 노년을 비유함.

明月在濁流, 不改月色清;
명 월 재 탁 류　　불 개 월 색 청

孤松盤曲徑, 不改松性貞.
고 송 반 곡 경　　불 개 송 성 정

명월은 탁류 속에 있어도, 달의 맑은 빛을 바꾸지 않는다.
청송은 굽은 소로에 자리잡고 있어도, 소나무의 곧은 본성을 바꾸지 않는다.
(청淸 육문명陸文銘, 《의고시擬古詩》)

冰霜正慘凄, 終歲常端正;
빙 상 정 참 처　　종 세 상 단 정

豈不罹凝寒? 松柏有本性.
기 불 리 응 한　　송 백 유 본 성

얼음과 서리가 세상을 처참하게 만들어도, 송백은 언제나 단정하다.
어찌 혹한을 만나지 않았겠는가? 송백은 곧은 본성을 가지고 있다.(삼국三
國 위魏 유정劉楨, 《증종제삼수贈從弟三首》)
•罹: 걸리다. 재해를 당하다.　•凝寒: 혹독한 추위.

破松見貞心, 裂竹看直文,
파 송 견 정 심　　열 죽 간 직 문

孤松宜晚歲, 衆木愛芳春.
고 송 의 만 세　　중 목 애 방 춘

소나무를 자르면 곧은 속을 볼 수 있고, 대나무를 쪼개면 곧은 결을 볼 수
있다.(당唐 맹교孟郊, 《장구장군양기공수빈章仇將軍良棄功守貧》)
소나무는 홀로 혹한을 두려워하지 않고, 일반 나무들은 꽃피는 봄을 좋아
한다.(당唐 진자앙陳子昂, 《송동래왕학사무경送東萊王學士無競》)

杜若及時榮, 雪松自言靑;
두 약 급 시 영   설 송 자 언 청

歲寒有顏色, 終讓爾芳馨.
세 한 유 안 색   종 양 이 방 형

두약은 일시에 번성하고, 설송은 스스로 푸르다고 말한다.

한겨울에도 빛깔이 있으니, 끝내 그대에게 향기를 양보하노라.(청淸 오가기吳
嘉紀,《객야기왕소문客夜寄汪少文》)

•杜若: 향초의 이름.

素堅冰蘗心, 潔立保賢貞.
소 견 빙 얼 심   결 립 보 현 정

人生豈草木, 寒暑移此心.
인 생 기 초 목   한 서 이 차 심

소박하면 청빈한 마음가짐을 굳게 할 수 있고, 청렴하면 어질고 곧은 품
덕을 보존할 수 있다.(당唐 유언사劉言史,《초하동주증맹교初下東周贈孟郊》)

사람이 살면서 어찌 초목처럼 계절의 변화에 따라 본성을 바꾸겠는가?(당
唐 유만劉灣,《의고칠수擬古七首》)

•冰蘗: 즉 飮冰食蘗. 얼음을 마시고 움을 먹는다는 말로 매우 가난한 생활을 의미함.

•蘗: 蘗과 같음. 움. 그루터기에서 나는 싹.

江南有丹橘, 經冬猶綠林.
강 남 유 단 귤   경 동 유 녹 림

豈伊地氣暖, 自有歲寒心.
기 이 지 기 난   자 유 세 한 심

강남에 귤나무가 있는데, 겨울을 지나도 푸른 숲 그대로이다.

어찌 그곳의 기후가 따뜻해서 그러겠는가? 자체에 혹한을 이기는 본성이
있기 때문이리라.(당唐 장구령張九齡,《감우感遇》)

火不熱眞玉, 蠅不點淸冰.
화 불 열 진 옥　승 부 점 청 빙

水爲風生浪, 珠非塵可昏.
수 위 풍 생 랑　주 비 진 가 혼

불은 진짜 옥을 태울 수 없고, 파리는 맑은 얼음을 더럽힐 수 없다.(당唐 백거이白居易,《반백두음反白頭吟》)

물은 바람으로 인해 물결을 일으키지만, 진주는 먼지로 인해 흐려지지 않는다.(당唐 유우석劉禹錫,《증별군소상인병인贈別君素上人幷引》)

木槿爭朝榮, 松柏彌見貞.
목 근 쟁 조 영　송 백 미 현 정

靈珠在泥沙, 光景不可昏.
영 주 재 니 사　광 경 불 가 혼

무궁화는 아침에 무성함을 다투지만, 송백은 오래 되어야 곧음이 드러난다. (청淸 정세원鄭世元,《감회잡시感懷雜詩》)

진주는 진흙과 모래 속에 있지만 광채는 어두워지지 않는다.(《왕문공문집王文公文集》사호四皓)

•木槿: 무궁화.　•彌: 시간이 걸리다. 오래다.

衆木盡搖落, 始見竹色眞.
중 목 진 요 락　시 현 죽 색 진

端人貴潔己, 寧使霜露侵.
단 인 귀 결 기　영 사 상 로 침

모든 나무가 다 흔들려 떨어져야 비로소 대나무의 참모습이 나타난다.(당唐 맹교孟郊,《헌한남번상서獻漢南樊尙書》)

단정한 사람은 자기를 깨끗이 하는 것을 중시하는데, 어찌 서리와 이슬이 침범하겠는가?(청淸 진병陳炳,《잡시雜詩》)

•端人: 품덕이 정직하고 고상한 사람.

存亡難異路, 貞白本相成.
존 망 난 이 로　정 백 본 상 성

處高心不有, 臨節自爲名.
처 고 심 불 유　임 절 자 위 명

삶과 죽음은 길을 달리하기 어려우며, 살아서의 정절과 죽어서의 결백은
본래 서로 관련이 깊다.(당唐 상미생商媚生,《도망시悼亡詩》)

높은 지위에 있으면서 탐욕하는 마음이 없으면, 생사의 절박한 고비에서
스스로 명성을 지킬 수 있다.(당唐 장열張說,《오군영五君詠》)

•有: 가지고 있다. 여기서는 〈탐하다〉라는 의미.

看取蓮花淨, 方知不染心.
간 취 연 화 정　방 지 불 염 심

幸能修實操, 何俟釣虛聲.
행 능 수 실 조　하 사 조 허 성

깨끗한 연화를 보면, 비로소 더러워지지 않는 본성을 알 수 있다.(당唐 맹호
연孟浩然,《제의공선방題義公禪房》)

진실된 절조를 수양할 것을 바라는데, 어찌 허명을 낚시질하길 기다리겠
는가?(당唐 진자앙陳子昻,《좌우명座右銘》)

•幸: 바라다. 희망하다.　•虛聲: 허명. 헛된 명성.

一片至堅操, 那憂歲月侵.
일 편 지 견 조　나 우 세 월 침

平生五字律, 頭白不貪名.
평 생 오 자 율　두 백 불 탐 명

태호석은 곧은 절조를 가지고 있는데, 어찌 세월의 침식을 근심하겠는
가?(당唐 왕정백王貞白,《태호석太湖石》)

일평생 다섯 글자로 된 신조를 가지고 있으니, 즉 늙어 죽을 때까지 명성
을 탐하지 않겠다.(《진여의집陳與義集》적원適遠)

寧知霜雪後, 獨見松竹心.
영 지 상 설 후   독 견 송 죽 심
但使忠貞在, 甘從玉石焚.
단 사 충 정 재   감 종 옥 석 분

어찌 알겠는가, 서리와 눈이 온 뒤에야 송죽의 마음을 볼 수 있노라.(남조
南朝 양梁 강엄江淹,《효고效古》)
충심과 정절을 보존할 수 있으면 옥석과 함께 불태워져도 달게 받겠다.(당
唐 최동崔峒,《유전하판관상초이시답지劉展下判官相招以詩答之》)
•寧知: 어찌 알겠는가.
•玉石焚: 옥과 돌을 모두 태우다. 선과 악이 함께 해를 당함을 비유한 말.

松白死不變, 千年色靑靑.
송 백 사 불 변   천 년 색 청 청
志士貧更堅, 守道無異營.
지 사 빈 갱 견   수 도 무 이 영

송백은 죽어도 본성이 변하지 않으며, 천 년을 지나도 색이 푸르다.
뜻 있는 선비는 가난해져도 뜻을 더욱 굳게 가지며, 도를 지키는 데 계획
을 달리하지 않는다.(당唐 맹교孟郊,《답곽랑중答郭郎中》)
•死: 시간이 오래 됨을 형용한 말.   •營: 계획하다.

靑松在東園, 衆草沒其姿.
청 송 재 동 원   중 초 몰 기 자
凝霜殄異類, 卓然見高枝.
응 상 진 이 류   탁 연 현 고 지

청송은 동쪽 정원에서 온갖 화초에 의해 그 자태가 가리워지지만,
서리가 내리고 화초들이 시들면, 우뚝 높은 가지를 드러낸다.(진晉 도연명陶
淵明,《음주병서飮酒幷序》)
•殄: 없어지다.

顧行而忘利, 守節而仗義.
고 행 이 망 리　수 절 이 장 의

立身有高潔, 滿卷多好詩.
입 신 유 고 결　만 권 다 호 시

자기의 행동을 돌아보고 이익을 잊으며, 절개를 지키고 정의에 의지한다.
(《한서漢書》가의전賈誼傳)

입신해서 고결하면 온 책 속에 좋은 시가 많다.(당唐 고황顧況, 《곡종형장哭從兄萇》)

願君學長松, 慎勿作桃李.
원 군 학 장 송　신 물 작 도 리

受屈不改心, 然後知君子.
수 굴 불 개 심　연 후 지 군 자

그대에게 바라노니 영원히 변치 않는 청송을 배우고, 도리화는 절대로 되지 말라.

굴욕을 받고도 마음을 고치지 않은 후에야 군자를 알 수 있다.(당唐 이백李白, 《증위시어황상贈韋侍御黃裳》)

百尺無寸枝, 一生自孤直.
백 척 무 촌 지　일 생 자 고 직

繩尺君子心, 之死靡所奇.
승 척 군 자 심　지 사 미 소 기

백 척의 소나무에는 조그마한 가지 없이, 일평생 홀로 곧다.(당唐 송지문宋之問, 《제노송시題老松詩》)

군자는 마음 속에 원칙을 갖고 있어, 죽음에 이르러도 변치 않는다.(청淸 진학수陳學洙, 《군자행君子行》)

•繩尺: 준칙. 원칙.　•之: 가다. 이르다.　•靡: 없다.　•奇: 운명이 불우함.

欲識凌冬性, 惟有歲寒知.
욕 식 릉 동 성　유 유 세 한 지

願存堅貞節, 勿爲霜霰欺.
원 존 견 정 절　물 위 상 산 기

겨울을 굴복시키는 품성을 알려면 오직 추운 겨울철이 되어야 알 수 있다.
(당唐 우세남虞世南,《죽竹》)

바라노니 곧은 절조를 보존하고, 서리와 눈발에 속지 말라.(당唐 맹교孟郊,
《답우인答友人》)

•凌: 업신여기다.　•凌冬性: 겨울을 굴복시키는 품성.

益重靑靑志, 風霜恒不渝.
익 중 청 청 지　풍 상 항 불 투

願保金石志, 無令有奪移.
원 보 금 석 지　무 령 유 탈 이

청운의 뜻을 더욱 소중하게 여기고, 바람이 불고 서리가 내려도 항상 변
하지 않아야 한다.(당唐 이융기李隆基,《사신라왕賜新羅王》)

바라노니, 금석처럼 굳은 뜻을 보존하고 어떠한 동요도 있어서는 안 된다.
(송宋 이준욱李遵勖,《망한월望漢月》)

•益: 더욱.　•靑靑: 무성하다. 왕성하다.　•恒: 항상.　•渝: 변하다.

智者不再計, 勇士不怯死.
지 자 부 재 계　용 사 불 겁 사

願以淸泚流, 鑒此堅貞質.
원 이 청 체 류　감 차 견 정 질

지혜로운 사람은 계획을 두 번 하지 않고, 용사는 죽음을 겁내지 않는다.
(《전국책戰國策》 제책齊策)

깨끗한 물로 나의 이 곧은 마음을 비추길 바란다.(당唐 비관경費冠卿,《침류석
枕流石》)

•淸泚: 물이 맑다. 맑은 물.　•泚: 물이 맑다.

當及未衰時, 晩節早自勵.
당 급 미 쇠 시　만 절 조 자 려

但憂死無聞, 功不掛靑史.
단 우 사 무 문　공 불 괘 청 사

아직 쇠약하지 않았을 때, 자기의 만년을 위해 일찍부터 연마하라.(청淸 주
작周焯, 《오십五十》)

죽은 뒤에 알려지지 않을 것만을 근심하면 공적이 청사에 기록되지 않을
것이다.(송宋 육유陸游, 《투양참정投梁參政》)

•掛: 걸다. 여기서는 〈기록되다〉라는 의미.

毋栽當暑槿, 寧種深秋菊;
무 재 당 서 근　영 종 심 추 국

菊死抱枯枝, 槿艶隨昏旭.
국 사 포 고 지　근 염 수 혼 욱

여름에 무궁화를 심지 말라, 차라리 늦가을에 국화를 심는 것이 낫다.

국화는 죽어도 시든 가지를 안을 수 있으나, 무궁화는 곱지만 아침에 피
었다가 저녁에 시든다.(송宋 구양수歐陽修, 《기제유저작희수가원효성유체寄題劉著作義叟
家園效聖兪體》)

皎皎明發心, 不爲歲寒欺.
교 교 명 발 심　불 위 세 한 기

春榮誰不慕, 歲寒良獨希.
춘 영 수 불 모　세 한 양 독 희

마음이 공명정대하면 혹한에 의해 기만당하지 않는다.(남조南朝 송宋 사령운謝
靈運, 《기발석수성祁發石首城》)

봄날의 무성한 화초를 누가 좋아하지 않겠는가마는 추운 겨울철의 송백만
을 진실로 바란다.(《문선文選》 손초정서관속송어척양후작시일수孫楚征西官屬送於陟陽侯
作詩一首)

•皎皎: 희고 깨끗한 모양.　•明發心: 공명정대한 마음을 형용한 말.

努力事葺修, 棟梁庶不圮;
노 력 사 즙 수　동 량 서 불 비

莫若江南橘, 踰淮化爲枳.
막 약 강 남 귤　유 회 화 위 지

노력해서 수양에 힘써야 하며, 동량이 있어야 무너지지 않을 것이다.

강남의 귤처럼 되지 말라. 회북으로 건너오면 탱자가 된다.(청淸 예단선倪端璿,《四弟懇予易其名字予取文王世子語爲更名曰克昕字徵子因時以勗》)

•葺: 수선하다. 여기서는 〈수양하다〉라는 의미.

人生孰無死, 貴得死所耳!
인 생 숙 무 사　귀 득 사 소 이

勸君效貞節, 夢魂自安怡.
권 군 효 정 절　몽 혼 자 안 이

인생에서 누가 죽지 않겠는가마는 죽을 곳을 얻는 것이 중요할 뿐이다.(명明 하완순夏完淳,《옥중상모서獄中上母書》)

그대에게 권하노니 정절을 배우라. 꿈 속에서도 자연히 편안하고 기쁠 것이다.(《개당집漑堂集》 고람古覽)

•效: 본받다. 배우다.　•安怡: 편안하고 기쁘다.

欲知窮悴節, 宜試以霜霰.
욕 지 궁 췌 절　의 시 이 상 산

願保喬松質, 靑靑過大寒.
원 보 교 송 질　청 청 과 대 한

곤궁할 때 절개를 보존할 수 있는지를 알려면, 마땅히 어려운 환경 속에서 시험해 보아야 한다.(송宋 구양수歐陽修,《기생혼寄生魂》)

큰 소나무의 바탕을 보존하기를 원하면, 무성한 가지가 대한 추위를 겪어야 한다.(당唐 경풍耿澧,《만등건주즉사기시어晚登虔州卽事寄侍御》)

•窮悴: 곤궁하다.

臨財毋苟得, 臨難毋苟免.
임 재 무 구 득   임 난 무 구 면
爲謀須遠大, 守節要堅完.
위 모 수 원 대   수 절 요 견 완

　재물 앞에서 구차하게 얻지 말고, 어려움 앞에서 구차하게 도피하지 말라.
(《예기禮記》 곡례상曲禮上)
　계획을 세우는 것은 응당 원대해야 하며, 절개를 지키는 것은 끝까지 굳
어야 한다.(송宋 육유陸游, 《우언寓言》)
　•毋: 금지사. ~하지 말라.　　•苟: 구차하다. 정당치 못한 방법을 이용하다.
　•謀: 계획하다. 인신되어 뜻·이상.

垢塵不汚玉, 靈鳳不啄羶.
구 진 불 오 옥   영 봉 불 탁 전
附炎人所易, 抱義爾獨難.
부 염 인 소 이   포 의 이 독 난

　때와 먼지는 옥을 더럽히지 못하고, 봉황은 누린내나는 것을 쪼지 않는다.
(당唐 백거이白居易, 《방도공귀택訪陶公歸宅》)
　권세에 빌붙는 사람이 되기는 쉬워도 정의를 지키기는 유난히 어렵다.(송宋
매요신梅堯臣, 《문윤사노적부수聞尹師魯謫富水》)

自古皆有死, 義不汚腥羶.
자 고 개 유 사   의 불 오 성 전
已經霜雪下, 仍驗松柏堅.
이 경 상 설 하   잉 험 송 백 견

　자고로 사람은 모두 죽지만, 정의는 누린내로 더럽혀선 안 된다.(송宋 문천
상文天祥, 《고사도중高沙道中》)
　서리와 눈이 내려 보아야 송백의 곧음을 알 수 있다.(당唐 설거薛據, 《초거군재
서정初去郡齋書情》)

平生仗忠節, 今日住風波.
평생장충절　금일주풍파

壯士難移節, 貞松不改柯.
장사난이절　정송불개가

평소부터 충절에 의지해야 오늘 풍파를 견딜 수 있다.(명明 풍몽룡馮夢龍,《성
세항언醒世恒言》마당신풍송등왕각馬當神風送滕王閣)

뜻 있는 선비는 절개를 바꾸기 어렵고, 곧은 소나무는 가지를 바꾸지 않
는다.(당唐 이함용李咸用,《자괴自愧》)

•柯: 나뭇가지.

花開笑春風, 却被風吹落;
화개소춘풍　각피풍취락

自無堅貞性, 但怨風輕薄.
자무견정성　단원풍경박

꽃이 피어서는 봄바람을 보고 웃지만 오히려 바람에 의해 떨어진다.

자기에게 굳고 곧은 본성은 없으면서 바람의 경박함만 탓한다.(청淸 유사서
劉師恕,《호화護花》)

浩氣還太虛, 丹心照千古.
호기환태허　단심조천고

千金買姚黃, 愼勿同流俗.
천금매요황　신물동유속

호연지기는 태허로 돌아오며, 일편단심은 천고에 빛난다.(명明 양계성楊繼盛,
《취의就義》)

천금으로 모란꽃을 사서는 속된 꽃들과 함께 두지 말라.(송宋 구양수歐陽修,
《기제유저작희수가원효성유체寄題劉著作義叟家園效聖兪體》)

•姚黃: 모란꽃의 별칭.

一死留芳名, 一死骨已枯.
일 사 유 방 명　일 사 골 이 고

寄語後世人, 觀此兩丈夫.
기 어 후 세 인　관 차 량 장 부

한 사람은 죽어서 명예를 남기고, 한 사람은 죽어서 뼈가 이미 썩었다.
후세 사람들에게 알리노니, 이 두 사내를 보라.(청淸 고염무顧炎武, 《회동淮東》)

東園桃李花, 早發而先萎;
동 원 도 리 화　조 발 이 선 위

遲遲澗田松, 郁郁含晚翠.
지 지 간 전 송　욱 욱 함 만 취

동쪽 정원에 복숭아꽃 오얏꽃이 만발하였는데, 일찍 핀 것은 먼저 시든다.
계곡 사이에서 더디게 자라는 소나무는 무성하게 푸른빛을 머금고 있다.
(명明 풍몽룡馮夢龍, 《경세통언警世通言》 지문생삼세보은志門生三世報恩)

蓮生淤泥中, 不與泥同調.
연 생 어 니 중　불 여 니 동 조

食蓮誰不甘? 知味良獨少.
식 연 수 불 감　지 미 량 독 소

연꽃은 진흙탕 속에서 살지만 더러운 진흙에 동조하지 않는다.
연밥을 먹으면 누가 달지 않다고 하겠는가마는 진정한 맛을 아는 사람은
참으로 적다.(송宋 황정견黃庭堅, 《공상식연유감贛上食蓮有感》)

天若無霜雪, 靑松不如草.
천 약 무 상 설　청 송 불 여 초
名節重泰山, 利欲輕鴻毛.
명 절 중 태 산　이 욕 경 홍 모

만약 하늘에서 서리와 눈이 내리지 않는다면 청송이 풀만 못할 것이다.
(《시인옥설詩人玉屑》 당비시唐備詩)
　명예와 절개는 태산보다 무겁고, 이익과 욕심은 기러기털보다 가볍다.(명明
우겸于謙, 《무제無題》)

相警保堅白, 勿使不潔擾.
상 경 보 견 백　물 사 불 결 요
不學蒲柳凋, 貞心常自保.
불 학 포 류 조　정 심 상 자 보

경계하노니 굳고 깨끗한 절개를 보존해야 하며, 불결한 것에 흔들려선 안
된다.(《동심선생집冬心先生集》 동설冬雪)
　냇버들처럼 일찍 시드는 것을 배우지 말고, 곧은 마음을 항상 스스로 보
존해야 한다.(당唐 이적李赤, 《자모죽慈姥竹》)

我有鄙介性, 好剛不好柔.
아 유 비 개 성　호 강 불 호 유
勿輕直折劍, 猶勝曲全鉤.
물 경 직 절 검　유 승 곡 전 구

나는 완고한 성격을 가지고 있으니, 강한 것을 좋아하고 부드러운 것을
좋아하지 않는다.
　곧게 자르는 검을 경시하지 말라. 오히려 굽혀서 자기를 보존하는 낚시보
다 낫다.(당唐 백거이白居易, 《절검두折劍頭》)

至寶有本性, 精剛無與儔;
지보유본성　정강무여주

可使寸寸折, 不能繞指柔.
가사촌촌절　불능요지유

보검에는 본성이 있는데, 지극히 강해서 짝을 이룰 만한 것이 없다.
토막토막 자를 수는 있지만 손가락에 감을 수는 없다.(당唐 백거이白居易,《이도위고검李都尉古劍》)

•至寶: 보검을 가리킴.
•繞指柔: 마음대로 손가락에 감을 수 있을 정도로 부드럽다.

桃李總芳菲, 豈若松柏久.
도리총방비　기약송백구

松色不肯秋, 玉色不可柔.
송색불긍추　옥색불가유

도리화는 항상 아름답고 향기가 있지만, 어찌 송백처럼 오래 푸를 수 있겠는가?(《야인청소野人淸嘯》 권상卷上)
청송은 가을바람을 맞아도 색을 바꾸지 않고, 옥은 불에 타도 물러지지 않는다.(당唐 맹교孟郊,《송단매자완방안상인귀산送丹霉子阮芳顏上人歸山》)

男兒得死所, 其重如山丘.
남아득사소　기중여산구

男兒自有守, 可殺不可苟
남아자유수　가살불가구

대장부는 죽을 곳을 얻어야 하는데, 그 중요함은 마치 태산과 같다.(명明 굴대균屈大均,《과탁주작過涿州作》)
대장부는 스스로 절개를 가지고 있어야 하며, 죽을지언정 구차하게 목숨을 부지하지는 말아야 한다.(송宋 매요신梅堯臣,《고의古意》)

勁節凌冬勁,　芳心待歲芳.
경 절 능 동 경　　방 심 대 세 방
勢利壓山嶽,　難屈志士腸.
세 리 압 산 악　　난 굴 지 사 장

청송의 강한 절개는 혹한을 굴복시키고, 방초는 봄을 기다려 다시 향기를 낸다.(당唐《원일은사백엽응제元日恩賜柏葉應制》)
　권세와 이익으로 산을 누를 수는 있지만, 뜻 있는 선비의 마음을 굴복시키기는 어렵다.(송宋 매요신梅堯臣,《고의古意》)

植德千章茂,　硎材百煉剛.
식 덕 천 장 무　　형 재 백 련 강
垂聲謝後世,　氣節故有常.
수 성 사 후 세　　기 절 고 유 상

덕은 큰 나무 1천 그루를 심듯이 무성하게 심어야 하고, 숫돌감은 1백 번을 달구어야 단단해진다.(송宋 범성대范成大,《외구만사이수外舅挽詞二首》)
　명성을 후세에 남기고, 기개와 절조를 길이 보존하리라.(진晉 완적阮籍,《영회시詠懷詩》39수)
　•章: 樟과 통용. 녹나무. 큰 나무.　•硎: 숫돌.
　•垂聲: 명성을 남기다.　•謝: 사죄하다. 인신되어 〈말하다〉라는 의미.

芙蓉好顔色,　可惜不禁霜.
부 용 호 안 색　　가 석 불 금 상
雕鶚生難敵,　沈檀死更香.
조 악 생 난 적　　침 단 사 경 향

부용꽃은 빛깔이 곱지만 안타깝게도 서리를 이겨내지 못한다.(명明 우겸于謙,《추의秋意》)
　물수리는 살아서 적을 만나기 어렵고, 단향나무는 말라죽은 후에 향기가 더 농후하다.(《당시기사唐詩紀事》권43 원미지시元微之詩)

蘭草已成行, 山中意味長.
난 초 이 성 행　산 중 의 미 장

堅貞還自抱, 何事鬪群芳.
견 정 환 자 포　하 사 투 군 방

난초가 이미 다 자라서 산 속에 향기가 진동한다.
　굳고 곧은 심성을 스스로 가지고 있어 다른 꽃들과 아름다움을 다투지 않
는다.(청淸 정판교鄭板橋, 《제난죽석이십삼칙題蘭竹石二十三則》)

蚌死留夜光, 劍折留鋒芒;
방 사 유 야 광　검 절 유 봉 망

哲人歸大夜, 千古傳圭璋.
철 인 귀 대 야　천 고 전 규 장

　조개는 죽은 후에 야광 진주를 남기고, 보검은 부러져도 날카로운 칼끝을
남긴다.
　철인이 죽으면 천고에 규장을 전한다.(당唐 소알邵謁, 《남맹동야집覽孟東野集》)
•夜光: 야광주.　•歸大夜: 죽다.
•圭璋: 즉 珪璋. 귀한 옥. 고상한 인품의 비유.

月缺不改光, 劍折不改剛;
월 결 불 개 광　검 절 불 개 강

月缺魄易滿, 劍折鑄復良.
월 결 백 역 만　검 절 주 복 량

　달은 이지러져도 달빛을 바꾸지 않으며, 보검은 부러져도 여전히 강하다.
　달이 이지러져도 달빛은 가득 차며, 보검은 부러져도 다시 주조하면 원래
대로 날카롭게 된다.(송宋 매요신梅堯臣, 《고의古意》)

爲草當作蘭, 爲木當作松;
위 초 당 작 란　위 목 당 작 송

蘭幽香風遠, 松寒不改容.
난 유 향 풍 원　송 한 불 개 용

화초가 되려면 난초가 되어야 하고, 나무가 되려면 소나무가 되어야 한다.
난초의 그윽한 향기는 바람에 실려 멀리 가고, 소나무는 혹한에도 자태를
바꾸지 않는다.(당唐 이백李白,《어오송산증남릉상찬부於五松山贈南陵常贊府》)
•蘭·松: 고상한 품격과 굳은 의지의 비유.

生當作人杰, 死亦爲鬼雄.
생 당 작 인 걸　사 역 위 귀 웅

眞心凌晚桂, 勁節掩寒松.
진 심 룽 만 계　경 절 엄 한 송

살아서는 인걸이 되어야 하고, 죽어서도 귀신 영웅이 되어야 한다.(송宋 이
청조李淸照,《절구絕句》)
나의 진실된 마음은 만추의 계수나무를 능멸하고, 굳은 절개는 혹한의 소
나무를 뒤덮는다.(당唐 낙빈왕駱賓王,《부사浮槎》)
•勁節: 굳은 절개.　•掩: 가리다. 뒤덮다.

人生無愚賢, 大節本所共.
인 생 무 우 현　대 절 본 소 공

蹉跎一失身, 豈不負弦誦.
차 타 일 실 신　기 불 부 현 송

인생에는 우둔하고 현명한 것이 따로 없으며, 절개는 본래 누구에게나 있
는 것이다.
절개를 한 번 잃으면, 어찌 칭송을 받을 수 있겠는가?(청淸 고염무顧炎武,《과
구정배이선생묘하過矩亭拜李先生墓下》)
•弦誦: 거문고를 타고 樂章을 읊는다. 인신되어 〈칭송하다〉라는 의미.

三萬蓮徑三十春, 半生不踏院門塵.
삼 만 연 경 삼 십 춘　반 생 부 답 원 문 진
三生不改冰霜操, 萬死常留社稷身.
삼 생 불 개 빙 상 조　만 사 상 유 사 직 신

30년간 고결한 행동을 하고, 반평생 동안 원문 앞의 먼지를 밟지 않았다.
(《당시기사唐詩紀事》 권57 단성식시段成式詩)

영원히 고상한 절조를 바꾸지 않고 1만 번 죽어도 언제나 사직을 지키는
신하로 남겠다. (명明 해서海瑞,《알선사고통양공사謁先師顧洞陽公祠》)

•三生: 前生·現生·後生을 가리키는 불교 용어. 여기서는 시간이 오램을 가리킨다.

•冰霜操: 얼음과 서리 같은 굳은 절개.　•社稷身: 국가의 안위를 관계하는 중요한 신하.

好是特凋群木後, 護霜凌雪翠窳深.
호 시 특 조 군 목 후　호 상 릉 설 취 유 심
多難始應彰勁節, 至公安肯爲虛名.
다 난 시 응 창 경 절　지 공 안 긍 위 허 명

청송의 탁월한 점은 모든 나무가 시들고, 서리와 눈이 온 세상을 뒤덮을
때 푸른빛이 더욱 두드러진다는 것이다.(당唐 왕예王叡,《송松》)

어려움을 당했을 때 더욱 굳은 절개를 드러내야 하며, 지극히 공평한 마
음가짐에 어찌 허명을 추구하랴?(당唐 한악韓偓,《식병息兵》)

•窳: 더욱.　•彰: 드러내다. 발양하다.

乍向草中耿介死, 不求黃金籠下生.
사 향 초 중 경 개 사　불 구 황 금 롱 하 생
憐爾結根能自保, 不隨寒暑變眞心.
연 이 결 근 능 자 보　불 수 한 서 변 진 심

차라리 초택 중에서 지조를 지켜 죽을지언정 황금 새장에서 구차하게 살
지 않으리라.(당唐 이백李白,《설벽사사고취치자반곡사設辟邪使鼓吹雉子班曲辭》)

굳은 뿌리가 견고하여 스스로 보존할 수 있고, 추위와 더위에 따라 본성
을 바꾸지 않는다.(당唐 이신李紳,《굴원橘園》)

不把黃金買畫工, 進身羞與自媒同;
불 파 황 금 매 화 공　진 신 수 여 자 매 동

始知絶代佳人意, 即有千秋國士風.
시 지 절 대 가 인 의　즉 유 천 추 국 사 풍

　황금으로 화공을 매수하지 않고, 출세를 위해 자신이 중매 서는 것을 부
끄럽게 여겼는데,
　비로소 절대가인의 뜻을 알겠노라. 왕소군王昭君에게는 천추에 남을 만한
국사의 풍모가 있도다.(청淸 오문吳雯,《명비明妃》)

•畫工: 여기서는 西漢 元帝 때의 毛延壽를 가리킴.
•絶代佳人: 절세의 미인. 여기서는 西漢 元帝 때의 王昭君을 가리킴.

落落南冠且笑歌, 肯將壯志竟蹉跎?
낙 락 남 관 차 소 가　긍 장 장 지 경 차 타

丈夫不作尋常死, 縱死常山舌不磨.
장 부 부 작 심 상 사　종 사 상 산 설 불 마

　감옥 속에 갇혀도 개의치 않고 웃으며 노래하는데, 어찌 장한 뜻을 저버
리고 시간을 허비하랴?
　대장부는 일반 죽음을 하지 않고, 비록 상산의 태수(즉 안고경顔杲卿)처럼
혀를 잘려 죽어도 굴복하지 않는다.(명明 장가옥張家玉,《자거사불극여이삼동지앙앙
불평부비自擧師不克與二三同志怏怏不平賦比》)

•落落: 뜻이 큰 모양.　•蹉跎: 헛되이 시간을 보내다.
•南冠: 남방, 즉 楚나라의 갓. 초나라의 鐘儀가 남관을 쓰고 晉나라에 잡힌 故事를 가리킴.
포로, 혹은 고국에 대한 정이 두터운 포로를 가리킨다.
•常山: 唐代의 常山太守 顔杲卿. 안고경은 安祿山에게 포로가 되자, 안녹산이 반란을 일으
킨 일을 크게 꾸짖어서 혀가 잘려 죽었다.

日月彌堅冰雪操, 煙霜不改歲寒姿.
일 월 미 견 빙 설 조　연 상 불 개 세 한 자
松柏何須羨桃李, 請君點檢歲寒枝.
송 백 하 수 선 도 리　청 군 점 검 세 한 지

해와 달은 빙설의 지조보다 더욱 굳으며, 서리가 내려도 겨울 자태를 바
꾸지 않는다.(《사양선생존고射陽先生存稿》 증배학주진열경겸봉초도가贈裴鶴洲晉列卿兼逢
初度歌)
　송백이 어째서 도리를 부러워하겠는가? 그대는 겨울 나뭇가지를 점검해
보라.(명明 풍몽룡馮夢龍,《경세통언警世通言》 노문생삼세보은老門生三世報恩)

我心匪石情難轉, 志奪秋霜意不移.
아 심 비 석 정 난 전　지 탈 추 상 의 불 이
念爾零落逐寒風, 徒有霜華無霜質.
염 이 영 락 축 한 풍　도 유 상 화 무 상 질

내 마음은 돌이 아니라 바뀌기가 어렵고, 뜻은 가을 서리가 뺏으려 해도
변하지 않는다.(당唐 정장문程長文,《서정상사군書情上使君》)
　정원의 나무들은 겨울바람이 부는 대로 떨어지고, 한갓 화려한 꽃만 있을
뿐 서리를 견디는 바탕이 없다.(진晉 포조鮑照,《매화락梅花落》)
　•匪: 非와 같음. ～아니다.

清泉絕無一塵染, 長松自是拔俗姿.
청 천 절 무 일 진 염　장 송 자 시 발 속 자
樹堅不怕風吹動, 節操棱棱還自持.
수 견 불 파 풍 취 동　절 조 능 릉 환 자 지

맑은 샘은 결코 먼지 하나에도 오염되지 않고, 장송은 스스로 범속한 자
태를 초월한다.(송宋 소순흠蘇舜欽,《무석혜산사無錫惠山寺》)
　나무가 견고하면 바람이 흔드는 것을 두려워하지 않고, 사람의 절조가 굳
고 곧으면 어떤 상황에서도 스스로 보존한다.(명明 우겸于謙,《북풍취北風吹》)
　•棱棱: 稜稜과 같음. 모가 난 모양. 성품이 모가 지고 바른 모양.

只存百尺松筠操, 那惜三春桃李顏?
지 존 백 척 송 균 조　　나 석 삼 춘 도 리 안
就義從容不避難, 曾傳繒帛與瑜環.
취 의 종 용 불 피 난　　증 전 증 백 여 유 환

　1백 척 길이 청송과 대나무의 절조가 있는데, 어찌 봄날 도리의 화려한 자색을 아쉬워하랴?
　정의로운 일을 조용히 해나가고 어려움을 피하지 않으면, 비단과 옥반지를 후세에 전하리라.(청淸 고견顧汧,《풍지원집風池園集》오정녀만시시익선시랑吳貞女挽詩示翼先侍郎)
　•筠: 대나무의 일종.　•繒: 명주. 견직물의 총칭.　•瑜: 아름다운 옥.　•環: 고리 모양의 옥.

不因困頓移初志, 肯爲夤緣改寸丹.
불 인 곤 돈 이 초 지　　긍 위 인 연 개 촌 단
粉骨碎身渾不怕, 要留淸白在人間.
분 골 쇄 신 혼 불 파　　요 유 청 백 재 인 간

　곤액을 당해도 원래의 뜻을 바꾸지 않았는데, 어찌 권력자에게 빌붙어 단심을 고치겠는가?(청淸 양수청楊秀淸,《과연견내果然堅耐》)
　몸이 가루가 되어도 두려워하지 않으며, 고결함을 세상에 남겨야 한다.(명明 우겸于謙,《영석회詠石灰》)　•夤緣: 권세가에게 아부해서 출세를 꾀하다.

已看鐵骨經霜老, 莫遣金心帶雨斜.
이 간 철 골 경 상 로　　막 견 금 심 대 우 사
落紅不是無情物, 化作春泥更護花.
낙 홍 불 시 무 정 물　　화 작 춘 니 갱 호 화

　국화 줄기는 서리를 맞은 후에 더욱 꼿꼿하고, 국화꽃은 큰비 속에서도 의연하다.(명明 장황언張煌言,《야인향국유감野人餉菊有感》)
　떨어진 꽃잎은 결코 무정한 것이 아니라서, 봄에 진흙으로 변하여 꽃을 더욱 보호한다.(청淸 공자진龔自珍,《기해잡시己亥雜詩》)
　•鐵骨金心: 국화의 줄기와 꽃을 가리킴.

苟中情其好修兮, 又何必用夫行媒?
구 중 정 기 호 수 혜　우 하 필 용 부 행 매

亦余心之所善兮, 雖九死其猶未悔.
역 여 심 지 소 선 혜　수 구 사 기 유 미 회

만일 내심의 정조가 확실히 고상하다면, 어째서 저 소개인을 쓰는가?
내 마음이 좋아한다면 비록 아홉 번 죽더라도 후회하지 않으리라.(전국戰國 초楚 굴원屈原, 《이소離騷》)

•中情: 속마음. 내심의 정조.　•行媒: 중매인.
•九死: 아홉 번 죽다. 죽음의 회수가 많음을 이른 말.

鵷鴻得路爭先翥, 松桂凌霜貴後凋.
원 홍 득 로 쟁 선 저　송 계 릉 상 귀 후 조

鳳凰不共鷄爭食, 莫怪先生懶折腰.
봉 황 불 공 계 쟁 식　막 괴 선 생 나 절 요

원홍은 시기를 만나면 먼저 날아가려고 다투지만, 소나무와 계수꽃은 서리를 맞아도 시들지 않음을 소중히 여긴다.(당唐 무원형武元衡, 《송장간의부궐送張諫議赴闕》)
봉황은 닭과 먹을 것을 다투지 않으니, 도연명 선생이 허리 굽히는 데 게을리한 것을 나무라지 말라.(당唐 호증胡曾, 《팽택彭澤》)

•鵷鴻: 새 이름. 봉황의 일종. 고귀함을 비유.　•折腰: 허리를 꺾다. 인사를 올리다.

冬靑樹上掛凌霄, 歲晏花凋樹不凋.
동 청 수 상 괘 릉 소　세 안 화 조 수 부 조

但期處死得其所, 一死政自輕鴻毛.
단 기 처 사 득 기 소　일 사 정 자 경 홍 모

감탕나무에 능소화가 붙어 있는데, 한겨울에 꽃은 지지만 나무는 시들지 않는다.(당唐 고황顧況, 《행로난行路難》)
제자리에서 죽기만을 바라며, 정의를 위해 죽는다면 죽음을 기러기털보다 가볍게 여기리라.(송宋 유과劉過, 《종군락從軍樂》)

•政: 正과 같음.　•輕鴻毛: 기러기털처럼 가볍다. 죽음을 대수롭지 않게 여긴다는 의미.

顚狂柳絮隨風去, 輕薄桃花逐水流.
전 광 유 서 수 풍 거   경 박 도 화 축 수 류

猛石可裂不可卷, 義士可殺不可羞.
맹 석 가 열 불 가 권   의 사 가 살 불 가 수

미친 듯한 버들개지는 바람 따라 날리고, 경박한 복숭아꽃은 물결 따라 흘러간다.(당唐 두보杜甫,《절구만흥구수絶句漫興九首》)

단단한 돌은 쪼갤 수는 있지만 굽힐 수는 없으며, 충의지사는 죽일 수는 있지만 욕보일 수는 없다.(당唐 이조위李朝威,《유의전柳毅傳》)

•猛石: 단단한 돌. •義士: 의리와 지조를 굳게 지키는 선비.

男兒通塞寧有常, 層冰之後生春陽.
남 아 통 색 녕 유 상   층 빙 지 후 생 춘 양

丈夫濺血尋常事, 留得人間姓氏香.
장 부 천 혈 심 상 사   유 득 인 간 성 씨 향

대장부가 통하거나 막힘에 따라 어찌 변함이 없으랴. 겹겹이 얼음 언 후에는 봄볕이 곧 나온다.(《사양선생존고射陽先生存稿》잡언증풍남회차부적무명雜言贈馮南淮此部謫茂名)

대장부가 피를 뿌리는 것은 항상 있는 일이며, 세상에 이름 석 자를 남겨야 한다.(명明 양중년楊仲年,《실제失題》)

•通: 통하다. 뜻을 얻다. 順境을 가리킴. •塞: 막히다. 뜻을 잃다. 逆境을 가리킴.
•常: 일정하다. 변함이 없다. •層冰: 혹한, 또는 엄동을 가리킴.

莫道秋霜不滋物, 菊花還借後時黃.
막 도 추 상 부 자 물   국 화 환 차 후 시 황

但得貞心能不改, 縱令移植亦何妨.
단 득 정 심 능 불 개   종 령 이 식 역 하 방

가을 서리가 만물을 자라게 하지 않는다고 말하지 말라. 국화는 이를 빌린 후에야 더욱 노래진다.(당唐 황도黃滔,《기동년이시랑귀정寄同年李侍郎龜正》)

곧은 절조가 변하지 않을 수만 있다면 비록 다른 곳에다 이식해도 상관이 없다.(청淸 진찬림陳燦霖,《영귤詠橘》)

雖慚老圃秋容淡,　且看寒花晚節香.
수 참 노 포 추 용 담　차 간 한 화 만 절 향
莫笑老夫輕一死,　汗靑留取姓名香.
막 소 노 부 경 일 사　한 청 유 취 성 명 향

비록 한겨울의 화원이 가을 얼굴의 청담함에는 부끄럽지만, 깊은 겨울에 피
는 국화는 오히려 더욱 향기가 난다.(송宋 한기韓琦,《안양집安陽集》구월수각九月水閣)
　노부가 한 번의 죽음을 가벼이 한다고 비웃지 말라. 청사에 이름 석 자를
남길 것이다.(명明 구식사瞿式耜,《호기음浩氣吟》)
　•汗靑: 汗簡과 같음. 역사.

願君寶此後凋心,　桃李春風莫惆悵.
원 군 보 차 후 조 심　도 리 춘 풍 막 추 창
林間傲骨須珍重,　不到寒時不肯香.
임 간 오 골 수 진 중　불 도 한 시 불 긍 향

그대에게 바라노니 청송처럼 시들지 않는 마음을 소중히 여기고, 봄바람
속의 도리화를 보고 실망해서 한탄하지 말라.(청淸 궁홍력宮鴻歷,《이목암선생벽상
관이송남화송가李木庵先生壁上觀李松嵐畵松歌》)
　숲 속의 매화는 소중히 해야 하는데, 혹한이 닥치지 않으면 향기를 내려
하지 않는다.(《지당분여芝堂焚余》영매화詠梅花)

石罅引根非土力,　冒寒猶助嶽蓮光.
석 하 인 근 비 토 력　모 한 유 조 악 련 광
綠槐生在膏腴地,　何得無心拒雪霜.
녹 괴 생 재 고 유 지　하 득 무 심 거 설 상

청송이 돌 틈에 뿌리를 내리는 것은 토양의 힘이 아니며, 혹한을 무릅쓰
고 산 위의 눈과 어울려서 빛난다.
　비옥한 땅에서 자라는 푸른 홰나무는 어째서 무심하게 서리와 눈을 거절
하는가?(전촉前蜀 장빈張蠙,《화산고송華山孤松》)
　•罅: 틈.　•嶽蓮: 산 위에 쌓인 눈을 비유한 말.　•何: 可자가 쓰인 것도 있음.

願作貞松千歲古, 誰論芳槿一朝新.
원 작 정 송 천 세 고　　수 논 방 근 일 조 신

不要人誇顏色好, 只留淸氣滿乾坤.
불 요 인 과 안 색 호　　지 류 청 기 만 건 곤

곧은 청송처럼 절개가 영원하기를 바라는데, 누가 아침에 피었다가 저녁에 지는 무궁화를 향기롭다고 하는가?(당唐 유희이劉希夷, 《공자행公子行》)

남에게 안색이 좋다고 자랑하지 말며, 다만 청향을 온 세상에 남기면 될 것이다.(명明 왕면王冕, 《묵매墨梅》)

•淸氣: 淸香. 맑은 향기. 맑고 높은 절개의 비유.　　•乾坤: 천지.

耐寒惟有東籬菊, 金蕊繁開曉更淸.
내 한 유 유 동 리 국　　금 예 번 개 효 갱 청

縱被春風吹作雪, 絶勝南陌碾成塵.
종 피 춘 풍 취 작 설　　절 승 남 맥 연 성 진

추위를 견디내는 것으로는 오직 동쪽 울타리에 핀 국화가 있는데, 찬란한 꽃술은 촘촘하게 피어서 새벽이 되면 더욱 청초하다.(《구양수전집歐陽修全集》상霜)

살구꽃은 비록 봄바람에 눈처럼 날려도, 밭두둑에서 짓밟혀 먼지가 된 것보다 낫다.(송宋 왕안석王安石, 《북피행화北陂杏花》)

•陌: 밭두둑 길. 동서로 난 길을 陌, 남북으로 난 길을 阡이라고 한다.

擧世皆濁我獨淸, 衆人皆醉我獨醒.
거 세 개 탁 아 독 청　　중 인 개 취 아 독 성

靑山有雪語松性. 志士豈得空酸辛.
청 산 유 설 암 송 성　　지 사 기 득 공 산 신

온 세상이 모두 혼탁해도 나만은 깨끗하며, 모든 사람이 다 취해도 나만은 깨어 있다.(전국戰國 초楚 굴원屈原, 《어부漁父》)

청산에 날리는 눈도 청송의 본성을 환히 안다.(《시인옥설詩人玉屑》권4)

뜻 있는 선비가 어찌 헛되이 괴로워하겠는가?(송宋 육유陸游, 《한야가寒夜歌》)

•諳: 익숙하게 알다.

熊魚自古無雙得, 鵠雀如何可共謀.
웅 어 자 고 무 쌍 득   곡 작 여 하 가 공 모

葵藿有心終向日, 杏桃無力漫隨風.
규 곽 유 심 종 향 일   행 도 무 력 만 수 풍

자고로 곰 발바닥과 물고기는 동시에 얻을 수 없으며, 기러기와 참새가 어떻게 함께 공모할 수 있는가?(송宋 문천상文天祥,《己卯十月一日至燕, 越五日羈甾狂, 有感而賦》)

해바라기는 마음이 있어 시종 해를 향하고, 살구꽃과 복숭아꽃은 힘이 없어 바람 부는 대로 내맡긴다.(《원시기사元詩紀事》권41)

•熊魚: 곰 발바닥과 물고기. 모두 맛좋은 음식.　•鵠雀: 기러기와 참새.《史記·陳涉世家》에 보면『燕雀安知鴻鵠之志哉』라는 말이 나온다.　•葵藿: 해바라기. 원래는 葵가 해바라기이고, 藿은 콩잎이다. 杜甫는『葵藿傾太陽, 物性固難奪』이라고 노래하였다.

花開不幷百花叢, 獨立疏籬趣無窮;
화 개 불 병 백 화 총   독 립 소 리 취 무 궁

寧可枝頭抱香死, 何曾吹落北風中?
영 가 지 두 포 향 사   하 증 취 락 북 풍 중

국화는 뭇꽃들과 함께 피지 않고, 성긴 울타리에서 홀로 정취가 무궁하다.
차라리 가지 위에서 향기를 끌어안고 시들지언정, 어찌 북풍이 부는 대로 떨어지겠는가?(송宋 정사초鄭思肖,《영국詠菊》)

•疏籬: 성긴 울타리.　•抱香死: 국화는 시들 때 다른 꽃들처럼 바람 부는 대로 꽃잎이 이리저리 흩날리지 않고, 줄기에 붙어서 그대로 시듦으로 포향사라고 부른다.

14

讀書篇

勞於讀書, 逸於作文.
노 어 독 서　일 어 작 문

悟從疑得, 樂至苦生.
오 종 의 득　낙 지 고 생

　독서는 수고롭지만 문장을 짓는 것은 마음대로이다.(원元 정단례程端禮,《독서
분년일정讀書分年日程》)
　깨달음은 회의에서 시작되고, 즐거움은 고생에서 비롯된다.(청淸 신거운申居鄖,
《서암췌어西巖贅語》)
　•悟: 이해하다. 깨닫다.

博學多識, 疑則思問.
박 학 다 식　의 즉 사 문

不學問者, 學必不進.
불 학 문 자　학 필 부 진

　학습을 광범위하게 하고 지식을 축적해야 하며, 의문점이 있으면 남에게
질문해야 한다.(한漢 왕부王符,《잠부론潛夫論》서록敍錄)
　배우고 질문하지 않으면 학업이 틀림 없이 진보하지 않을 것이다.(청淸 당
표唐彪,《사부선유법師父善誘法》)

心愼雜役, 則有餘靈.
심 신 잡 역　즉 유 여 령

目愼雜觀, 則有餘明.
목 신 잡 관　즉 유 여 명

마음으로 잡다한 일들을 생각하지 않으면 마음이 맑게 된다.

눈으로 잡다한 것들을 보지 않으면 눈이 밝게 된다.(《격언연벽格言聯璧》학문류
學問類)

學而必習, 習又必行.
학 이 필 습　습 우 필 행

心不專一, 不能專誠.
심 부 전 일　불 능 전 성

배운 지식은 반드시 복습해야 하며, 복습하면서 또한 반드시 실천해야 한다.
(청淸 안원顏元, 《습재언행록習齋言行錄》)

마음이 한 가지에 전념하지 못하면 오로지 성실하게 학습할 수 없다.(《회남자
淮南子》주술훈主術訓)

•專一: 전일하다. 마음을 오직 한 가지에만 쓰다.

讀未見書, 如得良友.
독 미 견 서　여 득 양 우

讀已見書, 如逢故人.
독 이 견 서　여 봉 고 인

본 적이 없는 책을 읽는 것은 마치 좋은 친구를 얻는 것과 같다.

이미 본 책을 읽는 것은 마치 옛친구를 만나는 것과 같다.(《격언연벽格言聯璧》
학문류學問類)

外物之味, 久則可厭;
외 물 지 미 구 즉 가 염
讀書之味, 愈久愈深.
독 서 지 미 유 구 유 심

외물의 맛은 오래 되면 염증을 느끼게 되지만,
독서의 맛은 오래 될수록 더욱 깊어진다.(《이정어록二程語錄》)
•外物: 자기 이외의 사물. 명리나 지위 등을 말함.

不能則學, 不知則問.
불 능 즉 학 부 지 즉 문
敏而好學, 不恥下問.
민 이 호 학 불 치 하 문

할 능력이 없으면 배우고, 모르면 질문해야 한다.(《한시외전韓詩外傳》권6 제7장)
두뇌회전이 빠르고 배우기를 좋아하며, 자기만 못한 사람에게 질문하는
것을 부끄럽게 생각하지 않는다.(《논어論語》공야장公冶長)

良書盈篋, 妙鑒乃訂.
양 서 영 협 묘 감 내 정
學者有益, 須是日新.
학 자 유 익 수 시 일 신

양서가 상자에 가득 있어도 고명한 감상자를 거쳐야 평가될 수 있다.(남조
南朝 양梁 유협劉勰, 《문심조룡文心雕龍》지음知音)
  학문을 하는 사람이 발전하기 위해서는 반드시 날마다 새로운 지식을 배
워야 한다.(송宋 조열지晁說之, 《조씨객어晁氏客語》)
•篋: 상자. •日新: 나날이 새로워지다. 여기서는 날마다 발전함을 가리킨다.

不從糟粕, 安得精英.
부 종 조 박　안 득 정 영

精之又精, 習與性成.
정 지 우 정　습 여 성 성

조박한 것에서 유용한 것을 흡수하지 못하면 어떻게 정수를 얻을 수 있겠는가?(《소창산방시문집小倉山房詩文集》)

잘하면서 더 잘하려고 노력하면 습관이 본성과 같아질 것이다.(청淸 위원魏源, 《손자집주孫子集註》 서序)

• 從: ～으로부터. ～에서.

博學切問, 所以廣知.
박 학 절 문　소 이 광 지

不覽古今, 論事不實.
불 람 고 금　논 사 불 실

널리 배우고 절실하게 질문하면 지식을 넓힐 수 있다.(송宋 장상영張商英, 《소서素書》)

과거와 현재를 두루 살피지 않으면 일을 논하는 데 내용이 없게 된다.(한漢 왕충王充, 《논형論衡》 별통편別通篇)

非學何立? 非書何習?
비 학 하 립　비 서 하 습

終以不倦, 聖賢何及.
종 이 불 권　성 현 하 급

배우지 않으면 무엇으로 세우겠는가? 책이 아니면 무엇으로 익히겠는가?

죽을 때까지 게으르지 않으면 성현이 어떻게 따라오겠는가?(송宋 소송蘇頌, 《서질명書帙銘》)

字求其訓, 句索其旨.
자 구 기 훈　구 색 기 지

濯去舊見, 以來新意.
탁 거 구 견　이 래 신 의

글자는 그 의미를 탐구해야 하고, 문장은 그 취지를 탐색해야 한다.(원元 정
단례程端禮,《정씨가숙독서분년일정程氏家塾讀書分年日程》 주자독서법朱子讀書法)

진부한 관점을 깨끗이 버리고 새로운 의미를 연구해야 한다.(송宋 주희朱熹,
《학규류편學規類編》)

•訓: 글자의 의미를 가리킨다.　•索: 탐구하다. 찾다.　•濯: 빨다. 씻다.

璧瑗成器, 礛諸之功;
벽 원 성 기　감 제 지 공

鏌鋣斷割, 砥礪之力.
막 야 단 할　지 려 지 력

벽원이 기물이 되는 것은 감제(옥을 가는 숫돌)의 공이며,
막야검이 예리한 것은 숫돌의 힘이다.(《회남자淮南子》 설림훈說林訓)

•璧瑗: 璧과 瑗은 모두 고리 형태의 옥.　•礛諸: 즉 礛礠. 옥을 가는 숫돌.

不學操縵, 不能安弦;
불 학 조 만　불 능 안 현

不學博依, 不能安詩.
불 학 박 의　불 능 안 시

조와 만을 배우지 않으면 손가락이 익숙치 못해 거문고를 잘 탈 수 없고,
비유하는 것을 배우지 않으면 시를 잘 지을 수 없다.(《예기禮記》 학기學記)

•操縵: 操는 거문고 곡조. 縵은 縵樂. 만악은 다른 음악에 섞어 연주하는 음악이다.

•博依: 광범하게 비유하다. 여기서는 比興의 수법을 가리킨다.

跬步不休, 跛鼈千里.
규 보 불 휴 파 별 천 리

小水長流, 則能穿石.
소 수 장 류 즉 능 천 석

반 걸음도 쉬지 않으면 뒤뚱거리는 자라도 천리를 갈 수 있다.(《회남자淮南子》설림훈說林訓)

작은 물도 오래 흐르면 바위를 뚫을 수 있다.(청淸 적호翟灝,《통속편通俗編》지리地理)

• 跬步: 반 걸음.

麒麟千里, 一日而通;
기 린 천 리 일 일 이 통

駑馬十舍, 旬亦至之.
노 마 십 사 순 역 지 지

준마는 천리를 하루면 갈 수 있고,
둔마도 열흘을 달리면 갈 수 있다.(《회남자淮南子》제속훈齊俗訓)

知而弗爲, 莫如弗知.
지 이 불 위 막 여 불 지

知而不行, 只是未知.
지 이 불 행 지 시 미 지

알면서 하지 않으면 모르는 것만 못하다.(《공자가어孔子家語》자로초견子路初見)

알면서 실행하지 않으면 모르는 것과 같다.(명明 왕양명王陽明,《어록語錄》전습록상傳習錄上)

愼而思之, 勤而行之.
신 이 사 지　근 이 행 지
朝有所聞, 則夕行之.
조 유 소 문　즉 석 행 지

신중하게 생각하고, 부지런히 실천한다.(당唐 백거이白居易,《책림策林》)
아침에 들은 것이 있으면 저녁에 이를 실천한다.(《후한서後漢書》장형열전張衡
列傳)

一日暴之, 十日寒之.
일 일 폭 지　십 일 한 지
日計不足, 歲計有餘.
일 계 부 족　세 계 유 여

하룻동안 따뜻하게 하고, 열흘 동안 차게 한다.(《맹자孟子》고자상告子上)
하루면 부족하지만 1년이면 충분하다.(송宋 진선陳善,《문슬신화捫虱新話》)

夙興以求, 夜寐以思.
숙 흥 이 구　야 매 이 사
摘埴索塗, 冥行而已.
적 치 색 도　명 행 이 이

아침에 일어나서 학습하고, 저녁에 누워서 생각한다.(《한서漢書》무제기武帝記)
땅을 두드리며 길을 찾는 것은 밤에 가는 것과 같다.(한漢 양웅揚雄,《법언法
言》수신修身)
　•夙: 아침.　　•興: 일어나다.　　•寐: 자다.
　•摘埴: 땅을 두드리다. 摘은 두드리다, 埴는 땅.
　•塗: 途와 통용. 길.　　•冥行: 밤에 길을 가다.

學而不已, 闔棺乃止.
학 이 불 이   합 관 내 지
君子之學, 死而後已.
군 자 지 학   사 이 후 이

배우는 것은 그칠 수 없으며, 관 뚜껑을 덮어야 비로소 그만둔다.(《한시외전
韓詩外傳》)
군자의 학문은 죽은 뒤에야 그친다.(청淸 고염무顧炎武, 《여인서與人書》)
•闔棺: 관 뚜껑을 닫다. 사람이 죽음을 비유하는 말.

人貴知足, 唯學不然.
인 귀 지 족   유 학 불 연
人功不竭, 天巧不傳.
인 공 불 갈   천 교 부 전

사람은 만족할 줄 아는 것이 중요한데, 오직 배움만은 그렇지 않다.
사람이 공을 다 들이지 않으면 하늘이 기교를 전하지 않는다.(청淸 원매袁枚,
《속시품주續詩品注》 용감勇敢)

積土成山, 風雨興焉;
적 토 성 산   풍 우 흥 언
積水成淵, 蛟龍生焉.
적 수 성 연   교 룡 생 언

흙이 쌓여 산을 이루면, 비바람이 그곳에서 일어난다.
물이 모여 연못을 이루면, 교룡이 그곳에 엎드려 있다.(《순자荀子》 권학勸學)

坐破寒氈, 磨穿鐵硯.
좌 파 한 전　마 천 철 연

讀書百遍, 其義自見.
독 서 백 편　기 의 자 현

모전을 앉아서 해어지게 하고, 쇠벼루를 갈아서 뚫는다.(원元 범자안范子安,
《죽엽주竹葉舟》)

책을 백 번 읽으면 그 뜻이 저절로 나타난다.(《삼국지三國志》위서魏書)

一日一錢, 千日千錢,
일 일 일 전　천 일 천 전

繩鋸木斷, 水滴石穿.
승 거 목 단　수 적 석 천

하루에 1전씩 저금하면 1천 일이면 1천 전이 된다.

줄로 켜서 나무를 자를 수 있고, 물이 떨어져서 돌을 뚫을 수 있다.(송宋 나
대경羅大經,《학림옥로鶴林玉露》)

山溜至柔, 石爲之穿.
산 류 지 유　석 위 지 천

知之非艱, 行之惟艱.
지 지 비 간　행 지 유 간

산에서 떨어지는 물방울은 지극히 부드러우나 돌은 그것에 의해 뚫린다.
(《공총자孔叢子》)

아는 것이 어려운 것이 아니라 실천하는 것이 어렵다.(《상서尙書》열명說命)

•山溜: 산에서 떨어지는 물방울.

禾熟則穫, 果熟則剝.
화 숙 즉 획   과 숙 즉 박

一身五心, 反復迷惑.
일 신 오 심   반 복 미 혹

곡식이 익어야 수확할 수 있고, 과일이 익어야 껍질을 벗길 수 있다.(송宋 최돈례崔敦禮,《추언芻言》)

한 사람이 다섯 마음을 가지고 있으면 미혹이 반복된다.(《역림易林》박췌)

不知則問, 不能則學.
부 지 즉 문   불 능 즉 학

無羞亟問, 不媿下學.
무 수 기 문   불 괴 하 학

알지 못하면 묻고, 할 줄 모르면 배워야 한다.(한漢 동중서董仲舒,《춘추번로春秋繁露》집지執贄)

자주 묻는 것을 부끄럽게 여기지 말고, 자기만 못한 사람에게 배우는 것을 창피하게 생각지 말라.(《전국책戰國策》제책齊策)

•亟: 자주. 누차.   •媿: 愧와 같음. 부끄러워하다.

終日不食, 終夜不寢,
종 일 불 식   종 야 불 침

以思無益, 不如學也.
이 사 무 익   불 여 학 야

온 종일 먹지 않고, 온 밤을 지새우며
생각하였으나 실익이 없으며, 배우는 것만 못하다.(《논어論語》위령공衛靈公)

少而不學, 長無能也.
소 이 불 학   장 무 능 야

面墻而立, 不成人也.
면 장 이 립   불 성 인 야

어려서 배우지 않으면 자란 후에 능력이 없다.(《공자가어孔子家語》삼서三恕)
담장을 맞대고 서 있는 사람은 인재가 될 수 없다.(《진서晉書》양무소왕전梁武
昭王傳)
•面墻: 벽을 맞대고 서 있다. 배우지 않았음을 비유하는 말.

學如弓弩, 才如箭簇,
학 여 궁 노   재 여 전 족

識以領之, 才能中鵠.
식 이 령 지   재 능 중 곡

배우는 것은 활과 쇠뇌같이 하고, 재주는 화살촉같이 하며,
학식으로 통솔해야 비로소 과녁에 적중시킬 수 있다.(청淸 원매袁枚,《속시품주
續詩品注》상식尚識)
•中: 적중하다.   •鵠: 과녁.

一日不書, 百事荒蕪.
일 일 불 서   백 사 황 무

積財千萬, 無過讀書.
적 재 천 만   무 과 독 서

하루라도 책을 읽지 않으면 모든 일이 황폐해진다.(명明 이후李詡,《계암노인만
필戒庵老人漫筆》고인인용언어古人引用諺語)
재물을 천만금 축적해도 책을 읽는 것만 못하다.(《안씨가훈顏氏家訓》면학勉學)
•荒蕪: 황폐해지다.

行忍性情, 然後能修;
행 인 성 정　연 후 능 수

知而好問, 然後能才.
지 이 호 문　연 후 능 재

행동을 할 때 자기의 성정을 억제한 후에야 고상한 사람이 될 수 있고,
알면서도 묻기를 좋아한 후에야 재주 있는 사람이 될 수 있다.(《순자荀子》
유효儒效)

•忍: 견디다. 참다.

惟書有色, 艶於西子;
유 서 유 색　염 어 서 자

惟文有華, 秀於百卉.
유 문 유 화　수 어 백 훼

오직 책에는 색채가 있어서 서시보다 아름답고,
오직 문장에는 화려함이 있어서 어떤 꽃보다도 뛰어나다.(《피일휴문집皮日休
文集》 목잠目箴)

•色: 색채.　•艶: 아름답다.　•西子: 즉 西施(서시).
•文: 문장. 문체.　•百卉: 온갖 꽃. 卉는 온갖 꽃의 총칭.

學不必博, 要之有用.
학 불 필 박　요 지 유 용

仕不必達, 要之無愧.
사 불 필 달　요 지 무 괴

학문이 반드시 넓어야 하는 것은 아니며, 유용한 것이 중요하다.
벼슬이 반드시 영화를 누려야 하는 것은 아니며, 부끄러움이 없는 것이
중요하다.(송宋 나대경羅大經, 《학림옥로鶴林玉露》)

臨池學書, 池水盡黑.
임 지 학 서   지 수 진 흑

爲山九仞, 功虧一簣.
위 산 구 인   공 휴 일 궤

연못에서 글을 배우는데, 연못 물이 온통 검게 된다.(동진東晉 왕희지王羲之,
《여인서與人書》)

산을 7,80척 쌓아도 한 삼태기의 흙이 모자라면 공이 무너진다.(《상서尙書》
여오旅獒)

•仞: 고대에 7尺(혹은 8척)을 1仞이라고 하였다.
•簣: 흙을 담는 대광주리. 삼태기.

好問則裕, 自用則小.
호 문 즉 유   자 용 즉 소

先民有言, 詢於芻蕘.
선 민 유 언   순 어 추 요

묻기를 좋아하면 얻는 것이 많고, 자기만이 총명하다고 생각하면 얻는 것
이 적다.(《상서尙書》중훼지고仲虺之誥)

고대의 현인들은 꼴꾼과 나무꾼에게 배우라고 말하였다.(《한시외전韓詩外傳》)
•先民: 고대의 현인.   •芻蕘: 꼴꾼과 나무꾼.

鍥而舍之, 朽木不折;
계 이 사 지   후 목 부 절

鍥而不舍, 金石可鏤.
계 이 불 사   금 석 가 루

조각을 하면서 중도에 그만두면 썩은 나무도 부러뜨릴 수 없고,
조각을 하면서 그만두지 않으면 쇠나 돌도 뚫을 수 있다.(《순자荀子》권학勸學)

意不幷銳, 勢不兩隆.
의 불 병 예　세 불 양 릉

懷之專一, 鬼神可通.
회 지 전 일　귀 신 가 통

뜻은 두 가지를 굳힐 수 없고, 세력은 두 가지가 융성할 수 없다.(한漢 유향劉向, 《설원說苑》 설총說叢)

오로지 한 생각만 하고 있으면 귀신도 감동시킬 수 있다.(청淸 포송령浦松齡, 《요재지이聊齋志異》 갈건葛巾)

•隆: 융성하다.

黃金未是寶, 學問勝珍珠.
황 금 미 시 보　학 문 승 진 주

丈夫無伎藝, 虛活一世人.
장 부 무 기 예　허 활 일 세 인

황금은 보배가 아니며, 학문은 진주보다 낫다.
사람이 기예를 갖지 못하면 한평생을 헛산 것과 같다.(《전당시보일全唐詩補逸》
권2 왕범지시王梵志詩)
•虛活: 헛살다.

學旣積於心, 猶木之敷榮;
학 기 적 어 심　유 목 지 부 영

根本旣堅好, 蓊郁其干莖.
근 본 기 견 호　옹 욱 기 간 경

학문이 마음 속에 쌓이는 것은 나무에 꽃이 피는 것과 같아서,
뿌리가 견고하면 그 줄기가 무성하게 된다.(송宋 구양수歐陽修,《증학자贈學者》)
•敷榮: 꽃이 활짝 피다.　•榮: 꽃.　•蓊郁: 초목이 무성하다.

爲學務日益, 此言當自程;
위 학 무 일 익　차 언 당 자 정

爲道貴日損, 此理在戒盈.
위 도 귀 일 손　차 리 재 계 영

학문을 연구하면 나날이 진보하는 데 힘써야 하는데, 이 말은 스스로 계
획을 세워야 한다는 것이다.
이치를 연구하면 나날이 부족함을 느껴야 하며, 이 이치는 자만을 경계하
는 데 목적이 있다.(송宋 소식蘇軾,《장사승개재張寺丞蓋齋》)
•程: 한도.　•盈: 충만하다. 여기서는 〈자만하다〉라는 의미.

只要功夫深, 鐵杵磨成針.
지 요 공 부 심　　철 저 마 성 침

勉之期不止, 多獲由力耘.
면 지 기 부 지　　다 획 유 력 운

　단지 노력이 깊기만 하면 쇠절굿공이를 갈아 바늘로 만들 수 있고,
　항상 자기를 면려하고, 꾸준히 노력하고 밭갈이하면 많은 수확을 거둘 수 있다.(《잠확유서潛確類書》)
　•鐵杵磨針: 쇠절굿공이를 갈아 바늘을 만들다.《潛確類書》에 이같은 기록이 있다. 李白이 어렸을 때 독서에 힘 쏟지 않고 중도에 공부를 포기하려고 하였다. 어느 날 길을 가다가 한창 쇠절굿공이를 갈고 있는 한 노파를 만났는데, 그녀는 이것을 갈아서 바늘을 만들 것이라고 하였다. 이백은 이에 깊은 감명을 받고, 발분해서 공부하여 마침내 커다란 성취를 하였다고 한다.

刺股情方勵, 偸光思盍深.
자 고 정 방 려　　투 광 사 익 심

看書如服藥, 藥多力自行.
간 서 여 복 약　　약 다 력 자 행

　허벅지 찌른 뜻은 자신을 면려함이요, 빛을 훔친 것은 더욱 깊어지기를 생각함이다.(당唐 맹간孟簡,《석분음惜分陰》)
　책 보기를 약 먹듯이 해서, 약을 많이 복용하면 자연히 효력이 있게 된다. (원元 진수명陳秀明,《동파문담록東坡文談錄》)

人生要當學, 安宴不徹警.
인 생 요 당 학　　안 연 불 철 경

古來惟深地, 相待汲修綆!
고 래 유 심 지　　상 대 급 수 경

　사람은 살면서 배우는 데 힘써야 하며, 안락한 연회에서도 경계를 게을리하지 말아야 한다.
　자고로 깊은 곳은 긴 두레박줄을 기다려 물을 긷는다.(송宋 황정견黃庭堅,《송이덕소귀서성送李德素歸舒城》)
　•綆: 두레박줄.

337

拋金似泥塗, 不如富購書.
포 금 사 니 도　불 여 부 구 서

有書堆數仞, 不如讀盈寸.
유 서 퇴 수 인　불 여 독 영 촌

황금을 진흙처럼 던지느니, 책을 많이 구입하는 것이 낫다.
책을 수 척 높이로 쌓기보다는 성실하게 서너 권 읽는 것이 낫다.(청淸 유암劉巖,《잡시雜詩》)

身定則神凝, 明於烏兔輪.
신 정 즉 신 응　명 어 오 토 륜

是以學道者, 要先安其身.
시 이 학 도 자　요 선 안 기 신

마음이 안정되면 정신이 집중되어 안광이 해와 달보다 밝게 된다.
그러므로 도를 배우고자 하면 먼저 자기의 심신을 안정시켜야 한다.(송宋 정협鄭俠,《교자손독서敎子孫讀書》)

•烏兔輪: 해와 달을 가리킴.
•烏: 金烏. 해를 가리킴. 해 속에 세 발 달린 까마귀가 있다는 전설에서 나온 말.
•兔: 玉兔. 달을 가리킴. 달 속에 옥토끼가 있다는 전설에서 나온 말.

聾者目善視, 瞽者耳善聞;
농 자 목 선 시　고 자 이 선 문

缺一得專一, 用志斯不分.
결 일 득 전 일　용 지 사 불 분

귀머거리는 눈으로 보기를 잘하고, 장님은 귀로 듣기를 잘한다.
하나가 없어서 하나로 전념하니 마음이 나뉘지 않기 때문이다.(청淸 유암劉巖,《병중잡시病中雜詩》)

業廣因功苦, 拳拳志士心.
업 광 인 공 고 권 권 지 사 심

昏昏戀枕衾, 安見天地英.
혼 혼 연 침 금 안 견 천 지 영

학업의 넓음은 고된 노력에 말미암고, 부지런함은 뜻 있는 선비의 마음이다.
(당唐 맹간孟簡,《석분음惜分陰》)

정신을 못 차리고 이부자리에 연연하면 어떻게 천지의 경관을 볼 수 있겠
는가?(당唐 유우석劉禹錫,《추강조발秋江早發》)

•拳拳: 충실하고 부지런한 모양.   •衾: 이불. 여기서는 이부자리를 가리킴.
•英: 빼어난 경치.

學非探其花, 要自拔其根.
학 비 탐 기 화 요 자 발 기 근

學貴乎日新. 功到自然成.
학 귀 호 일 신 공 도 자 연 성

배움은 그 꽃을 더듬는 것이 아니라 그 뿌리를 뽑는 것이 중요하다.(당唐
두목杜牧,《유회조등시留誨曹等詩》)

배움은 나날이 새로워지는 것이 중요하다.(《이천선생집伊川先生集》)

공부가 다 되면 일은 저절로 이루어진다.(《서유기西遊記》)

讀書患不多, 思義患不明.
독 서 환 부 다 사 의 환 불 명

患足已不學, 既學患不行.
환 족 이 불 학 기 학 환 불 행

독서를 많이 하지 못했음을 근심하고, 뜻을 명확하게 생각하지 못했음을
근심한다.

충분하게 아직 배우지 않았음을 근심하고, 이미 배운 것을 행동으로 옮기
지 못함을 근심한다.(당唐 한유韓愈,《증별원십팔협률육수贈別元十八協律六首》)

學問勤中得, 螢窓萬卷書.
학 문 근 중 득　형 창 만 권 서
三春今足用, 誰笑腹空虛.
삼 춘 금 족 용　수 소 복 공 허

배움은 성실한 가운데 얻어지니, 반딧불 창으로 만 권의 책을 본다.
3년 동안 충분한 것을 배우면, 누가 너의 뱃속이 비었다고 비웃겠는가?
(《신동시神童詩》)

案斗見蠹魚, 猶勝凡儔侶.
안 두 견 두 어　유 승 범 주 려
詩書勤乃有, 不勤腹空虛.
시 서 근 내 유　불 근 복 공 허

책상머리에서 책벌레 보는 것이 일반 친구 만나는 것보다 낫다.(당唐 피일휴
皮日休,《독서讀書》)
《시경》·《서경》은 노력하면 내 것이요, 노력하지 않으면 아무것도 없다.
(당唐 한유韓愈,《부독서성남符讀書城南》)
　•蠹魚: 좀벌레. 여기서는 책을 가리킴.　　•凡儔侶: 보통의 친구.
　•詩書: 즉《시경》과《서경》.

三年不窺園, 自謂五經笥.
삼 년 불 규 원　자 위 오 경 사
一語不能踐, 萬卷徒空虛.
일 어 불 능 천　만 권 도 공 허

3년 동안 정원을 엿보지 않으면 스스로 오경 상자라고 말한다.(원元 마조상
馬祖常,《장유壯游》)
한 마디도 실천하지 못하면 만 권의 책이 모두 공허하다.(명明 주립周立,《음
주飲酒》)
　•五經: 유가의 다섯 가지 경전. 곧《詩經》·《書經》·《周易》·《禮記》·《春秋》를 말함.
　•笥: 책·밥·옷 등을 담는 네모진 대나무 상자.

力學如力耕, 勤惰爾自知.
역 학 여 력 경　근 타 이 자 지
但使書種多, 會有歲穩時.
단 사 서 종 다　회 유 세 온 시

배움에 힘쓰는 것은 밭갈이에 힘쓰는 것과 같아 근면함과 태만함을 스스로 알 수 있다.

다만 책 종류를 많게 하면 무르익을 때가 있을 것이다.(송宋 유과劉過, 《서원書院》)

•穩: 오곡이 익다.

學問尙精專, 硏磨貴純一.
학 문 상 정 전　연 마 귀 순 일
奇文共欣賞, 疑義相與析.
기 문 공 흔 상　의 의 상 여 석

학문은 전심전력하는 것이 중요하고, 연마는 순일한 것이 중요하다.(청淸 증세림曾世霖, 《논학문論學問》)

기묘한 문장은 함께 감상하고, 의문점은 함께 풀어 본다.(진晉 도연명陶淵明, 《이거移居》)

旣覽古今事, 是謂仁智居.
기 람 고 금 사　시 위 인 지 거
所謂有知識, 須知窮物理.
소 위 유 지 식　수 지 궁 물 리

이미 고금의 일을 살폈다면, 이를 일러 현명함과 지혜로움이 있다고 말한다.(《곽숭도일기郭嵩燾日記》 연어聯語)

이른바 지식이 있다면 모름지기 사물의 이치를 연구해서 알아야 할 것이다.(송宋 주희朱熹, 《상채선생어록上蔡先生語錄》)

讀書如將兵, 當先講紀律.
독서여장병　당선강기율
將軍掃群寇, 勢若風雨疾.
장군소군구　세약풍우질

독서는 군대를 거느리는 것과 같아 마땅히 먼저 기율을 중시해야 한다.
기율이 서면 장군이 적군을 섬멸하는 기세는 마치 폭풍우처럼 빠르다.(청淸 법식선法式善,《독서사수讀書四首》)

歸山深淺去, 須盡丘壑美,
귀산심천거　수진구학미
莫學武陵人, 暫游桃源裏.
막학무릉인　잠유도원리

심산에 가서 놀 것 같으면 모름지기 산수의 아름다움을 다 봐야 할 것이다.
무릉 사람이 잠시 도원에서 노니는 것을 배우지 말라.(당唐 배적裴迪,《송최구送崔九》)

循序而漸進, 熟讀而深思.
순서이점진　숙독이심사
好學而不貳. 廢學如斷織.
호학이불이　폐학여단직

순서 있게 점차로 나아가고 거듭 읽고 깊이 생각하라.(송宋 주희朱熹,《독서지요讀書之要》)
배움을 좋아하고 두 마음을 가지지 말라.(《좌전左傳》 소공昭公 13년)
학업의 포기는 베를 끊는 것과 같다.(한漢 유향劉向,《열녀전烈女傳》)

博學而篤志, 切問而近思.
박 학 이 독 지　절 문 이 근 사
溫故而知新, 可以爲師矣.
온 고 이 지 신　가 이 위 사 의

배움을 넓게 하면서 뜻을 독실하게 가지며, 절실히 물으면서 부지런히 생각하라.(《논어論語》 자장子張)

이미 배운 것을 복습하면서 새로운 것을 안다면 스승이 될 수 있다.(《논어論語》 위정爲政)

•篤: 독실하다.　　•切: 절실하다.　　•故: 이미 배운 지식.

讀書貴神解, 無事尋章句.
독 서 귀 신 해　무 사 심 장 구
獨悟自根本, 不從他處起.
독 오 자 근 본　부 종 타 처 기

독서는 마음 속의 이해를 중시하고, 글귀를 찾는 것에 얽매여서는 안 된다.
(청淸 서홍균徐洪鈞, 《서회書懷》)

혼자의 깨달음은 자신에게 근본하는 것이며 다른 데서 일어나는 것이 아니다.(《왕문공문집王文公文集》 의한산습득擬寒山拾得)

•神解: 마음 속으로 깨닫고 이해하다.　　•事: 일삼다.
•獨悟: 스승이 없이 혼자서 깨닫다.

讀書雖可喜, 不如躬踐履.
독 서 수 가 희　불 여 궁 천 리
積金不積書, 守財一何鄙.
적 금 부 적 서　수 재 일 하 비

독서는 비록 좋은 일이나 몸소 실천하는 것만 못하다.

황금을 쌓고 책을 쌓지 않는다면 재물을 지키는 것이 어찌 천하지 않으리오?
(청淸 유암劉巖, 《잡시雜詩》)

•躬踐履: 몸소 실천하다.

分器不分書, 聊以惠群愚.
분 기 불 분 서　요 이 혜 군 우
分田不分屋, 聊以示同居.
분 전 불 분 옥　요 이 시 동 거

그릇은 나누지만 책은 나누지 않으니, 이로써 여럿의 우매함을 일깨워 주고,
전답은 나누지만 집은 나누지 않으니, 이로써 함께 사는 것을 보여 준다.
(《탕현조집湯顯祖集》계축사월십구일분삼자구점癸丑四月十九日分三子口占)

擊石乃有火, 不擊元無烟.
격 석 내 유 화　불 격 원 무 연
人學始知道, 不學非自然.
인 학 시 지 도　불 학 비 자 연

돌을 때리면 불이 있으며, 치지 않으면 원래 연기도 없다.
사람은 배워야 이치를 알며, 배우지 않고는 저절로 알 수 없다.(당唐 맹교孟
郊,《권학勸學》)
•元: 源과 같음. 원래.

作事宜緩和, 進學宜果斷.
작 사 의 완 화　진 학 의 과 단
負米力有餘, 能無讀書伴?
부 미 력 유 여　능 무 독 서 반

일을 하는 데는 마땅히 천천히 조화되게 해야 하고, 학문에 나아가는 데
는 마땅히 과단성 있게 해야 한다.(청淸 신거운申居鄖,《서암췌어西巖贅語》)
쌀을 짊어지고 힘이 남으니 어찌 책을 휴대해서 읽지 않으리오?(《왕문공문
집王文公文集》송교수재귀고우送喬秀才歸高郵)
•負米: 쌀을 짊어지고 어버이께 효도하다.

博學而不窮, 篤行而不倦.
박 학 이 불 궁   독 행 이 불 권

及之而後知, 履之而後艱.
급 지 이 후 지   이 지 이 후 간

넓게 배우면서 멈추지 않고, 독실하게 행동하고 게으르지 말아야 한다.(《예
기禮記》학기學記)

접촉한 후에야 사물을 알고, 밟은 후에야 어려움을 안다.(청淸 위원魏源,《묵
고默觚》학편學篇)

•及: 본의는 미치다. 인신되어 〈접촉하다〉라는 의미.　•履: 밟다. 실천하다.

讀書如行路, 歷險毋惶惑,
독 서 여 행 로   역 험 무 황 혹

安保萬里程, 中間無欹仄.
안 보 만 리 정   중 간 무 의 측

독서는 길 가는 것과 같으니 어려움을 만나도 당황하지 말라.

어찌 만리길 도중에 험난한 곳이 없겠는가?(청淸 법식선法式善,《독서사수讀書四
首》)

•欹仄: 기울다.

讀書不知味, 不如束高閣.
독 서 부 지 미   불 여 속 고 각

蠹魚爾何如, 終日食糟粕.
두 어 이 하 여   종 일 식 조 박

책을 읽어도 내용을 이해하지 못하면 묶어서 다락에 두는 것만 못하다.

책벌레야, 너는 어째서 종일 거친 것만 먹는가?(청淸 원매袁枚,《수원시화보유隨
園詩話補遺》권10)

積薄而爲厚, 積少而爲多.
적 박 이 위 후   적 소 이 위 다

見博則不迷, 聽聰則不惑.
견 박 즉 불 미   청 총 즉 불 혹

얇은 것이 쌓여서 두껍게 되고, 적은 것이 모여서 많게 된다.(《전국책戰國策》 진책秦策)

많은 것을 보면 미혹되지 않고, 귀가 밝으면 속지 않는다.(《모자牟子》)

•聽聰: 귀가 밝다. 청각이 예민하다.

百物可決舍, 惟書最難別.
백 물 가 결 사   유 서 최 난 별

多好竟無成, 不精安用伙.
다 호 경 무 성   부 정 안 용 화

모든 사물은 버릴 것을 결정해야 하지만 오직 책만은 가장 헤어지기 어렵다.
(《소창산방시문지小倉山房詩文集》 등하리서불능종권자상노의燈下理書不能終卷自傷老矣)

좋아하는 것이 많으면 결국 이루는 것이 없고, 정통하지 않으면 많은들 무슨 소용이 있겠는가?(송宋 소식蘇軾, 《화자유론서和子由論書》)

•伙: 夥와 같음. 많다.

多能者鮮精, 多慮者鮮決,
다 능 자 선 정   다 려 자 선 결

多聞而擇焉, 所以明智也.
다 문 이 택 언   소 이 명 지 야

잘하는 것이 많은 사람은 정통하지 못하고, 생각하는 것이 많은 사람은 과단성이 없다.(명明 유기劉基, 《욱리자郁離子》 일지一志)

많이 듣고 이를 선택하면 지혜를 증가시킬 수 있다.(한漢 유향劉向, 《설원說苑》 건본建本)

人生何謂富, 山水繞吾廬;
인 생 하 위 부　산 수 요 오 려
人生何謂貴, 閉門讀我書.
인 생 하 위 귀　폐 문 독 아 서

　사람이 살면서 무엇을 부유하다고 하는가? 산과 물이 내 집을 둘러싸고
있다.
　사람이 살면서 무엇을 귀하다고 하는가? 문을 닫고 독서하는 것이다.(청淸
왕응전汪應銓,《제독서루題讀書樓》)

學問在早年, 光芒如初旭;
학 문 재 조 년　광 망 여 초 욱
晚歲則已遲, 夜行僅秉燭.
만 세 즉 이 지　야 행 근 병 촉

　학문은 청소년기에 해야 한다. 빛이 마치 떠오르는 해와 같기 때문이다.
　사람이 늙으면 이미 늦는다.. 밤길에는 촛불을 들고 가야 하기 때문이다.
(《귀장집歸莊集》 생일자술生日自述)
　•初旭: 떠오르는 해. 아침 해.　　•秉: 손으로 잡다.

士欲宣其義, 必先讀其書.
사 욕 선 기 의　필 선 독 기 서
要知天下事, 須讀古人書.
요 지 천 하 사　수 독 고 인 서

　선비는 자기의 의를 밝히고자 해서 반드시 먼저 독서를 한다.(한漢 왕부王符,
《잠부론潛夫論》 찬학贊學)
　천하의 일을 알고자 하면 반드시 옛사람의 책을 폭넓게 읽어야 한다.(명明
포옹노인抱瓮老人,《금고기관今古奇觀》 삼효렴양산입고명三孝廉讓產立高名)

讀書數萬卷, 胸中無適主,
독 서 수 만 권　 흉 중 무 적 주

便如暴富兒, 頗爲用錢苦.
변 여 폭 부 아　 파 위 용 전 고

독서를 수만 권 했으면서 마음 속에 주견이 없는 것은,
벼락부자가 돈을 쓰는 데 고민하는 것과 같다.(청淸 정판교鄭板橋,《증국자학정
후가번제贈國子學正侯嘉璠弟》)

腥涎不滿殼, 聊足以自濡.
성 연 불 만 각　 요 족 이 자 유

昇高不知休, 竟作粘壁枯.
승 고 부 지 휴　 경 작 점 벽 고

달팽이의 비린 진액은 껍질을 다 적시지 못하고, 잠시 몸을 적실 수 있다.
높은 곳을 오르면서 쉴 줄을 모르면, 마침내 벽에 붙어 말라죽을 것이다.
(송宋 소식蘇軾,《화초충와우畵草蟲蝸牛》)
•聊: 잠시.　•濡: 적시다.

行遠必自邇, 登高必自卑.
행 원 필 자 이　 등 고 필 자 비

徐趨自循轍, 躁進應覆軌.
서 추 자 순 철　 조 진 응 복 궤

먼 곳을 가려면 반드시 가까운 곳에서 시작하고, 높은 곳에 오르려면 반
드시 낮은 곳에서 시작한다.(《예기禮記》 중용中庸)
서서히 찻길을 따라가면 안전하고, 조급하게 나아가면 수레를 뒤엎게 된다.
(청淸 유영劉迎,《만도팔달령하晚到八達嶺下》)　•邇: 가까운 곳.
•卑: 낮은 곳.　•躁進: 조급히 나아가다.　•覆軌: 수레를 뒤엎다.

吾觀上達者, 下學每精到.
오 관 상 달 자　　하 학 매 정 도

所貴擷其英, 而無襲其貌.
소 귀 힐 기 영　　이 무 습 기 모

내가 군자를 보니, 자기만 못한 사람에게 배우는데 언제나 주도면밀하다.
중요한 것은 그 정수를 취하는 것이며, 그 외모만을 배워서는 안 된다.(청淸
정진방程晉芳,《주중독서舟中讀書》)

• 上達者: 군자를 가리킴.　　• 達: 깨닫다. 알다.　　• 下學: 자기만 못한 사람에게 배우다.
• 精到: 주도면밀하다.　　• 擷: 따다. 가지다.

不願玉液餐, 不願蓬萊游;
불 원 옥 액 찬　　불 원 봉 래 유

人間有字處, 讀盡吾無求.
인 간 유 자 처　　독 진 오 무 구

진수성찬을 원하지도 않고, 봉래산에 놀러가는 것도 원치 않는다.
책이 있는 곳에 살면서, 온갖 책을 다 읽으면 더 바랄 것이 없다.(《소창방시
문집小倉房詩文集》독서이수讀書二首)

• 蓬萊: 바다 속에 있다는 전설의 仙山.

讀書無源委, 有如斷港流.
독 서 무 원 위　　유 여 단 항 류

濡潤泠蹄間, 不能漑田疇.
유 윤 잠 제 간　　불 능 개 전 주

책을 읽으면서 본말이 없다면, 마치 지류를 자른 것과 같다.
소 발굽에 담긴 적은 물로는 전답에 물을 댈 수가 없다.(청淸 오이태吳履泰,
《독서일장시제동자讀書一章示諸童子》)

• 源委: 머리부터 꼬리까지. 본말.　　• 泠蹄: 소 발굽에 담긴 적은 물.

經營但亹亹, 積累自稂稂.
경 영 단 미 미　적 루 자 랑 랑

旣多又須擇, 儲精去其糠.
기 다 우 수 택　저 정 거 기 강

부지런히 배우기만 하면 쌓이는 지식은 자연히 풍부해진다.

많이 배우고 또한 이를 선택해서, 정수는 저장하고 찌꺼기는 버려야 한다.

(송宋 증공曾鞏,《독서시讀書詩》)

•亹亹：부지런히 힘쓰는 모양.　•稂稂: 풍성한 모양. 풍부한 모양.

書卷多情似故人, 晨昏憂樂每相親.
서 권 다 정 사 고 인 　 신 혼 우 락 매 상 친
眼前直下三千字, 胸次全無一點塵.
안 전 직 하 삼 천 자 　 흉 차 전 무 일 점 진

책은 다정하기가 마치 옛친구와 같아, 아침부터 저녁까지 근심과 기쁨을
함께 해서 서로 친밀하다.
　눈앞에서 곧장 3천 자를 읽어 내려가면, 가슴 속에 한 점의 먼지도 없게
된다.(명明 우겸于謙, 《관서觀書》)

讀書之樂何處尋, 數點梅花天地心.
독 서 지 락 하 처 심 　 수 점 매 화 천 지 심
杖策窺園日數巡, 攀花折木興常新.
장 책 규 원 일 수 순 　 반 화 절 목 흥 상 신

독서의 즐거움은 어디에서 찾을 것인가? 얼음과 눈으로 뒤덮인 곳에서 활
짝 피는 몇 떨기의 매화에 있다.(송宋 주희朱熹, 《사시독서락四時讀書樂》)
　지팡이를 짚고 날마다 수 차례 정원을 가서 보고, 꽃을 잡아당기고 나무
를 꺾어 보면 감흥이 항상 새롭다.(송宋 왕안석王安石, 《규원窺園》)

舊學商量加邃密, 新知培養轉深沈.
구 학 상 량 가 수 밀 　 신 지 배 양 전 심 침
活水源流隨處滿, 東風花柳逐時新.
활 수 원 류 수 처 만 　 동 풍 화 류 축 시 신

알고 있던 지식은 부단히 검토해서 더욱 정심하게 해야 하고, 새로운 지
식은 노력해서 연구하여 더욱 충실하게 해야 한다.(송宋 주희朱熹, 《아호사화육자
수鵝湖寺和陸子壽》)
　흐르는 물은 도처에 가득 차고, 동풍이 부니 초목이 시시각각 새롭다.(명明
우겸于謙, 《관서觀書》)
　•邃密: 심오하고 정밀하다. 　•轉: 더욱. 　•深沈: 깊다. 충실하다.

格天功業有本源, 誰謂讀書記名姓?
격 천 공 업 유 본 원   수 위 독 서 기 명 성
畵短夜長須强學, 學成貧亦勝他貧.
주 단 야 장 수 강 학   학 성 빈 역 승 타 빈

하늘을 감동시키는 업적에는 본원이 있는데, 누가 성명을 암기하기 위하여 독서를 한다고 말하는가?(《귀장집歸莊集》 독서讀書)

낮은 짧으니 밤의 긴 시간을 이용해서 열심히 학습해야 하며, 학문을 한 사람이 가난한 것은 다른 사람이 가난한 것보다 낫다.(당唐 두순학杜荀鶴,《희종제설중원지유작喜從弟雪中遠至有作》)

•格: 감동하다.   •强學: 열심히 배우다.

古人學問無遺力, 少壯功夫老始成.
고 인 학 문 무 유 력   소 장 공 부 로 시 성
紙上得來終覺淺, 絶知此事要躬行.
지 상 득 래 종 각 천   절 지 차 사 요 궁 행

옛사람들은 학문을 하는 데 전심전력했으니, 어려서부터 공부한 것이 늙어서야 이루어진다.

책에서 얻은 지식은 결국 얕다는 것을 느끼게 되며, 철저하게 어떤 일을 알려면 몸소 실천해야 한다.(송宋 육유陸游,《동야독서화자율冬夜讀書示子聿》)

請看珠玉三千首, 可勝珊瑚七尺枝.
청 간 주 옥 삼 천 수   가 승 산 호 칠 척 지
外物不移方是學, 俗人猶愛未爲詩.
외 물 불 이 방 시 학   속 인 유 애 미 위 시

주옥 같은 시 3천 수는 7척 높이의 산호보다 낫다.(《소창산방시문집小倉山房詩文集》 시성시유서詩城詩有序)

외물에 영향을 받지 않는 것이 진정한 학문이며, 속인들이 좋아하는 것은 좋은 시가 아니다.(송宋 육유陸游,《조기시자율朝饑示子聿》)

•珠玉: 구슬과 옥. 문장이 훌륭함을 형용한 말.

自得者所守不變, 自信者所守不疑.
자 득 자 소 수 불 변　자 신 자 소 수 불 의
妙語者不在言多, 善學者還從規矩.
묘 어 자 부 재 언 다　선 학 자 환 종 규 구

자기가 터득한 것은 변하지 않고, 자기가 믿는 것은 의심하지 않는다.(송宋
양시楊時,《이정수언二程粹言》논학편論學篇)
　묘한 말은 말을 많이 하는 데 있는 것이 아니고, 잘 배우는 사람은 반드시
일정한 방법에 따른다.(《왕우승집王右丞集》학화비결學畵祕訣)
　•規矩: 規는 원형을 그리는 데 쓰는 그림쇠. 矩는 방형을 그리는 데 쓰는 곱자. 여기서는
학습방법을 비유한 말.

讀書要以六經先, 次弟漢唐十七史.
독 서 요 이 육 경 선　차 제 한 당 십 칠 사
舊書不厭百回讀, 熟讀深思子自知.
구 서 불 염 백 회 독　숙 독 심 사 자 자 지

독서는 육경을 먼저 해야 하고, 그 다음으로 한당 십칠사를 한다.(송宋 유과
劉過,《증허종도지자조손贈許從道之子祖孫》)
　옛책을 싫증내지 않고 1백 번 읽고, 깊이 생각하면 네 자신이 그 뜻을 알
게 될 것이다.(송宋 소식蘇軾,《송안돈수재실해서귀送安惇秀才失解西歸》)
　•六經: 儒家의 여섯 가지 경전. 곧《詩經》·《書經》·《周易》·《樂經》·《禮記》·《春秋》를 말함.

家有餘粮鷄犬飽, 戶多書籍子孫賢.
가 유 여 량 계 견 포　호 다 서 적 자 손 현
書到用時方恨少, 事非經過不知難.
서 도 용 시 방 한 소　사 비 경 과 부 지 난

양식이 풍부한 집에는 닭이나 개가 배부르고, 서적이 많은 집은 자손이
현명하다.(《수호전水滸傳》제2회)
　독서는 용도가 있게 되면 비로소 적은 것을 후회하고, 일은 겪어 보지 않
으면 어려움을 알 수 없다.(《고언古諺》)

病中何事最相宜, 惟有攤書力尙支.
병 중 하 사 최 상 의　유 유 탄 서 역 상 지
名到沒世稱才好, 書到今生讀已遲.
명 도 몰 세 칭 재 호　서 도 금 생 독 이 지

병환 중에는 어떤 일이 가장 좋은가? 오직 책을 펼칠 수 있으면 아직 힘
이 있는 것이다.(《소창산방시문집小倉山房詩文集》 병중불능간서유소창산방시집이이病中
不能看書惟小倉山房詩集而已)
이름은 죽은 다음에 칭송되어야 좋고, 책은 오늘 나온 것을 읽어도 이미
늦다.(《수원시화隨園詩話》 권4)
•稱: 칭찬하다. 칭송하다.

年年歲歲笑書奴, 生世無端同處女.
연 년 세 세 소 서 노　생 세 무 단 동 처 녀
世上何人不讀書, 書奴却以讀書死.
세 상 하 인 부 독 서　서 노 각 이 독 서 사

해마다 책의 노예가 되는 것을 비웃고, 세상에 태어나 연고가 없이 처녀
와 함께 살았노라.
세상에서 누가 독서를 하지 않는가? 책의 노예는 오히려 독서 때문에 죽
는다.(명明 이지李贄, 《계중팔절系中八絶》)
•書奴: 책의 노예가 되다. 죽은 독서를 하고, 죽은 책을 읽는 俗儒를 가리킴.
•無端: 연고가 없다.

讀書之樂樂陶陶, 起弄明月霜天高.
독 서 지 락 락 도 도　기 롱 명 월 상 천 고
書生如魚蠹書冊, 辛苦雕篆眞徒勞.
서 생 여 어 두 서 책　신 고 조 전 진 도 로

독서의 즐거움은 달 밝은 밤과 서리 내리는 밤하늘에 하면 높아진다.(송宋
주희朱熹, 《사시독서락四時讀書樂》)
서생은 책을 갉아먹는 책벌레와 같아서, 고생해서 새겨 놓으나 참으로 헛
수고일 뿐이다.(송宋 유과劉過, 《종군락從軍樂》)

富不愛看貧不暇, 世間惟有讀書難.
부 불 애 간 빈 불 가　세 간 유 유 독 서 난
韋編屢絕鐵硯穿, 口誦手鈔那計年.
위 편 루 절 철 연 천　구 송 수 초 나 계 년

부자는 독서를 좋아하지 않고 가난한 사람은 독서할 겨를이 없으니, 세상에서 오직 독서가 가장 어렵다.(《소창산방시문집小倉山房詩文集》두어탄蠹魚嘆)
가죽끈이 여러 번 끊어지고 쇠벼루가 뚫렸으니, 입으로 암송하고 손으로 베낀 것을 어찌 시간으로 계산할 수 있겠는가?(송宋 육유陸游, 《검남시고劍南詩稿》한야독서寒夜讀書)

苦無妙手畫於菟, 人間雕刻眞成鵠.
고 무 묘 수 화 오 토　인 간 조 각 진 성 곡
踏破鐵鞋無覓處, 得來全不費工夫.
답 파 철 혜 무 멱 처　득 래 전 불 비 공 부

호랑이를 제대로 그리는 뛰어난 화가와 진짜처럼 기러기를 조각하는 사람이 없음을 괴로워한다.(송宋 신기질辛棄疾, 《귀조탄歸朝歡》)
쇠신발이 다 닳도록 찾아도 찾을 수 없다가, 뜻밖에 힘을 하나도 안 들이고 찾는다.(명明 풍몽룡馮夢龍, 《성세항언醒世恒言》여동빈비검참황룡呂洞賓飛劍斬黃龍)
•於菟: 호랑이의 별칭.

讀書切戒在慌忙, 涵泳功夫興味長.
독 서 절 계 재 황 망　함 영 공 부 흥 미 장
未曉不妨權放過, 切身須要急思量.
미 효 불 방 권 방 과　절 신 수 요 급 사 량

독서를 하는 데 가장 경계할 것은 급하게 서두르는 것이며, 헤엄치듯 천천히 공부하면 재미가 오래 간다.
이해하지 못한 곳은 잠시 지나쳐도 무방하며, 자기에게 절실하게 필요한 것은 서둘러 생각하고 연구해야 한다.(송宋 육구연陸九淵, 《독서讀書》)
•涵泳: 헤엄치다. 혹은 천천히 씹어서 소화시키다.

片玉若磨惟轉瑩, 莫辭雲水入廬峰.
편 옥 약 마 유 전 형　막 사 운 수 입 여 봉
惟有吟哦殊不倦, 始知文字樂無窮.
유 유 음 아 수 불 권　시 지 문 자 락 무 궁

　옥조각은 갈면 광채나는 옥그릇으로 바뀌니, 구름과 물이 막는다고 여산에
들어가 독서하는 것을 사양치 말라.(당唐 이군옥李群玉,《권인여산독서勸人廬山讀書》)
　오직 읽기만 하고 전혀 게을리하지 않았더니, 비로소 독서의 즐거움이 무
궁함을 알겠노라.(송宋 구양수歐陽修,《희답성유지축지구戱答聖兪持燭之句》)
　•殊: 매우. 특별히.

早歲讀書無甚解, 晚年省事有奇功.
조 세 독 서 무 심 해　만 년 성 사 유 기 공
脚力盡時山更好, 莫將有限趁無窮.
각 력 진 시 산 갱 호　막 장 유 한 진 무 궁

　어려서 독서할 때는 너무 깊은 이해를 바라지 말라. 나이가 들면 사물을
살피는 능력이 생긴다.(송宋 소식蘇軾,《성사시省事詩》)
　다리 힘이 다할 때까지 걸어도 산의 경치가 더욱 좋으니, 더 힘을 내어 걸
어도 산은 다함이 없을 것이다.(송宋 소식蘇軾,《등영롱산登玲瓏山》)

藜羹麥飯冷不嘗, 要足平生五車讀.
여 갱 맥 반 랭 불 상　요 족 평 생 오 거 독
自家謾詡便便腹, 開圈方知未讀書.
자 가 만 후 편 편 복　개 권 방 지 미 독 서

　명아주국과 보리밥이 식어도 먹을 겨를이 없이, 평생 다섯 수레의 책을
독파해야 한다.(송宋 육유陸游,《독서讀書》)
　자신의 뛰어난 학식과 경륜을 자랑하였는데, 책을 펼치고 나서야 아직 독
서가 부족함을 알았노라.(청淸 장월루張月樓,《자참自懺》)
　•藜羹麥飯: 명아주국과 보리밥. 형편 없는 음식을 가리킴.　　•藜: 명아주.
　•足: 충분하게 하다.　•詡: 자랑하다.　•便便腹: 매우 많은 독서를 했음을 형용한 말.

少年從他愛梨栗, 長成須讀五車書.
소 년 종 타 애 리 률   장 성 수 독 오 거 서

到老始知氣質駁, 尋思只是讀書粗.
도 로 시 지 기 질 박   심 사 지 시 독 서 조

어려서부터 인도하여 책을 좋아하게 하고, 자라서는 반드시 다섯 수레의
책을 읽어야 한다.(송宋 왕안석王安石, 《증외손贈外孫》)

늙어서야 비로소 자기의 기질이 순수하지 않음을 알았는데, 자세히 생각
해 보니 오직 독서를 게을리한 때문이다.(청淸 왕예王豫, 《초창일기蕉窓日記》권2)

• 從: 인도하다. 이끌다.   • 梨栗: 책의 별칭.

• 五車書: 다섯 수레의 책. 매우 많은 책을 형용한 말.

• 駁: 원래는 말의 털 빛깔이 얼룩얼룩하다. 인신되어 〈섞여 있다〉·〈순일하지 않다〉로 쓰임.

向來枉費推移力, 此日中流自在行.
향 래 왕 비 추 이 력   차 일 중 류 자 재 행

須知三絶韋編者, 不是尋行數墨人.
수 지 삼 절 위 편 자   불 시 심 행 수 묵 인

지난번 물이 붇기 전에는 배를 옮기느라 온 힘을 다 썼는데, 오늘은 물이
불어나 배가 자유자재로 다닌다.(송宋 주희朱熹, 《범주泛舟》)

모름지기 세 번 가죽 끈이 끊어진 고사를 아는 사람은, 자구에 구애되어
이치를 깊이 연구하지 않는 사람이 아니다.(《주문공집朱文公集》역시지일易詩之一)

• 三絶韋編: 竹簡을 이은 소가죽끈이 세 번 끊어지다. 공부를 매우 열심히 함을 형용한 말.
공자가 말년에 《周易》을 좋아해서 열심히 숙독하여 책을 맨 가죽끈이 세 번이나 끊어졌다고
한다.   • 韋編: 고대에는 竹簡에다 글씨를 썼는데, 삶은 소가죽끈으로 죽간을 맨 것을 韋
編이라 한다.   • 韋: 삶은 소가죽.

• 尋行數墨: 문구만 암송할 뿐 義理는 알지 못함을 이름. 行은 글의 줄. 墨은 문자.

15

惜 時 篇

大禹聖人, 乃惜寸陰.
대 우 성 인　 내 석 촌 음

至於衆人, 當惜分陰.
지 어 중 인　 당 석 분 음

성인 우임금도 촌음을 아꼈다.
보통 사람들도 마땅히 분음을 아껴야 할 것이다.(송宋 사마광司馬光,《자치통감
資治通鑑》진기晉記)

日月逝矣, 歲不我與.
일 월 서 의　 세 불 아 여

進德修業, 將以及時.
진 덕 수 업　 장 이 급 시

날은 빠르게 지나며, 세월은 우리를 기다려 주지 않는다.(《논어論語》양화陽貨)
덕을 쌓고 학문을 연마하는 것은 제때에 해야 한다.(진晉 도연명陶淵明,《굴가
屈賈》)
•進: 더하다. 여기서는 배양하다는 의미.

年不可舉, 時不可止.
연 불 가 거　　시 불 가 지

消息盈虛, 終則有始.
소 식 영 허　　종 즉 유 시

지나간 시간은 돌이킬 수 없고, 오는 시간은 멈출 수 없다.
없어지고 생기며 차고 비는 것은 끊임 없이 순환한다.(《장자莊子》 추수秋水)
•舉: 들어올리다. 여기서는 〈만류하다〉라는 의미.
•消: 없어지다.　　•息: 생기다.　　•盈: 차다.　　•虛: 비다.

日月如梭, 光陰似箭.
일 월 여 사　　광 음 사 전

雖有神藥, 不如少年.
수 유 신 약　　불 여 소 년

세월은 북과 같고, 광음은 화살과 같다.(청淸 아가兒歌, 《조타점가루打點歌》)
신약이 있다 해도 청춘만은 못하리라.(양梁 임방任昉, 《술이기述異記》)
•梭: 북. 베를 짜는 데 사용하는 도구.

歲月不居, 時節如流.
세 월 불 거　　시 절 여 류

機不可失, 時不再來.
기 불 가 실　　시 부 재 래

세월은 멈추지 않으며, 시간은 흘러가는 물과 같다.(삼국三國 위魏 공융孔融,
《여조공론성효장서與曹公論盛孝章書》)
기회는 놓쳐서는 안 되며, 때는 다시 오지 않는다.(《진서晉書》 안중영전安重榮傳)
•居: 멈추다.　　•時節: 시간. 절기.

時不可喪, 喪不可久.
시 불 가 상   상 불 가 구

得時無怠, 時不再來.
득 시 무 태   시 부 재 래

시기를 놓쳐서는 안 되며, 놓친 것을 오래 두어서는 안 된다.(《국어國語》진어晉語)

시간을 얻으면 태만하지 말 것이며, 때는 다시 오지 않는다.(《국어國語》월어越語)

盛年不再來, 一日難再晨.
성 년 부 재 래　일 일 난 재 신

及時當勉勵, 歲月不待人.
급 시 당 면 려　세 월 부 대 인

한창 나이는 다시 오지 않고, 하루에 아침은 두 번 오지 않는다.
제때에 각고면려할 것이며, 세월은 우리를 기다리지 않는다.(진晉 도연명陶淵明,
《잡시雜詩》)

•盛年: 한창 나이.

三冬勞聚學, 駟景重千金.
삼 동 로 취 학　사 경 중 천 금

百年能幾日, 忍不惜光陰.
백 년 능 기 일　인 불 석 광 음

여러 해 노력하여 지식을 축적해야 하며, 질주하는 시간은 천금보다 중하다.
(당唐 맹간孟簡, 《석분음惜分陰》)

백 년이 며칠이나 되는가, 어찌 시간을 아끼지 않으리오.(당唐 두순학杜荀鶴,
《증이몽수贈李蒙叟》)

•三冬: 겨울의 3개월을 가리켜서 겨울을 의미하기도 하며, 또한 3번의 겨울을 가리켜서 3
년을 의미하기도 한다. 여기서는 후자를 따랐으며, 여러 해라고 해석하였다.

•駟景: 駟는 고대에 4필의 말이 끄는 수레로서, 가장 빨리 달리기 때문에 빠르다는 의미로
사용된다. 景은 해그림자이며, 여기서는 시간을 가리킨다.

百金買駿馬, 千金買美人;
백 금 매 준 마　천 금 매 미 인

萬金買高爵, 何處買靑春?
만 금 매 고 작　하 처 매 청 춘

백금이면 준마를 사고, 천금이면 미인을 산다.
만금이면 고관을 사나, 어디에서 청춘을 사리오?(청淸 굴복屈復,《우연작偶然作》)

•金: 고대에 화폐를 계산하는 단위. 인신되어 〈화폐〉를 의미한다.

•爵: 본래는 술 그릇. 여기서는 〈작위〉를 가리킨다.

不寶咫尺玉, 而愛寸陰旬.
불 보 지 척 옥　이 애 촌 음 순

不貴尺之璧, 而重寸之陰.
불 귀 척 지 벽　이 중 촌 지 음

큰 옥을 보배로 여기지 말고, 촌음의 시간을 아껴라.(《사마법司馬法》)

큰 구슬을 귀하게 여기지 말고, 촌음을 중하게 생각하라.(한漢 유안劉安, 《회남자淮南子》 원도훈原道訓)

• 咫: 고대의 길이. 周代의 제도에는 8寸이 1咫, 10寸이 1尺이었다. 1咫는 오늘날 6寸 2分 2釐에 해당함.　• 寸陰: 매우 짧은 시간을 형용한 말.

• 旬: 본의는 10일. 인신되어 〈시간〉을 의미한다.

• 尺之璧: 직경이 1尺인 벽옥. 벽옥이 큼을 나타낸다.

拾紫豈宜晩, 掇芳須及晨.
습 자 기 의 만　철 방 수 급 신

無爲空自老, 含嘆負平生.
무 위 공 자 로　함 탄 부 평 생

고운 꽃을 따는데 어찌 늦을쏜가, 향기로운 꽃을 따려면 새벽에 가야 한다.
(당唐 맹교孟郊, 《나씨화하봉초진시어羅氏花下奉招陳侍御》)

헛되이 늙지 말라, 일평생 저버린 것을 한탄하리라.(당唐 진자앙陳子昻, 《제거연고성증교십이지지題居延古城贈喬十二知之》)

• 無爲: 금지사. ~하지 말라.　• 空: 헛되이.

東家築黃金, 西家列珊瑚.
동 가 축 황 금　서 가 열 산 호

嘆此草露晞, 良時聊斯須.
탄 차 초 로 희　양 시 료 사 수

동쪽 집은 황금을 쌓고, 서쪽 집은 산호를 벌여 놓네.

풀잎 이슬 마르듯이 좋은 시절 짧음을 한탄하노라.(송宋 문천상文天祥, 《제종성거적학재이수題鍾聖擧積學齋二首》)

• 築: 쌓다.　• 珊瑚: 바다에서 생장하는 생물.　• 晞: 마르다.

• 斯須: 매우 짧은 시간.

靑春豈不惜, 行樂非所欲.
청 춘 기 불 석　　행 락 비 소 욕

少年成老大, 吾道付逶迤.
소 년 성 노 대　　오 도 부 위 이

청춘을 어찌 아끼지 않으랴, 행락은 나의 추구하는 바가 아니로다.(송宋 문천상文天祥, 《산중감흥山中感興》)

소년은 늙어가는데, 내 이상은 멀기만 하구나.(송宋 문천상文天祥, 《야좌夜坐》)

• 逶迤: 산이나 강이 구불구불 끊이지 않고 이어져 있는 모양. 委蛇라고도 쓴다.

行矣各自愛, 日月眞駒隙.
행 의 각 자 애　　일 월 진 구 극

努力愛景光, 汝曹從此始!
노 력 애 경 광　　여 조 종 차 시

출세는 모두가 사랑하나, 세월은 진정 빠르구나.(《진확집陳確集》 시집詩集)

노력해서 시간을 아껴야 하니, 너희들 지금부터 시작하라!(청淸 이과李果, 《시량아示兩兒》)

• 行: 덕행.　• 景光: 시간. 세월.　• 汝曹: 너희들. 제2인칭대명사 복수형.

• 駒隙: 白駒過隙의 준말. 駒는 준마, 隙은 간격. 준마가 좁은 간격을 빠르게 지나가는 것과 같이 시간이 매우 빨리 지나감을 비유한 말.

昨日勝今日, 今年老去年;
작 일 승 금 일　　금 년 노 거 년

黃河靑有日, 白髮黑無緣.
황 하 청 유 일　　백 발 흑 무 연

어제가 오늘보다 낫고, 올해는 작년보다 늙은 것이다.

황하는 맑은 날이 있으나, 백발은 검어질 수 없다.(당唐 유채춘劉采春, 《나홍곡囉嗊曲》)

• 靑: 淸과 통용. 물이 맑다. 아랫구절에 색을 나타내는 黑자가 있어 靑자를 쓴 것이다.

淸明不拆絮, 到老沒成器.
청 명 불 탁 서　　도 로 몰 성 기

唯當鬒發時, 行住須努力.
유 당 진 발 시　　행 주 수 노 력

청명에 솜옷을 빨지 않으면 늙을 때까지 아무 일도 하지 못한다.(청清 오유광
吳有光,《오하언련吳下諺聯》권2)
　머리카락이 검을 때 항상 노력해야 할 것이다.(당唐 한산寒山,《세세황하수洗洗
黃河水》)

- •淸明: 24절기의 하나. 4월 5,6일. 봄 기운이 완연해진 따뜻한 시기.
- •拆絮: 솜옷을 빨다.　•器: 용구, 그릇. 인신되어〈재능〉을 의미한다.
- •鬒發: 숱이 많고 검어서 아름다운 머리.

萬事須己運, 他得非我賢.
만 사 수 기 운　　타 득 비 아 현

靑春須早爲, 豈能長少年.
청 춘 수 조 위　　기 능 장 소 년

모든 일은 자기가 해야 하며, 남의 수확은 자기를 현명하게 하지 못한다.
젊었을 때 해둔 일이 있어야지, 어찌 젊음을 늘릴 수 있겠는가?(당唐 맹교孟郊,
《권학勸學》)

君看白日馳, 何異弦上箭.
군 간 백 일 치　　하 이 현 상 전

花有重開日, 人無再少年.
화 유 중 개 일　　인 무 재 소 년

보시게, 달리는 밝은 해가 활 위의 화살과 무엇이 다른가?(당唐 이익李益,《유
자음游子吟》)
　꽃은 하루에 두 번 피지 않고, 사람에겐 청춘이 두 번 없다.(원元 관한경關漢卿,
《두아원竇娥冤》설자楔子)

明日復明日, 明日何其多.
명 일 복 명 일　　명 일 하 기 다
日日待明日, 萬事成蹉跎.
일 일 대 명 일　　만 사 성 차 타

내일이 가면 또 내일이 있으니, 내일은 어찌 그토록 많은가?
날마다 내일을 기다리면, 아무 일도 하지 못하리.(명明 문가文嘉,《명일가明日歌》)
•蹉跎: 실족하다. 넘어지다. 여기서는 실의를 비유.

勿謂寸陰短, 旣過難再獲.
물 위 촌 음 단　　기 과 난 재 획
勉旃復勉旃, 愼無悲蹉跎.
면 전 복 면 전　　신 무 비 차 타

촌음이 짧다고 말하지 말라, 이미 지나면 다시 얻기 어렵다.(청淸 주경朱經,
《책이責已》)
　노력하고 또 노력할 것이며, 삼가 해놓은 일이 없다고 슬퍼하지 말라.(청淸
주경朱經,《석음惜陰》)
　•勉旃: 노력하다. 旃은 之와 같음.

白日無定影, 淸江無定波.
백 일 무 정 영　　청 강 무 정 파
春光不自留, 莫怪東風惡.
춘 광 부 자 류　　막 괴 동 풍 악

밝은 태양에는 일정한 그림자가 없고, 맑은 강물에는 일정한 파도가 없다.
(《전당시全唐詩》섭이중시聶夷中詩)
　봄날은 스스로 머물지 않으니, 동풍이 모질다고 탓하지 말라.(청淸 우겸于謙,
《청명일희제淸明日戲題》)

絲染不復白, 鬢白無重黑;
사 염 불 복 백　　빈 백 무 중 흑

努力愛靑春, 一失不再得.
노 력 애 청 춘　　일 실 부 재 득

실은 물들이면 다시 희지 않고, 머리도 희어지면 다시 검지 않으니, 청춘을 아끼려고 노력할 것이며, 한 번 가면 다시 돌아오지 않는다.(청淸 시윤장施閏章,《고의古意》)

白日莫閑過, 靑春不再來.
백 일 막 한 과　　청 춘 부 재 래

人生非寒松, 年貌豈長在?
인 생 비 한 송　　연 모 기 장 재

시간을 헛되이 보내지 말라. 청춘은 다시 돌아오지 않는다.(당唐 임관林寬,《소년행少年行》)

인생은 추위에 견디는 청솔이 아니니, 나이와 모습이 어찌 늙지 않으리오?
(당唐 이백李白,《고풍오십구수古風五十九首》)

春與人相乖, 柳靑頭轉白.
춘 여 인 상 괴　　유 청 두 전 백

逝川與流光, 飄忽不相待.
서 천 여 류 광　　표 홀 불 상 대

봄날과 사람은 서로 다르니, 버들잎은 푸르게 되지만 머리는 백발로 변한다.
(당唐 잠삼岑參,《서촉여사춘탄西蜀旅舍春嘆》)

흐르는 냇물과 가는 시간은 빠르게 지나며 서로 기다려 주지 않는다.(당唐 이백李白,《고풍古風》)

•乖: 맞지 않다. 틀리다.　•逝川: 흐르는 냇물.　•流光: 흘러가는 시간.

人生處一世, 去若朝露晞.
인 생 처 일 세　거 약 조 로 희
年在桑楡間, 影響不能追.
연 재 상 유 간　영 향 불 능 추

사람이 한세상 살다가는 것이 마치 아침 이슬 마르는 것과 같다.
나이가 황혼 무렵에 있으니, 빛과 소리를 따라잡을 수가 없구나.(삼국三國
위魏 조식曹植,《증백마왕표贈白馬王彪》)

壯士惜分陰, 克己眞良規.
장 사 석 분 음　극 기 진 량 규
少壯輕年月, 遲暮惜光輝.
소 장 경 년 월　지 모 석 광 휘

뜻 있는 선비는 분음을 아끼는데, 그러한 극기 정신은 좋은 본보기로다.
(《진확집陳確集》시집詩集 독립獨立)
젊어서 세월을 소홀히 하다가 늘그막에 시간을 아끼는구나.(양梁 하손何遜,
《증제구유贈諸舊游》)
•良規: 좋은 본보기.　•遲暮: 말년을 비유한 말.

人行猶可復, 歲月不可追.
인 행 유 가 복　세 월 불 가 추
少壯不努力, 老大徒傷悲.
소 장 불 노 력　노 대 도 상 비

사람은 가면 돌아올 수 있지만 세월은 쫓을 수가 없구나.(송宋 소식蘇軾,《별
세別歲》)
젊어서 노력하지 않으면, 늙어서 헛되이 슬퍼하리로다.(양梁 소통蕭統,《문선文選》
고악부古樂府 장가행長歌行)

難得百鎰金, 挽留一寸晷.
난 득 백 일 금　만 류 일 촌 귀

往者不可諫, 來者猶可追.
왕 자 불 가 간　내 자 유 가 추

거금을 들여도 한 치의 해그림자를 머무르게 하지 못한다.(《야인청소野人淸嘯》
권상卷上)

지나간 것은 만회할 수 없지만 올 것은 쫓을 수 있다.(《논어論語》 미자微子)

•鎰: 고대의 중량 단위. 1鎰은 24兩(혹은 20兩).
•晷: 햇빛. 여기서는 〈광음〉을 가리킨다.
•諫: 간하다. 여기서는 인신되어 〈만회하다〉라는 의미.
•追: 쫓다. 쫓아가 미치다.

今日復今日, 今日何其少;
금 일 복 금 일　금 일 하 기 소

今日又不滿, 此事何時了?
금 일 우 불 만　차 사 하 시 료

오늘이 가면 오늘이 오나, 오늘은 어찌 이다지도 짧은가?

오늘 다시 끝나지 않으면, 이 일은 언제 마칠꼬?(명明 문징명文徵明, 《금일가今日歌》)

人生非金石, 豈能長壽考?
인 생 비 금 석　기 능 장 수 고

奄忽隨物化, 榮名以爲寶.
엄 홀 수 물 화　영 명 이 위 보

사람은 쇠나 돌이 아닌데 어찌 불로장생할 수 있겠는가?

순식간에 몸은 죽으니, 영예와 명성이 귀중할 따름이다.(《고시십구수古詩十九首》
회거가언매回車駕言邁)

•奄忽: 별안간. 갑자기.　　•物化: 죽다.

男兒不再壯, 百歲如風狂.
남 아 부 재 장　백 세 여 풍 광

志士惜日短, 愁人苦夜長.
지 사 석 일 단　수 인 고 야 장

사람은 다시 젊어지지 않으며, 1백 년 세월이 질풍처럼 빠르구나.(당唐 한유韓愈, 《차일족가석증장적此日足可惜贈張籍》)

뜻 있는 선비는 해 짧음을 애석해하고, 근심 있는 사람은 밤 긴 것을 괴로워한다.(진晉 부현傳玄, 《잡시삼수雜詩三首》)

乃知學在少, 老大不可强,
내 지 학 재 소　노 대 불 가 강

安得萬垂柳, 系敎春日長.
안 득 만 수 류　계 교 춘 일 장

이제야 알았노라. 배움은 젊었을 때 해야 하고 늙어서는 억지로 할 수 없다는 것을.(송宋, 구양수歐陽修, 《진양독서鎭陽讀書》)

어찌 만 가닥 수양버들 가지로 봄날을 붙잡아 매어 가지 못하게 할 수 있겠는가?(송宋 진해陳垓, 《보살만菩薩蠻》 방강동외가작訪江東外家作)

一年之計在於春, 一日之計在於晨.
일 년 지 계 재 어 춘　일 일 지 계 재 어 신

一寸光陰一寸金, 寸金難買寸光陰.
일 촌 광 음 일 촌 금　촌 금 난 매 촌 광 음

1년 계획은 봄에 하고, 하루 계획은 아침에 한다.(남조南朝 양梁 소역蕭繹,《찬요纂要》)

한 치의 광음은 한 치의 금에 해당하지만, 한 치의 금으로도 한 치의 광음은 살 수 없노라.(당唐 왕정백王貞白,《백록동이수白鹿洞二首》)

少年易老學難成, 一寸光陰不可輕.
소 년 이 노 학 난 성　일 촌 광 음 불 가 경

多壯及時宜努力, 老大無堪還可憎.
다 장 급 시 의 노 력　노 대 무 감 환 가 증

소년은 늙기 쉬우나 학문은 이루기 어려우니, 한 치의 광음도 소홀히 할 수 없다.(송宋 주희朱熹,《우성시偶成詩》)

한창 젊었을 때 노력할 것이며, 늙어지면 감당할 수 없어 증오만 하게 된다.
(송宋 구양수歐陽修,《복일증서초이생伏日贈徐焦二生》)

人生百年幾今日, 今日不爲眞可惜.
인 생 백 년 기 금 일　금 일 불 위 진 가 석

若言姑待明朝至, 明朝又有明朝事.
약 언 고 대 명 조 지　명 조 우 유 명 조 사

인생 백 년에 오늘이 몇이런가, 오늘 배우지 않으니 정말 애석하도다.

내일이 오기를 기다린다고 말하지 말라, 내일에는 또 내일 할 일이 있다.
(명明 문징명文徵明,《금일가今日歌》)

男兒生身自有役, 那得誤我少年時.
남 아 생 신 자 유 역　　나 득 오 아 소 년 시

靑春虛度無所成, 白首銜悲亦何及!
청 춘 허 도 무 소 성　　백 수 함 비 역 하 급

남자가 태어났으면 스스로 할 일이 있거늘 어찌 젊은 시절을 헛되이 하리오.
(당唐 장적張籍, 《별리곡別離曲》)

청춘을 헛되이 보내 해놓은 것이 없으면, 하얀 머리 비탄에 젖어도 어쩔
수 없으리.(당唐 권덕여權德輿, 《방행가放行歌》)

•役: 일.

勸君莫惜金縷衣, 勸君昔取少年時,
권 군 막 석 금 루 의　　권 군 석 취 소 년 시

花開堪折直須折, 莫待無花空折枝.
화 개 감 절 직 수 절　　막 대 무 화 공 절 지

금실 자수옷을 아끼지 말 것이며, 젊은 시절의 배움을 소중히 하라.

꽃이 피어서 꺾을 만하면 바로 꺾을 것이며, 시들기를 기다리다가 빈 가
지를 꺾지 말라.(당唐 두추낭杜秋娘, 《금루의金縷衣》)

•金縷衣: 금실로 수를 놓은 화려한 옷.

黑髮不知勤學早, 白首方悔讀書遲.
흑 발 부 지 근 학 조　　백 수 방 회 독 서 지

得擲且擲卽今日, 人生百歲駒過隙.
득 척 차 척 즉 금 일　　인 생 백 세 구 과 극

젊었을 때 일찍 부지런히 배워야 함을 알지 못하면, 늙어서는 독서가 늦
음을 후회하게 된다.(당唐 안진경顔眞卿, 《권학勸學》)

오늘 던져야 되면 던져야 하며, 인생 백 년은 망아지가 틈새 지나가듯 덧
없구나.(청淸 위원魏源, 《독서음시아기讀書吟示兒耆》)

百川赴海返潮易, 一葉報秋歸樹難.
백 천 부 해 반 조 이   일 엽 보 추 귀 수 난
枯木逢春猶再發, 人無兩度再少年.
고 목 봉 춘 유 재 발   인 무 량 도 재 소 년

모든 냇물이 바다로 흘러가다가 역류하기는 쉽지만, 가을 알리는 오동나무 한 잎이 나무로 되돌아가기는 어렵다.(당唐 포용鮑溶, 《시견이모始見二毛》)
고목은 봄이 되면 다시 꽃을 피우지만, 사람은 두 번 다시 소년이 될 수 없다.(《증광현문增廣賢文》)

光陰似箭摧人老, 日月如梭趲少年.
광 음 사 전 최 인 로   일 월 여 사 찬 소 년
題詩寄汝非無意, 莫負靑春取自慙.
제 시 기 여 비 무 의   막 부 청 춘 취 자 참

광음은 화살 같아 사람이 늙기를 재촉하고, 세월은 북과 같아 소년 시절을 빨리 가게 한다.(원元 고칙성高則誠, 《비파기琵琶記》 중상교녀中相教女)
시를 지어 당신에게 부치는 것은 목적이 없는 것이 아니라, 청춘을 저버려서 스스로 후회하지 말기를 바람이다.(명明 우겸于謙, 《시면示冕》)
•趲: 趲과 통용. 급히 달리다.

業無高卑志當堅, 男兒有求安得閑.
업 무 고 비 지 당 견   남 아 유 구 안 득 한
相逢白頭莫惆悵, 世上無人長少年.
상 봉 백 두 막 추 창   세 상 무 인 장 소 년

직업엔 귀천이 없으나 뜻이 굳어야 하고, 대장부가 추구하는 것이 있는데 어찌 한가하리오?(송宋 장뢰張未, 《북쪽 이웃에 사는 떡 파는 아이가 동트기 전에 온 거리를 다니며 떡판다고 외치는데, 비록 대한 날씨의 매서운 바람에도 굴하지 않고 시종여일하므로, 그를 위해 시를 짓다 北隣賣餠兒五鼓未旦卽繞街呼賣, 雖大寒烈風不廢, 而時略不稍差, 因爲之詩, 且有所警, 示稽柜》)
서로 만났을 때 머리 희다고 탄식하지 말며, 세상에 불로장생하는 사람은 없다.(당唐 주하周賀, 《기반위寄潘緯》)

人壽百年能幾何, 後來新婦今爲婆.
인 수 백 년 능 기 하　후 래 신 부 금 위 파

莫見長安行樂處, 空令歲月易蹉跎.
막 견 장 안 행 락 처　공 령 세 월 이 차 타

인생 백 년은 며칠이런가, 신부였던 여인이 지금은 할머니가 되었구나.(《휴
세홍이수休洗紅二首》)
　장안의 환락가를 보지 말라, 헛되이 세월만 쉬이 보낸다.(당唐 이석李碩, 《위
만지경魏萬之京》)

白髮無憑吾老矣, 靑春不再汝知乎?
백 발 무 빙 오 로 의　청 춘 부 재 여 지 호

年將弱冠非童子, 學不成名豈丈夫!
연 장 약 관 비 동 자　학 불 성 명 기 장 부

백발을 의지할 데 없으니 나도 늙었구나, 청춘이 다시 오지 않음을 너는
아는가?
　약관의 나이라 이미 어린아이가 아니건만, 배워서 이름을 날리지 못하면
어찌 대장부이겠는가!(송宋 유양필兪良弼, 《교자시敎子詩》)
•弱冠: 20세를 가리킴. 또 청년을 의미함.

榮枯遞轉急如箭, 天公豈肯於公偏?
영 고 체 전 급 여 전　천 공 기 긍 어 공 편

莫道韶華鎭長在, 白髮面皺長相待.
막 도 소 화 진 장 재　백 발 면 추 장 상 대

번영과 쇠락이 화살처럼 급하게 변하는데, 하늘이 어찌 당신만을 편들겠
는가?
　청춘이 오래다고 말하지 말라, 흰머리에 얼굴 주름이 벌써 서로 기다린다.
(당唐 이하李賀, 《조소년嘲少年》)
•榮枯: 번영과 시듦. 여기서는 정치상의 득의와 실의를 가리킨다.
•鎭: 오래다. 영원하다.

時不與兮歲不留, 一葉落兮天下秋.
시 불 여 혜 세 불 류　 일 엽 낙 혜 천 하 추

春風秋月不相待, 倐忽朱顔變白頭.
춘 풍 추 월 불 상 대　 숙 홀 주 안 변 백 두

시간은 쫓을 수 없고 세월은 머물지 않는다. 나뭇잎 떨어지니 온 세상이
가을이로다.

봄바람과 가을달은 서로 기다리지 않고, 순식간에 붉은 얼굴이 백발로 변
한다.(명明 우겸于謙, 《정야사靜夜思》)

•倐忽: 대단히 빠르게. 갑자기.

人生直作百歲翁, 亦是萬古一瞬中.
인 생 직 작 백 세 옹　 역 시 만 고 일 순 중

年年歲歲花相似, 歲歲年年人不同.
연 년 세 세 화 상 사　 세 세 연 년 인 부 동

사람이 줄곧 백 년을 산다 해도 유구한 세월 속에서는 일순간이로다.(《번천
문집樊川文集》지주송맹지선배池州送孟遲先輩)

1년에 한 번 피는 꽃은 모양이 서로 비슷하지만, 한 해 한 해 사람의 용모
는 같지 않다.(당唐 유희이劉希夷, 《대비백두음代悲白頭吟》)

少年辛苦終身事, 莫向光陰惰寸功.
소 년 신 고 종 신 사　 막 향 광 음 타 촌 공

但見時光流似箭, 豈知天道曲如弓.
단 견 시 광 류 사 전　 기 지 천 도 곡 여 궁

젊었을 때 고생은 한평생의 일이니, 게으름을 피워 일촌광음이라도 허비
하지 말라.(당唐 두순학杜荀鶴, 《제방질서당題芳侄書堂》)

시간이 화살처럼 흘러감은 알지만, 어찌 천도가 활처럼 굽었음을 알겠는가?
(오대五代 전촉前蜀 위장韋莊, 《관하도중關河道中》)

16

修身篇

高行微言, 所以修身.
고 행 미 언　소 이 수 신
憂深思遠, 君子之情.
우 심 사 원　군 자 지 정

고상한 행위와 정미한 말은 자기를 수양하는 데 쓸 수 있다.(송宋 장상영張商英,《소서素書》)

깊이 근심하고 멀리 생각하는 것이 군자의 마음이다.(《후한서後漢書》노식열전盧植列傳)

•高行: 고상한 행위.　　•微言: 의미가 깊으면서 정미한 말.

修身踐言, 謂之善行.
수 신 천 언　위 지 선 행
不管人責, 但求自盡.
불 관 인 책　단 구 자 진

자기를 수양하고 말을 실천하는 것을 〈선행〉이라 한다.(《예기禮記》곡례상曲禮上)

남의 책임에 관여하지 말고 자신의 책임만 다하면 된다.(청淸 신거운申居鄖,《서암췌어西巖贅語》)

苦藥利病, 苦口利行.
고 약 리 병　고 구 리 행

不能受諫, 安能諫人.
불 능 수 간　안 능 간 인

쓴 약은 병에 이롭고, 쓴 말은 행동에 이롭다.(당唐 오긍吳兢《정관정요貞觀政要》권4)
비판을 받아들이지 못한다면 어떻게 남을 비판할 수 있겠는가?(청淸 전대흔
錢大昕,《십가재양신록十駕齋養新錄》통감다채선언通鑒多采善言)

身要嚴重, 意要安定.
신 요 엄 중　의 요 안 정

輕則失本, 躁則失君.
경 즉 실 본　조 즉 실 군

자태는 엄중해야 하고, 심경은 안정되어야 한다.(명明 여곤呂坤,《신음어呻吟語
보유補遺》)
경솔하면 근본을 잃을 것이요, 조급하면 주견을 잃을 것이다.(《노자老子》)
•本:근본. 사람의 근본 덕성.　•君: 통치하다. 주재하다. 여기서는 〈주견〉의 의미.

人雖至愚, 責人則明;
인 수 지 우　책 인 즉 명

雖有聰明, 恕己則昏.
수 유 총 명　서 기 즉 혼

사람은 비록 지극히 어리석더라도 남을 비난하는 것은 명확하고,
비록 총명하더라도 자기를 용서하는 것은 흐릿하다.(《소학집주小學集注》광경
신廣敬身)

自家有過, 人說要聽;
자 가 유 과　인 설 요 청
當局者迷, 旁觀者醒.
당 국 자 미　방 관 자 성

자기에게 잘못이 있으면 남의 말을 들어야 한다.

당사자는 혼미하지만, 옆에서 보는 사람은 깨닫는다.(《양정유규養正遺規》권하
卷下)

知人者智, 自知者明.
지 인 자 지　자 지 자 명
外視者蔽, 內視者明.
외 시 자 폐　내 시 자 명

남을 잘 이해하는 사람은 지혜롭고, 자신을 잘 아는 사람은 현명하다.(《노
자老子》33장)

밖에서 보는 사람은 가리우고, 안에서 보는 사람은 분명하다.(송宋 최돈례崔
敦禮,《추언芻言》권하卷下)

慢藏誨盜, 冶容誨淫.
만 장 회 도　야 용 회 음
不役耳目, 百度惟貞.
불 역 이 목　백 탁 유 정

보관을 소홀히 하면 도둑질을 가르치게 되며, 얼굴을 단장하면 음란함을
가르치게 된다.(《사기史記》유후세가留侯世家)

이목에 사역당하지 않는 사람은 온갖 생각이 순결하다.(《상서尚書》여오旅獒)

•慢藏: 보관을 소홀히 하다.

•冶容: 얼굴을 예쁘게 단장하다. 또 예쁘게 단장한 얼굴.

•百度: 온갖 일. 온갖 생각.　　•惟貞: 惟는 어조사. 貞은 절개를 지키다.

福由己發, 禍由己生.
복 유 기 발　화 유 기 생
上不怨天, 下不尤人.
상 불 원 천　하 불 우 인

　복은 자기에게서 시작되고, 화는 자기에게서 생겨난다.(《회남자淮南子》무칭훈
繆稱訓)
　위로 하늘을 원망하지 않고, 아래로 남을 허물하지 않는다.(《예기禮記》중용
中庸)

省言甚難, 今得一法.
성 언 심 난　금 득 일 법
只莫說人, 則言自省.
지 막 설 인　즉 언 자 성

　말을 적게 하는 것은 매우 어려우나, 지금 하나의 방법이 있다.
　남에 대한 말을 하지 않으면, 말은 자연히 적어질 것이다.(《진확집陳確集》별
집別集 불란설不亂說)

正以處心, 廉以律己.
정 이 처 심　염 이 율 기
夜覺曉非, 今悔昨失.
야 각 효 비　금 회 작 실

　정직으로 마음가짐을 하고, 청렴으로 자기 단속을 한다.(《설문청공종정록薛文
淸公從政錄》)
　밤에는 아침의 잘못을 깨닫고, 오늘에는 어제의 실수를 후회한다.(《안씨가훈
顏氏家訓》서치序致)

多忿害物, 多欲害己,
다 분 해 물　다 욕 해 기
多逸害性, 多憂害志.
다 일 해 성　다 우 해 지

노여움이 많으면 남을 해치고, 욕심이 많으면 자기를 해치며,
안일함이 많으면 본성을 해치고, 근심이 많으면 뜻을 해친다.(송宋 최돈례崔
敦禮,《추언芻言》권하卷下)
•物: 다른 사람.

人有過失, 己必知之;
인 유 과 실　기 필 지 지
己有過失, 豈不自知?
기 유 과 실　기 불 자 지

남에게 과실이 있으면 자기는 반드시 알면서,
자기에게 과실이 있는데 어찌 스스로 모를까?(송宋 임포林逋,《성심록省心錄》)

失之不憂, 得之不喜.
실 지 불 우　득 지 불 희
善則稱人, 過則稱己.
선 즉 칭 인　과 즉 칭 기

잃었다고 근심 말고, 얻었다고 기뻐 말라.(《회남자淮南子》범론훈氾論訓)
잘되었으면 남을 칭찬하고, 잘못되었으면 나를 꾸짖어라.(《예기禮記》방기坊記)

知足常足, 終身不辱;
지 족 상 족　종 신 불 욕

知止常止, 終身不恥.
지 지 상 지　종 신 불 치

만족을 아는 사람은 항상 만족하여 종신토록 욕되지 않고,
그칠 줄을 아는 사람은 항상 그쳐 종신토록 부끄럽지 않다.(《노자老子》)

士貴成功, 不必文辭.
사 귀 성 공　불 필 문 사

志尙夷簡, 淡於榮利.
지 상 이 간　담 어 영 리

선비는 일의 성공을 중시하며, 반드시 문장을 중시하는 것은 아니다.(한漢
환관桓寬,《염철론鹽鐵論》논유論儒)

평담질박한 생활에 뜻을 두고, 공명과 이익에 무심하라.(《북사北史》위형전韋
夐傳)

•夷簡: 평담질박하다.

高飛之鳥, 死於美食.
고 비 지 조　사 어 미 식

慧黠而過, 乃是眞痴.
혜 할 이 과　내 시 진 치

높이 나는 새는 좋은 음식 때문에 죽는다.(《오월춘추吳越春秋》구천음모전勾踐陰
謀傳)

지혜가 약고 지나친 것이 바로 진짜 천치이다.(《요재지이聊齋志異》아보阿寶)

•慧黠: 약고 교활함.

求仁之方, 無過克己.
구 인 지 방　무 과 극 기
雖見誣謗, 不申曲直.
수 견 무 방　불 신 곡 직

인을 추구하는 방법은 자기의 사욕을 이기는 것이다.(《진확집陳確集》별집別集
불란설不亂說)
비록 남의 비방을 받더라도 시비곡직을 해명하지 말라.(《위서魏書》최광전崔
光傳)

內不足者, 急於人知;
내 부 족 자　급 어 인 지
霈焉有餘, 厥聞四馳.
패 언 유 여　궐 문 사 치

내심이 공허한 사람은 남이 자기를 알아 주는 데 급급하다.
학식이 깊고 넓으면 소문이 사방에 전해질 것이다.(당唐 한유韓愈,《지명잠知名
箴》)
•霈: 큰비. 여기서는 학식이 깊고 넓음을 의미한다.

天下難事, 必作於易;
천 하 난 사　필 작 어 이
天下大事, 必作於細.
천 하 대 사　필 작 어 세

세상의 어려운 일은 반드시 쉬운 것에서 일어나고,
세상의 큰일은 반드시 작은 것에서 일어난다.(《노자老子》)

食其食者, 不毁其器.
식 기 식 자 불 훼 기 기

蔭其樹者, 不折其枝.
음 기 수 자 부 절 기 지

남의 밥을 먹는 사람은 그의 그릇을 깨지 말 것이며,
나무로 해를 가릴 사람은 그 가지를 꺾지 말라.(《한시외전韓詩外傳》)

怒如猛虎, 欲是深淵.
노 여 맹 호 욕 시 심 연

鏡照丑好, 能人不怨.
경 조 축 호 능 인 불 원

노여움은 맹호처럼 두렵고, 욕심은 심연처럼 위험하다.(《격언연벽格言聯璧》존
양存養)

거울은 추함과 아름다움을 비출 수 있지만, 현명한 사람은 거울을 원망하
지 않는다.(《의림意林》위자魏子)

金以剛折, 水以柔全.
금 이 강 절 수 이 유 전

心無結怨, 口無煩言.
심 무 결 원 구 무 번 언

쇠는 강하기 때문에 부러지고, 물은 부드럽기 때문에 온전하다.(《포박자抱朴
子》광비廣譬)

마음 속에 원한을 맺지 말고, 입으로는 성내는 말을 하지 말라.(《한비자韓非
子》대체大體)

•以: ~때문에.　•全: 온전하다.

居心要寬, 持身要嚴.
거심요관　지신요엄

言必可行, 行必可言.
언필가행　행필가언

　남에 대해서는 관대해야 하고, 자기에 대해서는 엄격해야 한다.(청淸 신거운 申居鄖,《서암췌어西巖贅語》)
　말은 반드시 실천해야 하고, 행위는 반드시 말로 할 수 있어야 한다.(《신서 新書》대정상大政上)

待人要豐, 奉己要約;
대인요풍　봉기요약

責己要厚, 責人要薄.
책기요후　책인요박

　남을 대하는 것은 성대하게 하고, 자기를 받드는 것은 절약해야 하며,
　자기를 비난하는 것은 엄격하게 하고, 남을 비난하는 것은 관대해야 한다.
(《양정유규養正遺規》권하卷下)
　•豐: 성대하다.　　•厚: 엄격하게 요구하다.　　•薄: 관대하다.

見人之過, 得己之過;
견인지과　득기지과

聞人之過, 得己之過;
문인지과　득기지과

　남의 잘못을 보면 자기의 잘못을 알아야 하고,
　남의 잘못을 들으면 자기의 잘못을 알아야 한다.(송宋 양만리楊萬里,《용언庸言》)

記人之功, 忘人之過.
기 인 지 공　망 인 지 과

失不繫心, 得不形色.
실 불 계 심　득 불 형 색

남의 공적은 기억하고, 남의 잘못은 잊는다.(《한서漢書》 진탕전陳湯傳)
잃은 것이 있으면 마음에 두지 말고, 얻은 것이 있으면 얼굴에 나타내지
말라.(《삼국지三國志》 위서魏書 고윤전高允傳)

歸咎於身, 克己自責.
귀 구 어 신　극 기 자 책

弗務細行, 終累大德.
불 무 세 행　종 루 대 덕

자기에게 허물을 돌리고, 사욕을 이기며 스스로 비난하라.(《한서漢書》 두주전
杜周傳)
사소한 행동에 주의하지 않으면 결국에는 대덕에 누를 끼친다.(《군서치요群
書治要》 상서尙書)
•歸咎: 허물을 돌리다. 咎는 허물.　•累: 누를 끼치다. 좋지 못한 영향을 주다.

是非之心, 智之端也.
시 비 지 심　지 지 단 야

繩墨之起, 爲不直也.
승 묵 지 기　위 부 직 야

시비를 가리는 마음은 지혜의 실마리이다.(《맹자孟子》 공손추상公孫丑上)
승묵이 생긴 것은 곧지 않은 목재 때문이다.(《순자荀子》 성악性惡)

苦言藥也, 甘言疾也.
고 언 약 야　감 언 질 야

知彼弱者, 强之體也.
지 피 약 자　강 지 체 야

귀에 거슬린 말은 약이요, 달콤한 말은 병이다.(《사기史記》 상군열전商君列傳)

남의 약점을 아는 것은 자기를 강하게 하는 본체이다.(《위료자尉繚子》 원관原官)

•彼: 남.　　•體: 주체, 본체. 인신되어 사물의 중요 부분을 뜻함.

人有不及, 可以情恕.
인 유 불 급　가 이 정 서

好責人者, 自治必疏.
호 책 인 자　자 치 필 소

남이 하지 못하는 것이 있으면 관대하게 용서해야 한다.(남조南朝 송宋 유의
경劉義慶,《세설신어世說新語》 덕행德行)

남을 비난하기 좋아하는 사람은 자기를 다스리는 데 반드시 관대하다.(청淸
신거운申居鄖,《서암췌어西巖贅語》)

行與義乖, 言與法違,
행 여 의 괴　언 여 법 위

後雖無害, 汝可以悔.
후 수 무 해　여 가 이 회

행위가 도의에 상반되고, 말이 법도에 위배되면,

나중에 비록 손해는 없더라도 너는 반드시 후회하게 될 것이다.(당唐 한유韓愈,
《행잠行箴》)

•乖: 위배하다. 저촉되다.

急人之知, 枉己之爲;
급 인 지 지   왕 기 지 위

急人之好, 枉己之道.
급 인 지 호   왕 기 지 도

남의 지혜를 중요하게 여기면 자기의 잘못된 행위를 바로잡을 수 있고,
남의 장점을 중요하게 여기면 자기의 어긋난 도의를 바로잡을 수 있다.
(《왕령집王令集》 급잠急箴)
　•急: 급무. 중요한 일.　•枉道: 정도를 굽혀 남에게 아첨하다.

病人之病, 憂人之憂.
병 인 지 병   우 인 지 우

輔人無苟, 扶人無咎.
보 인 무 구   부 인 무 구

남의 병을 자기의 병으로 생각하고, 남의 근심을 자기의 근심으로 생각한다.
(당唐 백거이白居易,《책림策林》)
남을 도우면서 책임을 지지 않으면 안 되고, 남을 보살피면서 완전무결을
요구하지 말라.(《대대례기大戴禮記》 서장書杖)

智者不愁, 多爲少憂.
지 자 불 수   다 위 소 우

進將有爲, 退必自修.
진 장 유 위   퇴 필 자 수

지혜로운 사람은 근심하지 않으며, 일을 많이 하면 근심은 자연히 적어진다.
(《악부고사樂府古辭》 만가행滿歌行)
벼슬에 나아가면 한 일이 있어야 하고, 물러나면 반드시 스스로 수양해야
한다.(《경거패어瓊琚佩語》 출처出處)

人皆狎我, 必我無骨;
인 개 압 아　필 아 무 골
人皆畏我, 必我無養.
인 개 외 아　필 아 무 양

사람들이 모두 나를 경시하면 반드시 나에게 기개가 없는 것이요,
사람들이 모두 나를 두려워하면 반드시 나에게 수양이 없는 것이다.(청淸
신함광申涵光,《형원소어荊園小語》)
• 狎: 경시하다.

自知者英, 自勝者雄.
자 지 자 영　자 승 자 웅
自律不嚴, 何以服衆.
자 율 불 엄　하 이 복 중

자기를 아는 사람은 영명하고, 사욕을 이기는 사람은 대장부이다.(수隋 왕통
王通,《중설中説》주공편周公篇)
자기를 단속하는 것이 엄하지 못하면서 어떻게 남을 복종시키겠는가?(원元
장양호張養浩,《풍헌충고風憲忠告》)

君子求諸己, 小人求諸人.
군 자 구 제 기　소 인 구 제 인
觀人如觀玉, 拙眼喜譏評.
관 인 여 관 옥　졸 안 희 기 평

군자는 자기에게 엄격히 요구하고, 소인은 남에게 가혹하게 요구한다.(《논어論語》위령공衛靈公)

남 보기를 옥 보듯 해야 하는데, 옹졸한 사람은 헐뜯고 비평하기를 좋아한다.(《검남시고劍南詩稿》잡흥십수雜興十首)

•諸: 之於의 합음.　•拙眼: 견식이 좁다.

言輕則招憂, 行輕則招辜.
언 경 즉 초 우　행 경 즉 초 고
貌輕則招辱, 好輕則招淫.
모 경 즉 초 욕　호 경 즉 초 음

말이 가벼우면 근심을 부르고, 행동이 가벼우면 죄를 부른다.

용모가 가벼우면 욕을 부르고, 좋아하는 것이 가벼우면 음란을 부른다.(한漢 양웅揚雄,《법언法言》수신修身)

•辜: 죄.

山銳則不高, 水狹則不深.
산 예 즉 불 고　수 협 즉 불 심
水激則波起, 氣亂則智昏.
수 격 즉 파 기　기 란 즉 지 혼

산봉우리가 뾰족하면 높지 않고, 강물의 폭이 좁으면 깊지 않다.(한漢 유향劉向,《신서新序》절사節士)

강물이 부딪치면 물결이 일어나고, 혈기가 혼란되면 지혜가 어두워진다.(《문자文子》하덕下德)

•銳: 날카롭다. 여기서는 위가 작고 아래가 큰 산을 가리킨다.

聞毀無戚戚, 聞譽無欣欣.
문 훼 무 척 척　문 예 무 흔 흔
自顧行如何, 毀譽安足論.
자 고 행 여 하　훼 예 안 족 론

비방하는 말을 들어도 슬퍼하지 말고, 칭찬하는 말을 들어도 기뻐하지 말라.
자신의 행동이 어떠한가를 살펴야 하며, 비방과 칭찬은 말할 것이 못된다.
(당唐 백거이白居易,《속좌우명續座右銘》)
　•毀: 비방하다.　　•戚戚: 슬퍼하다.

嘉木依性植, 曲枝亦不生.
가 목 의 성 식　곡 지 역 불 생
他山有礪石, 良璧逾晶瑩.
타 산 유 여 석　양 벽 유 정 형

좋은 나무는 성질에 따라 심어야 하며, 그래야 굽은 가지가 생기지 않는다.
(당唐 맹교孟郊,《증소주위랑중사군贈蘇州韋郎中使君》)
　다른 산에 숫돌이 있어야 보석이 더욱 빛이 날 것이다.(청淸 정세원鄭世元,
《감회잡시感懷雜詩》)
　•嘉木: 좋은 나무. 여기서는 군자를 비유했다.　　•礪石: 숫돌.　　•逾: 더욱.

尊人立莫坐, 賜坐莫背人.
존 인 립 막 좌　사 좌 막 배 인
存坐無方便, 席上被人嗔.
존 좌 무 방 편　석 상 피 인 진

어른이 서 있으면 앉지 말고, 앉으라고 하면 남을 등지지 말라.
자리에 앉아서 편한 대로 해선 안 되며, 그렇지 않으면 그 자리에서 남의
화를 부른다.(《전당시보일全唐詩補逸》권2 왕범지시王梵志詩)
　•嗔: 성내다.

尊人共客語, 側立在傍聽.
존 인 공 객 어 측 립 재 방 청
莫相前頭鬧, 喧亂作鴉鳴.
막 상 전 두 뇨 훤 란 작 아 명

어른이 손님과 함께 말을 하면 옆으로 서서 곁에서 들어야 한다.
남의 앞에서 분잡스럽게 하거나 까마귀 소리를 내며 시끄럽게 하지 말라.
(《전당시보일全唐詩補逸》권2 왕범지시王梵志詩)
•鴉: 鴉와 같음. 큰부리까마귀.

常聞誇大言, 下顧皆細萍.
상 문 과 대 언 하 고 개 세 평
務言而緩行, 雖辯必不聽.
무 언 이 완 행 수 변 필 불 청

항상 과장하는 말을 들어 보매, 그 행동은 모두 작은 부평초 같다.(당唐 맹
교孟郊, 《석종십수石淙十首》)
말 꾸미는 데 힘쓰고 행동이 따르지 않으면 설사 언변이 좋더라도 듣지
않을 것이다.(《묵자墨子》수신修身)

老虎進了城, 家家都閉門;
노 호 진 료 성 가 가 도 폐 문
雖然不咬人, 日前壞了名.
수 연 불 교 인 일 전 괴 료 명

호랑이가 성안으로 뛰어들면 집집마다 모두 문을 닫는데,
비록 사람을 물지는 않아도 일전에 이름을 망쳤기 때문이다.(《서유기西遊記》
제36회)

炫才則嫉來, 矜名則毀集.
현 재 즉 질 래　긍 명 즉 훼 집
守道以立名, 修身以俟時.
수 도 이 립 명　수 신 이 사 시

재능을 과시하면 질투를 초래하고, 명성을 자랑하면 비방이 집중된다.(《설
방산기술薛方山紀述》)
　정도를 지켜서 명성을 얻고, 덕을 닦아서 때를 기다려야 한다.(한漢 환관桓寬,
《염철론鹽鐵論》 지광地廣)
　•俟: 기다리다.

目短於自見, 故以鏡觀面;
목 단 어 자 견　고 이 경 관 면
知短於自知, 故以道正己.
지 단 어 자 지　고 이 도 정 기

눈으로 자기를 볼 수 없기 때문에 거울로 얼굴을 보며,
　지혜로 자기를 알 수 없기 때문에 정도로 자기를 바로잡는다.(《한비자韓非
子》 관행觀行)
　•知: 智와 같음. 지혜.

知人固不易, 人亦未易知.
지 인 고 불 이　인 역 미 이 지
妍嬸在水鏡, 鉛粉徒自欺.
연 치 재 수 경　연 분 도 자 기

남을 아는 것은 진실로 쉽지 않고, 자기를 아는 것도 매우 어렵다.
　아름다움과 추함은 수면과 거울에서 알 수 있고, 백분을 바른 사람들은
부질 없이 자기를 속일 뿐이다.(금金 원호문元好問, 《잡시雜詩》)
　•妍: 아름답다.

不求立名聲, 所貴去瑕玼.
불 구 입 명 성　소 귀 거 하 빈

各願貽子孫, 永爲後世資.
각 원 이 자 손　영 위 후 세 자

〔친구를 사귀는 것은〕 명성을 얻기 위함이 아니고, 작은 결점을 고치기 위함이다.

이 말을 각자가 자손에게 남겨서 영원히 후세에 전해지기를 바란다.(당唐 왕건王建, 《구우求友》)

•貽: 후세에 물려 주다.

與人不求備, 檢身若不及.
여 인 불 구 비　검 신 약 불 급

責人不肯恕, 責己每自匿.
책 인 불 긍 서　책 기 매 자 닉

남에게는 심하게 요구하지 말고, 자신을 단속하는 것은 마치 미치지 못하는 것처럼 하라.(《상서尙書》 이훈伊訓)

남을 가혹하게 나무라는 사람은 자기를 나무랄 때는 반드시 감춘다.(청淸 주경朱經, 《책기責己》)

•匿: 감추다.

惡言不出口, 惡聲不入耳.
악 언 불 출 구　악 성 불 입 이

詈言一失香, 千古聞臭詞.
이 언 일 실 향　천 고 문 취 사

비방하는 말을 입으로 내지 않으면, 비방하는 소리가 귀에 들어오지 않는다.
(《등석자鄧析子》)

욕하는 말로 한 번 향기를 잃으면 영원히 구린 말이 들려온다.(당唐 맹교孟郊, 《추회십오수秋懷十五首》)

•詈: 욕하다.

欲淡則心靜, 心靜則理見.
욕 담 즉 심 정 심 정 즉 이 현

高價人爭重, 行當早着鞭.
고 가 인 쟁 중 행 당 조 착 편

욕심이 적으면 마음이 고요해지고, 마음이 고요해지면 이치가 나타난다.
(《설문청공독서록薛文淸公讀書錄》 체험體驗)

덕망이 높은 사람은 남이 다투어 존경하므로 행동할 때 일찌감치 자기를
채찍질해야 한다.(당唐 고적高適,《하서송이십칠河西送李十七》)

•高價: 덕망이 높은 사람을 비유.

尊人同席飲, 不問莫多言.
존 인 동 석 음 불 문 막 다 언

縱有好文章, 留將餘處宣.
종 유 호 문 장 유 장 여 처 선

어른과 동석해서 술을 마실 때, 묻지 않거든 말을 많이 하지 말라.

비록 좋은 문장이 있지만 남겨두었다가 한가할 때 말하리라.(《전당시보일全
唐詩補逸》 권2 왕범지시王梵志詩)

常記故人言, 思之每爛熟.
상 기 고 인 언 사 지 매 난 숙

食蔗漸漸佳, 離官寸寸樂.
식 자 점 점 가 이 관 촌 촌 락

항상 옛사람의 말을 기억하면, 생각할 때마다 무르익는다.

사탕수수를 먹으면 차츰차츰 맛이 있고, 관직을 떠나면 조금씩 즐거워진다.
(《소창산방시문집小倉山房詩文集》 상기常記)

度量放寬宏, 見識休局促.
도 량 방 관 굉　견 식 휴 국 촉

透得名利關, 方是小歇處.
투 득 명 리 관　방 시 소 헐 처

도량은 넓어야 하며, 견식이 협소해서는 안 된다.(청淸 왕세정王世貞,《정가잠正家箴》)

명예와 이익의 관문을 뛰어넘으면 바로 쉴 곳이다.(송宋 나대경羅大經,《학림옥로鶴林玉露》권6)

•局促: 소견이 좁다.

身是菩提樹, 心如明鏡臺.
신 시 보 리 수　심 여 명 경 대

時時勤拂拭, 勿使若塵埃.
시 시 근 불 식　물 사 약 진 애

몸은 보리수요, 마음은 명경대라.

시시각각으로 부지런히 닦아서 먼지가 끼지 않도록 해야 한다.(당唐 신수神秀,《게偈》)

•菩提樹: 피나무과에 속하는 낙엽교목. 염주를 만드는 데 사용함.

•拂拭: 닦다. •若: 이렇게. 이와 같이.

人心未易知, 燈臺不自照.
인 심 미 이 지　등 대 부 자 조

行矣且無然, 蓋棺事乃了.
행 의 차 무 연　개 관 사 내 료

사람의 마음은 알기 어렵고, 등대는 자기를 비추지 못한다.(원元 강진지康進之,《양산박이규부형잡극梁山泊李逵負荊雜劇》제3절)

행적에 대해서는 아직 일정한 견해가 없고, 관 뚜껑을 덮어야 일이 끝난다.(《창려선생집昌黎先生集》동관협同冠峽)

•無然: 일정한 견해가 없다. 然은 〈그러한 것〉이라는 의미.

芝蘭之在谷, 不聞而自香;
지 란 지 재 곡　　불 문 이 자 향

腥膻之在市, 不聞而自臭.
성 전 지 재 시　　불 문 이 자 취

지초와 난초가 계곡에 있으면 냄새를 맡지 않아도 저절로 향내가 나고,
생선과 수육이 시장에 있으면 냄새를 맡지 않아도 저절로 악취가 난다.(명
明 팽여양彭汝讓,《목기용담木幾冗淡》)

無道人之短, 無說己之長.
무 도 인 지 단　　무 설 기 지 장

責己則攻短, 論人則取長.
책 기 즉 공 단　　논 인 즉 취 장

남의 단점을 말하지 말고, 자기의 장점을 말하지 말라.(한漢 최완崔瑗,《좌우명
座右銘》)
　자기를 나무랄 때는 단점을 공격하고, 남을 말할 때는 장점을 취하라.(《대
운산방문고大雲山房文稿》여이정주與李汀洲)

有人間我修行法, 只種心田養此身.
유 인 문 아 수 행 법   지 종 심 전 양 차 신

浮名浮利過於酒, 醉得人心死不醒.
부 명 부 리 과 어 주   취 득 인 심 사 불 성

　나에게 수행의 방법을 묻는 사람이 있길래, 단지 마음의 밭에다 심어서
몸을 기르라고 했다.(당唐 여암呂巖,《절구絶句》)
　허명과 부정한 이익은 술보다 심해서, 사람의 마음을 취하게 해 깨어나지
못하게 한다.(당唐 두광정杜光庭,《상시傷時》)
　•浮名: 허명.

丈夫立身須自省, 知禍知福如形影.
장 부 입 신 수 자 성   지 화 지 복 여 형 영

日間不作虧心事, 夜半敲門不吃驚.
일 간 부 작 휴 심 사   야 반 고 문 불 흘 경

　대장부는 입신출세를 함에 반드시 스스로를 반성해야 하며, 재앙과 복록
이 형체와 그림자처럼 밀접함을 알아야 한다.(당唐 번주樊鑄,《급제후독서원영물십
수상례부이시랑及第後讀書院詠物十首上禮部李侍郎》)
　대낮에 마음을 상하게 하는 일을 하지 않았으면, 밤중에 누가 문을 두드
려도 놀라지 않는다.(명明 능몽초凌濛初,《이각박안경기二刻拍案驚奇》 권5)

淫慢則不能勵精, 險躁則不能治性.
음 만 즉 불 능 여 정   험 조 즉 불 능 치 성

度量如海涵春育, 應接如流水流雲.
도 량 여 해 함 춘 육   응 접 여 류 수 류 운

　방탕하고 게으르면 정신을 진작시킬 수 없고, 음흉하고 조급하면 성정을
도야할 수 없다.(삼국三國 촉蜀, 제갈양諸葛亮,《계자서誡子書》)
　도량은 바다처럼 넓어서 봄에 만물을 싹 틔우듯 해야 하고, 남을 대하는
것은 행운유수처럼 자유자재하여야 한다.(《격언연벽格言聯璧》 지궁류持躬類)
　•淫慢: 방탕하고 게으르다.

丈夫自重如拱璧, 安用人看一錢値.
장 부 자 중 여 공 벽　　안 용 인 간 일 전 치

聞人之謗當自修, 聞人之譽當自懼.
문 인 지 방 당 자 수　　문 인 지 예 당 자 구

대장부는 스스로를 공벽처럼 중히 여기는데, 어찌 남을 한 푼짜리로 보겠는가?(송宋 육유陸游, 《설후귀당독좌雪後龜堂獨坐》)

남의 비방을 들으면 마땅히 스스로 수양하고, 남의 칭찬을 들으면 마땅히 스스로 두려워해야 한다.(명明 호거인胡居仁, 《거업록居業錄》 학문學問)

•拱璧: 두 손으로 껴안을 정도로 큰 둥근 구슬.

善觀人者索其終, 善修己者履其始.
선 관 인 자 색 기 종　　선 수 기 자 이 기 시

遭一蹶者得一便, 經一事者長一智.
조 일 궐 자 득 일 편　　경 일 사 자 장 일 지

남을 잘 관찰하는 사람은 그 마무리를 찾고, 자기 수양을 잘하는 사람은 그 처음을 밟는다.(명明 정심재鄭心材, 《정경중적어鄭敬中摘語》)

한 번 넘어진 사람은 하나의 방법을 얻으며, 일을 한 가지 하면 지혜가 한 가지 늘어난다.(《오대사평화五代史評話》)

•蹶: 넘어지다.

大事難事看擔當, 逆境順境看襟度.
대 사 난 사 간 담 당　　역 경 순 경 간 금 도

臨喜臨怒看涵養, 群行群止看見識.
임 희 임 노 간 함 양　　군 행 군 지 간 견 식

큰일이나 어려운 일을 당했을 때는 담당할 수 있는가를 살피고, 역경이나 순경에 처했을 때는 도량을 살펴야 하며,

기쁘거나 노여우면 수양한 바를 살피고, 여러 사람과 행동할 때는 견식을 살펴야 한다.(명明 여곤呂坤, 《신음어呻吟語》 인품人品)

好說己長便是短, 自知己短便是長.
호설기장변시단　자지기단변시장

風流不在談風勝, 袖手無言味最長.
풍류부재담풍승　수수무언미최장

　자기의 장점을 말하기 좋아하는 것이 바로 단점이고, 자기의 단점을 스스로 아는 것이 바로 장점이다.(청淸 신거운申居郧, 《서암췌어西巖贅語》)
　재학은 도를 말할 수 있느냐에 달린 것이 아니고, 팔짱을 끼고 아무 말 하지 않는 것이 가장 운치가 있다.(송宋 황승黃升, 《자고천鷓鴣天》)
　•風流: 풍모. 여기서는 才學이 있음을 가리킨다.

17

處事篇

善氣迎人, 親如弟兄;
선 기 영 인   친 여 제 형

惡氣迎人, 害於戈兵.
악 기 영 인   해 어 과 병

좋은 분위기로 남을 맞이하면 형제처럼 친해지고,
싫은 분위기로 남을 맞이하면 병기보다 더 해가 된다.(《관자管子》심술心術)
•戈兵: 무기. 병기.

當厄之施, 甘於時雨;
당 액 지 시   감 어 시 우

傷心之語, 毒於陰冰.
상 심 지 어   독 어 음 빙

재난을 당한 사람을 도와 주는 것은 때맞춰 내린 비보다 달며,
남을 상심시키는 말은 찬 얼음보다 더 독하다.(《격언연벽格言聯璧》 패흉悖凶)

家有一心, 有錢買金;
가 유 일 심　유 전 매 금
家有二心, 無錢買針.
가 유 이 심　무 전 매 침

집안이 한마음이면 금을 살 만한 돈이 있게 되며,
집안이 분열되면 바늘을 살 돈도 없게 된다.(명明 서진徐畡,《살구기殺狗記》제
십구출第十九出)

家何以治, 曰各自盡.
가 하 이 치　왈 각 자 진
家何以亂, 曰各相責.
가 하 이 란　왈 각 상 책

집안은 어떻게 해야 잘 다스려지는가? 각자 자기의 역할을 다해야 한다.
집안은 어째서 어지럽게 되는가? 각자가 서로 비난하기 때문이다.(청淸 신
거운申居鄖,《서암췌어西巖贅語》)

處事以智, 不如守正.
처 사 이 지　불 여 수 정
揚湯止沸, 不如去薪.
양 탕 지 비　불 여 거 신

작은 지혜로 일을 처리하는 것은 정도를 지키는 것만 못하다.(청淸 신거운申
居鄖,《서암췌어西巖贅語》)
끓는 물을 퍼냈다 다시 부어 끓는 것을 막는 것은 장작을 빼서 불을 끄는
것만 못하다.(《후한서後漢書》동탁전董卓傳)
•正: 정도.　•揚湯: 끓는 물을 퍼냈다 다시 붓다.

同於我者, 何必可愛;
동 어 아 자　하 필 가 애
異於我者, 何必可憎.
이 어 아 자　하 필 가 증

　나와 생각이 같은 사람이라고 해서 반드시 사랑스러운 것은 아니며,
　나와 생각이 다른 사람이라고 해서 반드시 미운 것은 아니다.(《의림意林》 창
언昌言)

意粗性急, 一事無成.
의 조 성 급　일 사 무 성
作舍道旁, 三年不成.
작 사 도 방　삼 년 불 성

　생각이 치밀하지 않고 성격이 급하면 한 가지 일도 이룰 수 없다.(《격언연
벽格言聯璧》 존양存養)
　길 옆에서 집을 지으면 3년이 되어도 완성하지 못한다.(《후한서後漢書》 조포열
전曹褒列傳)

瞻前顧後, 便作不成.
첨 전 고 후　변 작 불 성
專用聰明, 則功不成.
전 용 총 명　즉 공 불 성

　앞을 바라보고 뒤를 돌아다보면 일이 이루어지지 않는다.(《주자전서朱子全書》
학일學一)
　오로지 자기의 총명에만 의지하면 공이 이루어지지 않는다.(《의림意林》 윤문
자尹文子)

孤論難持, 犯欲難成,
고 론 난 지　범 욕 난 성
衆怨難積, 疑似難分.
중 원 난 적　의 사 난 분

고립된 의견은 견지되기 어렵고, 남을 거스른 욕심은 성사되기 어려우며,
여러 사람의 원한이 쌓이게 해서는 안 되며, 비슷한 물건은 분별하기 어
렵다.(《삼국지三國志》 위서魏書 임소두정창론任蘇杜鄭倉傳)

經目之事, 猶恐未眞;
경 목 지 사　유 공 미 진
背後之言, 豈能全信.
배 후 지 언　기 능 전 신

눈으로 직접 본 일도 오히려 잘못 본 것이 아닌가 하고 생각해야 하거늘,
등뒤에서 들은 말을 어찌 완전히 믿겠는가?(명明 시내암施耐庵,《수호水滸》제26회)

日中不曓, 是謂失時;
일 중 불 위　시 위 실 시
操刀不割, 失利之期.
조 도 불 할　실 리 지 기

정오가 되었을 때 햇빛에 말리지 않으면, 이를 일러 〈시기를 놓쳤다〉고 말
하며,
손으로 칼을 잡고서 깎지 않으면 날카로움의 기회를 잃는다.(명明 양신楊愼,
《풍아일편風雅逸篇》권8)
　•曓: 말리다. 햇빛에 쬐어 말림.

聰明一世, 懵懂一時.
총 명 일 세　몽 동 일 시
不經一事, 不長一智.
불 경 일 사　부 장 일 지

한세상 총명한 사람도 일시 어리석었던 때가 있다.(청淸 무명씨,《관장유신기官
場維新記》제10회)
　한 가지 일을 경험하지 않으면, 한 가지 지혜가 늘지 않는다.(《홍루몽紅樓夢》
제60회)
　•懵懂: 어리석다.

驟長之木, 必無堅理;
취 장 지 목　필 무 견 리
早熟之樂, 必無嘉實.
조 숙 지 락　필 무 가 실

급히 자란 나무는 반드시 나뭇결이 단단하지 못하고,
빨리 익은 농사에는 반드시 좋은 열매가 없다.(명明 서정직徐禎稷,《치언恥言》)

甑已破矣, 視之何益?
증 이 파 의　시 지 하 익
畫水鏤冰, 與時消釋.
화 수 루 빙　여 시 소 석

시루가 이미 깨졌는데, 바라본들 무슨 소용이 있겠는가?(《후한서後漢書》곽태
열전郭太列傳)
　물에 그림을 그리고 얼음에 조각을 하면 시간이 지나면서 사라지고 녹는다.
(한漢 환담桓譚,《신론新論》)
　•甑: 시루.　•鏤: 조각하다. 새기다.

欲知其人, 觀其所使.
욕 지 기 인 관 기 소 사

傳聞之事, 恒多失實.
전 문 지 사 항 다 실 실

　어떤 사람을 알려고 하면 그 사람의 행동을 보아야 한다.(《자치통감資治通鑑》
당기唐紀)

　전해 들은 일은 항상 사실에 부합하지 않는 것이 많다.(《후한서後漢書》장궁전
藏宮傳)

　•使: 일을 하다.　•恒: 항상.

直而不倨, 曲而不屈;
직 이 불 거 곡 이 불 굴

邇而不偪, 遠而不携.
이 이 불 핍 원 이 불 휴

　강직하지만 오만하지 않고, 완곡하지만 굽히지 않으며,

　가깝지만 서로 핍박하지 않고, 멀지만 배반하지 않는다.(《좌전左傳》양공襄公
29년)

　•倨: 오만하다.　•偪: 逼의 異體字. 핍박하다.　•携: 떠나다.

怒不過奪, 喜不過予.
노 불 과 탈 희 불 과 여

但當循理, 不可使氣.
단 당 순 리 불 가 사 기

　분노할 때 지나치게 처벌하지 않고, 기쁠 때 과분하게 하사하지 않는다.
(《순자荀子》수신修身)

　모든 일은 이치에 따라야 하고, 감정에 의해 처리해서는 안 된다.(《경거패어
瓊琚佩語》접물接物)

　•奪: 처벌하다.　•予: 하사하다.

不入虎穴, 不得虎子.
불 입 호 혈　부 득 호 자
深念遠慮, 勝乃可必.
심 념 원 려　승 내 가 필

호랑이 굴에 들어가지 않으면 호랑이새끼를 잡을 수 없다.(《후한서後漢書》 반
초전班超傳)
깊이 생각하고 멀리 내다보면 승리는 반드시 이루어질 것이다.(한漢 마융馬融,
《기부棋賦》)
•必: 필연적이다.

得便宜事, 不可再作;
득 편 의 사　불 가 재 작
得便宜處, 不可再去.
득 편 의 처　불 가 재 거

일이 편리하다고 해서 다시 해서는 안 되며,
장소가 편리하다고 해서 다시 가서는 안 된다.(《소씨문견록邵氏聞見錄》)

慮事周密, 處心泰然.
여 사 주 밀　처 심 태 연
當斷不斷, 反受其亂.
당 단 부 단　반 수 기 란

일을 생각할 때는 주도면밀하게 하고, 마음은 태연하게 가져야 한다.(《경거
패어瓊琚佩語》 접물接物)
결단해야 할 때 결단하지 않으면 오히려 화를 초래한다.(《한서漢書》 곽광전
霍光傳)

取火泉源, 釣魚山巓,
취 화 천 원　조 어 산 전

魚不可得, 火不肯然.
어 불 가 득　화 불 긍 연

샘물에서 불씨를 붙이고 산꼭대기에서 낚시질을 하면,
물고기는 잡을 수 없고 불도 피울 수 없다.(《의림意林》 비比)

•然: 燃과 같음. 불사르다.

好不廢過, 惡不去善.
호 불 폐 과　악 불 거 선

憂人太過, 以德取怨.
우 인 태 과　이 덕 취 원

좋아하는 사람이라도 잘못을 덮을 수는 없고, 싫어하는 사람이라도 장점
을 부정할 수 없다.(《좌전左傳》 애공哀公 5년)

남을 걱정하는 것이 너무 지나치면 덕으로 인해 원망을 산다.(《자치통감資治
通鑑》 한기漢紀)

聞記之言, 無務多談;
문 기 지 언　무 무 다 담

比近不悅, 無務修遠.
비 근 불 열　무 무 수 원

들어서 기억하는 말은 많이 말하려고 힘쓰지 말고,
가까이 있는 사람이 기뻐하지 않으면 먼 곳에 있는 사람과 교제하려고 힘
쓰지 말라.(한漢 유향劉向, 《설원說苑》 건본建本)

鑽冰求酥, 理實難得.
찬 빙 구 소　이 실 난 득

因風吹火, 用力不多.
인 풍 취 화　용 력 부 다

얼음을 파서 우유를 찾는 것은 이치상 실제로 얻기 어렵다.(《대연경大緣經》)
바람을 빌어 불을 붙이면 힘이 많이 들지 않는다.(송宋 석보제釋普濟,《오등회
원五燈會元》)
• 因: 의거하다.

人無釁焉, 妖不自作.
인 무 흔 언　요 불 자 작

鋌而走險, 急何能擇.
정 이 주 험　급 하 능 택

사람에게 약간의 틈도 없으면 요괴가 스스로 장난을 할 수 없다.(《좌전左傳》
장공莊公 19년)
급히 달리다가 길이 막혔을 경우, 급한데 무엇을 선택하겠는가?(《좌전左傳》
문공文公 17년)
• 鋌: 급히 달리는 모양.

儒生俗士, 豈識時務?
유 생 속 사　기 식 시 무

識時務者, 在乎俊傑.
식 시 무 자　재 호 준 걸

유생이나 속된 선비가 어찌 시무를 알겠는가?
시무를 아는 사람은 영웅호걸뿐이다.(《삼국지三國志》촉서蜀書 제갈양전諸葛亮傳)

和以處衆, 寬以接下,
화 이 처 중　관 이 접 하
恕以待人, 君子人也.
서 이 대 인　군 자 인 야

뭇사람과 화목하게 살고, 아랫사람을 관대하게 대하며,
용서로써 남을 대하는 사람은 군자이다.(송宋 임포林逋,《성심록省心錄》)

多見者博, 多聞者知,
다 견 자 박　다 문 자 지
距諫者塞, 專己者孤.
거 간 자 색　전 기 자 고

많이 본 사람은 학식이 넓고, 많이 들은 사람은 지혜로우며,
충고를 거절하는 사람은 귀가 막히고, 자기만을 믿는 사람은 고립된다.(한漢
환관桓寬,《염철론鹽鐵論》)
•距: 据와 같음. 거절하다.

動人以言, 所感已淺;
동 인 이 언　소 감 이 천
言又不切, 誰人肯懷?
언 우 부 절　수 인 긍 회

말로써 남을 움직이려고 하니 느끼는 깊이가 너무 얕고,
말 또한 합당하지 않으니 누가 이를 마음에 두겠는가?(《당서唐書》육질전陸質傳)

一犬吠形, 百犬吠聲,
일 견 폐 형　백 견 폐 성
世之疾此, 固久矣哉.
세 지 질 차　고 구 의 재

개 한 마리가 형체를 보고 짖으면 모든 개가 이 소리를 듣고 짖는데,
세상에서 이를 병으로 여기는 것이 참으로 오래 되었다.(한漢 왕부王符,《잠부
론潛夫論》현난賢難)

居心不淨, 動輒疑人,
거 심 부 정　동 첩 의 인
人自無心, 我徒煩擾.
인 자 무 심　아 도 번 요

마음에 깨끗치 못한 것이 있으면 움직일 때마다 남을 의심하게 되고,
남에게 마음이 없으면 나만이 헛되이 번뇌한다.(청淸 신함광申涵光,《형원소어荊
園小語》)
•輒: 즉, ～때마다.

疑行無成, 疑事無功.
의 행 무 성　의 사 무 공
局外之言, 往往多中.
국 외 지 언　왕 왕 다 중

확실하지 않은 행동은 이루어지지 않고, 확실하지 않은 일은 성공하지 못
한다.(《상군서商君書》경법更法)
　방관자의 말이 왕왕 많이 적중한다.(청淸 신함광申涵光,《형원소어荊園小語》)
•中: 적중하다. 맞다.

兄弟寶難得, 他人不可親,
형제보난득　타인불가친
但尋莊子語, 手足斷難論.
단심장자어　수족단난론

형제는 보배보다 얻기 어려우며, 남이 이보다 더 친할 수 없다.
　장자의 말을 찾아보니, 손과 발은 자르면 잇기 어렵다고 한다.(《전당시보일全
唐詩補逸》 권2 왕범지시王梵志詩)
　•親: 친하다.

有女欲嫁娶, 不用絶高門.
유녀욕가취　불용절고문
但得身超俊, 銀財惣莫論.
단득신초준　은재총막론

여자가 시집 가려고 하면 절대로 명문세가를 고르지 말라.
　뛰어난 인재를 얻기만 하면 되고, 돈과 재물은 말하지 말라.(《전당시보일全唐
詩補逸》 권2 왕범지시王梵志詩)
　•惣: 總과 같음.

一網復一網, 終有一網得.
일망복일망　종유일망득
笑殺無網人, 臨淵空嘆息.
소살무망인　임연공탄식

그물을 한 번 치고 또 한 번 치면, 결국에는 그물 하나의 수확을 얻는다.
　우습게도 그물이 없는 사람은 연못에 가서 공연히 탄식만 한다.(明명 당수지
唐守之,《어옹실망도漁翁失網圖》)

識時貴知今, 通情貴閱世.
식 시 귀 지 금　통 정 귀 열 세

欲知後日因, 當前作者是.
욕 지 후 일 인　당 전 작 자 시

　시기를 아는 데는 현재를 아는 것이 중요하고, 인정을 아는 데는 세상을 경험하는 것이 중요하다.(청清 황준헌黃遵憲,《인경려시초人境廬詩草》감회感懷)
　훗날의 인연을 알려고 하면, 지금 하고 있는 것을 보면 된다.(청清 포송령蒲松齡,《요재지이聊齋志異》금생색金生色)

事當論是非, 不當問難易.
사 당 논 시 비　부 당 문 난 이

度德而處之, 量力而行之.
탁 덕 이 처 지　양 력 이 행 지

　일은 옳고 그름을 생각해야 하며, 어렵고 쉬움을 물어서는 안 된다.(청清 신함욱申涵煜,《성심단어省心短語》)
　덕을 헤아려서 처신하고, 역량을 헤아려서 행동해야 한다.(《좌전左傳》은공隱公 11년)
　•度: 헤아리다.

耳妄聽則惑, 口妄言則亂.
이 망 청 즉 혹　구 망 언 즉 란

少嘗苦曰苦, 多嘗苦曰甘.
소 상 고 왈 고　다 상 고 왈 감

　귀로 함부로 들으면 미혹되고, 입으로 함부로 말하면 혼란된다.(《회남자淮南子》주술훈主術訓)
　쓴것을 조금 맛본 사람은 쓰다고 하고, 쓴것을 많이 맛본 사람은 달다고 한다.(《묵자墨子》비공상非攻上)

經事還諳事, 閱人如閱川.
경 사 환 암 사   열 인 여 열 천

經一番挫折, 長一番識見.
경 일 번 좌 절   장 일 번 식 견

일을 많이 경험하면 많은 일을 알게 되며, 사람을 겪는 것은 산천을 겪는 것과 같다.(당唐 유우석劉禹錫,《수낙천영지견시酬樂天詠志見示》)

한 번의 좌절을 경험하면 한 번의 식견이 늘어난다.(청淸 신함광申涵光,《형원소어荊園小語》)

•諳: 알다.

任事在人後, 見事在人先.
임 사 재 인 후   견 사 재 인 선

以之涉斯世, 庶幾無尤焉.
이 지 섭 사 세   서 기 무 우 언

일을 맡는 것은 남보다 뒤에 하고, 일이 닥치면 남보다 먼저 한다.

이러한 자세로 세상 일을 처리하면 거의 잘못이 없을 것이다.(청淸 원매袁枚,《도연명은 음주시 20수를 지었는데, 나는 선천적으로 술을 못하기 때문에 반대로 불음주시 20수를 짓노라 陶淵明有飮酒二十首, 余天性不飮, 故反之作不飮酒二十首》)

•庶幾: 거의.   •尤: 잘못.

相罵無好言, 相打無好拳.
상 매 무 호 언   상 타 무 호 권

佐雍者嘗焉, 佐鬪者傷焉.
좌 옹 자 상 언   좌 투 자 상 언

서로 욕하는 데는 좋은 말이 없고, 서로 싸우는 데는 좋은 주먹이 없다.(송宋 석보제釋普濟,《오등회원五燈會元》)

요리사를 돕는 사람은 음식을 맛보고, 남의 싸움을 돕는 사람은 몸을 다친다.(《국어國語》 주어周語)

•佐: 돕다.   •雍: 고대에 요리를 담당하는 관리.

上山擒虎易, 開口告人難.
상 산 금 호 이　개 구 고 인 난
要知心裏事, 但聽口中言.
요 지 심 리 사　단 청 구 중 언

산에 올라 호랑이를 잡기는 쉬워도, 입을 열어 남에게 말하기는 어렵다.(원元 고칙성高則誠,《비파기琵琶記》오낭전발독발五娘剪發讀發)

마음 속의 일을 알려고 하면 입 속의 말을 들어야 한다.(청淸 적호翟灝,《통속 편通俗篇》)

經紀須平直. 心中莫側斜.
경 기 수 평 직　심 중 막 측 사
些些徵取利, 可可苦他家.
사 사 징 취 리　가 가 고 타 가

상인은 반드시 공평해야 하며, 마음 속이 한쪽으로 기울어져서는 안 된다.
한쪽에서 작은 이익을 챙기면, 다른 한쪽에서는 극심한 손해를 보게 된다.
(《전당시보일全唐詩補逸》권2 왕범지시王梵志詩)
•經紀: 장사하다. 상인, 중개인.

借物莫交索, 用了送還他.
차 물 막 교 색　용 료 송 환 타
損失酬高價, 求嗔得也磨.
손 실 수 고 가　구 진 득 야 마

물건을 빌리면 찾을 때까지 기다리지 말고, 다 썼으면 주인에게 돌려 주어야 한다.
물건에 손실이 있으면 고가로 배상해 주어야 하며, 그래야 남도 화를 낼 수 없게 된다.(《전당시보일全唐詩補逸》권2 왕범지시王梵志詩)
•索: 찾다.　•嗔: 화를 내다.

一度著蛇咬, 怕見斷井索.
일 도 저 사 교　　파 견 단 정 색

所見者愈少, 所怪者愈多.
소 견 자 유 소　　소 괴 자 유 다

한 번 뱀에게 물리면 토막난 두레박 줄을 보고도 놀란다.(송宋 유백維白,《속
전등록續傳燈錄 권29》)

본 것이 적을수록 이상한 것은 더욱 많다.(《요재지이聊齋志異》당서唐序)

譬如挽强弓, 我力十石餘,
비 여 만 강 궁　　아 력 십 석 여

情願挽九石, 其氣恬以舒.
정 원 만 구 석　　기 기 염 이 서

활 당기는 것에 비유한다면, 내 힘은 10석 이상이지만,

아무쪼록 9석을 당겨야 그 기운이 편안하고 고요하다.(《소창산방시문집小倉山
房詩文集》견회잡시遣懷雜詩)

•石: 고대의 중량 단위. 30斤이 1鈞이고, 4鈞이 1石이다.

入竟而問禁, 入國而問俗.
입 경 이 문 금　　입 국 이 문 속

是非來入耳, 不聽自然無.
시 비 래 입 이　　불 청 자 연 무

낯선 곳에 들어가면 금기를 물어야 하고, 타국에 들어가면 습속을 물어야
한다.(《예기禮記》곡례상曲禮上)

시비를 따지는 말이 귀에 들려올 때, 이를 듣지 않으면 자연히 시비거리
가 없게 된다.(《금병매金瓶梅》제85회)

•竟: 境과 통용. 곳, 장소.

愛出者愛反, 福往者福來.
애 출 자 애 반　　복 왕 자 복 래

親厚者所痛, 見讐者所快.
친 후 자 소 통　　견 수 자 소 쾌

사랑을 하면 사랑이 돌아오고, 복이 가면 복이 온다.(당唐 위징魏徵, 《군서치요
群書治要》 가자賈子)

친한 사람이 고통받게 해서 원수를 기뻐하게 한다.(《후한서後漢書》 주부전朱浮傳)

平時不燒香, 急來抱佛脚.
평 시 불 소 향　　급 래 포 불 각

天下本無事, 自爲庸人擾.
천 하 본 무 사　　자 위 용 인 요

평상시에는 향을 피우지 않으면서, 급한 일이 닥치면 부처에게로 달려간다.
(송宋 유반劉攽, 《유공문시화劉貢文詩話》)

천하에는 본래 일이 없는데, 보통 사람이 스스로 사서 고생을 한다.(송宋 매
요신梅堯臣, 《완릉집宛陵集》 이사인회남제형시李舍人淮南提形詩)

貧親須拯濟, 富眷不煩饒.
빈 친 수 증 제　　부 권 불 번 요

情知蘸蜜味, 何用更添高.
정 지 소 밀 미　　하 용 갱 첨 고

가난한 친척은 반드시 도와 주어야 하고, 부유한 권속은 더 도와 줄 필요
가 없다.

본래 차조기의 달콤한 맛을 아는데, 어찌 더 잘 되게 해줄 필요가 있겠는가?
(《전당시보일全唐詩補逸》 권2 왕범지시王梵志詩)

•蘸: 蘇와 같음. 차조기.

三個不開口, 神仙難下手.
삼 개 불 개 구　신 선 난 하 수

天晴不肯走, 只待雨淋頭.
천 청 불 긍 주　지 대 우 림 두

세 사람이 입을 열지 않으면 신선도 손을 쓰기가 어렵다.(청淸 왕준경王濬卿,
《냉안관泠眼觀》제29회)
　날이 맑을 때 가려고 하지 않으면, 비를 흠뻑 맞기를 기다리는 수밖에 없다.
(명明 허중림許仲琳,《봉신연의封神演義》제33회)
　•三個: 사람이 많음을 표시한 말임.

雨畢而除道, 水涸而成梁.
우 필 이 제 도　수 학 이 성 량

自己情雖切, 他人未肯忙.
자 기 정 수 절　타 인 미 긍 망

비가 그친 뒤에 길을 손질하고, 강물이 마른 뒤에 교량을 놓아야 한다.(《국
어國語》소공昭公 3년)
　자기는 내심으로 비록 간절하지만 남은 바쁠 것이 없다.(《전당시보일全唐詩補
逸》권13)
　•涸: 물이 마르다.

綠萍與荷葉, 同此一水中.
녹 평 여 하 엽　동 차 일 수 중

風吹荷葉在, 綠萍西復東.
풍 취 하 엽 재　녹 평 서 복 동

녹색의 부평초와 연꽃잎은 함께 물 속에 있다.
　바람이 불면 연꽃잎은 그대로 있지만 녹색의 부평초는 이리저리 떠다닌다.
(당唐 맹교孟郊,《악부희증육대부십이장樂府戲贈陸大夫十二丈》)

言不取苟合, 行不取苟容.
언 불 취 구 합　행 불 취 구 용

識高能量大, 氣盛則聲弘.
식 고 능 양 대　기 성 즉 성 홍

말은 남에게 함부로 영합하지 말고, 행동은 비굴하게 남의 비위를 맞추지
말라.(《전국책戰國策》 진책秦策)

견식이 높은 사람은 능력이 크고, 기가 성한 사람은 목소리가 크다.(《설문청
공독서록薛文淸公讀書錄》 기량器量)

•苟合: 남에게 함부로 영합하다.

隣幷須來往, 借取共交通.
인 병 수 내 왕　차 취 공 교 통

急緩相憑仗, 人生莫不從.
급 완 상 빙 장　인 생 막 부 종

이웃간에는 모름지기 내왕을 해서, 빌리고 주며 함께 교통을 해야 한다.
급할 때에는 서로 의지해야 하며, 사람이 살면서 이를 따르지 않을 수 없다.
(《전당시보일全唐詩補逸》 권2 왕범지시王梵志詩)

看意栽花花不發, 等閑插柳柳成蔭.
간 의 재 화 화 불 발　　등 한 삽 유 류 성 음
心病終須心藥治, 解鈴還是繫鈴人.
심 병 종 수 심 약 치　　해 령 환 시 계 령 인

　일부러 꽃을 심었는데 꽃은 피지 않고, 아무렇게나 버들가지를 꽂았는데 버드나무는 그늘을 이룬다.(《포대제지참노재랑包待制智斬魯齋郞》제2절)
　마음의 병은 결국 심약으로 치료해야 하고, 방울을 푸는 사람은 역시 방울을 맨 사람이다.(《홍루몽紅樓夢》제90회)
　•等閑: 대수롭게 여기지 않다.

自家飛絮猶未定, 爭把長條絆得人.
자 가 비 서 유 미 정　　쟁 파 장 조 반 득 인
道是生姜樹上生, 不應一世也隨聲.
도 시 생 강 수 상 생　　불 응 일 세 야 수 성

　자기 집의 솜은 날아다녀 아직 고정되지 않았는데, 다투어 긴 버들가지로 사람을 묶는다.(당唐 고운顧雲, 《평류評柳》)
　생강이 나무 위에서 난다고 해서, 남의 말에 부화뇌동하지 말라.(청淸 전대흔錢大昕, 《항언록恒言碌》권6)

負薪爲爐復爲火, 緣木求魚應且止.
부 신 위 로 부 위 화　　연 목 구 어 응 차 지
擔水塞井徒用力, 炊沙作飯豈堪吃?
담 수 색 정 도 용 력　　취 사 작 반 기 감 흘

　섶을 지고 불 속에 뛰어들면 불이 더욱 거세지니, 나무 위에 올라가 물고기를 잡는 짓은 그만두어야 한다.(오대五代 전촉前蜀 관휴貫休, 《행로난오수行路難五首》)
　물을 져다 우물을 막는 것은 헛되이 힘을 쓰는 것이고, 모래를 끓여 밥을 지으면 어찌 먹을 수 있겠는가?(《문원영화文苑英華》행로난行路難)
　•緣: 올라가다.

見兎必能知顧犬, 亡羊補棧未爲遲.
견 토 필 능 지 고 견   망 양 보 잔 미 위 지

騎驢覓驢但可笑, 非馬喩馬亦成癡.
기 려 멱 려 단 가 소   비 마 유 마 역 성 치

토끼를 보면 반드시 개를 돌아볼 줄 알아야 하며, 양을 잃고 곧 우리를 보수해도 아직 늦은 것은 아니다.(당唐 주담周曇, 《장신莊辛》)

나귀를 타고 나귀를 찾는 것은 정말 우스운 일이고, 말도 아니면서 말을 비유하는 것도 어리석다.(송宋 황정견黃庭堅, 《기황룡청로寄黃龍淸老》)

•亡: 잃다.　　•棧: 짐승 우리.

甛言蜜語三冬暖, 惡語傷人六月寒.
첨 언 밀 어 삼 동 난   악 어 상 인 유 월 한

左拍右携非我事, 心香一柱要爭先.
좌 박 우 휴 비 아 사   심 향 일 주 요 쟁 선

듣기 좋게 말을 하면 엄동설한이 따뜻하고, 악담으로 중상하면 오뉴월 더위가 서늘하다.(원元 왕실보王實甫, 《서상기西廂記》 제3본 제2절)

양손으로 치고 끌고 하는 것은 나의 일이 아니며, 온 힘을 다해 노력해서 앞을 다투어야 한다.(《구식사집瞿式耜集》 등모산사수登茅山四首)

世事洞明皆學問, 人情練達卽文章.
세 사 통 명 개 학 문   인 정 연 달 즉 문 장

請托世情詳細看, 大都誰不逐炎涼.
청 탁 세 정 상 세 간   대 도 수 불 축 염 량

세상일을 철저하게 이해하는 것이 모두 학문이고, 인정을 통달한 것이 바로 문장이다.(《홍루몽紅樓夢》 제5회)

세상물정을 상세하게 살펴보라. 대체로 누가 권세를 쫓지 않겠는가?(명明 당인唐寅, 《환선사녀도제도紈扇仕女圖題圖》)

大風吹倒梧桐樹, 自有旁人說短長.
대 풍 취 도 오 동 수 자 유 방 인 설 단 장

矮人看戲何曾見, 都是隨人說短長.
왜 인 간 희 하 증 견 도 시 수 인 설 단 장

　거센 바람이 불어 오동나무를 넘어뜨리니, 옆에 있는 사람이 짧다느니 길다느니 말을 한다.(원元 고칙성高則誠,《비파기琵琶記》제31출第三十一出)

　난쟁이가 연극을 보려 하나 보이지가 않으니, 모두 남 하는 대로 짧다느니 길다느니 말을 한다.(청淸 조익趙翼,《논시論詩》)

18
交 友 篇

與善人游, 如行霧中;
여 선 인 유　여 행 무 중

雖不濡濕, 潛自有潤.
수 불 유 습　잠 자 유 윤

고상한 사람과 교제를 하는 것은 마치 안개 속을 거니는 것과 같아서,
비록 푹 젖지는 않지만 모르는 사이에 스며든다.(《포박자抱朴子》미지微旨)
•潛: 모르는 사이에.

以勢交者, 勢傾則絕;
이 세 교 자　세 경 즉 절

以利交者, 利窮則散.
이 리 교 자　이 궁 즉 산

권세 때문에 맺은 친구는 권세를 잃으면 끊어지고,
이익 때문에 맺은 친구는 이익이 없으면 흩어진다.(《문중자文中子》예악편禮樂篇)

勢利之交, 難以經遠.
세 리 지 교　　난 이 경 원

一貴一賤, 交情乃見.
일 귀 일 천　　교 정 내 현

권세나 이익으로 인한 친구는 오래 가기 어렵다.(진晉 육기陸機,《요람要覽》)

권세나 이익의 부침 속에서 진정한 우정을 알 수 있다.(《사기史記》급정열전汲
鄭列傳)

•見: 現과 같음. 나타나다. 보이다.

二人同心, 其利斷金;
이 인 동 심　　기 리 단 금

同心之言, 其臭如蘭.
동 심 지 언　　기 취 여 란

두 사람이 마음을 합하면 그 예리함이 쇠를 자를 수 있고,

마음을 알아 주는 말은 그 냄새가 난초와 같다.(《역경易經》계사상繫辭上)

•臭: 냄새.

居必擇地, 行必依賢.
거 필 택 지　　행 필 의 현

能與忠良, 吉孰大焉.
능 여 충 량　　길 숙 대 언

거처는 반드시 장소를 택해야 하고, 행동은 반드시 현인을 따라야 한다.
(《피일휴문집皮日休文集》족잠足箴)

충실하고 선량한 사람과 함께 할 수 있으면 복이 어찌 이보다 크겠는가?
(《좌전左傳》성공成公 17년)

交不爲利, 仕不謀祿.
교 불 위 리　사 불 모 록

白頭如新, 傾蓋如故.
백 두 여 신　경 개 여 고

교제는 이익을 목적으로 하지 말고, 벼슬은 봉록을 추구하지 말라.(삼국三國
위魏 혜강嵇康,《복의집卜疑集》)

뜻이 맞지 않으면 머리가 하얗게 되어도 마치 새로 사귀는 사이 같고, 뜻
이 맞으면 길가다 만난 사이라도 마치 오래 된 사이 같다.(한漢 추양鄒陽,《옥중
상양왕서中上梁王書》)

•傾蓋: 지붕. 수레의 지붕. 모양이 우산 같다. 멈춰선 수레의 지붕이 교차하면 두 지붕이
조금씩 기우는데, 친구가 서로 만나서 매우 우정 깊게 이야기하는 정황을 형용한 말이다.

一死一生, 乃知交情;
일 사 일 생　내 지 교 정

一貧一富, 乃知交態.
일 빈 일 부　내 지 교 태

생사의 고비를 겪어야 진정한 우정을 알 수 있고,
빈부의 부침 속에서 사귀는 태도를 알 수 있다.(한漢 유향劉向,《설원說苑》설총說叢)

近朱者赤, 近墨者黑.
근 주 자 적　근 묵 자 흑

近賢則聰, 近愚則聵.
근 현 즉 총　근 우 즉 외

붉은 것 근처에 있는 것은 붉게 되고, 검은 것 근처에 있는 것은 검게 된다.
(진晉 부현傅玄,《부순고집傅鶉觚集》태자소부잠太子少傅箴)

현인을 가까이하면 총명해지고, 바보를 가까이하면 사리에 어둡게 된다.(당唐
《피일휴문집皮日休文集》이잠耳箴)

•聵: 귀머거리. 인신되어 사리에 밝지 못함을 뜻함.

欲知其人, 視其朋友.
욕 지 기 인　시 기 붕 우

始交不愼, 後必成仇.
시 교 불 신　후 필 성 구

그 사람을 알려고 하면 그의 친구를 본다.(《의림意林》 추자鄒子)

처음 사귈 때 신중하지 않으면 나중에 반드시 원수가 된다.(청淸 신거운申居鄖,
《서암췌어西巖贅語》)

文情不厭新, 交情不厭陳.
문 정 불 염 신   교 정 불 염 진

損友敬而遠, 益友宜相親.
손 우 경 이 원   익 우 의 상 친

글의 운치는 새로울수록 좋고, 우정은 오래 될수록 깊다.(명明 탕현조湯顯祖,
《득길수유년질동승서창연이수得吉水劉年侄同升書唱然二首》)

이롭지 않은 친구는 공경하나 멀리해야 하고, 유익한 친구는 마땅히 서로
친밀해야 한다.(《손지재집遜志齋集》 붕우朋友)

破鏡不改光, 蘭死不改香.
파 경 불 개 광   난 사 불 개 향

始知君子心, 交久道益新.
시 지 군 자 심   교 구 도 익 신

거울은 깨져도 빛을 고치지 않고, 난초는 죽어도 향을 잃지 않는다.

군자의 마음은 오래 사귈수록 우정이 더욱 새로워진다는 것을 비로소 알
았노라.(당唐 맹교孟郊, 《증별최순량贈別崔純亮》)

生無知心交, 明珠空照乘.
생 무 지 심 교   명 주 공 조 승

砥礪豈必多, 一璧勝萬珉.
지 려 기 필 다   일 벽 승 만 민

살면서 마음을 알아 주는 친구가 없으면, 야광주처럼 아름답기는 하지만
광채만 있을 뿐 서로 비추지는 못한다.(청淸 공상임孔尙任, 《장유집長留集》 증오명한
贈吳明翰)

숫돌이 어찌 많이 필요하는가? 하나의 보옥이 1만 개의 옥돌보다 낫다.(청
淸 오가기吳嘉紀, 《신교도愼交圖》)

•照乘: 《史記》에 보면, 『魏王與齊威王會於田郊, 魏王曰: 若寡人之小國, 尙有徑寸之珠, 照車
前後各十二乘者十枚』라는 말이 나온다.   •砥礪: 숫돌.

•璧: 보옥.   •珉: 옥과 비슷한 돌.

結交在相知, 骨肉何必親?
결 교 재 상 지　　골 육 하 필 친

落地爲兄弟, 何必骨肉親?
낙 지 위 형 제　　하 필 골 육 친

　친구를 사귀는 것은 서로를 알아 주는 것이 중요한데, 어찌 골육만이 친밀한가?(한漢 《고가사古歌辭》)
　세상에 태어나면 형제인데, 어찌 골육만이 친밀한가?(진晉 도연명陶淵明, 《인생무근체人生無根蒂》)

鵝毛贈千里, 所重以其人.
아 모 증 천 리　　소 중 이 기 인

鴨脚雖百個, 得之誠可珍.
압 각 수 백 개　　득 지 성 가 진

　거위털을 천리나 주었어도, 중요한 것은 그 사람이다.
　오리 다리가 비록 1백 개라도 이를 얻는 것이 진실로 중요하다.(송宋 구양수歐陽修, 《매성유기은행梅聖兪寄銀杏》)

游與邪分歧, 居與正爲隣.
유 여 사 분 기　　거 여 정 위 린

於中有取舍, 此外無疏親.
어 중 유 취 사　　차 외 무 소 친

　사악한 친구들과 사귀지 말고, 바른 사람들과 이웃해서 살아야 한다.
　이 가운데 사물에 대한 취사가 있으며, 이외에는 친소를 구분할 필요가없다.(당唐 백거이白居易, 《속좌우명續座右銘》 병서并序)

何以報知音, 永存堅與貞.
하 이 보 지 음   영 존 견 여 정
乃知擇交難, 須有知人明.
내 지 택 교 난   수 유 지 인 명

어떻게 나를 알아 주는 친구에게 보답할 것인가? 영원히 굳고 곧은 정조
를 보존하는 것이다.(당唐 맹교孟郊,《답곽랑중答郭郎中》)
　친구를 선택하는 것이 어려운 일인 줄 알면, 반드시 사람을 꿰뚫어보는
눈이 있어야 한다.(당唐 백거이白居易,《우의시寓意詩》)

論交各有類, 同類觀其心.
논 교 각 유 류   동 류 관 기 심
應求不相合, 何如行路人.
응 구 불 상 합   하 여 행 로 인

친구를 사귀는 방법에는 각기 종류가 있는데, 같은 부류이면 그 마음을
보아야 한다.
　찾는 것이 도리이나 마음이 서로 맞지 않으면 어찌 길가는 사람만 하겠는가?
(《향렴집香奩集》절교시絶交詩)

行虧何必富, 節在不妨貧.
행 휴 하 필 부   절 재 불 방 빈
易得笑言友, 難逢終始人.
이 득 소 언 우   난 봉 종 시 인

행동이 단정치 못한 사람은 부유해도 소용 없고, 절조가 있는 사람은 가
난해도 상관 없다.
　웃으면서 말하는 친구는 얻기 쉽지만, 시종여일한 친구는 만나기 어렵다.
(당唐 이함용李咸用,《논교論交》)

天下雖云大, 同心有幾人?
천 하 수 운 대　동 심 유 기 인

路遙知馬力, 日久見人心.
노 요 지 마 력　일 구 견 인 심

천하가 비록 넓다고 말하지만 마음 맞는 사람이 몇이나 되는가?(당唐 유득
인劉得仁,《송고비웅작위우이送顧非熊作尉旴眙》)

길이 멀어야 말의 힘을 알 수 있고, 시간이 오래 되어야 사람의 마음을 알
수 있다.(원元 무명씨, 잡극雜劇《쟁보은爭報恩》)

君子淡如水, 歲久情愈眞.
군 자 담 여 수　세 구 정 유 진

小人口如蜜, 轉眼如仇人.
소 인 구 여 밀　전 안 여 구 인

군자는 물처럼 맑아 세월이 오래 될수록 정이 더욱 진실해지고,
소인은 꿀처럼 달콤하게 말을 하지만 눈을 돌리면 원수같이 된다.(《손지재
집遜志齋集》 붕우朋友)

小人槿花心, 朝在夕不存.
소 인 근 화 심　조 재 석 부 존

狐惑意顚倒, 臊腥不復聞.
호 혹 의 전 도　조 성 불 복 문

소인은 마음이 무궁화 같아서 아침에 피었다가 저녁에는 시든다.(《맹동야시
집孟東野詩集》 심교審交)

여우에게 홀리고 나면 마음이 착란되어, 누린내도 다시 맡기 싫게 된다.(당
唐 원진元稹,《고사古社》)

寄生蔭四嶽, 托好憑三益.
기 생 음 사 악　탁 호 빙 삼 익

久旱逢甘雨, 他鄕遇故知.
구 한 봉 감 우　타 향 우 고 지

바람을 쏘이려면 사대 명산의 그늘로 가야 하고, 좋은 친구를 사귀고 싶으
면 세 종류의 유익한 사람을 찾아야 한다.(진晉 노심盧諶, 《답위자제시答魏子悌詩》)
　타향에서 옛친구를 만나는 것은 오랜 가뭄 끝에 단비를 만나는 것과 같다.
(송宋 홍매洪邁, 《용재사필容齋四筆》 권8)
　•蔭: 그늘.　•四嶽: 泰山·華山·衡山·恒山의 네 산을 일컬음.
　•三益: 《論語·季氏》에 보면,『益者三友, ……友直·友諒·友多聞』이라는 말이 나온다. 〈세
종류의 유익한 벗〉이라는 의미이다.

藥良氣味苦, 琴淡音聲稀.
약 량 기 미 고　금 담 음 성 희

物新人惟舊, 弱毫多所宜.
물 신 인 유 구　약 호 다 소 의

양약은 맛이 쓰나 병에 이롭고, 거문고 소리는 은은하나 사람을 감동시킨다.
(당唐 백거이白居易, 《기당생寄唐生》)
　물건은 새것이 좋고 사람은 옛친구가 좋으며, 붓으로 항상 우정을 표현하
는 것이 좋다.(진晉 도연명陶淵明, 《답방참군병서答龐參軍幷序》)
　•弱毫: 붓을 가리킨다.

同聲自相應, 同心自相知.
동 성 자 상 응　동 심 자 상 지

門內有君子, 門外君子至.
문 내 유 군 자　문 외 군 자 지

소리가 같으면 자연히 서로 호응하고, 마음이 부합되면 자연히 서로를 알
게 된다.(진晉 부현傅玄, 《하당행何當行》)
　집 안에 군자가 있으면, 집 밖에서 군자가 사귀러 온다.(명明 풍몽룡馮夢龍,
《경세통언警世通言》유백아솔금사지음兪伯牙摔琴謝知音)

人中有獸心, 幾人能眞知.
인 중 유 수 심　기 인 능 진 지

千人萬人中, 一人兩人知.
천 인 만 인 중　일 인 량 인 지

사람 중에는 짐승의 마음을 가진 사람들이 있는데, 몇 사람이나 진정으로 알 수 있는가?(당唐 맹교孟郊, 《택우擇友》)

천만 사람 중에 한두 사람만이 자기를 알아 주면 된다.(오대五代 전촉前蜀 관휴貫休, 《고의古意》)

同德則同心, 同心則同志.
동 덕 즉 동 심　동 심 즉 동 지

墳庳則水縱, 友邪則己僻.
분 비 즉 수 종　우 사 즉 기 벽

덕이 같으면 마음이 부합하고, 마음이 부합하면 뜻이 같다.(《국어國語》 진어晉語)

제방이 낮으면 물이 범람하고, 나쁜 친구를 사귀면 자기가 편벽된다.(삼국三國 위魏 서간徐幹, 《중론中論》)

•墳: 제방. 뚝.　•庳: 낮다.　•僻: 치우치다. 편벽되다.

鷄與鷄幷食, 鸞與鸞同枝.
계 여 계 병 식　난 여 란 동 지

惡人相遠離, 善者近相知.
악 인 상 원 리　선 자 근 상 지

닭은 닭과 함께 먹이를 먹고, 난새는 난새와 함께 같은 가지에 앉는다.(《이태백전집李太白全集》 어오송산증남릉상찬부於五松山贈南陵常贊府)

악인과는 서로 멀리 떨어져야 하고, 호인과는 가까이하여 서로 지기가 되어야 한다.(《전당시보일全唐詩補逸》 권2 왕범지시王梵志詩)

雖笑未必和, 雖哭未必戚.
수소미필화 수곡미필척

外合不由中, 雖固終必離.
외합불유중 수고종필리

웃는다고 해서 반드시 마음이 부합하는 것은 아니고, 운다고 해서 반드시 슬퍼하는 것은 아니다.(당唐 맹교孟郊,《택우擇友》)

마음에서 우러나오지 않고 겉으로만 친하면 비록 견고한 것 같아도 종당에는 반드시 헤어진다.(진晉 부현傳玄,《하당행何當行》)

•由中: 마음 속에서 나오다. 中은 마음.

取友必須端, 休將戲謔看.
취우필수단 휴장희학간

結交若失人, 中道生謗言.
결교약실인 중도생방언

친구를 사귀려면 반드시 잘 살펴야 하며, 장난으로 보아서는 안 된다.(명明 풍몽룡馮夢龍,《유세명언喩世明言》권21)

친구를 사귀는 데 만일 호인을 놓친다면 중도에서 반드시 비방이 생길 것이다.(당唐 맹교孟郊,《심교審交》)

•端: 잘 살피다.

三日不見面, 不作舊時看.
삼일불견면 부작구시간

行矣愼所游, 惡草能敗蘭.
행의신소유 악초능패란

3일 동안 얼굴을 보지 않으면, 종래의 눈으로 볼 수 없다.(송宋 석도원釋道原,《경덕전등록景德傳燈錄》권23)

친구를 사귀는 데는 신중해야 하는데, 악초가 난초를 손상시킬 수 있기 때문이다.(宋宋 구양수歐陽修,《송공수재유하북送孔秀才游河北》)

知交盡四海, 豈必無英彦.
지 교 진 사 해　기 필 무 영 언

人生貴相知, 何必金與錢?
인 생 귀 상 지　하 필 금 여 전

온 천하에서 친구를 사귀는데, 어찌 영재가 없겠는가?(청淸 고염무顧炎武,《태
원기왕고토석천太原寄王高士錫闡》)

인생은 서로를 아는 것이 중요한데, 어찌 황금과 돈을 중시하는가?(당唐 이
백李白,《증우인贈友人》)

•英彦: 영재.

欲知求友心, 先把黃金煉.
욕 지 구 우 심　선 파 황 금 련

受知固不易, 知士誠尤難.
수 지 고 불 이　지 사 성 우 난

친구의 마음을 알려면 먼저 황금을 달구어 보라.(당唐 맹교孟郊,《택우擇友》)

남이 알아 주는 것은 진실로 쉽지 않고, 남을 알아 주는 것은 진실로 더욱
어렵다.(송宋 구양수歐陽修,《송영양위주부광送滎陽魏主簿廣》)

•受知: 남의 인정을 받다.

君子如春風, 可愛不可竭;
군 자 여 춘 풍　가 애 불 가 갈

小人如酒顏, 但得暫時熱.
소 인 여 주 안　단 득 잠 시 열

군자의 우정은 봄바람처럼 친밀하면서 오래 지속되고,

소인의 우정은 술 마신 얼굴처럼 잠시만 홍조를 띨 뿐이다.(청淸 고도하顧圖河,
《식교息交》)

昏鏡無好面, 惡土無善禾.
혼 경 무 호 면　악 토 무 선 화

蘭艾不同香, 自然難爲和.
난 애 부 동 향　자 연 난 위 화

흐린 거울은 아름다운 용모를 비출 수 없고, 나쁜 토양에는 토실한 벼가 자랄 수 없다.(《왕령집王令集》신교愼交)

난초와 쑥은 향기가 달라 자연히 조화되기가 어렵다.(당唐 맹교孟郊, 《군자물욱욱사유방훼자작시이증지君子勿郁郁士有謗毀者作詩以贈之》)

君子愼所擇, 休與毒獸伍.
군 자 신 소 택　휴 여 독 수 오

生當爲鳳友, 死不作雁奴.
생 당 위 봉 우　사 부 작 안 노

군자는 친구를 선택하는 데 신중하니, 나쁜 사람과 사귀지 말라.(청淸 장정옥張廷玉, 《잡흥雜興》)

사람은 살면서 봉처럼 고상한 친구를 사귀어야 죽어서도 파수 보는 기러기처럼 되지 않는다.(《장창수집張蒼水集》진길료秦吉了)

•休: 금지사. ~하지 말라.　•毒獸: 흉악한 짐승.
•雁奴: 밤에 자는 기러기떼를 지키는 기러기.

古交如眞金, 百煉色不回.
고 교 여 진 금　백 련 색 불 회

世人漫結交, 其後每多悔.
세 인 만 결 교　기 후 매 다 회

옛사람의 교제는 순금과 같아서, 백 번을 달구어도 색이 변하지 않는다.
(오대五代 전촉前蜀 관휴貫休, 《고의구수古意九首》)

세상 사람들은 함부로 교제를 맺고, 나중에는 대부분 후회를 한다.(청淸 오가기吳嘉紀, 《회라대懷羅大》)

•回: 여기서는 〈변하다〉라는 의미.　•漫: 제멋대로.

人若近邪友, 譬如一枝柳,
인 약 근 사 우　비 여 일 지 류

以柳貫魚鱉, 因臭而得臭.
이 유 관 어 별　인 취 이 득 취

품행이 안 좋은 친구를 가까이하는 것은, 마치 버들가지와 같아서,
버들가지로 물고기나 자라를 꿰면 그 비린내 때문에 악취를 얻는다.(《격언
연벽格言聯璧》 접물接物)

人若近賢良, 譬如紙一張,
인 약 근 현 량　비 여 지 일 장

以紙包蘭麝, 因香而得香.
이 지 포 난 사　인 향 이 득 향

품행이 고상한 사람을 가까이하는 것은, 마치 종이 한 장과 같아서,
종이로 난초나 사향을 포장하면 그 향내로 인해 향기를 얻는다.(《격언연벽格
言聯璧》 접물接物)

淸濁必異源, 鳧鳳不幷翔.
청 탁 필 이 원　부 봉 불 병 상

坐中無知音, 安得有神洋.
좌 중 무 지 음　안 득 유 신 양

맑은 물과 흐린 물은 반드시 근원이 다르고, 물오리와 봉황은 함께 날지
않는다.(진晉 부현傅玄,《화추호행和秋胡行》)
　함께 있는 사람 중에 자기를 알아 주는 사람이 없으면, 어찌 마음이 편하
겠는가?(당唐 맹운경孟雲卿,《상회수고우傷懷酬故友》)
　•鳧: 물오리.

丈夫結交須結貧, 貧者結交交始親.
장 부 결 교 수 결 빈　　빈 자 결 교 교 시 친
人生結交在終始, 莫以昇沈中路分.
인 생 결 교 재 종 시　　막 이 승 침 중 로 분

대장부는 모름지기 가난한 사람과 교제를 맺어야 하는데, 가난한 사람과 교제를 맺으면 시종여일 우의를 보존할 수 있다.(당唐 고적高適, 《증임화贈任華》)
　친구와의 사귐은 시종여일한 것이 중요하며, 서로의 위치가 달라졌다고 해서 중도에 길을 달리하지 말라.(당唐 하란진명賀蘭進明, 《행로난行路難》)

人生所貴在知己, 四海相逢骨肉親.
인 생 소 귀 재 지 기　　사 해 상 봉 골 육 친
人生樂在相知心. 交游何必問黃金.
인 생 락 재 상 지 심　　교 유 하 필 문 황 금

사람은 살면서 자기를 알아 주는 친구가 있는 것이 중요한데, 그는 어디서 만나도 골육처럼 친하다.(《안문집雁門集 유별동년색사암경력留別同年索士嚴經歷》)
　인생의 즐거움은 서로 마음을 알아 주는 데 있다.(송宋 왕안석王安石, 《명비곡明妃曲》)
　친구를 사귀면서 어째서 황금을 묻는가?(《귀장집歸莊集》 방계창위시어訪季滄葦侍御)

直爲雲泥相去遠, 一言知己殺身輕.
직 위 운 니 상 거 원　　일 언 지 기 살 신 경
始信淡交宜久遠, 與君轉老轉相親.
시 신 담 교 의 구 원　　여 군 전 로 전 상 친

뜻이 다른 사람은 구름과 진흙처럼 사이가 서로 멀고, 진정한 친구는 한마디 말이라도 자기의 생명보다 중히 여긴다.(당唐 비관경費冠卿, 《수범중승견혜酬范中丞見惠》)
　처음부터 믿고 담박한 교제를 하면 오랫동안 지속할 수 있으며, 그대와 함께 나이가 듦에 따라 더욱 친밀해진다.(당唐 백거이白居易, 《증황보빈객贈皇甫賓客》)
　•直: 다만.　•雲泥: 구름과 진흙. 차이가 현격함을 비유한 말.

世人結交須黃金, 黃金不多交不深;
세 인 결 교 수 황 금　황 금 불 다 교 불 심

縱令然諾暫相許, 終生悠悠行路人.
종 령 연 낙 잠 상 허　종 생 유 유 행 로 인

　세인들은 친구를 사귀면서 황금을 필요로 하는데, 황금이 많지 않으면 교
제도 깊지 못하다.
　비록 잠시 동안은 서로 잘 응낙하지만, 결국엔 길가는 사람과 같게 된다.
(당唐 장위張渭,《제장안주인벽題長安主人壁》)

丈夫心事有親朋, 淡笑酣歌散鬱蒸.
장 부 심 사 유 친 붕　담 소 감 가 산 울 증

不是交同蘭氣味, 爲何話出一人心.
불 시 교 동 난 기 미　위 하 화 출 일 인 심

　대장부는 울적할 때에 친한 친구와 함께 담소하고 노래를 불러 고민을 푼다.
(《수호전水滸傳》제7회)
　만일 사귐이 난초의 정취와 같지 않다면 어떻게 한 사람의 마음처럼 말을 하
겠는가?(청淸 공상임孔尙任,《득유재원태수처주소식함시즉기得劉在園太守處州消息緘詩卽寄》)

人生交契無老少, 論交何必先同調.
인 생 교 계 무 노 소　논 교 하 필 선 동 조

平日若無眞義氣, 臨時休說生死交.
평 일 약 무 진 의 기　임 시 휴 설 생 사 교

　사람이 살면서 친구를 사귀는 데 나이의 많고적음을 따질 필요가 없으며,
교제를 말하면서 어찌 먼저 의기투합을 말하는가?(당唐 두보杜甫,《도보귀행徒步
歸行》)
　만약 평소에 진정한 의기가 없었다면, 중요한 시기에 생사를 건 교제라고
말하지 말라.(《수호전水滸傳》제47회)
　•交契: 친구를 사귀다.　•契: 친구.

人逢忠義情偏洽, 事到顚危策愈全.
인 봉 충 의 정 편 흡　　사 도 전 위 책 유 전

須知勝友眞良藥, 莫作尋常旅聚看.
수 지 승 우 진 양 약　　막 작 심 상 여 취 간

사람은 충의로운 사람을 만나면 감정이 매우 흡족해지고, 일이 위급한 때를 만나면 대책이 갈수록 완전해진다.(《수호전水滸傳》제17회)

좋은 친구는 좋은 약과 같음을 알아야 하며, 우연히 만난 사람처럼 대하지 말라.(《구식사집瞿式耜集》유별불범즉용전운留別不帆卽用前韻)

•勝友: 훌륭한 벗. 良友.　•尋常旅聚: 우연히 만난 사람.

生不願封萬戶侯, 但願一識韓荊州.
생 불 원 봉 만 호 후　　단 원 일 식 한 형 주

萬兩黃金容易得, 知心一個也難求.
만 냥 황 금 용 이 득　　지 심 일 개 야 난 구

살아서 만호후에 봉해지는 것은 원치 않지만, 한형주와 같은 사람을 사귀기를 원한다.(당唐 이백李白, 《여한형주서與韓荊州書》)

황금 만냥은 얻기 쉽지만, 마음을 알아 주는 사람 한 명을 찾기는 어렵다.
(청淸 조설근曹雪芹, 《홍루몽紅樓夢》제57회)

•韓荊州: 荊州刺史인 韓朝宗. 그는 현사를 추천하는 것을 좋아했다고 한다.

涇渭自分淸共濁, 薰蕕不混臭和香.
경 위 자 분 청 공 탁　　훈 유 불 혼 취 화 향

梅須遜雪三分白, 雪却輸梅一段香.
매 수 손 설 삼 분 백　　설 각 수 매 일 단 향

경수와 위수는 저절로 맑고 탁한 것이 나누어지고, 훈초와 유초는 악취와 향기가 섞이지 않는다.(명明 풍몽룡馮夢龍 《경세통언警世通言》소지현나삼재합蘇知縣羅衫再合)

흰 것은 매화가 눈꽃에 비해 3할 정도 손색이 있지만, 향기는 눈이 오히려 매화에게 한 수 진다.(송宋 노매파盧梅坡, 《설매雪梅》)

•涇渭: 涇水와 渭水. 모두 강 이름.　•共: ~과.　•薰: 향초. 향기로운 풀.　•蕕: 누린내풀. 악취가 나는 풀임.

交疏自古戒言深, 肝膽徒傾致鑠金.
교 소 자 고 계 언 심　　간 담 도 경 치 삭 금

世人不解結交者, 唯重黃金不重人.
세 인 불 해 결 교 자　　유 중 황 금 부 중 인

자고로 관계가 소원하면 깊은 말을 삼가야 하며, 그렇지 않으면 진심이
비방을 부를 수가 있다.(당唐 사공도司空圖,《광제십팔수狂題十八首》)
　세상에서 친구 사귀는 방법을 이해하지 못하는 사람들은 단지 황금만을
중시하고 사람을 중시하지 않는다.(당唐 고적高適,《증임화贈任華》)
　•言深: 속마음을 말하다.　　•肝膽: 심중. 진심.　　•鑠金: 쇠를 녹이다.

合意客來心不厭, 知音人聽話偏長.
합 의 객 래 심 불 염　　지 음 인 청 화 편 장

萬人叢中一握手, 使我衣袖三年香.
만 인 총 중 일 악 수　　사 아 의 수 삼 년 향

뜻 맞는 손님이 오면 마음에 싫증이 나지 않고, 자기를 알아 주는 사람과의 대
화는 끝이 없다.(명明 풍몽룡馮夢龍《경세통언警世通言》유백아솔금사지음兪伯牙捧琴謝知音)
　수많은 사람숲 속에서 현인과 손을 한 번 잡으면, 내 옷깃에 3년간 향기가
날 것이다.(청淸 공자진龔自珍,《투송어정投宋於庭》)

萬世倏忽如疾風, 莫以君車輕戴笠.
만 세 숙 홀 여 질 풍　　막 이 군 거 경 대 립

淺近輕浮莫與交, 地卑只解生荊棘.
천 근 경 부 막 여 교　　지 비 지 해 생 형 극

시간은 질풍처럼 갑작스럽게 가는데, 그대는 거마를 탔다고 해서 삿갓 쓴
친구를 경시하지 말라.(송宋 공평중孔平仲,《송장천각送張天覺》)
　속되고 경박한 사람을 친구로 사귀지 말라. 낮은 땅에는 가시나무만이 자
란다는 것을 알아야 한다.(오대五代 전촉前蜀 관휴貫休,《행로난오수行路難五首》)
　•戴笠: 周處의《風土記》에『越俗性率樸, 初與人交, 有禮, 封土壇, 祭以犬鷄, 祝曰: 卿雖乘車
我戴笠, 後日相逢下車揖; 我步行, 君乘馬, 他日相逢, 君當下』라는 기록이 있다.
　•淺近: 속되고 경박한 사람.　　•卑: 낮다.　　•解: 이해하다.

每因暫出猶思伴, 豈得安居不擇隣?
매 인 잠 출 유 사 반　기 득 안 거 불 택 린

不見古人卜居者, 千金只爲買鄕隣.
불 견 고 인 복 거 자　천 금 지 위 매 향 린

잠시 외출하는 데에도 항상 동반자를 생각하는데, 정착해서 살려고 하면서 어떻게 이웃을 선택하지 않겠는가?(당唐 백거이白居易,《욕여원팔복린선유시증欲與元八卜隣先有是贈》)

옛사람들이 살 집을 고르는 것을 보지 못했는가? 단지 좋은 이웃을 사기 위해 천금을 쓴다.(명明 풍몽룡馮夢龍,《성세항언醒世恒言》교태수난점원앙보喬太守亂點鴛鴦譜)

• 千金買隣:《南史·呂僧珍傳》에 의하면, 宋季雅(송계아)라는 사람은 呂僧珍(여승진)의 집 옆에다 집 한 채를 구입하였는데, 여승진이 집값이 얼마냐고 물으니 송계아가 1천1백만 냥이라고 대답하였다. 여승진이 매우 이상하게 생각하자, 송계아는 〈1백만 냥은 집을 산 것이고, 1천만 냥은 좋은 이웃을 산 것이다〉라고 말했다고 한다.

今古惟稱知己少, 驅山塞海事不難.
금 고 유 칭 지 기 소　구 산 색 해 사 불 난

知音說與知音聽, 不是知音不與談.
지 음 설 여 지 음 청　불 시 지 음 불 여 담

지금이나 옛날이나 오직 지기라고 할 만한 사람은 적지만, 산을 옮겨 바다를 메우는 일은 어렵지 않다.(명明 유대유兪大猷,《증도지휘贈陶指揮》)

음을 알아 주는 친구에게는 속말을 하지만, 음을 알아 주는 친구가 아니면 속말을 하지 말라.(명明 풍몽룡馮夢龍,《경세통언警世通言》권1)

• 知音: 伯牙(백아)가 거문고를 타면, 鍾子期(종자기)는 거문고 소리에서 그가 높은 산에 뜻을 두고(志在高山), 흐르는 물에 뜻을 두고(志在流水) 있음을 알 수 있었다. 후일에 종자기가 죽자 백아는 종신토록 다시는 거문고를 타지 않았는데, 그 이유는 거문고 소리에서 자기의 뜻을 알아 줄 수 있는 사람이 없기 때문이었다. 그래서 마음을 알아 주는 친구를 知音이라고 한다.

19

防患篇

衆志成城, 衆口鑠金.
중 지 성 성　중 구 삭 금

讒言三至, 慈母不親.
참 언 삼 지　자 모 불 친

　여러 사람의 뜻이 일치하면 견고한 성을 이루고, 여러 사람의 입이 일치하면 쇠를 녹일 수 있다.(《국어國語》 주어周語)

　참언을 세 번 들으면 인자한 어머니도 자식을 의심한다.(삼국三國 위魏 조식曹植, 《당장욕고행當墻欲高行》)

　•讒言三至: 증삼의 어머니가 아들이 살인을 했다는 말을 한두 차례 했을 때는 믿지 않았다가, 세번째로 동일한 말을 했을 때는 이를 믿었다는 고사에서 유래함.

禍幾始作, 當杜其萌;
화 기 시 작　당 두 기 맹

疾證方行, 當絶其根.
질 증 방 행　당 절 기 근

　재앙이 조짐을 보이기 시작할 때, 그 싹을 막아야 하고,

　잘못의 증거가 나타나기 시작할 때, 그 뿌리를 끊어야 한다.(송宋 하탄何坦, 《서주노인상언西疇老人常言》)

墙崩因隙, 器壞因釁.
장 붕 인 극　기 괴 인 흔

名高忌起, 寵極妬生.
명 고 기 기　총 극 투 생

토담은 틈이 생겨 무너지고, 기물은 금이 생겨 깨진다.《《후한서後漢書》곽태례전郭太例傳)

명성이 높은 사람은 남의 시기를 부르기 쉽고, 총애가 지나친 사람은 남의 질투를 낳기 쉽다.《《권계전서勸戒全書》)

抽薪止沸, 翦草除根.
추 신 지 비　전 초 제 근

關門養虎, 虎大傷人.
관 문 양 호　호 대 상 인

장작을 빼내야 물 끓는 것을 그치게 하고, 잡초가 나지 않게 하려면 뿌리째 뽑아야 한다.(북제北齊 위수魏收,《위후경반이량조문爲侯景叛移梁朝文》)

울 안에서 호랑이를 기르면, 호랑이가 자라서 사람을 해친다.(청清 전채錢彩,《설악전전說岳全傳》)

事之成敗, 必由小生.
사 지 성 패　필 유 소 생

憂於身者, 不拘於人.
우 어 신 자　불 구 어 인

일의 성패는 반드시 작은 것에서 시작된다.《《회남자淮南子》원도훈原道訓)

항상 경계를 하는 사람은 남에게 구속되지 않는다.(송宋 여본중呂本中,《관잠官箴》)

善疑人者, 人亦疑之;
선 의 인 자　인 역 의 지

好防人者, 人亦防之.
호 방 인 자　인 역 방 지

남을 잘 의심하는 사람은 남도 그를 의심하고,
남을 경계하기 좋아하는 사람은 남도 그를 경계한다.(명明 유기劉基,《욱리자郁
離子》임기자술궁任己者術窮)

臨禍忘憂, 憂必及之.
임 화 망 우　우 필 급 지

臨渴掘井, 悔之莫及.
임 갈 굴 정　회 지 막 급

재난을 만나도 근심을 모르면, 근심이 반드시 닥친다.(《좌전左傳》장공莊公 20년)
목이 마른 후에 우물을 파면, 후회해도 이미 늦다.(《봉신연의封神演義》제35회)

禍至後懼, 是誠不知.
화 지 후 구　시 성 부 지

君子之懼, 懼乎未始.
군 자 지 구　구 호 미 시

재난이 닥친 후에 두려워한다면 이는 진실로 무지한 것이다.
군자는 재난이 발생하기 전에 경계할 줄 안다.(당唐 유종원柳宗元,《계구잠戒懼箴》)

言必有防, 行必有檢.
언 필 유 방　행 필 유 검

謗議之言, 難用褒貶.
방 의 지 언　난 용 포 폄

　말은 반드시 방비가 있어야 하고, 행동은 반드시 점검이 있어야 한다.(삼국
三國 위魏 서간徐幹,《중론中論》)
　비방하는 말은 한 사람의 잘잘못을 평가하는 데 사용하기 어렵다.(삼국三國
위魏 조조曹操,《위서선의진교하령爲徐宣議陳矯下令》)
　•防: 방비하다.　　•檢: 점검하다.

謗訕之言, 出如斎淪,
방 산 지 언　출 여 윤 륜

一息之波, 流於無限.
일 식 지 파　유 어 무 한

비방하는 말은 발설되면 마치 파도처럼 전파되고,
일순간의 파도는 끝없이 흘러간다.(당唐《피일휴문집皮日休文集》구잠口箴)
　•訕: 헐뜯다.　　•斎: 물이 깊고 넓은 모양.

先事慮事, 先患慮患.
선 사 려 사　선 환 려 환

前慮不定, 後有大患.
전 려 부 정　후 유 대 환

　일이 일어나기 전에 먼저 일의 처리를 생각하고, 재난이 닥치기 전에 먼
저 재난의 방비를 생각해야 한다.(《순자荀子》대략大略)
　일이 발생하기 전의 생각이 면밀하지 못하면, 나중에 큰 재난이 있게 된다.
(《전국책戰國策》위책魏策)

去草絶根, 在於未蔓.
거 초 절 근   재 어 미 만

除患無至, 易於救患.
제 환 무 지   이 어 구 환

풀을 뽑고 뿌리를 제거하는 것은 풀이 만연되기 전에 해야 한다.(《진서陳書》
주적전周迪傳)

재난이 발생하기 전에 제거하는 것은 재난이 발생한 후에 구하는 것보다
쉽다.(《전국책戰國策》 연책燕策)

•蔓: 만연하다.　　•無至: 아직 이르지 않다.

涓涓不塞, 將爲江河.
연 연 불 색   장 위 강 하

靑靑不伐, 將尋斧柯.
청 청 불 벌   장 심 부 가

졸졸 흐르는 물을 막지 않으면, 나중에 큰 강이 된다.(《공자가어孔子家語》 관주
금인명觀周金人銘)

수목이 어릴 때 이를 베지 않으면, 나중에 도끼를 찾아야 한다.(한漢 유향劉
向, 《설원說苑》 경신敬愼)

•涓涓: 물이 졸졸 흐르는 모양.　　•斧柯: 도끼자루.

綿綿不絶, 蔓蔓若何?
면 면 부 절   만 만 약 하

毫末不掇, 將成斧柯.
호 말 불 철   장 성 부 가

풀이 어릴 때 뽑지 않으면 풀이 자랐을 때 어찌할 것인가?

수목은 작을 때 뽑지 않으면 나중에 도끼자루처럼 커진다.(《일주서逸周書》 화
오해和寤解)

•綿綿: 가는 모양.　　•蔓蔓: 널리 퍼지는 모양.

•掇: 줍다. 여기서는 〈뽑다〉라는 의미.

綿綿不絕, 必有亂結;
면면부절　필유란결
纖纖不伐, 必成妖孽.
섬섬불벌　필성요얼

풀이 어릴 때 뽑지 않으면 반드시 제멋대로 엉길 것이다.
초목은 작을 때 베지 않으면 반드시 재앙이 될 것이다.(《제갈양집諸葛亮集》 치
란治亂)

暗箭傷人, 其深次骨;
암전상인　기심차골
人之怨之, 亦必次骨.
인지원지　역필차골

불시의 화살로 사람을 다치게 하면 뼛속으로 깊이 박히고,
사람들이 그를 원망하는 것도 반드시 뼛속에 박힐 것이다.(송宋 유염劉炎,
《이언邇言》)
•次骨: 뼛속에 깊숙이 박히다.

讒不自來, 因疑而來;
참부자래　인의이래
間不自入, 乘隙而入.
간부자입　승극이입

참언은 스스로 오지 않고 자기의 의심으로 인해 오며,
간언(이간시키는 말)은 스스로 오지 않고 틈을 타서 들어온다.(명明 유기劉基,
《성의백문집誠意伯文集》)

衆口鑠金, 積毁銷骨.
중 구 삭 금   적 훼 소 골

衆口毁譽, 浮石沈木.
중 구 훼 예   부 석 침 목

여러 사람의 입은 쇠를 녹일 수 있고, 여러 사람의 비방은 뼈를 녹일 수
있다.(《사기史記》 장의열전張儀列傳)

여러 사람의 비방과 칭찬은 돌을 물에 뜨게 하고 나무를 물 속에 가라앉
힐 수 있다.(《의림意林》 육가신어陸賈新語)

•浮石沈木: 돌을 물에 띄울 수도 있고, 나무를 물 속으로 가라앉힐 수도 있다. 이 말은 유
언비어가 옳고그름을 전도시켜 한 사람의 인상을 바꿀 수 있음을 비유한 것이다.

來者不善, 善者不來.
내 자 불 선   선 자 불 래

事以密成, 語以泄敗.
사 이 밀 성   어 이 설 패

오는 사람은 호의가 없으며, 호의가 있는 사람은 오지 않는다.(《해여총고陔餘
叢考》 성어成語)

일은 치밀함으로써 성공하고, 말은 새어 나감으로써 실패한다.(《한비자韓非
子》 세난說難)

三人成虎, 十夫揉椎.
삼 인 성 호   십 부 유 추

衆議成林, 無冀而飛.
중 의 성 림   무 기 이 비

세 사람이 호랑이를 만들고, 열 사내가 송곳을 휘게 한다.(《전국책戰國策》 진
책秦策)

여러 사람의 의론이 숲을 만들고, 날개 없이도 날아가게 한다.(《회남자淮南子》
설산훈說山訓)

•椎: 錐와 통용. 송곳.

孟賁畜臂, 衆人輕之;
맹 분 축 비　중 인 경 지

怯夫有備, 其氣自倍.
겁 부 유 비　기 기 자 배

맹분이 팔힘을 사용치 않으면 뭇사람이 그를 경시하고,

겁쟁이가 준비를 하면 그 용기는 저절로 배가 된다.(《태평어람太平御覽》서병
기서兵器)

•孟賁: 전국시대의 용사.

•畜: 기르다. 여기서는 〈비축하고 사용하지 않다〉라는 의미.

蟷螂捕蟬, 黃雀在後.
당 랑 포 선　황 작 재 후

人無遠慮, 必有近憂.
인 무 원 려　필 유 근 우

사마귀가 매미를 잡을 때는 섬참새가 뒤에 있다.(《오월춘추吳越春秋》)

사람이 앞날에 대한 생각을 하지 않으면 반드시 머지 않아 근심이 있게
된다.(《논어論語》위령공衛靈公)

是非之聲, 無翼而飛;
시 비 지 성　무 익 이 비

損益之名, 無脛而走.
손 익 지 명　무 경 이 주

남에 대한 시비의 소리는 날개 없이도 날아가고,

남에 대한 손익의 말은 다리 없이도 뛰어간다.(당唐 백거이白居易,《책림策林》)

•脛: 정강이. 여기서는 다리.　　•走: 달려가다.

若欲不忙, 淺水深防;
약 욕 불 망　천 수 심 방

若欲無傷, 小怪大禳.
약 욕 무 상　소 괴 대 양

허둥대지 않으려면 얕은 물을 깊은 물로 간주해서 막고,

상처를 입지 않으려면 작은 재난을 큰 재난으로 간주해서 물리쳐야 한다.
(명明 서정직徐禎稷,《치언恥言》)

•禳: 고대에 제사를 지내 재앙을 물리치는 행위.

堤潰蟻孔, 氣泄針芒.
제 궤 의 공　기 설 침 망

安無忘危, 存無忘亡.
안 무 망 위　존 무 망 망

제방이 무너지는 것은 개미구멍 때문이고, 바람이 새는 것은 바늘구멍 때

문이다.(남조南朝 송宋 범엽范曄,《후한서後漢書》진충열전陳忠列傳)

편안할 때 위험을 잊지 말아야 하며, 생존할 때 존망의 위기를 잊지 말아

야 한다.(《대대례기大戴禮記》무왕감명武王鑒銘)

明槍好躲, 暗箭難防.
명 창 호 타　암 전 난 방

養癰長疽, 自生禍殃.
양 옹 장 저　자 생 화 앙

드러난 창은 피하기가 쉽지만, 불시의 화살은 막기 어렵다.(원元 무명씨,《유

천병타독각우劉千病打獨角牛》)

종기를 치료하지 않고 놓아두면 저절로 재앙이 생겨난다.(남조南朝 송宋 범엽

范曄,《후한서後漢書》풍연열전馮衍列傳)

大海波濤淺, 小人方寸深.
대 해 파 도 천　소 인 방 촌 심
防深不防露, 此意古所箴.
방 심 불 방 로　차 의 고 소 잠

큰 바다의 파도는 얕고, 소인의 마음은 깊다.(당唐 두순학杜荀鶴, 《당풍집唐風集》 감우感寓)

숨어 있는 적은 보이는 적보다 더 위험한데, 이 말은 옛부터 경계로 삼았다.(당唐 맹교孟郊, 《추회십오수秋懷十五首》)

•箴: 경계하다.

黃金鑠衆口, 白玉生蒼蠅.
황 금 삭 중 구　백 옥 생 창 승
賈禍不在多, 爝火燔鄧林.
고 화 부 재 다　작 화 번 등 림

여러 사람의 입은 황금을 녹일 수 있고, 파리똥은 백옥을 더럽힐 수 있다.(《사양선생존고射陽先生存稿》 잡언증풍남회비부적무명雜言贈馮南淮比部謫茂名)

화를 초래하는 것은 많음에 달린 것이 아니며, 횃불 하나가 온 등림을 태울 수 있다.(청淸 시윤장施閏章, 《고의古意》)

•賈: 사다. 여기서는 〈초래하다〉라는 의미.　•爝: 횃불.

•鄧林: 고대의 신화 전설에 나오는 숲. 《山海經·海外北經》편에 보면, 『夸父與日逐走, 入日. 渴欲得飮, 飮于河渭, 河渭不足, 北飮大澤. 未至, 都渴而死. 棄其杖, 化爲鄧林』이라고 하였다.

獸中有人性, 形異遭人隔.
수 중 유 인 성　형 이 조 인 격
人中有獸心, 幾人能眞識?
인 중 유 수 심　기 인 능 진 식

짐승 중에는 사람의 성품을 가진 것이 있는데, 형체가 달라 사람과는 다른 운명을 만난다.

사람 중에는 짐승의 마음을 가진 이가 있는데, 몇 사람이나 그들의 진면목을 식별할 수 있을까?(당唐 맹교孟郊, 《택우擇友》)

人無害虎心, 虎有傷人意.
인 무 해 호 심　호 유 상 인 의

患生於多欲, 害生於不備.
환 생 어 다 욕　해 생 어 불 비

　사람은 호랑이를 해칠 마음이 없지만, 호랑이는 사람을 해칠 생각을 한다.
(원元 기군상紀君祥, 《조씨고아대보구잡극趙氏孤兒大報仇雜劇》)
　우환은 많은 욕심에서 생겨나고, 재해는 무방비에서 생겨난다.(《회남자淮南子》
무칭훈繆稱訓)

防患先防內, 內患隱難知.
방 환 선 방 내　내 환 은 난 지

不見棟梁柱, 螻蟻壞其基.
불 견 동 량 주　누 의 괴 기 기

　우환을 방지하려면 먼저 내부를 방비해야 하는데, 내환은 은폐되어 알기
어렵다.
　기둥과 대들보를 보지 못했는가? 개미떼가 그 기반을 무너뜨린다.(《개당집
漑堂集》의자蟻子)

讒口成鑠金, 沈舟由積羽.
참 구 성 삭 금　침 주 유 적 우

騰口方成痏, 吹毛遂得疵.
등 구 방 성 유　취 모 수 득 자

　참언은 쇠를 녹일 수 있으며, 배가 가라앉는 것은 깃털이 많이 쌓였기 때
문이다.(청淸 당손화唐孫華, 《술금述金》)
　헛소문이 한 번 전해지면 바야흐로 사람을 멍들게 만들고, 털을 불면 마
침내는 상처를 찾아내게 마련이다.(당唐 백거이白居易, 《대서일백운기미지代書一百韻
寄微之》)
　•騰: 전하다.　•痏: 멍. 타박상.

不涉太行險, 誰知斯路難.
불 섭 태 항 험   수 지 사 로 난

眞僞因事顯, 人情難預見.
진 위 인 사 현   인 정 난 예 견

험준한 태항산 길을 걸어 본 적이 없으면 누가 이 길의 험난함을 알겠는가?
진실과 허위는 일이 발생하면 분명해지지만, 인정은 미리 알기 어렵다.(진晉
구양석견歐陽石堅,《임종시臨終詩》)

萌芽起微蘗, 辨別乖先見.
맹 아 기 미 얼   변 별 괴 선 견

剪除初非難, 長養遂成患.
전 제 초 비 난   장 양 수 성 환

나무가 발아해서 생장할 때, 바로 판별해서 잘못 나는 것을 미리 살펴야
한다.
처음 나왔을 때 잘라 버리는 것은 어렵지 않지만, 자라서는 마침내 근심
거리가 된다.(송宋 구양수歐陽修,《기생괴寄生槐》)
•微蘗: 나무의 어린 싹.   •乖: 잘못되다.

爲之於未有, 治之於未亂.
위 지 어 미 유   치 지 어 미 란

銷患於未形, 保治於未然.
소 환 어 미 형   보 치 어 미 연

일이 발생하기 전에 행동을 취해야 하고, 혼란이 있기 전에 다스려야 한다.
(《노자老子》)
형성되기 전에 근심을 제거하고, 일어나기 전에 보호하고 다스려야 한다.
(명明 방효유方孝儒,《예양론豫讓論》)
•有: 나타나다. 존재하다.

曲突無燎災, 預備無荒年.
곡 돌 무 요 재　예 비 무 황 년

近情苦自信, 君子防未然.
근 정 고 자 신　군 자 방 미 연

굴뚝을 구불구불하게 만들면 화재가 일어나지 않고, 미리 곡식을 비축하
면 흉년이 발생하지 않는다.(명明 서정직徐禎稷,《치언恥言》)

일반 사람은 지나친 자신감으로 고생을 하고, 군자는 일이 발생하기 전에
방지한다.(진晉 육기陸機,《군자행君子行》)

• 曲突: 굴뚝을 구불구불하게 만들다. 曲突徙薪의 생략어. 화재를 미연에 방지하기 위하여
굴뚝을 구불구불하게 만들고, 아궁이 근처의 장작을 다른 곳으로 옮긴다는 의미.

• 燎: 불에 타다.　　• 近: 천박하다. 여기서는 〈일반 사람〉을 뜻함.

堂堂八尺軀, 莫聽三寸舌.
당 당 팔 척 구　막 청 삼 촌 설

舌上有龍泉, 殺人不見血.
설 상 유 용 천　살 인 불 견 혈

당당한 8척 장신의 대장부는 세 치의 혀놀림을 들어서는 안 된다.

혀끝에는 용천검이 달려 있어 사람을 죽여도 피가 나지 않는다.(송宋 나대경
羅大經,《학림옥로鶴林玉露》권6)

• 三寸舌: 세 치의 혀. 참언을 비유하는 말.

患生於所忽, 禍起於細微.
환 생 어 소 홀　화 기 어 세 미

患生於忿怒, 禍起於纖微.
환 생 어 분 노　화 기 어 섬 미

근심은 소홀할 때 생기고, 재앙은 미세한 일에서 일어난다.(한漢 유향劉向,
《설원說苑》설총說叢)

근심은 분노에서 생기고, 재앙은 아주 작은 일에서 시작된다.(《한시외전韓詩
外傳》권9)

• 纖微: 작은 일.

莫言萬木死, 不因一葉秋.
막 언 만 목 사 불 인 일 엽 추

須知香餌下, 觸口是銛鉤.
수 지 향 이 하 촉 구 시 섬 구

모든 나무가 죽는 것이 가을 낙엽 하나로 인한 것이 아니라고 말하지 말라.
(당唐 소갈邵碣,《논정論政》)

모름지기 달콤한 미끼 아래에서 입에 닿는 것이 날카로운 낚시임을 알아
야 한다.(당唐 이군옥李群玉,《방어放魚》)

•銛: 날카롭다.　　•銛鉤: 날카로운 낚시.

名高毀所集, 言巧智難防.
명 고 훼 소 집 언 교 지 난 방

勿謂行大道, 斯須成太行.
물 위 행 대 도 사 수 성 태 행

명망이 높으면 비난의 소리가 모이고, 교묘한 비방은 지혜로운 사람도 막
기 어렵다.

평평한 대로를 간다고 말하지 말라. 눈 깜짝할 사이에 태항산처럼 험준하
게 변한다.(당唐 유우석劉禹錫,《처혜음萋兮吟》)

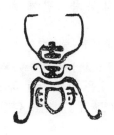

莫將閑話當閑話, 往往事從閑話生.
막 장 한 화 당 한 화   왕 왕 사 종 한 화 생
若比人間惡風浪, 長江風浪本無心.
약 비 인 간 악 풍 랑   장 강 풍 랑 본 무 심

한담을 쓸데 없는 말로 여기지 말라. 일은 왕왕 한담에서 발생한다.(청淸 김전金墳,《불하대편不下帶編》권6)
만약 인간의 나쁜 풍랑과 비교하면 장강의 풍랑은 본래 무심하다.(당唐 정해鄭獬,《관도觀濤》)

驚波不在黭黮間, 小人心裡藏崩湍.
경 파 부 재 암 탐 간   소 인 심 리 장 붕 단
長恨人心不如水, 等閑平地起波瀾.
장 한 인 심 불 여 수   등 한 평 지 기 파 란

심한 파도는 깊고 어두운 물에서 일어나지 않으나, 소인의 마음 속에는 요란한 여울이 감추어져 있다.(당唐 제기齊己,《행로난行路難》)
사람의 마음이 물과 같지 않아, 항상 별일 없는 평지에서 파란을 일으키는 것이 길이 한스럽다.(《유우석집劉禹錫集》죽지사竹枝詞)
•黭黮: 깊고 어둡다.   •湍: 급류. 여울.

以鏡自照見形容, 以人自照見吉凶.
이 경 자 조 견 형 용   이 인 자 조 견 길 흉
驚心最是落花風, 偏在溫存旖旎中.
경 심 최 시 낙 화 풍   편 재 온 존 의 니 중

거울을 자기에게 비추면 용모를 볼 수 있고, 남을 자기에게 비추면 길흉을 판단할 수 있다.(《대대례기大戴禮記》무왕감명武王鑒銘)
사람을 가장 놀라게 하는 것은 꽃을 지게 하는 바람이 뜻밖에 온화한 바람 속에 존재한다는 것이다.(청淸 주용조周龍藻,《후원가행後怨歌行》)
•旖旎: 온유하다.

盛名之下難爲居. 壯士須防惡犬欺.
성 명 지 하 난 위 거　　장 사 수 방 악 견 기
當路莫栽荊棘草, 他年免掛子孫衣.
당 로 막 재 형 극 초　　타 년 면 괘 자 손 의

명성이 너무 크면 처신하기가 어렵다.(《신당서新唐書》방관찬房琯贊)
장사라도 반드시 맹견이 무는 것을 방비해야 한다.(《홍루몽紅樓夢》제51회)
길에다 가시 달린 초목을 심지 말아야, 훗날 자손들의 옷이 걸리지 않는다.
(청淸 장찬張璨,《제소거題所居》)

青萍一點微微發, 萬樹千樹和根拔.
청 평 일 점 미 미 발　　만 수 천 수 화 근 발
池塘信美應難戀, 針在魚唇劍在蝦.
지 당 신 미 응 난 련　　침 재 어 순 검 재 하

바람이 불기 시작할 때는 부평초가 살랑살랑 흔들릴 정도로 아주 작다가,
이내 곧 거세져서 온갖 나무를 뿌리째 뽑는다.(원元 오창령吳昌齡,《장천사단풍화
설야잡극張天師斷風花雪夜雜劇》)
　연못 속의 좋은 맛에 미련을 갖지 말라. 물고기 수염은 침처럼 뾰족하고
새우 촉각은 칼처럼 날카롭다.(당唐 육구몽陸龜蒙,《백구시白鷗詩》)
　•青萍: 즉 부평초. 青萍一點은 미풍을 가리킨다. 宋玉은《風賦》에서『夫風起于青萍之末』이
라고 하였다.
　•信: 확실하다.

明者遠見於未萌, 智者避危於無形.
명 자 원 견 어 미 맹　　지 자 피 위 어 무 형
禍故多藏於隱微, 而發於人之所忽.
화 고 다 장 어 은 미　　이 발 어 인 지 소 홀

현명한 사람은 일이 발생하기 전에 멀리 보고, 지혜로운 사람은 위험이
형성되기 전에 미리 피한다.
　재앙은 대부분 은미한 곳에 감추어져 있다가 사람의 소홀함을 틈타 발생
한다.(청淸 신함욱申涵煜,《성심단어省心短語》)

畵龍畵虎難畵骨, 知人知面不知心.
화룡화호난화골　지인지면부지심

提防瓜李能終始, 免愧於心負此身.
제방과리능종시　면괴어심부차신

용을 그리고 호랑이를 그릴 수는 있어도 그 골격을 그리기는 어려우며,
사람을 알고 얼굴을 알기는 쉬워도 사람의 마음 알기는 어렵다.(명明 시내암施
耐庵,《수호水滸》제45회)
　오이밭에서 신끈을 바로 매지 않고 오얏나무 아래서 갓끈을 고쳐 매지 않
는 태도로 시종여일하면 마음에 부끄러움이 없게 된다.(당唐 한악韓偓,《팔월육
일작사언八月六日作四言》)
　•瓜李: 瓜田李下의 준말.

曾參豈是殺人者, 讒言三及慈母驚.
증삼기시살인자　참언삼급자모경

瓜田無取終成謗, 市虎相傳久是眞.
과전무취종성방　시호상전구시진

증삼이 어찌 살인자이랴마는 참언이 세 차례나 들리자 그의 모친은 놀라
달아났다.(당唐 이백李白,《국책國策》)
　오이밭에서는 끝내 남의 의심받을 짓을 하지 말아야 하며, 시장에 호랑이
가 있다는 말이 오래 전해지면 진짜로 믿게 된다.(《중주집中州集》장징화임추일감
회기장문어사張澄和林秋日感懷寄張文御史)
　•曾參: 공자의 제자.
　•市虎: 高誘의《淮南子・說上訓》注에 의하면『三人從市中來, 皆言市中有虎. 市非虎處, 而
人信以爲有虎, 故曰三人成市虎』라고 설명하였다.

20

謙 虛 篇

高上尊貴, 無以驕人.
고 상 존 귀　무 이 교 인

智若禹湯, 不如常耕.
지 약 우 탕　불 여 상 경

지위가 높고 신분이 존귀하다고 해서 남을 업신여기지 말라.(한漢 유향劉向,
《설원說苑》)

지혜가 우·탕과 같을지라도 항상 밭갈이하는 것만 못하다.(청淸 적호翟灝,
《통속편通俗編》권38)

勝而不驕, 故能服世;
승 이 불 교　고 능 복 세

約而不忿, 故能從隣.
약 이 불 분　고 능 종 린

이기고서 교만하지 않으면 남을 감복시킬 수 있고,
스스로 단속하여 성내지 않으면 이웃과 화목할 수 있다.(《전국책戰國策》진책
秦策)

自損者益, 自益者損.
자 손 자 익   자 익 자 손
事用聰明, 則功不成.
사 용 총 명   즉 공 불 성

스스로 부족하다고 생각하면 이익을 보고, 스스로 훌륭하다고 생각하면 손해를 본다.(한漢 유향劉向, 《설원說苑》 경신敬愼)
작은 총명함에 의지해 일을 처리하면 성공할 수 없다.(《윤문자尹文子》)

勿恃己善, 不服仁人.
물 시 기 선   불 복 인 인
勿矜己藝, 不敬人文.
물 긍 기 예   불 경 인 문

자기의 장점을 믿고서 남의 훌륭함에 불복하지 말라.
자기의 재주를 자랑하여 남의 장점에 불경하지 말라.(당唐 《피일휴문집皮日休文集》 이잠耳箴)

山峭者崩, 澤滿者溢.
산 초 자 붕   택 만 자 일
自滿者敗, 自矜者愚.
자 만 자 패   자 긍 자 우

산이 가파르면 무너지기 쉽고, 연못이 차면 넘치기 쉽다.(한漢 가의賈誼, 《신서新書》)
스스로 만족하는 사람은 실패하고, 스스로 자랑하는 사람은 어리석다.(송宋 임포林逋, 《성심록省心錄》)
•溢: 물이 넘치다.

大勇若怯, 大智若愚.
대 용 약 겁　대 지 약 우
矜己任智, 是蔽是欺.
긍 기 임 지　시 폐 시 기

크게 용맹한 사람은 겁쟁이처럼 보이고, 크게 지혜로운 사람은 바보처럼 보인다.(송宋 소식蘇軾,《하구양수치사계賀歐陽修致仕啓》)

자기를 자랑하여 지혜를 과신하는 것은 자기를 가리고 속이는 것이다.(《육기집陸機集》승상잠丞相箴)

敖不可長, 欲不可從;
오 불 가 장　욕 불 가 종
志不可滿, 樂不可極.
지 불 가 만　낙 불 가 극

오만함을 길러선 안 되고, 욕심을 제멋대로 하면 안 되며,

득의했을 때 자만해선 안 되고, 즐거울 때 지나치면 안 된다.(《예기禮記》곡례상曲禮上)

•敖: 傲의 의미. 즉 오만하다.　•從: 縱의 통가자. 방종하다.　•極: 지나치다.

高而不危, 滿而不溢.
고 이 불 위　만 이 불 일
爲而不矜, 作而不恃.
위 이 불 긍　작 이 불 시

지위가 높아도 위험하지 않고, 가득 차도 넘치지 않는다.(《효경孝經》제후장諸侯章)

어떤 일을 했어도 자랑하지 말며, 어떤 성과를 냈어도 대단하다고 여기지 말라.(《피일휴문집皮日休文集》수잠手箴)

•高而不危, 滿而不溢: 원문은 『在上不驕, 高而不危. 制節謹度, 滿而不溢』이다.

雖智必質, 然後辨之;
수 지 필 질　연 후 변 지

雖能必讓, 然後爲之.
수 능 필 양　연 후 위 지

지혜가 있어도 반드시 질박하게 한 후에 사리를 분별하고,
능력이 있어도 반드시 겸양한 후에 일을 하라.(한漢 유향劉向,《설원說苑》경신
敬愼)

忽己之慢, 成人之美;
홀 기 지 만　성 인 지 미

毋擔虛譽, 無背致理.
무 담 허 예　무 배 치 리

자기의 오만함을 무시하고, 남의 좋은 일을 성취시키며,
허망한 영예를 짊어지지 말고, 정당한 도리를 거스르지 말라.(오대五代 전촉
前蜀 관휴貫休,《속요량공좌우명병서續姚梁公座右銘幷序》)

持滿之道, 抑而損之.
지 만 지 도　억 이 손 지

聲聞過情, 君子恥之.
성 문 과 정　군 자 치 지

높은 지위를 유지하는 방법은 겸양하고 절검하는 것이다.(《한시외전韓詩外傳》)
명성이 실정을 초과하면, 군자는 이를 부끄럽게 여긴다.(《맹자孟子》이루하離
婁下)

•聲聞: 명성.

知者不博, 博者不知.
지 자 불 박　　박 자 부 지
矜功不立, 虛願不至.
긍 공 불 립　　허 원 부 지

　진정한 지식이 있는 사람은 해박함을 자랑하지 않고, 해박함을 자랑하는
사람은 진정한 지식이 없다.(《노자老子》 81장)
　공로를 자랑하는 사람은 목적을 이루지 못하고, 허망한 사람은 자기의 희
망을 이루지 못한다.(《전국책戰國策》 제책齊策)

輕則寡謀, 驕則無禮.
경 즉 과 모　　교 즉 무 례
虛則必靈, 虛己靈己.
허 즉 필 령　　허 기 영 기

　가벼운 사람은 생각이 적고, 교만한 사람은 예의가 없다.(《국어國語》 주어周語)
　겸허하면 반드시 총명하고, 겸허하게 받아들이면 자기가 총명해진다.(《주순
수집朱舜水集》 허령불매虛靈不昧)

肉腐出蟲, 木朽生蠹;
육 부 출 충　　목 후 생 두
驕慢在身, 災禍作矣.
교 만 재 신　　재 화 작 의

　고기가 썩으면 벌레가 생기고, 나무가 썩으면 굼벵이가 생긴다.
　교만함이 몸에 있으면 재앙이 발생하게 된다.(《의림意林》 순자荀子)

仁厚刻薄, 是修短關;
인 후 각 박　시 수 단 관

謙卑驕滿, 是禍福關.
겸 비 교 만　시 화 복 관

인후함과 각박함은 사람의 수양을 판별하는 관건이고,
겸양과 교만은 재앙과 복을 초래하는 관건이다.(《격언연벽格言聯璧》혜언惠言)

善者不多, 多者不善.
선 자 부 다　다 자 불 선

矜物之人, 無大士焉.
긍 물 지 인　무 대 사 언

훌륭한 사람은 자신을 칭찬하지 않고, 자신을 칭찬하는 사람은 훌륭하지
않다. (《노자老子》)
남에게 교만한 사람 중에는 큰 인물이 없다.(《관자管子》)
•多: 칭찬하다.

處貴而驕, 敗之端也.
처 귀 이 교　패 지 단 야

貴富而驕, 自遺咎也.
귀 부 이 교　자 유 구 야

지위가 높으면서 교만한 것은 실패의 시작이다.(《전공량측어하錢公良測語下》)
부귀를 누리면서 교만하면 자기에게 화근을 남긴다.(《노자老子》)

有眞才者, 必不矜才;
유 진 재 자　필 불 긍 재

有實學者, 必不誇學.
유 실 학 자　필 불 과 학

진정한 재주가 있는 사람은 반드시 재주를 자랑하지 않고,
진정한 학식이 있는 사람은 반드시 학식을 자랑하지 않는다.(《격언연벽格言
聯璧》지궁류持躬類)

力不敵衆, 智不盡物.
역 부 적 중　지 부 진 물

自多其能, 其能不足.
자 다 기 능　기 능 부 족

한 사람의 힘은 여러 명을 대적할 수 없고, 한 사람의 지혜가 모든 것을
다 알 수는 없다.(《한비자韓非子》입경入經)
스스로 자기가 능력이 많다고 생각하는 것은 실제로 능력이 부족한 것이다.
(명明 팽여양彭汝讓, 《목기용담木幾冗談》)

珠玉在側, 覺我形穢.
주 옥 재 측　각 아 형 예

專用晦昧, 則事必悖.
전 용 회 매　즉 사 필 패

주옥같이 아름다운 사람이 옆에 있으면 내 몸에 때가 있음을 깨닫게 된
다.(《진서晉書》위개전衛玠傳)
주관적이고 우매하면 일은 반드시 어긋나게 마련이다.(《윤문자尹文子》일문逸文)
•專用: 주관적이다.　•晦昧: 우매하다. 晦와 昧는 모두 〈어둡다〉는 의미.

人譽我謙, 又增一美;
인 예 아 겸 우 증 일 미

自誇自敗, 還增一毀.
자 과 자 패 환 증 일 훼

남이 칭찬하면 나는 더욱 겸손해야 하는데, 이는 또 하나의 미덕을 더하는
것이고,
스스로를 자랑하면 실패하기 마련이며, 또한 하나의 비방을 더하게 된다.
(《양심유규養心遺規》 권하卷下)

驕人好好, 勞人草草.
교 인 호 호 노 인 초 초

越自尊大, 越見器小.
월 자 존 대 월 견 기 소

교만한 사람은 항상 자신의 처지를 잊고, 겸허한 사람은 항상 조심하고
삼간다.(《시경詩經》)
스스로 존대하면 할수록 그릇이 작음을 내보이는 것이다.(청淸 신거운申居鄖,
《서암췌어西巖贅語》)
•好好: 자만하여 자신의 처지를 잊다.　　•草草: 근심하는 모양.

聰明睿智, 守之以愚;
총 명 예 지 수 지 이 우

功被天下, 守之以讓.
공 피 천 하 수 지 이 양

총명하고 예지가 있는 사람은 우매함으로 이를 지키고,
천하에 큰 공을 세운 사람은 겸양으로 이를 지킨다.(《격언연벽格言聯璧》 지궁
류持躬類)
•睿智: 뛰어난 슬기.

短不可護, 護短終短;
단 불 가 호　　호 단 종 단

長不可矜, 矜則不長.
장 불 가 긍　　긍 칙 부 장

　단점은 가리지 말아야 하며, 단점을 가리면 끝내 발전하지 못한다.

　장점은 자랑하지 말아야 하며, 자랑하면 역시 발전하지 못한다.(명明 섭대년
晶大年,《좌우명座右銘》)

自滿九族散, 匪驕百善尋.
자 만 구 족 산　　비 교 백 선 심

卷時懷勁節, 舒後抱虛心.
권 시 회 경 절　　서 후 포 허 심

자만하면 구족이 흩어지게 되고, 교만하지 않으면 온갖 이익이 찾아든다.
(송宋 종방種放, 《유몽시諭蒙詩》)

　은퇴했을 때는 굳은 절개를 품어야 하고, 뜻을 얻은 후에는 겸허한 마음
을 가져야 한다.(당唐 번주樊鑄, 《급제후독서원영물십수상예부이시랑及第後讀書院詠物十
首上禮部李侍郎》 염구簾鉤)

　•九族: 아홉 족속. 즉 父族 넷, 母族 셋, 妻族 둘을 말함. 또는 고조부·증조부·조부·부
친·본인·아들·손자·증손·현손을 말하기도 함.
　•匪: 非와 같음. 아니다.　•尋: 찾다.　•卷: 수장하다. 여기서는 〈은퇴하다〉라는 의미.
　•勁節: 굳은 절개.　•舒: 뜻을 얻다.

物有所不足, 智有所不明.
물 유 소 부 족　　지 유 소 불 명

誇愚適增慮, 矜智道亦昏.
과 우 적 증 려　　긍 지 도 역 혼

　사물에는 부족한 곳이 있고, 지혜로운 사람도 밝지 않은 점이 있다.
　어리석음을 과장하는 사람은 생각을 많이 하고, 지혜를 자랑하는 사람은
도리에 어둡다.(당唐 진자앙陳子昂, 《감우感遇》)

泰山不自高, 因丘垤以形;
태 산 부 자 고　　인 구 질 이 형

海水不自廣, 因溝澮以名.
해 수 부 자 광　　인 구 회 이 명

　태산은 스스로 높다고 하지 않지만, 구릉이 받들어서 태산이 진 것이다.
　바다는 스스로 넓다고 하지 않지만, 개천들이 모여들어 바다가 된 것이다.
(청淸 정세원鄭世元, 《감회잡시感懷雜詩》)

　•垤: 구릉.　•澮: 봇도랑. 전답 사이의 물길.

自足者不足, 自明者不明.
자 족 자 부 족 　 자 명 자 불 명

氣餒者自畫, 量狹者易盈.
기 뇌 자 자 화 　 양 협 자 이 영

스스로 만족하는 사람은 실제로는 부족하고, 스스로 현명하다고 생각하는
사람은 실제로는 현명하지 못하다.(당唐 위징魏徵, 《군서치요群書治要》 유이별전劉廙
別傳 하시下視)

용기가 부족한 사람은 자기를 제한하고, 기량이 협소한 사람은 쉽게 만족
한다.(《주순수집朱舜水集》 공민恭敏)

• 自畫: 스스로 제한하다.

人心無稱處, 國手有輸時.
인 심 무 칭 처 　 국 수 유 수 시

山鷄照綠水, 自愛一何愚.
산 계 조 녹 수 　 자 애 일 하 우

사람은 만족할 때가 없으며, 국수도 질 때가 있다.(당唐 배열裴說, 《기棋》)

꿩이 푸른 물에 자신을 비춰 보고, 제 몸을 사랑하니 어찌 어리석지 않은
가?(송宋 왕안석王安石, 《금릉절구金陵絕句》)

• 稱處: 만족할 때.

貴人而賤己, 先人而後己.
귀 인 이 천 기 　 선 인 이 후 기

自卑而尊人, 先彼而後己.
자 비 이 존 인 　 선 피 이 후 기

남을 존중하고 자신을 낮추어야 하며, 남을 먼저 하게 하고 자신은 나중
에 해야 한다.(《전국책戰國策》 한책韓策)

스스로를 낮추고 남을 존중하며, 남을 먼저 하게 하고 자신은 나중에 해
야 한다.(당唐 범질范質, 《계아질팔백자誡兒侄八百字》)

自以爲無過, 而過乃大矣;
자 이 위 무 과　이 과 내 대 의
自以爲有過, 而過自寡矣.
자 이 위 유 과　이 과 자 과 의

스스로 잘못이 없다고 생각하면, 잘못은 마침내 커지며,
스스로 잘못이 있다고 생각하면, 잘못은 자연히 적어진다.(청淸 전대흔錢大昕,
《십가재양신록十駕齋養新錄》개과改過)

好勝者必爭, 貪勇者必辱.
호 승 자 필 쟁　탐 용 자 필 욕
心虛體自輕, 飄飄若仙步.
심 허 체 자 경　표 표 약 선 보

경쟁심이 강한 사람은 반드시 남과 다투고, 용맹을 믿는 사람은 반드시
굴욕을 당한다.(송宋 임포林逋,《성심록省心錄》)
　마음이 비면 몸이 자연히 가벼워져서 발걸음이 신선처럼 나를 듯하다.(진
晉 하경조何敬祖,《잡시雜詩》)
　•仙步: 걸음걸이가 가뿐함을 형용하는 말.

省躬知任重, 寧止冒榮非.
성 궁 지 임 중　영 지 모 영 비
處世忌太潔, 聖人貴藏輝.
처 세 기 태 결　성 인 귀 장 휘

자신을 반성하는 사람은 임무가 중대하다는 것을 알기 때문에, 그만둘지
언정 헛된 영화를 무릅쓰지 않는다.(당唐 심전기沈佺期,《자고공원외수급사중自考功
員外授給事中》)
　세상에 살면서 지나치게 깨끗한 것은 피해야 하며, 성인의 훌륭함은 자신
을 자랑하지 않는 데 있다.(당唐 이백李白,《목욕자沐浴子》)
　•潔: 깨끗하다. 여기서는 〈남에게 엄격히 요구한다〉는 의미.

有德人心下, 無才意即高.
유 덕 인 심 하　무 재 의 즉 고

但看行濫物, 若箇是堅牢.
단 간 행 람 물　약 개 시 견 뢰

　덕 있는 사람은 마음이 겸허하고, 재능 없는 사람은 스스로를 훌륭하게 생각한다.
　단지 행동을 함부로 하는 사람을 보건대, 견고한 사람이 어디 있는가?(《전당시보일全唐詩補逸》권2 왕범지시王梵志詩)

自見者不明, 自是者不彰.
자 견 자 불 명　자 시 자 불 창

自伐者無功, 自矜者不長.
자 벌 자 무 공　자 긍 자 부 장

　자기 눈으로만 보는 사람은 분명하지 못하고, 스스로 옳다고 생각하는 사람은 밝지 못하다
　스스로 자랑하는 사람은 공이 없고, 스스로 훌륭하게 생각하는 사람은 발전하지 못한다.(《노자老子》)

在富莫驕奢, 驕奢多自亡.
재 부 막 교 사　교 사 다 자 망

不伐功斯巨, 惟謙道乃光.
불 벌 공 사 거　유 겸 도 내 광

　부유할 때 교만하고 사치하지 말아야 하는데, 교만하고 사치한 사람은 저절로 멸망한다.(당唐 소알邵謁,《금곡원회고金谷園懷古》)
　공을 자랑하지 않아야 진정으로 공이 크며, 오직 겸허해야 도가 빛난다.(청淸 고악高鶚,《박만撲滿》)
　•伐: 자랑하다.

風雷憎蠖屈, 歲月笑龍屠.
풍뢰증확굴　세월소용도

盛滿易爲災, 謙沖恒受福.
성만이위재　겸충항수복

　　바람과 번개는 자벌레가 움츠리는 것을 미워하고, 세월은 용 잡는 재주를
비웃는다.

　　자만하는 사람은 재앙을 당하기 쉽고, 겸허한 사람은 항상 복을 받는다.(청
淸 장정옥張廷玉, 《잡흥雜興》)

　•蠖: 자벌레. 尺蠖은 나방의 유충. 기어갈 때 활 모양으로 움츠렸다가 펴서 가는데, 이것이
마치 엄지와 중지로 거리를 재는 것과 같아 보이므로 尺蠖이라고 한다.

　•龍屠: 즉 屠龍.《莊子·列禦寇》편에 보면,『朱漫學屠龍於支離蓋, 單千金之家, 三年技成. 而
無所用其巧』라고 한 바, 후세에는 기술은 훌륭하나 실용에 적합하지 않은 것을 屠龍之技라고
하게 되었다.　•謙沖: 겸허하다.

勸君莫謾誇頭角, 夢裡輸贏總未眞.
권 군 막 만 과 두 각   몽 리 수 영 총 미 진

乃知輕重不在彼, 要知美惡猶吾身.
내 지 경 중 부 재 피   요 지 미 악 유 오 신

그대에게 권하노니 남을 업신여기거나 두각을 나타냈다고 자랑하지 말라,
꿈 속에서 이기고 지는 것은 모두 진짜가 아니다.(당唐 이산보李山甫,《우회寓懷》)
자기의 경중을 알아 주는 것은 남에게 있는 것이 아니며, 자기에게 어떤
장점과 결점이 있는가를 알아야 한다.(《왕문공문집王文公文集》 중인衆人)

• 謾誇: 남을 업신여기다. 터무니 없는 말을 하다.
• 頭角: 두각을 나타내다. 어려서 뜻을 얻음을 비유한 말.   • 輕重: 경중을 달다.

處世還須稱晚來, 逢人且莫誇疇昔.
처 세 환 수 칭 만 래   봉 인 차 막 과 주 석

爲人第一謙虛好, 學問茫茫無盡期.
위 인 제 일 겸 허 호   학 문 망 망 무 진 기

세상에 살면서는 훗날에 올 것을 고려해야 하니, 사람을 만나서는 지난날
을 자랑하지 말라.(《사양선생존고射陽先生存稿》 억석행증왕운남분교파릉憶昔行贈汪雲嵐
分敎巴陵)
사람은 우선적으로 겸허한 것이 좋으며, 학문은 망망하여 끝이 없다.(청淸
원매袁枚,《수원시화隨園詩話》 권7)

• 疇昔: 지난날.

以人之長補其短, 以之人厚補其薄.
이 인 지 장 보 기 단   이 지 인 후 보 기 박

强中更有强中手, 惡人終被惡人磨.
강 중 갱 유 강 중 수   악 인 종 피 악 인 마

남의 장점을 흡수해서 자기의 단점을 보충하고, 남이 갖춘 것을 흡수해서
자기에게 없는 것을 보충한다.(한漢 유향劉向,《설원說苑》 권1)
강한 사람 위에는 더 강한 사람이 있고, 악인은 결국 악인에게 당한다.(원
元 무명씨,《도화녀桃花女》)

天道禍盈而福謙, 地道變盈而流謙.
천 도 화 영 이 복 겸　　지 도 변 영 이 류 겸
賢者寵至而益戒. 人道惡盈而好謙.
현 자 총 지 이 익 계　　인 도 악 영 이 호 겸

　하늘의 도는 자만하는 사람에게는 재앙을 주고 겸허한 사람에게는 복을
주며, 땅의 도는 물이 웅덩이에 꽉 차면 낮은 곳으로 흐르게 한다.
　현인은 총애를 받으면 더욱 조심을 한다.(《국어國語》진어晉語)
　사람의 도는 자만하는 사람을 싫어하고 겸허한 사람을 좋아한다.(《역경易
經》태전泰傳 겸謙)
　•天道·地道: 모두 자연의 운행 규율을 가리킴.

21

謹 愼 篇

翼翼矜矜, 福所以興.
익 익 긍 긍 　 복 소 이 흥

無與禍隣, 禍乃不存.
무 여 화 린 　 화 내 부 존

삼가고 조심하면 복이 생기게 된다.(진晉 장화張華, 《여사잠女士箴》)
재앙과 이웃하지 않으면 재앙이 존재하지 않는다.(《의림意林》 한자韓子)
•翼翼: 공경하고 삼가는 모양.　　•矜矜: 경계하고 자중하는 모양.

危者使平, 易者使傾.
위 자 사 평 　 이 자 사 경

愼乃遠禍, 勤能濟貧.
신 내 원 화 　 근 능 제 빈

위기 의식을 가진 사람은 평안할 수 있고, 안일한 생각을 가진 사람은 망
하게 된다.(《역경易經》 계사하繫辭下)

신중한 태도는 재앙을 멀리할 수 있고, 근검한 생활은 가난을 구제할 수
있다.(청淸 신거운申居鄖, 《서암췌어西巖贅語》)

庸言之信, 庸行之謹.
용 언 지 신　용 행 지 근

動則三思, 慮而後行.
동 즉 삼 사　여 이 후 행

평소의 말에 신용이 있어야 하고, 평소의 행동을 조심해야 한다.(《역경易經》
건전乾傳 건乾)

일을 하려면 여러 번 생각하고, 심사숙고한 후에 행동해야 한다.(진晉 진수
陳壽,《삼국지三國志》위서魏書 양부전楊阜傳)

心志要苦, 意趣要樂,
심 지 요 고　의 취 요 락

氣度要宏, 言動要謹.
기 도 요 굉　언 동 요 근

마음은 고통이 있어야 하고, 의향은 즐거워야 하며,
도량은 넓어야 하고, 언행은 신중해야 한다.(《격언연벽格言聯璧》지궁류持躬類)

安臥揚帆, 不見石灘;
안 와 양 범　불 견 석 탄

靠天多倖, 白日入阱.
고 천 다 행　백 일 입 정

편안히 누워서 돛을 날리면 암초와 여울을 보지 못하고,
하늘에 내맡겨 요행을 바라면 대낮에 구덩이에 빠진다.(명明 서정직徐禎稷,
《치언恥言》)

•倖: 요행.　•阱: 구덩이. 함정.

勿輕小事, 小隙沈舟;
물 경 소 사　소 극 침 주
勿輕小物, 小蟲毒身.
물 경 소 물　소 충 독 신

작은 일을 소홀히 하지 말라, 작은 틈이 배를 침몰시킨다.
작은 것을 소홀히 하지 말라, 작은 벌레가 온 몸을 중독시킨다.(주周 윤희尹喜,
《관윤자關尹子》 구락九樂)

鸚鵡多言, 秖名文禽.
앵 무 다 언　지 명 문 금
過耳之言, 不可聽信.
과 이 지 언　불 가 청 신

앵무새가 말은 할 줄 알아도 깃털이 고운 새라고 불릴 뿐이다.(청淸 심혜옥
沈蕙玉, 《자잠自箴》)
　귀에 지나가는 말은 진실이라고 믿을 수 없다.(명明 오승은吳承恩, 《서유기西遊記》
제10회)
•鸚鵡: 즉 鸚䳇. 앵무새.　•秖: 祇와 같음. 다만. 단지.
•文禽: 원래는 꿩을 말함. 깃털의 무늬가 곱기 때문에 문금이라고 일컫는다. 文은 紋과 통용.

動必三省, 言必三思.
동 필 삼 성　언 필 삼 사
言不妄發, 發必當理.
언 불 망 발　발 필 당 리

움직이려면 반드시 여러 번 살피고, 말을 하려면 반드시 여러 번 생각하라.
(당唐 백거이白居易, 《책림策林》)
　말은 함부로 해서는 안 되고, 말하면 반드시 이치에 맞아야 한다.(《주자어류
朱子語類》 권상卷上)
•省: 살피다.

無稽之言, 不見之行,
무 계 지 언　불 견 지 행
不聞之謀, 君子愼之.
불 문 지 모　군 자 신 지

근거가 없는 말, 본 적이 없는 행동,
들은 적이 없는 꾀에 대해 군자는 신중하게 대처한다.(《순자荀子》 정명正名)
•稽: 고찰하다.

一聲而非, 駟馬勿追;
일 성 이 비　사 마 물 추
一言而疾, 駟馬不及.
일 언 이 질　사 마 불 급

말 한 마디 잘못하면 사마가 쫓지 못하고,
말 한 마디 질풍 같아 사마가 따르지 못한다.(《등석자鄧析子》 전사轉辭)
•駟馬: 함께 한 수레를 끄는 네 필의 말. 또는 말 네 필이 끄는 마차.

愼終若始, 則無敗事.
신 종 약 시　즉 무 패 사
事後掩飾, 不如愼始.
사 후 엄 식　불 여 신 시

끝맺음을 처음처럼 신중하게 하면 실패하는 일이 없을 것이다.(《노자老子》)
일 끝난 후에 덮어 가리는 것은 신중하게 시작하는 것만 못하다.(《곽숭도일기
郭嵩燾日記》 제1권)

失之毫釐, 差之千里.
실 지 호 리 차 지 천 리

反水不收, 後悔無及.
반 수 불 수 후 회 무 급

처음에 미세하게 어긋난 것이 나중에 천리나 차이가 난다.(《사기史記》태사공
자서太史公自序)

엎질러진 물은 다시 담지 못하며 후회해도 소용 없다.(남조南朝 송宋 범엽范曄,
《후한서後漢書》광무제기상光武帝紀上)

•反水: 엎질러진 물.

明者愼微, 智者識幾.
명 자 신 미 지 자 식 기

君子欲訥, 吉人寡辭.
군 자 욕 눌 길 인 과 사

현명한 사람은 작은 일에도 신중하고, 지혜로운 사람은 일의 조짐을 안
다.(남조南朝 송宋 범엽范曄,《후한서後漢書》진충열전陳忠列傳)

군자는 말을 신중하게 하고, 착한 사람은 말을 적게 한다.(당唐 요숭姚崇,《구잠
口箴》)

•明: 현명하다.   •微: 작은 일.   •幾: 조짐.
•訥: 말을 더듬다. 인신되어 〈신중하다〉는 의미.

聽言之道, 徐審爲先.
청 언 지 도 서 심 위 선

乘興說話, 最難檢點.
승 흥 설 화 최 난 검 점

말을 듣는 방법은, 천천히 살피는 것이 우선이다.(명明 여곤呂坤,《신음어呻吟語》
보유補遺)

신이 날 때 한 말은 점검하기가 가장 어렵다.(청淸 신거운申居鄖,《서암췌어西巖贅語》)

•徐: 천천히.   •審: 살피다.

千里之差, 失之毫端.
천 리 지 차　실 지 호 단

能勤小物, 故無大患.
능 근 소 물　고 무 대 환

천리의 차이는 털끝만큼의 어긋남에서 비롯된다.(남조南朝 송宋 범엽范曄,《후한서後漢書 남흉노열전南匈奴列傳》)

작은 일에 수시로 주의하면 큰 재난이 없게 된다.(한漢 유향劉向,《설원說苑》)

•差: 차이.　•毫: 약간.

間諜之言, 出如鷹鸇.
간 첩 지 언　출 여 응 전

鷹鸇之迅, 一擧凌天.
응 전 지 신　일 거 릉 천

간첩의 말은 새매처럼 빨리 나온다.

새매는 매우 빨라 단번에 하늘로 솟구친다.(《피일휴문집皮日休文集》구잠口箴)

•間諜: 몰래 적의 사정을 정탐하는 사람.

戒之近者, 不侈於遠.
계 지 근 자　불 치 어 원

勉哉夫子, 行矣勉旃.
면 재 부 자　행 의 면 전

지금 경계를 하면 훗날에도 큰 잘못을 범하지 않는다.(송宋 여본중呂本中,《관잠官箴》)

항상 자신을 권면해야 하며, 행동은 신중해야 한다.(당唐 요숭姚崇,《구잠口箴》)

•戒: 경계하다.　•侈: 잘못된 행동. 큰 잘못.　•旃: 어조사. 之焉의 합음.

瓜田李下, 古人所愼.
과 전 이 하 고 인 소 신

願得此心, 不貽厚責.
원 득 차 심 불 이 후 책

오이밭과 오얏나무 아래에서는 옛사람이 조심하였다.

바라노니 이 의미를 터득하여 심한 비난을 남기지 말지어다.(《북사北史》 원
율수전袁聿脩傳)

力能勝貧, 謹能避禍.
역 능 승 빈 근 능 피 화

言不過辭, 動不過則.
언 부 과 사 동 불 과 칙

노력은 가난을 이길 수 있고, 근신은 재앙을 피할 수 있다.(북위北魏 가사협
賈思勰,《제민요술齊民要術》서序)

말은 정도를 넘지 말고, 행동은 원칙을 벗어나지 말아야 한다.(《예기禮記》 애
공문哀公問)

•則: 원칙. 표준.

不矜細行, 終累大德.
불 긍 세 행 종 루 대 덕

悔從醒生, 駟不及舌.
회 종 성 생 사 불 급 설

작은 행동을 아끼지 않으면 결국에는 명성이 손상된다.(《상서尙書》 여오旅獒)

후회는 깨우침에서 생기며, 사두 마차는 혀를 따르지 못한다.(명明 동노고광
생東魯古狂生,《취성석醉醒石》제12)

•大德: 덕행. 품덕.

舌端之孽, 慘乎楚鐵.
설 단 지 얼   참 호 초 철

出言不當, 反自傷也.
출 언 부 당   반 자 상 야

혀끝의 재앙은 초나라 병기보다 가혹하다.(당唐 유우석劉禹錫, 《구병계口兵戒》)
말한 것이 타당치 않으면 오히려 자신이 다치게 된다.(한漢 유향劉向, 《설원說苑》
설총說叢)

•孽: 재앙.   •楚鐵: 초나라 사람이 秦나라에 대항할 때 사용한 병기.

尋丈之繆, 始實毫釐,
심 장 지 무   시 실 호 리

君子畜德, 無忍細微.
군 자 축 덕   무 인 세 미

열 자의 어긋남은 실제로는 미세한 차이에서 비롯된다.
군자는 덕을 쌓는 데 힘쓰며, 작은 잘못도 용납하지 않는다.(《손지재집遜志齋集》
척도尺度)

•尋: 고대의 길이 단위. 1尋은 8尺이다.   •繆: 謬와 통용. 잘못.
•畜: 蓄과 통용. 쌓다.

愼終如始, 猶恐漸衰,
신 종 여 시   유 공 점 쇠

始尙不愼, 終將安保?
시 상 불 신   종 장 안 보

끝을 처음처럼 삼가야 하며, 점차 해이해지는 것을 두려워해야 한다.
처음부터 삼가지 않는다면 어떻게 결말을 보장할 수 있겠는가?(당唐 오긍吳兢,
《정관정요貞觀政要》 권4)

思索生知, 慢易生憂.
사 색 생 지　만 이 생 우

輕忽細事, 必有重憂.
경 홀 세 사　필 유 중 우

사색을 하면 지혜가 생기고, 만사를 소홀히 하면 근심이 생긴다.(《관자管子》
내업內業)

　작은 일을 소홀히 하면 반드시 큰 근심이 있게 된다.(청淸 신거운申居鄖, 《서암
췌어西巖贅語》)

　•慢: 태만하다.　　•易: 소홀히 하다.　　•輕忽: 소홀히 하다.

五刃之傷, 藥之可平.
오 인 지 상　약 지 가 평

一言成痾, 智不能明.
일 언 성 아　지 불 능 명

칼에 다섯 번 찔린 중상은 약을 붙이면 나을 수 있다.

　말 한 마디가 병이 되며, 지혜로운 사람이라도 변명할 수 없다.(당唐 유우석
劉禹錫, 《구병계口兵戒》)

　•平: 낫다.　　•痾: 병.

居高常慮缺, 持滿每憂盈.
거 고 상 려 결   지 만 매 우 영
處蒲常憚溢, 居高本慮傾.
처 포 상 탄 일   거 고 본 려 경

높은 자리에 있을 때는 항상 면직되었을 때를 생각하고, 득의했을 때는 항상 실의했을 때를 생각해야 한다.(양梁 간문제簡文帝, 《몽화림원계시蒙華林園戒詩》)
낮은 곳에 있을 때는 항상 물이 넘쳐 들어오는 것을 염려하고, 높은 곳에 있을 때는 항상 기울어질 때를 생각해야 한다.(당唐 진자앙陳子昻, 《좌우명座右銘》)
•蒲: 풀 이름. 부들. 물가의 낮고 습한 곳에서 자라므로 〈낮은 곳〉이라는 의미로 인신되었다.
•憚: 두려워하다.   •溢: 물이 넘치다.   •傾: 기울어지다.

爲謀於未然, 聽者或莫聽.
위 모 어 미 연   총 자 혹 막 청
患至而後圖, 智者有不能.
환 지 이 후 도   지 자 유 불 능

일이 발생하기 전에 미리 도모해야 하며, 귀 밝은 사람은 소리가 들리기 전에 미리 계획한다.
근심거리가 발생한 후에 도모하면, 지혜로운 사람도 이를 해결할 수가 없다.
(송宋 구양수歐陽修, 《송장동추관부영흥경략사送張洞推官赴永興經略司》)
•謀: 도모하다.   •聽: 귀가 밝다.

道險不在廣, 十步能摧輪.
도 험 부 재 광   십 보 능 최 륜
莫笑無危道, 雖平能陷人.
막 소 무 위 도   수 평 능 함 인

길이 험함은 길의 넓이에 달려 있는 것이 아니며, 열 발자국 넓이의 길이라도 수레를 뒤집을 수 있다.(당唐 맹교孟郊, 《맹동야시집孟東野詩集》 우작偶作)
위험이 없는 길이라고 비웃지 말라, 비록 평탄한 곳이라도 사람을 빠뜨릴 수 있다.(당唐 승수목僧修睦, 《설중송인북유雪中送人北游》)

不困在豫愼, 見禍於未形.
불 곤 재 예 신　견 화 어 미 형

欽哉愼所宜, 砥德乃爲盛.
흠 재 신 소 의　지 덕 내 위 성

일이 발생하기 전에 미리 조심해야 곤액을 면할 수 있고, 재앙이 형성되기 전에 미리 보아야 재앙을 피할 수 있다.

공경하고 삼가야 마땅하며, 덕을 닦아야 높은 품덕을 이룰 수 있다.(남조南朝 송宋 포조鮑照,《여오시랑별與伍侍郞別》)

• 豫: 預와 같음. 미리.　• 形: 형성하다.　• 欽: 공경하다.　• 砥: 갈다.
• 盛: 성대하다. 여기서는 盛德이라는 의미.

盲人騎瞎馬, 夜半臨深池.
맹 인 기 할 마　야 반 임 심 지

君子履微霜, 卽知堅冰至.
군 자 리 미 상　즉 지 견 빙 지

맹인이 장님말을 타고 야밤중에 깊은 연못에 다다른다.(남조南朝 송宋 유의경劉義慶,《세설신어世說新語》배조排調)

군자는 얇은 서리를 밟으면 곧 얼음 얼 날이 이르렀음을 안다.(송宋 황정견黃庭堅,《차운답문무지병기독유동원우화2수次韻答文武志病起獨游東園又和二首》)

好事不出門, 惡事行千里.
호 사 불 출 문　악 사 행 천 리

百年養不足, 一日毁有餘.
백 년 양 부 족　일 일 훼 유 여

좋은 일은 문밖에 나가지 않고, 나쁜 일은 천리를 간다.(송宋 손광헌孫光憲,《북몽쇄언北夢瑣言》권6)

수양은 1백 년을 해도 충분치 않고, 타락은 하루를 해도 남음이 있다.(《왕문공문집王文公文集》권5)

庸言必信之, 庸行必愼之.
용 언 필 신 지　　용 행 필 신 지

君子之遇事, 一於敬而已.
군 자 지 우 사　　일 어 경 이 이

평소의 말은 반드시 믿음성 있게 해야 하고, 평소의 행동은 반드시 삼가
야 한다.(《역경易經》건전乾傳 건乾)
　군자가 일을 처리하는 데는 시종여일 삼갈 뿐이다.(송宋 양시楊時,《이정수언二
程粹言》논사편論事篇)

寧走十步遠, 不走一步險.
영 주 십 보 원　　부 주 일 보 험

不取往者戒, 恐貽來者冤.
불 취 왕 자 계　　공 이 내 자 원

차라리 열 걸음 멀리 가더라도 한 걸음 위험한 곳으로 가지 않겠다.(청淸
석옥곤石玉昆,《삼협오의三俠五義》)
　지난 일의 교훈을 받아들이지 않으면 후손에게 잘못을 남겨 줄 것이다.
(《당송전기집唐宋傳奇集》녹주전綠珠傳)

瓜田不納履, 李下不正冠.
과 전 불 납 리　　이 하 부 정 관

人情愼所習, 酖毒比安宴.
인 정 신 소 습　　짐 독 비 안 연

오이밭에서는 신발을 바로 신지 않고, 오얏나무 밑에서는 갓끈을 바로 매
지 않는다.(《악부시집樂府詩集 청상곡사육淸商曲辭六》내라來羅)
　사람은 좋은 습관을 가져야 하며, 안일함은 독주와 같다.(송宋 구양수歐陽修,
《독서讀書》)
　•酖毒: 毒鳥인 짐새의 깃털로 담근 술. 치명적인 독주.
　•比: 견주다.　•安宴: 안일하다.

名高閑不得, 到處人爭議;
명 고 한 부 득　도 처 인 쟁 의

誰知冰霜顔, 已染風塵色.
수 지 빙 상 안　이 염 풍 진 색

명성이 높아지면 곳곳에서 사람들의 비방에 편안치 못하다.

누가 알리오, 빙상 같은 얼굴이 이미 풍진의 빛으로 물들었다는 것을.(당唐
노륜盧綸,《송길중부귀초주구산送吉中孚歸楚州舊山》)

•風塵: 바람과 티끌. 여기서는 참언이나 악담 등을 가리킴.

蒼蠅間黑白, 讒巧反親疏.
창 승 간 흑 백　참 교 반 친 소

嘉木忌深蠹, 哲人悲巧誣.
가 목 기 심 두　철 인 비 교 무

쉬파리 같은 소인은 흑과 백을 뒤섞을 수 있고, 참언과 아첨으로 친소를
뒤바꿀 수 있다.(삼국三國 위魏 조식曹植,《증백마왕표贈白馬王彪》)

아름다운 나무는 깊이 파고드는 굼벵이를 꺼리고, 철인은 아첨과 무고를
슬퍼한다.(당唐 맹교孟郊,《상현원湘絃怨》)

君子防悔尤, 賢人戒行藏.
군 자 방 회 우　현 인 계 행 장

嫌疑遠瓜李, 言動愼毫芒.
혐 의 원 과 이　언 동 신 호 망

군자는 잘못에 대한 후회를 경계하고, 현인은 자기의 행적에 주의한다.

혐의받기 쉬운 오이밭과 오얏나무를 멀리하고, 말과 행동은 조금이라도
삼가야 한다.(당唐 백거이白居易,《잡감雜感》)

•悔尤: 일을 잘못하여 후회함.　•行藏: 행동거지. 행적.　•毫芒: 잔털과 까끄라기.
인신되어 〈지극히 작은 것〉을 의미함.

早慮則不困, 早豫則不窮.
조 려 즉 불 곤　조 예 즉 불 궁

鏡水見面容, 鏡人知吉凶.
경 수 견 면 용　경 인 지 길 흉

일찍 생각하면 곤액을 당하지 않고, 일찍 예방하면 곤궁하지 않게 된다.(당唐 무칙천武則天, 《신궤하신軌下》 신밀장愼密章)

물을 거울로 삼으면 용모를 볼 수 있고, 남을 거울로 삼으면 길흉을 알 수 있다.(《묵자墨子》 비공중非攻中)

• 豫: 예방하다.　• 窮: 곤궁하다.　• 鏡: 거울. 거울(본보기)로 삼다.

一著不到處, 滿盤多是空.
일 착 부 도 처　만 반 다 시 공

只因一著錯, 滿盤俱是空.
지 인 일 착 착　만 반 구 시 공

중요한 한 수를 잘못 두면 바둑 전체를 지게 된다.(청淸 왕유광王有光, 《오하언련 吳下諺聯》)

단지 한 수를 잘못 두어서 바둑 전체를 지게 된다.(명明 풍몽룡馮夢龍, 《성세항언 醒世恒言》 교태수난점원앙보喬太守亂點鴛鴦譜)

• 著: 바둑을 둘 때의 한 수를 一著이라고 한다.

樹大招風風撼樹, 人爲名高名喪人.
수 대 초 풍 풍 감 수　　인 위 명 고 명 상 인

花如解語應多事, 石不能言最可人.
화 여 해 어 응 다 사　　석 불 능 언 최 가 인

나무가 크면 바람을 불러 바람이 나무를 흔들고, 사람은 명성으로 인해 높아지지만 명성은 사람을 해친다.(《서유기西遊記》제33회)

꽃이 사람의 말을 이해하면 더욱 많은 일이 일어나고, 돌이 말을 할 수 없는 것이 가장 사람을 만족스럽게 한다.(청淸 포송령蒲松齡,《요재지이聊齋志異》하화삼랑자荷花三娘子)

一失脚成千古笑, 再回頭是百年人.
일 실 각 성 천 고 소　　재 회 두 시 백 년 인

受了賣糖公公騙, 至今不信口甛人.
수 료 매 당 공 공 편　　지 금 불 신 구 첨 인

한 번 발을 잘못 디디면 천고의 웃음거리가 되고, 다시 머리를 돌려 보니 1백 년의 세월이 흘렀다.(명明 양의楊儀,《명량기明良記》)

사탕 파는 할아버지에게 속아서, 지금도 입이 단 사람을 믿지 않는다.(명明 능몽초凌濛初,《이각박안경기二刻拍案驚奇》몽교관애녀불수보懞教官愛女不受報)

喜時之言多失信, 怒時之言多失體.
희 시 지 언 다 실 신　　노 시 지 언 다 실 체

不可乘喜而多言, 不可乘快而易事.
불 가 승 희 이 다 언　　불 가 승 쾌 이 이 사

기쁠 때 한 말은 대부분 신용이 없고, 화날 때 한 말은 항상 정확치 못하다.
(명明 진계유陳繼儒,《안득장자언安得長者言》)

신이 난다고 해서 말을 많이 하지 말고, 유쾌하다고 해서 일을 쉽게 보지 말라.(청淸 왕예王豫,《초창일기蕉窓日記》권2)

莫言下嶺便無難, 賺得行人錯喜歡;
막 언 하 령 편 무 난   잠 득 행 인 착 희 환

飛入萬山圈子裡, 一山放出一山攔.
비 입 만 산 권 자 리   일 산 방 출 일 산 란

산을 내려와서 험난하지 않다고 말하지 말라. 행인이 착각해서 기뻐하도록 속인 것이다.

만산의 둘레 속으로 날아 들어가서, 산 하나를 넘으니 또 한 산이 가로막는다.(송宋 양만리楊萬里,《과송원신취칠공점過松源晨炊漆公店》)

正其末者端其始, 善其後者愼其先.
정 기 말 자 단 기 시   선 기 후 자 신 기 선

持杯收水水已覆, 徙薪避火火更燔.
지 배 수 수 수 이 복   사 신 피 화 화 갱 번

끝을 바르게 하는 사람은 처음을 단정하게 하고, 뒷마무리를 잘하는 사람은 처음을 신중하게 한다.(진晉 반악潘岳,《자전부藉田賦》)

술잔을 붙잡고 물을 담으면 물은 이미 쏟아져 있고, 땔감을 옮겨 불을 피하면 불은 더욱 붙는다.(당唐 이익李益,《한관소년행漢官少年行》)

•覆: 엎어지다.   •徙: 옮기다.   •燔: 불에 타다.

22

勤 儉 篇

居豊行儉, 在富能貧.
거 풍 행 검　재 부 능 빈
一錢之費, 亦所宜愼.
일 전 지 비　역 소 의 신

풍년이 든 해에는 절약을 엄격히 행하고, 부유하더라도 청빈하게 생활할
줄 알아야 한다.(《진서晉書》 진운소陳雲疏)
한 푼을 쓰더라도 신중하게 해야 할 것이다.(《위대수양록偉大修養錄》)

習閑成懶, 習懶成病.
습 한 성 나　습 나 성 병
拾穗雖利, 不如躬耕.
습 수 수 리　불 여 궁 경

한가한 생활이 습관되면 나태해지고, 나태한 생활이 습관되면 병이 된다.
(《안씨가훈顔氏家訓》)
이삭 줍는 것이 이롭기는 하지만 몸소 밭갈이하는 것만은 못하다.(청淸 시
윤장施閏章, 《경지시警志詩》)
•利: 이롭다.　•躬耕: 몸소 밭갈이하다.

天不假易, 亦不汝匱.
천 불 가 이   역 불 여 궤

春無遺勤, 秋有厚冀.
춘 무 유 근   추 유 후 기

하늘은 쉽게 빌려 주지 않으며, 또한 궁핍하게도 하지 않는다.

봄에 수고를 아끼지 않으면, 가을에 큰 희망이 있을 것이다.(《소식시집蘇軾詩集》
화도권농육수병인和陶勸農六首幷引)

•匱: 궁핍하다.   •冀: 바라다.

圖匱於豊, 防儉於逸.
도 궤 어 풍   방 검 어 일

惟日孜孜, 無敢逸豫.
유 일 자 자   무 감 일 예

풍요로울 때 궁핍에 대비하고, 편안할 때 빈곤을 방비해야 한다.(《진서晉書》
반악전潘岳傳)

날마다 부지런히 힘쓰고, 안락함에 빠지지 말라.(《상서尙書》 군진君陳)

•孜孜: 부지런한 모양.   •逸豫: 안락하게 지내다.

一夫不耕, 必受其饑;
일 부 불 경   필 수 기 기

一婦不蠶, 必受其寒.
일 부 부 잠   필 수 기 한

한 남자가 경작을 하지 않으면 반드시 기근을 당하고,

한 아낙이 누에를 치지 않으면 반드시 헐벗게 된다.(송宋 나대경羅大經, 《학림
옥로鶴林玉露》 권1)

喪貴致哀, 禮存寧儉.
상 귀 치 애　예 존 녕 검

侈而無節, 則不可贍.
치 이 무 절　즉 불 가 섬

상례에는 극도의 슬픔이 중시되나, 예가 있는 것보다는 차라리 검소한 것이 낫다.(《후한서後漢書》 현종효명제기顯宗孝明帝紀)

사치하면서 절제가 없으면 부유해질 수 없다.(《한서漢書》 엄안전嚴安傳)

•侈: 사치하다. 낭비하다.　•贍:· 넉넉하다.

坐吃山空, 立吃地陷.
좌 흘 산 공　입 흘 지 함

衆庶成强, 增積成山.
중 서 성 강　증 적 성 산

앉아서 먹기만 하면 산이 비게 되고, 서서 먹기만 하면 땅에 구멍이 생긴다.(《경본통속소설京本通俗小說》 착참최영錯斬崔寧)

사람이 많이 모이면 힘이 강해지고, 티끌이 모이면 태산이 된다.(《전국책戰國策》 동주책東周策)

勤能補拙, 儉以養廉.
근 능 보 졸　검 이 양 렴

雖有孔翠, 不如春蠶.
수 유 공 취　불 여 춘 잠

부지런함은 어리석음을 보충할 수 있고, 검소함은 청렴한 성품을 기를 수 있다.(《격언연벽格言聯璧》 종정從政)

비록 공작의 비취빛 깃털이 있다 해도, 봄누에만은 못하다.(청淸 심혜옥沈蕙玉, 《자잠自箴》)

克勤於邦, 克勤於家.
극근어방 극근어가

侯服玉食, 敗俗傷化.
후복옥식 패속상화

근검으로 나라를 다스리고, 근검으로 집안을 다스린다.(《상서尚書》 대우모大禹謨)
화려한 옷과 좋은 음식은 풍속을 상하게 만든다.(《한서漢書》 화식전貨殖傳)

賢而多財, 則損其志;
현이다재 즉손기지

愚而多財, 則益其過.
우이다재 즉익기과

현명하면서 재산이 많으면 그의 뜻을 손상시키고,
우매하면서 재산이 많으면 그의 과실을 증가시킨다.(《한서漢書》 소광전疏廣傳)

節儉樸素, 人之美德;
절검박소 인지미덕

奢侈華麗, 人之大惡.
사치화려 인지대악

절검하고 소박한 생활은 사람의 미덕이요,
사치하고 화려한 생활은 사람의 대악이다.(《설문청공독서록薛文淸公讀書錄》 경계
警戒)

習勤忘勞, 習逸成惰.
습 근 망 로　습 일 성 타

人生在勤, 不索何獲.
인 생 재 근　불 색 하 획

부지런함이 습관되면 노고를 잊게 되고, 안일함이 습관되면 태만한 성격
이 된다.(청淸 이성李惺,《서구외집西漚外集》약언잉고藥言剩稿)
　사람은 살면서 근면이 중요한데, 찾지 않으면 어떻게 얻겠는가?(《후한서後漢書》
장형열전張衡列傳)

食不重味, 衣不雜采.
식 부 중 미　의 부 잡 채

雖有絲麻, 不棄菅蒯.
수 유 사 마　불 기 간 괴

음식은 맛을 중시하지 말고, 옷에는 채색을 섞지 말라.(당唐 위징魏徵,《군서치
요群書治要》가자賈子)
　비록 명주와 삼으로 짠 옷이 있더라도 솔새와 기름사초로 짠 옷을 버리지
말라. (《좌전左傳》성공成公 9년)
　•菅蒯: 황새와 기름사초. 모두 자리나 도롱이를 만들 때 사용함.

得時之禾, 長稇長穗.
득 시 지 화　장 동 장 수

人生在勤, 勤則不匱.
인 생 재 근　근 즉 불 궤

제때에 파종된 벼는 줄기와 이삭이 길다.(《여씨춘추呂氏春秋》심시審時)
　사람은 살면서 근면이 중요하며, 부지런하면 궁핍하지 않게 된다.(《좌전左傳》
선공宣公 12년)
　•稇: 줄기.　•匱: 궁핍하다.

儉開福源, 奢起貧兆.
검 개 복 원　사 기 빈 조

樸能鎭浮, 靜能御躁.
박 능 진 부　정 능 어 조

근검은 복을 여는 근원이요, 사치는 가난을 일으키는 조짐이다.(《위서魏書》
이표전李彪傳)

소박함은 화려함을 극복할 수 있고, 냉정함은 조급함을 억제할 수 있다.(청淸
신거운申居郞, 《서암췌어西巖贅語》)

•鎭: 극복하다.

奢未及侈, 儉而不陋.
사 미 급 치　검 이 불 루

知足則樂, 務貪必憂.
지 족 즉 락　무 탐 필 우

넉넉해도 사치에 미치지 않고, 검소해도 초라함에 이르지 않는다.(한漢 장형
張衡, 《서경부西京賦》)

만족을 알면 즐거움이 있고, 탐욕에 힘쓰면 반드시 근심하게 된다.(송宋 임
포林逋, 《성심록省心錄》)

儉約不貪, 則可延壽;
검 약 불 탐　즉 가 연 수

奢侈過求, 受盡則終.
사 치 과 구　수 진 즉 종

근검절약하고 탐욕이 없으면 수명을 연장시킬 수 있고,

사치를 지나치게 추구해서 생활이 무절제하면 단명하게 된다.(《음식신언飮食
紳言》)

良材美器, 宜在盡用.
양 재 미 기　의 재 진 용

玉卮無當, 雖寶非用.
옥 치 무 당　수 보 비 용

좋은 목재와 멋진 그릇은 용도를 십분 활용해야 할 것이다.(《남사南史》소사
화전蕭思話傳)

옥 술잔에 밑이 없으면, 비록 보배라도 쓸 데가 없다.(서진西晉 좌사左思,《삼
도부三都賦》서序)

•卮: 술잔.　•當: 밑.

恭者不侮人, 儉者不奪人.
공 자 불 모 인   검 자 불 탈 인

饑者易爲食, 渴者易爲飮.
기 자 이 위 식   갈 자 이 위 음

　공경하는 사람은 남에게 모욕을 주지 않고, 검소한 사람은 남의 것을 빼
앗지 않는다.(《맹자孟子》 이루상離婁上)
　배고픈 사람은 먹을 것을 가리지 않고, 목마른 사람은 마실 것을 가리지
않는다.(《맹자孟子》 공손추상公孫丑上)

知足而不貪, 知節而不淫.
지 족 이 불 탐   지 절 이 불 음

强本而節用, 則天不能貧.
강 본 이 절 용   즉 천 불 능 빈

　만족할 줄을 알면 재물을 탐내지 않고, 절검할 줄을 알면 재물에 유혹되
지 않는다.(송宋 임포林逋,《성심록省心錄》)
　농업생산을 강화하고 소비를 절약하면 하늘도 가난하게 할 수 없다.(《순자
荀子》 천론天論)
　•節: 절검하다.　•淫: 지나치다. 인신되어 〈미혹되다〉·〈유혹되다〉로 쓰임.

在暖須在桑, 在飽須在耕.
재 난 수 재 상   재 포 수 재 경

君子貴弘道, 道弘無不亨.
군 자 귀 홍 도   도 홍 무 불 형

　옷을 따뜻하게 입으려면 반드시 뽕나무를 심어야 하고, 밥을 배부르게 먹
으려면 반드시 몸소 밭갈이를 해야 한다.
　군자는 농업 발전을 중시하고, 농업이 발전하면 형통하지 않는 것이 없다.
(당唐 섭이중聶夷中,《객유추탄후시작시면지客有追嘆後時作詩勉之》)
　•弘: 크다.　•弘道: 고대에는 농업을 국가와 집안 발전의 근본으로 여겼다.
　•亨: 형통하다.

飽暖非天降, 賴爾筋與力.
포 난 비 천 강   뇌 이 근 여 력

衣食當須記, 力耕不吾欺.
의 식 당 수 기   역 경 불 오 기

　음식과 의복은 하늘에서 떨어지는 것이 아니니, 너의 근육과 힘에 의지해야 한다.(명明 유기劉基,《전가田家》)

　옷과 음식은 마땅히 가장 필요한 것이며, 노력해서 경작하면 나를 속이지 않을 것이다.(진晉 도연명陶淵明,《이거이수移居二首》)

•爾: 너. 제2인칭대명사.

奢者富不足, 儉者貧有餘.
사 자 부 부 족   검 자 빈 유 여

樸誠易厚物, 省約則寡須.
박 성 이 후 물   생 약 즉 과 수

　사치한 사람은 부유해도 모자라고, 검소한 사람은 가난해도 여유가 있다.(《담자화서譚子化書 검화儉化》)

　검박하고 성실하면 남을 후하게 대하기 쉽고, 줄여 쓰고 절약하면 필요한 것이 적다.(청淸 오가기吳嘉紀,《절검도節儉圖》)

夜眠須在後, 起則每須先.
야 면 수 재 후   기 즉 매 수 선

家中勤儉校, 衣食莫令偏.
가 중 근 검 교   의 식 막 령 편

　밤에는 늦게 자고, 일어날 때는 먼저 일어나야 한다.

　집안을 근면과 절검으로 바로잡고, 옷과 음식에 치중하지 말아야 한다.(《전당시보일全唐詩補逸》권2 왕범지시王梵志詩)

由儉入奢易, 由奢入儉難.
유 검 입 사 이　유 사 입 검 난

靜則人不擾, 儉則人不煩.
정 즉 인 불 요　검 즉 인 불 번

검소한 생활에서 사치한 생활을 추구하기는 쉽지만, 사치한 생활에서 검소한 생활로 돌아가기는 어렵다.(송宋 사마광司馬光, 《훈검시강訓儉示康》)

조용한 곳에서 살면 소란한 것이 없고, 검소하게 살면 번뇌가 없게 된다. (《남사南史》 육혜효전陸慧曉傳)

物苦不知足, 登隴又望蜀.
물 고 부 지 족　등 롱 우 망 촉

多求徒心足, 未足旋傾覆.
다 구 도 심 족　미 족 선 경 복

사람은 만족을 모르는 것이 가장 고통스러운데, 농 땅에 올라가면 다시 촉 땅을 바라본다.(당唐 이백李白, 《고풍古風》)

많은 것을 탐하는 것은 한갓 마음을 만족시키기 위함이고, 만족하지 못하면 재빨리 뒤집어엎는다.(당唐 승자란僧子蘭, 《탐계貪誡》)

•登隴望蜀: 得隴望蜀이라고도 한다. 농 땅에 올라가면 다시 촉 땅을 바라본다는 의미로서, 탐욕이 끝없음을 비유하는 말.　•隴: 고대 지명. 지금의 감숙성 동부 지역에 해당함.
•蜀: 고대 지명. 지금의 사천성 중부에 해당함.

奢者心嘗貧, 儉者心嘗富.
사 자 심 상 빈　검 자 심 상 부

懶者常似靜, 靜豈懶者徒.
나 자 상 사 정　정 기 나 자 도

사치한 사람은 마음이 항상 가난하고, 검소한 사람은 마음이 항상 넉넉하다. (《담자화서譚子化書》 검화儉化)

나태한 사람은 항상 조용한 듯하지만, 조용한 사람이 어찌 나태한 무리이겠는가?(송宋 소식蘇軾, 《송잠저작送岑著作》)

•嘗: 常과 통용. 항상.

春時耕種夏時耘, 粒粒顆顆費力勤;
춘 시 경 종 하 시 운　　입 립 과 과 비 력 근
舂去細糠如剖玉, 炊成香飯似堆銀.
용 거 세 강 여 부 옥　　취 성 향 반 사 퇴 은

봄철에 씨 뿌리고 여름철에 김을 매며, 알알이 모두 부지런히 힘을 썼다.
방아 찧어 잔 겨 제거하니 구슬을 쪼개 놓은 듯, 불을 지펴 향기로운 밥
지으니 은알을 쌓아 놓은 듯.(명明 풍몽룡馮夢龍,《경세통언警世通言》)

山林不能給野火, 江海不能實漏卮.
산 림 불 능 급 야 화　　강 해 불 능 실 누 치
好男不吃婚時飯, 好女不穿嫁時衣.
호 남 불 흘 혼 시 반　　호 녀 불 천 가 시 의

산숲도 들불을 견딜 수 없고, 강물도 새는 술잔을 채울 수 없다.(한漢 왕부
王符,《잠부론潛夫論》부치浮侈)
뜻 있는 남자는 혼례 때의 밥을 먹지 않고, 뜻 있는 여자는 시집 올 때의
옷을 입지 않는다.(원元 무명씨,《거안제미擧案齊眉》)
•卮: 술잔.

務本節用財無極. 有錢常記無錢日.
무 본 절 용 재 무 극　　유 전 상 기 무 전 일
常將有日思無日, 莫待無時想有時.
상 장 유 일 사 무 일　　막 대 무 시 상 유 시

농사에 힘쓰고 소비를 줄이면 재산은 끝이 없다.(《순자荀子》성상成相)
돈 있을 때 항상 돈 없는 날을 생각하라.(청淸 왕유광王有光,《오하언련吳下諺聯》)
있는 날에는 항상 없는 날을 생각할 것이며, 없을 때에는 있던 때를 기다
리지 말라.(명明 장거정張居正,《장태악문집張太岳文集》)

奢者狼藉儉者安, 一凶一吉在眼前.
사 자 낭 자 검 자 안   일 흉 일 길 재 안 전

非淡泊無以明志, 非寧靜無以致遠.
비 담 박 무 이 명 지   비 녕 정 무 이 치 원

사치한 사람은 수습할 수 없지만 검소한 사람은 편안한데, 흉했다가 길했
다가 하는 것이 눈앞에 보인다.(당唐 백거이白居易,《초망망草茫茫》)

욕심이 없고 깨끗하지 않으면 명확한 의지가 없고, 편안하고 고요하지 않
으면 원대한 뜻을 이룰 수 없다.(삼국三國 촉蜀 제갈양諸葛亮,《계자서誡子書》)

力覽前賢國與家, 成由勤儉破由奢.
역 람 전 현 국 여 가   성 유 근 검 파 유 사

何須琥珀方爲枕, 豈得珍珠始是車.
하 수 호 박 방 위 침   기 득 진 주 시 시 거

전대 현인들의 나라와 가업을 자세히 살펴보면, 근검으로 성공하고 사치
로 망했다.

하필 호박이라야 베개로 삼고, 어째서 진주라야 수레가 되는가?(당唐 이상은
李商隱,《영사詠史》)

•琥珀枕: 호박으로 만든 베개.
•珍珠車: 수레를 비추는 진주(照乘之珠)로 장식한 수레.

23

健 康 篇

靜以養身, 儉以養性.
정 이 양 신   검 이 양 성

不樂損年, 長愁養病.
불 락 손 년   장 수 양 병

청정한 생활로 몸을 건강하게 하고, 검소한 생활로 본성을 길러야 한다.
(《남사南史》육혜효전陸慧曉傳)

즐거워하지 않으면 수명을 단축시키고, 오랜 근심은 병을 길러 준다.(북주
北周 유신庾信,《한거부閑居賦》)

•養: 기르다.   •性: 본성

口腹不節, 致病之因;
구 복 부 절   치 병 지 인

念慮不正, 殺身之本.
염 려 부 정   살 신 지 본

음식을 절제하지 않고 먹는 것이 병을 일으키는 원인이며,
생각을 바르게 하지 않는 것이 자신을 죽이는 근본이다.(송宋 임포林逋,《성심
록省心錄》)

惟靜惟默, 澄神之極.
유 정 유 묵   징 신 지 극

恬澹虛無, 眞氣從之.
염 담 허 무   진 기 종 지

　마음을 가라앉히고 말을 적게 하는 것이 정신을 맑게 하는 최상의 방법이다.
(당唐 요숭姚崇,《구잠口箴》)

　편안하고 욕심 없이 살면 건강한 기운이 따른다.(《내경內經》)

•恬澹: 恬淡과 같음. 名利에 욕심이 없어 담박하다는 의미.

•虛無: 道家에서는『無所不在, 而又無形可見』라고 풀이한다.

•眞氣: 정기. 건강한 기운.

肥肉厚酒, 爛腸之食.
비 육 후 주   난 장 지 식

若夫聖人, 量腹而食.
약 부 성 인   양 복 이 식

　기름진 고기와 독한 술은 장을 상하게 하는 음식이다.(《여씨춘추呂氏春秋》의
림意林)

　성인도 자기의 식사량을 생각하여 음식을 먹는다.(《회남자淮南子》정신훈精神訓)

心之憂矣, 視丹如綠.
심 지 우 의   시 단 여 록

心之憂矣, 其毒大苦.
심 지 우 의   기 독 대 고

　마음 속으로 지나치게 근심하면 붉은색이 녹색으로 보인다.(삼국三國 위魏
곽하숙郭遐叔,《증혜숙야贈嵇叔夜》)

　마음 속으로 지나치게 근심하면 마치 독약을 먹은 것처럼 큰 고통이 따른다.
(《시경詩經》 소아小雅 소명小明)

懲病克壽, 矜壯死暴.
징 병 극 수 긍 장 사 폭

養壽之士, 先病腹藥.
양 수 지 사 선 병 복 약

질병을 경계하는 사람은 장수할 수 있고, 자신의 건강을 자랑하는 사람은 갑자기 죽을 수 있다.(당唐 유종원柳宗元,《적계敵戒》)

몸을 보양해서 장수하는 사람은 병나기 전에 미리 약을 복용한다.(한漢 왕부王符,《잠부론潛夫論》권2)

•懲: 경계하다.　•克: ～할 수 있다.　•矜: 자랑하다.　•暴: 돌연. 갑자기.

清風醒病骨, 快雨破煩心.
청 풍 성 병 골　쾌 우 파 번 심

沈憂能傷人, 綠鬢成霜鬢.
침 우 능 상 인　녹 빈 성 상 빈

　신선한 바람은 병든 사람의 마음을 맑게 해주고, 가뭄에 오는 비는 사람의 번민을 씻어 준다.(당唐 이백李白,《시인옥설詩人玉屑》풍소구법風騷句法)
　오랜 근심은 사람을 상하게 하고, 검은 머리를 백발로 만든다.(당唐 이백李白,《원가행怨歌行》)
　•沈: ~과 같음. 오래다.　　•綠: 윤이 나게 검다.

情憂不在多, 一夕能傷神.
정 우 부 재 다　일 석 능 상 신

苦心殊易老, 新髮早年生.
고 심 수 이 로　신 발 조 년 생

　근심은 많은 일에 있는 것이 아니며, 하룻저녁에도 심신을 상하게 할 수 있다.(당唐 맹교孟郊,《우작偶作》)
　고심은 사람을 쉬이 늙게 만들고, 이른 나이에 흰머리가 생기게 한다.(당唐 방간方干,《증공성장贈功成將》)

愁與髮相形, 一愁白數莖.
수 여 발 상 형　일 수 백 수 경

憂來令髮白, 誰云愁可任.
우 래 령 발 백　수 운 수 가 임

　근심은 흰머리가 생기게 하는데, 한 번의 근심에 여러 개의 흰머리가 생겨난다.(당唐 맹교孟郊,《자탄自嘆》)
　근심을 하면 머리가 희어지는데, 누가 고통을 견뎌낼 수 있다고 말했는가?
(당唐 장맹장張孟將,《칠애시이수七哀詩二首》)
　•形: 生과 같음. 나다.　　•任: 감당하다.

古人醫在心, 心正藥自眞.
고 인 의 재 심   심 정 약 자 진
良醫將治之, 必究病所因.
양 의 장 치 지   필 구 병 소 인

옛사람들은 먼저 마음을 치료하였으며, 마음이 바르게 되면 약은 자연히 효과가 있다.(당唐 소증蘇拯,《의인醫人》)

고명한 의사는 치료하기 전에 반드시 병의 원인을 살핀다.(송宋 구양수歐陽修, 《봉답자화학사안무강남견기지작奉答子華學士安撫江南見寄之作》)

壯志因愁減, 衰容與病俱.
장 지 인 수 감   쇠 용 여 병 구
冀無身外憂, 自有閑中益.
기 무 신 외 우   자 유 한 중 익

웅대한 뜻은 근심으로 인해 감소하고, 쇠약한 용모는 병과 함께 한다.(당唐 백거이白居易,《동남행일백운東南行一百韻》)

부귀공명에 대한 근심이 없기를 바라면, 한가한 생활 중에 스스로 이익이 있다.(당唐 유우석劉禹錫,《유도원일백운游桃源一百韻》)

•冀: 바라다. 추구하다.
•身外: 몸 밖의 것. 예를 들면 功名·利祿 따위.

多病無完身, 久病無完氣.
다 병 무 완 신   구 병 무 완 기
體無纖微疾, 安用問良醫.
체 무 견 미 질   안 용 문 양 의

병이 많은 사람은 몸이 온전치 못하고, 병이 오랜 사람은 기혈이 온전치 못하다.(명明 여곤呂坤,《신음어呻吟語》서序)

신체에 약간의 질병도 없는데, 어째서 고명한 의사에게 묻겠는가?(삼국三國 위魏 무구검毌丘儉,《답두지答杜摯》)

505
健康篇

酒力不能久, 愁根無可醫.
주 력 불 능 구   수 근 무 가 의

欲知憂能老, 爲視鏡中絲.
욕 지 우 능 로   위 시 경 중 사

술의 힘은 오래 갈 수 없고, 근심의 근원을 치료하지 못한다.(《당풍집唐風集》
도중춘途中春)

근심이 사람을 늙게 만든다는 것을 알려면 거울 속의 백발을 한 번 보라.
(당唐 범운范雲,《유소사有所思》)

好勝者必敗, 視壯者必病.
호 승 자 필 패   시 장 자 필 병

神大用則竭, 形大勞則敝.
신 대 용 즉 갈   형 대 로 즉 폐

경쟁심이 강한 사람은 반드시 실패하고, 자신을 건강하다고 보는 사람은
반드시 병든다.(청淸 신함광申涵光,《형원소어荊園小語》)

정신은 너무 쓰면 고갈되고, 체력은 너무 소모하면 피폐해진다.(《한서漢書》
사마천전司馬遷傳)

一哭摧心肝, 屢哭雕朱顏;
일 곡 최 심 간   누 곡 조 주 안

心肝摧日痛, 朱顏雕日乾.
심 간 최 일 통   주 안 조 일 건

한 번 울면 마음과 간장이 상하고, 자주 울면 홍안에 주름이 생긴다.

마음과 간장이 상하면 나날이 고통스럽고, 홍안에 주름이 생기면 나날이
수척해진다.(《왕령집王令集》곡사哭辭)

•摧: 해치다. 상하다.   •雕: 凋와 같음. 시들다.

逍遙以針勞, 談笑以藥勸.
소 요 이 침 로　담 소 이 약 권

節食以去病, 寡欲以延年.
절 식 이 거 병　과 욕 이 연 년

유유자적하면 피로를 풀 수 있고, 담소하면 권태를 치료할 수 있다.(남조南朝
양梁 유협劉勰,《문심조룡文心雕龍》양기養氣)

음식을 절제하면 병을 물리칠 수 있고, 욕심을 적게 하면 수명을 늘릴 수
있다.(《존생격언尊生格言》)

•針: 침. 여기서는 치료하다는 의미.　　•勸: 倦과 같음. 권태.

厄窮而不憫, 遺佚而不怨.
액 궁 이 불 민　유 일 이 불 원

惡酒如惡人, 相攻劇刀箭.
악 주 여 악 인　상 공 극 도 전

곤궁을 당해도 근심하지 않고, 중용되지 않아도 원망하지 않는다.(《한시외전
韓詩外傳》권3)

술은 악인과 같아서 공격하는 것이 칼이나 화살보다 심하다.(송宋 소식蘇軾《금산사
에서 유자옥과 술을 마셨는데, 대취하여 보각 선탑에서 누워 자다가 야밤에 깨어나서 벽에다 쓰다
金山寺與柳子玉飮, 大醉, 臥寶覺禪榻, 夜方醒, 書其壁》)

•厄窮: 곤궁을 당하다.　　•憫: 근심하다. 우려하다.
•遺失: 버려지다. 중용되지 않다.

達人識元氣, 變愁爲高歌.
달 인 식 원 기　변 수 위 고 가

萬事難幷歡, 達生幸可托.
만 사 난 병 환　달 생 행 가 탁

통달한 사람은 원기를 보호할 줄 알고, 큰 소리로 노래 불러 슬픔을 달랜다.
(《맹동야시집孟東野詩集》달사達士)

세상만사에는 어려움도 있고 기쁨도 있는데, 인생을 달관한 사람만이 행
복을 맡길 수 있다.(남조南朝 송宋 사령운謝靈雲,《재중독서齋中讀書》)

晚食以當肉, 安步以當車.
만 식 이 당 육　안 보 이 당 거

節食則無疾, 擇言則無禍.
절 식 즉 무 질　택 언 즉 무 화

배고픈 뒤에 먹으면 고기맛이고, 천천히 걸으면 차에 탄 것 같다.(《전국책戰國策》제책齊策)

음식을 절제하면 병이 생기지 않고, 말을 가려서 하면 재앙이 생기지 않는다.(송宋 하탄何坦, 《서주노인상언西疇老人常言》)

長愁成細腰. 傷多人自老.
장 수 성 세 요　상 다 인 자 로

沈憂損性靈. 服藥亦枯槁.
침 우 손 성 령　복 약 역 고 고

오랜 슬픔은 허리를 가늘게 만든다.(《전당시全唐詩》독불견獨不見)

상심을 많이 하면 사람은 저절로 늙는다.(당唐 유의劉義, 《월야月夜》)

지나친 상심은 정기를 손상시켜서, 약을 복용해도 몰골이 초췌해진다.(당唐 맹교孟郊, 《원별怨別》)

•枯槁: 초췌하다.

儲積山崇崇, 探究海茫茫.
저 적 산 숭 숭　탐 구 해 망 망

一笑語兒子, 此是却老方.
일 소 어 아 자　차 시 각 로 방

집안에 책을 산더미처럼 높이 쌓아 놓고, 망망한 책의 바다에서 이치를 연구한다.

웃으면서 아들에게 고하노니, 이것이 노쇠함을 막는 방법이다.(송宋 육유陸游, 《초서抄書》)

•崇崇: 매우 높은 모양.

忍泣日易衰, 忍憂形易傷.
인 읍 일 이 쇠   인 우 형 이 상

獨往路難盡, 窮陰人易傷.
독 왕 로 난 진   궁 음 인 이 상

눈물을 참으면 날로 쇠약해지기 쉽고, 근심을 참으면 건강을 상하기 쉽다.
(당唐 맹교孟郊, 《증별최순량贈別崔純亮》)

혼자서 길을 가면 목적지에 도달하기 어렵고, 날이 극도로 흐리면 사람이
상하기 쉽다.(당唐 최서崔曙, 《조발교애산환태실작早發交崖山還太室作》)

•窮: 극단이 되다.

息精息氣養精神, 精養丹心氣養身.
식 정 식 기 양 정 신 정 양 단 심 기 양 신
有人學得這般術, 便是長生不死人.
유 인 학 득 저 반 술 변 시 장 생 불 사 인

　정력과 기력을 아껴서 정신을 보양하며, 정력으로 단심을 보양하고 기력
으로 신체를 보양해야 한다.
　사람이 이 방법을 배우면 장생불사하는 사람이 될 것이다.(당唐 여암呂巖,
《절구絶句》)

常親小勞則身健. 最是多愁老得人.
상 친 소 로 즉 신 건 최 시 다 수 로 득 인
自靜其心延壽命, 無求於物長精神.
자 정 기 심 연 수 명 무 구 어 물 장 정 신

　항상 작은 노동을 가까이하면 신체가 건강해진다.(청淸 신함광申涵光,《형원소
어荊園小語》)
　근심을 많이 하는 것이 가장 사람을 쉬이 늙게 만든다.(《산중백운사山中白雲
詞》 채상자采桑子)
　스스로 마음을 고요하게 가지면 수명을 연장하게 되고, 외물을 욕심내지
않으면 정신을 왕성하게 할 수 있다.(당唐 백거이白居易,《불출문不出門》)

祗言衆口鑠千金, 誰知獨愁銷片玉.
지 언 중 구 삭 천 금 수 지 독 수 소 편 옥
眼前擾擾日一日, 暗送白頭人不知.
안 전 요 요 일 일 일 암 송 백 두 인 부 지

　여러 사람이 똑같은 말을 하면 천금을 녹일 수 있는데, 고독한 근심이 옥 조
각을 녹일 수 있다는 것을 누가 알겠는가?(당唐 시견오施肩吾,《지호난간紙糊欄干》)
　눈앞의 번거로움이 하루 또 하루 계속되면, 어느덧 백발이 된다는 것을
사람들은 알지 못한다.(당唐 허혼許渾,《여회작旅懷作》)
　•擾擾: 번잡하다.

편역자 후기

사람들은 흔히 처세나 수양이나 건강 등에 관한 名言이나 警句 들을 붓으로 써서 서재나 응접실 같은 곳에 붙여두거나, 또는 수첩이나 비망록 같은 곳에 적어둔다. 그 이유는 이것들을 수시로 보며 마음에 새기기 위해서일 것이다.

중국의 고대 문헌 중에서 명언이나 경구는 浩如煙海라고 할 만큼 많다고 하는 것이 주지의 사실이나, 이를 〈歌訣〉로 엮은 것은 그렇게 쉽게 접할 수 있는 것이 아니다.

〈歌訣〉은 원래 〈口訣〉이라고 하는데, 佛家나 道家에서 구두로 전수하는 道法 혹은 秘術의 要語를 말한다. 후에는 암기하기에 편리하도록 사물 내용의 요점에 근거해서 편성한 韻文 및 비교적 整齊된 文句를 모두 〈歌訣〉(또는 〈訣歌〉·〈訣語〉)이라고 지칭하게 되었다.

〈歌訣〉은 표현이 간결하고 의미가 함축적이며 운율을 가지고 있어 기억하기가 쉽다는 등의 특징을 가지고 있다.

본서는 고대 중국 문헌 속에서 名言이나 警句라고 할 수 있는 것들을 모아 4언·5언·7언의 〈歌訣〉 형식으로 재구성한 것이다.

본서에 수록된 歌訣과 편찬 체례는 모두 張大乾 선생이 펴낸 《名言警句歌訣》에 의거하였다. 따라서 문구를 모아 시로 만든 공은 전적으로 張大乾 선생에게 있다. 편역자는 의미 전달을 위해 단지 이를 우리말로 가급적 쉽게 옮기고, 약간의 주석을 달았을 뿐이다. 여기서 하나 밝힐 것은, 수록된 내용 중에 중국인의 민족 의식을 고취시키는 것들이 약간 있으나 자주 인용되는 것들이기 때문에 삭제하지 않고 그대로 두었다.

편역자의 학식과 경험이 부족하여 오역한 곳이 적지 않을 것이다. 독자 제현의 충고와 指正을 바라마지 않는다.

끝으로 본서를 기획하신 동문선의 辛成大 사장님께 감사를 드리며, 아울러 僻字 처리와 내용 수정에 도움을 주신 한인숙 편집장님께 감사를 드린다.

歌 訣

초판발행 : 1995년 9월 10일

엮은이 : 李宰碩
펴낸이 : 辛成大
펴낸곳 : 東文選
제10-64호, 78. 12. 16 등록
서울 용산구 문배동 40-21
전화 : 719-4015

편집설계 : 韓仁淑

ISBN 89-8038-401-7 04190

儒家는 유구하고 심원한 사회 역사적 기초를 갖고 名家의 學說을 부단히 수용하고 동화시켰기 때문에 華夏文化의 主流基幹을 구성하고 있다. 본서는 儒家思想을 주체로 하여 〈禮樂傳統〉〈孔門仁學〉〈儒道互補〉〈美在深情〉〈形上追求〉〈走向近代〉의 6대 전제로 나누어 깊이있게 中國美學을 다루고 있다.

華夏美學

李澤厚 ············· 著
權　瑚 ············· 譯

문학예술과 철학사상을 심도있게 다룬 중국미학서.

화하미학은 유가사상을 주체로 하는 중국의 전통 미학을 가리킨다. 그 주요 특징은 미美와 진眞의 관계에 있는 것이 아니고, 미美와 선善의 관계에 있다.

작자는 이러헌 미학사상에는 유구하고 견실한 역사적 근원이 있으며, 그것은 비주신형非酒神型적 예악禮樂전통을 계승하여 발전시켰다고 생각했다. 2천년대 화하미학 중의 몇가지 기본 관점과 범주, 그것이 해결하고자 하는 문제, 그것이 포함하고 있는 모순과 충돌은, 이미 이 전통 근원 속에 내재되어 있었다.

사회와 자연, 정감과 형식, 예술과 정치, 하늘과 인간 등등의 관계를 어떻게 처리하고, 자연의 인간화를 어떻게 이해할 것인가 하는, 이러한 것들은 일반 미학의 보편적인 문제일 뿐만 아니라, 동시에 또한 화하미학의 중심이 있는 곳이기도 하다.

작자는 고대의 예악, 공맹의 인도人道, 장자의 소요逍遙, 굴원의 심정深情, 선종禪宗의 형상形上추구를 차례로 논술하여, 다음과 같은 결론을 얻었다.

중국의 철학 미학과 문예, 윤리 정치 등등에 이르기까지는 모두 일종의 심리주의에 기초하여 세워졌는데, 이러한 심리주의는 어떤 경험 과학의 대상이 아니고, 정감情感을 본체로 하는 철학 명제였다. 이 본체는 신령도 아니고 하나님도 아니며 법률도 아니고 이지理知도 아닌, 정리情理가 상호 교용하는 인성人性심리이다. 그것은 초월할 뿐만 아니라 내재하기도 하고, 감성적인 것 뿐만 아니라 초감성적이기도 한, 심미審美적 형상학形上學이다.

禮의 精神

著 —— 柳 肅
譯 —— 洪 熹

스스로는 귀찮아 지키지 않으면서도 다
른 사람들은 굳이 지켜 주기를 바라는 이
기적 풍토 속에서 〈예〉란 언젠가는 벗어던
져야 할 굴레인가, 아니면 신주 모시듯 지
켜 나가야 할 찬란한 유산인가!

　이 책에서 다루고 있는 〈예〉는, 현재 의미상의 문명적인 예의뿐만 아니라 사
회의 도덕가치·민족정신·예술심리·풍속습관 등 여러 방면에 이르는 극히 넓
은 문화적 범주이다.
　〈예〉는 인류문명의 자랑할 만한 많은 것들을 창조하였지만, 동시에 후인들로
하여금 지금까지 내던져 버리기 어려운 보따리를 짊어지게 하였다고 전제하고,
어떻게 하면 이 둘 사이에서 적합한 문명발전의 길을 찾느냐를 모색하고 있다.
　정신문화상으로는 동양의 오랜 문명과 예의를 가지며, 물질문화상으로는 서
양의 선진국가를 초월하여 동서양 문화의 성공적인 결합을 이루고자 함에 있어
그 정신을 다시 한번 되짚는다.
　또한 이 책은 〈예〉라는 한 각도에서 그 문화적인 심층구조와 겉으로 드러난
형태 사이의 관계를 논론하면서 통치자인 군주의 도덕윤리적 수양을 비롯하여,
일반 평민의 가족관계를 유지하고 사회의 안정을 유지하는 기초적인 조건에 이
르기까지 저마다 자각하고 준수해야 할 도덕규범을 민족정신과 문화현상을 통
해 비교분석하고 있다.

　【주요내용】 禮의 기원과 작용/예의 제도와 禮樂의 교화/예와 중국의 민족정
신/예악과 중국의 정치/국가와 가정/예의 권위/체제와 직능/윤리화된 철학/ 조
상 숭배와 천명사상/儒學의 연원/예의 반란/종교감정과 현실이성/신화와 전통/
士官의 문화와 巫祝의 문화/美와 善의 합일/詩敎와 樂敎/예의 형상표현/ 정치
윤리/집단주의/여성의 예교와 여성의 정치/예의의 나라/윤리강령의 통속화/가
족과 정치/예악의 문화 분위기/민족정신의 확대/정치적 곤경